DICTIONNAIRE

DE

L'ARMÉE DE TERRE

OU RECHERCHES HISTORIQUES

SUR L'ART ET LES USAGES MILITAIRES

DES ANCIENS ET DES MODERNES,

PAR LE GÉNÉRAL BARON BARDIN,

AUTEUR DU MANUEL D'INFANTERIE,
OU MÉMORIAL DE L'OFFICIER D'INFANTERIE, MEMBRE DE L'ACADÉMIE DES SCIENCES DE TURIN,
COLLABORATEUR DU COMPLÉMENT DU DICTIONNAIRE DE L'ACADÉMIE FRANÇAISE,
DU DICTIONNAIRE DE LA CONVERSATION,
DE L'ENCYCLOPÉDIE DES GENS DU MONDE, ETC., ETC.

—

DÉDIÉ AU ROI,

Par le Lieutenant-Colonel Mollière.

TROISIÈME PARTIE.

PARIS,

J. CORRÉARD, ÉDITEUR D'OUVRAGES MILITAIRES,

RUE DE TOURNON, 20.

1845.

TRIBUN, subs. masc. (F). Officier ou fonctionnaire qui, dans la milice romaine, était chef de tribu. Il y eut d'abord les TRIBUNS DU PEUPLE ou de TRIBU, créés à la suite de la retraite du peuple romain sur le mont Sacré; on les appelait *comiciati*, parce qu'ils étaient élus par les comices. Bientôt le refus des citoyens de prendre les armes, dans un cas pressant, contre les Eques et les Volsques, qui ravageaient le territoire de la république, amena la création des TRIBUNS MILITAIRES, pris, moitié dans l'ordre plébéien, moitié dans l'ordre patricien; leur grade répondait à celui de GÉNÉRAL D'ARMÉE ou de COLONEL. C'est à l'an de Rome 510 environ qu'il faut faire remonter l'origine de ces Tribuns. Les légions se composaient alors de trois mille hommes, divisés en trois fractions égales, chacune sous les ordres d'un de ces chefs. Plus tard, lorsque s'accrut l'effectif des légions, le nombre des Tribuns s'augmenta également; ils furent distingués en TRIBUNS DE COHORTE et TRIBUNS DE CORPS. Il y eut aussi des TRIBUNS DE LÉGION et des TRIBUNS DU TRÉSOR, ces derniers appelés *Tribuni ærarii*. D'autres se nommaient *laticlavii*, parce qu'ils devenaient sénateurs, ou *angusticlavii*, lorsqu'ils n'aspiraient qu'à faire partie de l'ordre des CHEVALIERS. Enfin, les Tribuns choisis à l'élection par les soldats s'appelaient *suffecti*, par opposition à ceux auxquels les généraux conféraient ce titre, et qu'on désignait sous le nom de *rufuli*, parce que RUTILIUS RUFUS avait été le promoteur de la loi relative à ces nominations. — Ainsi que l'atteste VARRON, il n'y eut d'abord que trois Tribuns, et ce nombre fut ensuite porté à six, puis à huit, selon que le rapporte TITE LIVE. Du temps de Cicéron, ils étaient nommés dans le camp même par les CONSULS ou les PROCONSULS, et étaient souvent choisis parmi les PRÉTEURS; leurs marques distinctives consistaient dans la forme de leur ÉPÉE ou de leur POIGNARD. Non-seulement ces marques indiquaient le GRADE, mais aussi l'ordre nobiliaire dont ils faisaient partie. Ils portaient en outre un anneau d'or, un panache élevé sur le casque et un bâton de sarment. Du jour où ils furent mis à la tête des troupes, ils eurent l'autorité dont les consuls avaient été revêtus. De l'INFANTERIE, de la CAVALERIE et des ALLIÉS se trouvèrent placés sous leurs ordres. Cette dignité ne décrut qu'avec les empereurs. A cette époque, les Tribuns n'avaient plus le même rang; ils étaient subordonnés aux GÉNÉRAUX, nommés *legati*, aux PRÉFETS DE LÉGION et aux PRÉFETS D'OUVRIERS. Leurs fonctions étaient très-variées : la garde de l'AIGLE leur

était confiée; ils procédaient à l'admission des CONSCRITS, les passaient en revue, les choisissaient, accueillaient ou repoussaient leurs réclamations, prononçaient les dispenses, conféraient certains grades ou emplois, rendaient la justice et surveillaient les approvisionnements. Lorsqu'une armée entrait en campagne, le Tribun arrivait au premier gîte, et faisait jurer à chaque soldat de ne rien dérober, de ne s'approprier aucune part du butin, et d'apporter en commun tout ce qui tomberait entre ses mains. — On peut consulter sur ce mot : AUDOUIN, CARRION, CÉSAR. CICÉRON, DESPAGNAC, l'ENCYCLOPÉDIE (1751), FURETIÈRE, JUSTE LIPSE, LACHESNAIE (1758), POLYBE, SUÉTONE, TACITE, TITE LIVE, TURPIN.

TRIBUN de CÉLÈRES. V. CÉLÈRE.

TRIBUN de COHORTE. V. COHORTE. V. TRIBUN.

TRIBUN de CORPS. V. CORPS. V. TRIBUN.

TRIBUN de LÉGION. V. LÉGION. V. TESSÈRE. V. TRIBUN.

TRIBUN de MANIPULE. V. MANIPULE.

TRIBUN de TRIBU. V. TRIBUN.

TRIBUN du PEUPLE. V. PEUPLE. V. TRIBUN.

TRIBUN du TRÉSOR. V. TRÉSOR. V. TRIBUN.

TRIBUN LÉGIONNAIRE. V. LÉGIONNAIRE.

TRIBUN MAJOR. V. MAJOR. V. PRÉFET DE LÉGION ROMAINE.

TRIBUN MILITAIRE. V. MAITRE DE LA MILICE. V. TRIBUN.

TRIBUN MINOR. V. MILICE ROMAINE N° 2. V. MINOR.

TRIBUNAL (tribunaux), subs. masc. v. APPARTEMENT DE T... V. GENDARMERIE DES T... V. MEMBRE DE T... V. PRÉSIDENT DE T... V. RAPPORTEUR DE T...

TRIBUNAL (term. génér.) (C 5), du latin *tribunal*, fait de *tribunus*, tribun; siége du juge, du magistrat; mot dont on s'est servi pour désigner toute une COUR DE JUSTICE et le lieu où elle siége. A Rome, le tribunal était le lieu élevé où les TRIBUNS rendaient la justice aux tribus. Suivant les époques, les Tribunaux militaires en France étaient présidés par le CONNÉTABLE ou par le GRAND PRÉVOT, et quelquefois par le GRAND MAITRE DES ARBALÉTRIERS. Sous PHILIPPE AUGUSTE, les sergents d'armes (*servientes armorum*) ne pouvaient être jugés que par le ROI et le CONNÉTABLE. Les Tribunaux militaires ont été appelés tour à tour CONSEIL DE GUERRE, CONSEIL DE GUERRE PERMANENT, CON-

SEIL JUDICIAIRE, CONSEIL MILITAIRE, COUR MARTIALE, COMMISSION MILITAIRE. La loi du 29 octobre 1790 établissait des Tribunaux militaires à la place des anciens CONSEILS DE GUERRE. Des TRIBUNAUX CRIMINELS MILITAIRES, institués le 5 pluviose an deux, furent supprimés par la loi du deuxième complémentaire an trois, qui organisa les CONSEILS DE GUERRE PERMANENTS. La loi du 18 pluviôse an neuf et la décision du 27 floréal an onze confiaient à des TRIBUNAUX CRIMINELS SPÉCIAUX la connaissance des crimes d'INCENDIE, d'EMBAUCHAGE et de FAUX. Ces Tribunaux, composés de militaires et de citoyens, ont servi plus tard de type aux COURS PRÉVOTALES. La charte de 1830 a maintenu les Tribunaux militaires destinés uniquement à juger les militaires. On trouve d'utiles renseignements sur cette question dans AUDOUIN, BALLYET, BERRIAT, CHAMBRAY, CHÉNIER, ERHARD, LEGRAVEREND, ODIER, PERRIER, POLVEREL et RUMPF.

TRIBUNAL CIVIL. V. CIVIL. V. DÉGRADATION DE LA LÉGION D'HONNEUR. V. DÉLIT COMMUN. V. GOUVERNEUR DE PLACE Nº 4. V. HOMME DE TROUPE Nº 5. V. JUSTICE MILITAIRE. V. MILICE ESPAGNOLE Nº 2. V. PRÉVOT D'ARMÉE.

TRIBUNAL CORRECTIONNEL. V. CHASSE. V. CORRECTIONNEL.

TRIBUNAL CRIMINEL. V. CRIMINEL. V. DUEL. V. JUSTICE MILITAIRE. V. TRIBUNAL.

TRIBUNAL de CONNÉTABLIE. V. CONNÉTABLE Nº 6. V. CONNÉTABLIE. V. MARÉCHAUSSÉE. V. SENTENCE. V. TRIBUNAL.

TRIBUNAL de POLICE CORRECTIONNELLE. V. CONSEIL JUDICIAIRE. V. CONSEIL MILITAIRE. V. JUSTICE MILITAIRE. V. POLICE CORRECTIONNELLE.

TRIBUNAL de PREMIÈRE INSTANCE. V. ADJUDANT DE PLACE Nº 2. V. PREMIÈRE INSTANCE.

TRIBUNAL des MARÉCHAUX. V. DETTE D'OFFICIER. V. GOUVERNEUR DE PROVINCE. V. MARÉCHAL DE FRANCE Nº 9. V. MARÉCHAUSSÉE. V. NOBLESSE. V. ORDONNANCE OFFICIELLE. V. POLICE. V. RECRUTEMENT. V. TRIBUNAL DU POINT D'HONNEUR.

TRIBUNAL d'EXCEPTION. V. EXCEPTION. V. TRIBUNAL.

TRIBUNAL d'HONNEUR. V. ACADÉMIE MILITAIRE. V. ARMÉE FRANÇAISE Nº 8. V. CALOTTE DISCIPLINAIRE. V. DETTE D'OFFICIER. V. DUEL. V. HONNEUR. V. MILICE ANGLAISE Nº 10. V. MILICE BAVAROISE Nº 4. V. MILICE NÉERLANDAISE Nº 5. V. MILICE PRUSSIENNE Nº 9. V. MILICE WURTEMBERGEOISE Nº 7. V. MINISTÈRE DE LA GUERRE. V. POLICE. V. TRIBUNAL DU POINT D'HONNEUR.

TRIBUNAL du POINT D'HONNEUR (C, 5;

F), ou TRIBUNAL DES MARÉCHAUX DE FRANCE, ou TRIBUNAL DE LA TABLE DE MARBRE, DU PALAIS de PARIS, créé, suivant quelques auteurs, en 1265 et reconstitué le 9 février 1566. Une ordonnance de 1591 porte que *la connétablie et maréchaussée est un tribunal qui ne se divise point par parcelles ; qu'il est un pour toute la France ; qu'il est établi à Paris, au cœur de l'Etat, près du chef des parlements.* Il connaissait de tous les différends survenus entre les gentilshommes. Un édit d'avril 1602 enjoignait aux offensés de porter plainte au GOUVERNEUR de la province ou au TRIBUNAL des MARÉCHAUX, et autorisait ce Tribunal à permettre le combat. Plus tard, sous LOUIS QUATORZE, on envoyait des gardes aux gentilshommes qui cherchaient à se faire justice sans l'intervention du tribunal, et, en imitation de cet usage, dans le parlement anglais on chargeait des SERGENTS de s'opposer aux rencontres entre les membres qui s'adressaient des provocations. La déclaration du 29 juillet 1653 ordonnait aux maréchaux *de dresser un règlement relatif aux réparations des offenses qui intéressaient les gentilshommes.* POTIER (1779), dans son dictionnaire, au mot DUEL, a donné ce règlement que les MARÉCHAUX publièrent le 1er juillet 1651. Une ordonnance du 22 août 1679 confirma et augmenta les règlements antérieurs. Les questions du ressort du TRIBUNAL des MARÉCHAUX étaient jugées dans les provinces par les BAILLIS ou par des LIEUTENANTS et des PRÉVOTS des MARÉCHAUX. Comme TRIBUNAL du POINT D'HONNEUR le TRIBUNAL des MARÉCHAUX pouvait prononcer contre les NOBLES un emprisonnement d'un mois à un an, et condamner à des amendes montant à la somme de trois mille livres. Il pouvait faire donner satisfaction aux offensés en condamnant les coupables à subir la peine du TAILLON. Il poursuivait les duellistes et leurs complices. Toutefois sa juridiction était si vague et soumise à tant de variations que certains grands seigneurs, tels que les ducs de Lorraine et les ducs non MARÉCHAUX, refusaient d'en reconnaître l'autorité (DANGEAU, Mémoires, 1715, 5-6-12 juillet). Par l'édit du 22 février 1723, le Tribunal fut autorisé à prononcer contre les duellistes la DÉGRADATION D'ARMES et de NOBLESSE, quinze années de prison ou telle peine qu'il jugerait à propos. Le règlement du 28 février 1748 l'autorisait à connaître des dettes des officiers, des billets qu'ils souscrivaient, des formes qu'ils employaient pour recruter leurs compagnies lorsqu'elles étaient de nature à encourir des reproches. GUSTAVE-ADOLPHE, en imitation du Tribunal du point d'honneur, avait créé dans son armée un CONSEIL SUPÉRIEUR chargé de statuer sans appel sur tous les différends survenus entre officiers. Le TRIBUNAL des MARÉCHAUX DE FRANCE, créé dans l'origine pour connaître « des *diverses* » *choses ayant rapport à la noblesse et à* » *la guerre,* » prenait le titre de TRIBUNAL du POINT D'HONNEUR lorsqu'il s'assemblait pour juger les querelles survenues entre gentilshommes. Les subdélégués et lieutenants des maréchaux répartis dans les provinces prononçaient en première instance sur cette même matière. Le Tribunal s'assemblait au Palais à Paris sous le nom de CONNÉTABLIE et MARÉCHAUSSÉE DE FRANCE. A défaut de connétable, lorsque cette charge fut supprimée, le DOYEN des MARÉCHAUX avait la présidence, et tous les membres prenaient le titre de MONSEIGNEUR ou MESSIRE. Lorsque le Tribunal prononçait une condamnation, elle était notifiée en forme de LETTRE DE CACHET. Dans certains cas le Tribunal en référait au ROI. Aussi, en 1774, les gardes de la CONNÉTABLIE ayant arrêté Langheac et d'Egreville l'épée à la main, la cour condamna le premier à six mois de prison comme provocateur. Sa mère voulut se charger de le venger et envoya un cartel à d'Egreville ; ce que le Tribunal ayant appris, il en fut référé au ROI, qui exila la marquise de Langheac, et força le ministre Lavrillière, son amant, à signer la lettre de cachet. En 1785, le colonel du régiment de la Fère infanterie fut dégradé par jugement du TRIBUNAL DES MARÉCHAUX DE FRANCE pour un abus d'autorité. C'est la dernière sentence de ce fameux Tribunal, qui eut pour dernier président le maréchal de RICHELIEU et fut aboli les 6, 7 septembre 1790. On peut consulter à cet égard : l'ENCYCLOPÉDIE (1785), l'*Histoire de la connétablie et maréchaussée de France,* JABRO (1777), RUMPF (1821).

TRIBUNAL ESPAGNOL. V. ESPAGNOL. V. MILICE ESPAGNOLE N° 2, 9.

TRIBUNAL HESSOIS. V. HESSOIS. V. MILICE HESSOISE.

TRIBUNAL MILITAIRE. V. ACCUSATEUR MILITAIRE. V. ACCUSATION. V. ACQUITTEMENT. V. ACTE DE DÉCÈS HORS DU CORPS. V. APPEL DE PROCÈS. V. APPLICATION DE PEINE. V. ARMÉE AGISSANTE N° 1. V. ARMÉE FRANÇAISE N° 8. V. ARRESTATION. V. ASSASSINAT. V. AUDITEUR. V. CAPITAINE RAPPORTEUR. V. CHAMP-CLOS. V. COMBAT DE JUGEMENT. V. COMMANDANT DE PLACE N° 10. V. COMMISSAIRE DU ROI. V. COMMUTATION DE PEINE. V. CONDAMNÉ. V. CONFRONTATION DE TÉMOINS. V. CONSEIL DE RÉGIMENT. V. CONSEIL DE RÉVISION. V. CONSEIL D'ENQUÊTE. V. CONSEIL DISCIPLINAIRE. V. CONSEIL PERMANENT. V. COUR.

V. COUR PRÉVÔTALE. V. DÉBAT JURIDIQUE. V. DÉFENSE D'ACCUSÉ. V. DÉLIT. V. DÉLIT COMMUN. V. DISPONIBILITÉ. V. DUEL. V. EMBAUCHAGE. V. EMPLOYÉ. V. ÉTABLISSEMENTS MILITAIRES. V. FAIT JURIDIQUE. V. FAUX TÉMOIN. V. FEUILLE DE ROUTE DE MILITAIRE ISOLÉ. V. HOMME DE TROUPE N° 5. V. INFORMATION. V. JUGE DE TRIBUNAL MILITAIRE. V. JUGEMENT EN MARCHE. V. JUGEMENT MILITAIRE. V. JUSTICE MILITAIRE. V. LÉGISLATION (29 JUILLET 1653 ; 12 MAI 1793). V. MÉDECIN. V. MEMBRE DE TRIBUNAL MILITAIRE. V. MESSE MILITAIRE. V. MILICE ANGLAISE N° 10. V. MILICE BAVAROISE N° 1. V. MILICE ESPAGNOLE N° 9. V. MILICE PRUSSIENNE N° 9. V. MILICE WURTEMBERGEOISE N° 7. V. MILITAIRE. V. MINISTRE DE LA GUERRE N° 10. V. PEINE. V. PILLAGE. V. PRÉVENU. V. PRÉVÔT D'ARMÉE. V. PROCÉDURE. V. RAPPORTEUR DE TRIBUNAL MILITAIRE. V. SENTENCE. V. SUPPLICE. V. TÉMOIN JUDICIAIRE. V. TRIBUNAL.

TRIBUNAL PRÉVÔTAL. V. COUR PRÉVÔTALE. V. GRAND PRÉVÔT. V. PRÉVÔT D'ARMÉE. V. PRÉVÔTAL. V. TRIBUNAL.

TRIBUNAL PRUSSIEN. V. PRUSSIEN. V. MILICE PRUSSIENNE N° 9. V. PRUSSIEN.

TRIBUNAL SPÉCIAL. V. COUR PRÉVÔTALE. V. EMBAUCHAGE. V. FAUX. V. JUGEMENT MILITAIRE. V. JUSTICE MILITAIRE. V. LÉGISLATION (18 PLUVIOSE AN NEUF). V. SPÉCIAL. V. TRIBUNAL.

TRIBUNAL SUISSE. V. INFANTERIE FRANCO-SUISSE N° 6. V. SUISSE.

TRIBUNAL SUPRÊME DE GUERRE. V. GUERRE. V. JUSTICE MILITAIRE. V. MILICE ESPAGNOLE N° 2.

TRIBUNAL WURTEMBERGEOIS. V. MILICE WURTEMBERGEOISE N° 7. V. WURTEMBERGEOIS.

TRIBUNE, subs. fém. V. TREF. V. TRIBUN ROMAIN.

TRIBUT, subs. masc. Imposition payée à l'Etat, et quelquefois redevance perçue par l'étranger. On ne s'occupera ici que du *tributum* des Romains, espèce d'impôt direct sur la propriété, qui servait surtout à la solde de l'armée. — Levé par les tribuns de l'*œrarium*, le Tribut n'était pas affermé par les CENSEURS avec les autres revenus publics. NIEBUHR va jusqu'à soutenir que le soldat touchait directement du contribuable, et établit que les dix drachmes que le dernier TARQUIN levait, étaient l'équivalent de l'obligation de pourvoir à la solde d'un fantassin pendant un mois ; de telle sorte que la paye du cavalier et l'obligation de l'entretenir devaient être considérées comme une triple charge. Le sénat seul déterminait la levée et la mesure du Tribut. La démocratie ne prétendait jamais au droit de sanctionner les taxes. Les COMICES pouvaient bien refuser de déclarer la guerre; mais, une fois qu'ils l'avaient décrétée, le gouvernement était autorisé à pourvoir aux moyens de payer les dépenses qu'elle devait entraîner.

TRICHTER. v. NOMS PROPRES.

TRICOISE, subs. fém. v. TRIQUOISE.

TRICOLORE, adj. v. COULEUR. V. DRAPEAU T... V. PLUMET T...

TRICOLORE (F). Mot tiré du latin *tres*, trois, et *color*, couleur. Assemblage des trois couleurs BLANC, BLEU et ROUGE, qui, en France, de 1789 à 1814, en 1815 et depuis 1830, ont formé les COULEURS NATIONALES. Elles figurent sur les TABLIERS des DRAPEAUX et des ÉTENDARDS, ainsi qu'à leurs CRAVATES, et sur les COCARDES des COIFFURES. Un auteur a prétendu, sans en fournir la preuve authentique, que HENRI QUATRE employa ces trois mêmes couleurs, et qu'il les donna aux Hollandais. Plusieurs nations, les Ecossais entre autres, possédaient des étendards à trois couleurs. En France, le BLANC n'était ni la COULEUR DU ROI, ni celle de la NATION, mais bien la couleur des GÉNÉRAUX EN CHEF et des COLONELS GÉNÉRAUX.

TRICORNE, subs. masc. v. CHAPEAU A QUATRE CORNES. V. CHAPEAU T... V. SALUT. V. SALUT AVEC ARMES. V. SCHAKO.

TRICOT, subs. masc. v. CULOTTE DE T... V. GILET DE T... V. PANTALON DE T... V. VESTE DE T...

TRICOT (term. génér.) (B, 1), du latin *tricæ*, filets d'oiseleur, ou de *trico*. Roquefort prétend qu'il dérive de l'allemand *strick*, signifiant MAILLES ou nœuds; mais cette origine est fort douteuse. Le mot TRICOT s'est appliqué successivement aux vêtements de mailles de fer, tels que la JAQUE DE MAILLES, et aux HABILLEMENTS de laine portés plus tard par les soldats. On le distingue en TRICOT DE MÉTAL et en TRICOT DE LAINE.

TRICOT BLANC. V. BLANC. V. DRAP DE TROUPE. V. GARDE IMPÉRIALE N° 4. V. TRICOT DE LAINE.

TRICOT CROISÉ. V. CROISÉ. V. TRICOT.

TRICOT D'ACIER. V. ACIER. V. MAILLES. V. TRICOT DE MÉTAL.

TRICOT de CUIVRE. V. CUIVRE. V. MAILLES. V. TRICOT DE MÉTAL.

TRICOT de FER. V. FER. V. MAILLES. V. TRICOT DE MÉTAL.

TRICOT de LAINE (B, 1). Ce tissu, à la fois moins cher et moins solide, mais plus souple que le drap, était principalement employé pour VESTES, GILETS, CULOTTES et PANTALONS; on le fabriquait en Picardie et

en Champagne. Il est question du Tricot dans l'ordonnance du 21 février 1779, dans le règlement du 1er octobre 1786, et dans l'instruction du 1er avril 1791. La circulaire du 9 fructidor an douze substitua momentanément les GILETS de TRICOT aux VESTES de DRAP. La cavalerie de la garde impériale, qui l'employait en culottes, l'avait abandonné; la garde royale le quitta également vers 1822, et cet exemple fut suivi dans toute la cavalerie. — On trouve des renseignements sur le Tricot dans l'ENCYCLOPÉDIE (1785) et dans LECOUTURIER (1825).

TRICOT de MAILLE. V. JAQUE DE MAILLE. V. MAILLE. V. TRICOT.

TRICOT de MÉTAL (F), OU TRESLICE. Vêtement d'acier, de cuivre ou de fer, dont le travail était exécuté par le TRÉFILIER; les MAILLES en étaient de formes diverses, tantôt rivées, tantôt forgées, ou quelquefois soudées.

TRICOUSES, subs. fém., OU TRIQUEHOUSES, OU TRIQUEHOUSSES, OU enfin TRIQUOUSES suivant FURETIÈRE et ROQUEFORT. Ce mot est composé du substantif HOUSE, OU HOUSEAUX, BAS OU BOTTES, et du mot TRICOT. Les Tricouses étaient des BRODEQUINS ou des GUÊTRES de forte étoffe, tricotée ou faite au métier; elles différaient par là des simples HOUSES, qui étaient de peau ou de cuir. Les Tricouses se mettaient par-dessus les HOUSES; les unes constituaient la chaussure du commun des troupes; les autres servaient seulement aux CHEVALIERS.

TRICUBITAL, adj. Machine de guerre, littéralement parlant *à trois coudes*, dans le genre des BALISTES, et qu'on appelait sans doute ainsi pour les distinguer des MONANCONES, OU MACHINES à un seul coude. VÉGÈCE et VALTURIUS ont décrit confusément cette machine.

TRIDE, adj. C'est une qualité du cheval, qui consiste à lever les jambes avec vitesse en leur donnant une cadence régulière.

TRIDENT, subs. masc. v. DENT DE T... V. LAME DE T...

TRIÈVE .v. TRÈVE.

TRIGE, subs. fém. (F). Sorte de char de guerre à trois chevaux qui, suivant GANEAU, étaient attelés de front. Quelquefois un des trois chevaux était tenu de côté en laisse ou en longe pour servir de RELAIS. Dans ce cas on appelait ce cheval *funalis*.

TRIMACRÉSIE, subs. fém. (F), OU TRIMARCÉSIE, OU TRIMARKISIE. Mot d'origine tudesque ou celtique dont on a fait, suivant Borel, Roquefort et Ganeau, le latin barbare *trimarkia* ou *trimarkisia*, signifiant une petite troupe de cavalerie. Il est plus probable qu'il vient du grec *treis*, trois, et du celtique *marsch*, cheval ; car il servait à désigner dans la MILICE GAULOISE trois hommes à cheval, savoir : un maître à cheval, ou CHEF DE LANCE, et deux SATELLITES. Telle était, suivant PAUSANIAS, l'organisation de la cavalerie dans l'armée de BRENNUS, et de là vint l'usage de la LANCE FOURNIE, composée, à l'origine, d'un MAÎTRE, d'un ÉCUYER et d'un COUSTILLIER.

TRIMESTRE, subs. masc. v. ARRÊTÉ PROVISOIRE. V. ATELIER DE CORPS. V. BORDEREAU D'AVANCE. V. CAHIER D'ORDINAIRE. V. CAPITAINE D'HABILLEMENT. V. CAPITAINE D'INFANTERIE FRANÇAISE DE LIGNE Nº 24 et 26. V. CASE DE CONTROLE ANNUEL. V. COMPAGNIE D'INFANTERIE FRANÇAISE DE LIGNE Nº 10. V. CONSEIL D'ADMINISTRATION Nº 5. V. CORPS D'INTENDANCE Nº 8. V. CRÉDIT COMPTABILIAIRE. V. DÉCOMPTE DE TRIMESTRE. V. DÉCOMPTE EN DENIERS. V. DENIERS DE PETIT ÉQUIPEMENT. V. DÉPENSE DE CORPS. V. DISTRIBUTION D'EFFETS D'UNIFORME. V. DURÉE LÉGALE. V. ÉCRITURES COMPTABILIAIRES. V. EXERCICE COMPTABILIAIRE. V. EXERCICE DE TRIMESTRE. V. FEUILLE D'APPEL. V. FEUILLE DE JOURNÉES. V. FEUILLE DE TRAVAILLEURS. V. LIVRE DE COMPAGNIE. V. MASSE DE LINGE ET CHAUSSURE. V. OFFICIER DE SECTION ADMINISTRATIVE. V. PRÊT DE COMPAGNIE. V. QUARTIER. V. REGISTRE CENTRAL. V. REGISTRE DE CAISSE. V. REGISTRE DE COMPTABILITÉ. V. REGISTRE JOURNAL. V. REVUE. V. REVUE D'ADMINISTRATION. V. REVUE DE TRIMESTRE. V. SOUS-INTENDANT Nº 8.

TRIMESTRIEL. V. COMPTABILITÉ T... V. REVUE T... V. SITUATION T...

TRIMESTRIEL (trimestrielle), adj. (B, 1). Terme moderne admis pour la première fois par l'Académie dans l'édition du dictionnaire de 1835, et employé sous l'empire dans les circulaires du directeur général de la conscription.

TRINAIRE, adj. v. ORDRE TRINAIRE.

TRINCANO. V. NOMS PROPRES.

TRINGLE, subs. fém. v. VERGETTE DE MOUSQUETON.

TRIOMPHAL (triomphale). v. COURONNE T...

TRIOMPHATEUR. V. TRIOMPHE.

TRIOMPHE, subs. masc. v. CÉRÉMONIE. V. JURISPRUDENCE. V. MILICE ROMAINE Nº 5. V. RÉCOMPENSE. V. RÉMUNÉRATION.

TRIOMPHE (F). Honneur extraordinaire accordé au général après de grandes victoires. Cette belle cérémonie paraît être d'origine étrusque ; les plus anciennes traces de cet usage se rapportent cependant au temple de Jupiter Latiaris, qui était pour Albe ce qu'était pour Rome celui du CAPITOLE. C'est là que les dictateurs d'Albe et du Latium ramenaient en triomphe les légions victorieuses. Les triomphateurs paraissaient revêtus des ornements royaux. Les généraux romains ne firent que renouveler ces anciens usages, et Niebuhr pense que c'était surtout comme chef des cohortes latines que le consul triomphait ; il prenait son droit dans l'acclamation des Latins, et s'autorisait de l'assentiment des alliés italiques. Quand les Latins furent devenus citoyens romains, les légions imitèrent ce salut, et c'est sans doute après la victoire qu'elles proclamaient leur général *imperator*. Toutefois, il fallait que le Triomphe fût régulièrement décerné en conseil. Les chefs qui y prétendaient appelaient ordinairement le sénat dans le temple de Mars, près le port Capène, et lui rendaient compte de la campagne. Il y a des exemples de TRIBUNS déférant aux comices le refus du sénat, comme le fit Scilius pour Horatius et Valérius. Le Triomphe fut pendant longtemps un honneur inaccessible à ceux qui ne pouvaient occuper les charges curules. DENYS D'HALICARNASSE fait remarquer que pas un tribun militaire ne triompha, quoique plusieurs eussent remporté des victoires éclatantes ; le véritable Triomphe est même qualifié de *triumphus curulis*. Dans la suite on dérogea à cette exclusion des plébéiens. Quant à l'histoire des Triomphes, il ne faut pas attacher trop d'importance aux Fastes du Capitole, composés d'indications telles quelles, réunies sous le règne d'Auguste.

TRIPALMAIRE, adj. v. BALISTE T... V. MACHINE. V. MACHINE T...

TRIPAULT. v. NOMS PROPRES.

TRIPHALANGE, subs. fém. v. BATAILLON TRIANGULAIRE. V. MILICE GRECQUE Nº 6. V. PHALANGE GRECQUE.

TRIPLÉ, adj. v. PAS T...

TRIPLE ATTAQUE, subs. fém. v. ATTAQUE T...

TRIPLE CANON. V. CANON. V. CANON D'ARTILLERIE.

TRIPLE CHEVRON. V. CHEVRON. V. CHEVRON D'ANCIENNETÉ. V. HAUTE PAYE DE RENGAGEMENT. V. HAUTE PAYE DE T... V. RENGAGEMENT.

TRIPOLI, subs. masc. (B, 1). Minéral qu'on emploie pulvérisé pour nettoyer les parties en cuivre des ARMES. Le *Manuel d'infanterie* de BARDIN (1813), le *Dictionnaire* de COTTY (1822), GASSENDI (1819, aux mots *Nettoiement* et *Entretien*), enseignent les moyens de s'en servir.

TRIQUOISE, subs. fém. (F), ou TRI-COISE. Espèce d'ENGIN en forme de TENAILLES en usage avant l'invention de l'ARTILLERIE, et qu'on peut comparer au CORBEAU de la milice romaine.

TRITHÈME. V. NOMS PROPRES.

TROC (subs. masc.) de CAVALIER. V. CA-VALIER. V. CAVALIER DE TROUPE.

TROCADÉRO; TROIE. V. NOMS PRO-PRES.

TROIE, subs. fém. (F), ou TRUHIE, ou TRUIE. Machine de guerre usitée au moyen âge, espèce de CATAPULTE dont le nom vient de l'italien *troja*, TRUIE. On lit dans MORELLI que, en 1573, au siège de Chypre, les Gé-nois manquant de POUDRE, y suppléérent au moyen d'une TRUIE qui lançait des blocs pe-sant plus de deux mille cinq cents livres. DARU parle aussi d'une MACHINE semblable employée par les Vénitiens au siège de Zara, en 1341. GRASSI, qui parle également de cette machine, l'appelle *porca*. — Il est probable que le mot TREUIL, qui désigne une machine propre à soulever, est une corruption du mot TROIE, ou TRUIE. — On peut consulter à cet égard : BOREL, CARRÉ, dans sa *Panoplie*, FROISSARD, GANEAU.

TROIS, nom de nombre. V. BOULET DE CANON. V. FUSÉE DE T...

TROIS CORNES. V. CORNE.

TROIS QUARTS de CONVERSION. V. FACE EN ARRIÈRE EN BATAILLE.

TROIS RANGS. V. CAPITAINE EN ROUTE. V. FEU DE T...

TROISIÈME, adj. numéral. v. BATTERIE EN T... V. COLONEL EN T...

TROISIÈME BATAILLON. V. BATAILLON. V. FANION TACTIQUE. V. POMPON.

TROISIÈME CAPITAINE. V. CAPITAINE. V. CAPITAINE DE GRENADIERS N° 2. V. CAPITAINE D'INFANTERIE FRANÇAISE DE LIGNE N° 7.

TROISIÈME CHEF DE BATAILLON. V. CHEF DE BATAILLON D'INFANTERIE FRANÇAISE DE LIGNE.

TROISIÈME CHEVRON. V. CHEVRON. V. HAUTE PAYE DE CHEVRON.

TROISIÈME CLASSE. V. CLASSE. V. SOUS-INTENDANT DE T...

TROISIÈME COMPAGNIE. V. CAPITAINE D'INFANTERIE FRANÇAISE DE LIGNE N° 7. V. COM-PAGNIE.

TROISIÈME LIGNE. V. ARRIÈRE-GARDE D'ARMÉE. V. FEU D'INFANTERIE. V. FORTERESSE. V. LÉGION ROMAINE. V. LIGNE. V. ORDRE DE BA-TAILLE. V. RÉSERVE.

TROISIÈME LIGNE DE CAVALERIE. V. CA-VALERIE. V. DIVISION DE CAVALERIE. V. LIGNE DE CAVALERIE.

TROISIÈME PARALLÈLE. V. PARALLÈLE. V. TRANCHÉE.

TROISIÈME PELOTON. V. FACTIONNAIRE. V. PELOTON.

TROISIÈME PORTE-AIGLE. V. ESPONTON. V. PORTE-AIGLE.

TROISIÈME RACE. V. NOMS PROPRES.

TROISIÈME RANG DE CAVALERIE (F). Rang dont il est difficile d'indiquer la date de la création, puisque, au temps de la LANCE FOURNIE, c'eût été pour les CHEVALIERS une sorte de honte de n'être pas placés au PRE-MIER RANG. Aussi, si les usages du temps com-portaient un SECOND RANG, n'était-il formé que d'ARCHERS A CHEVAL. Si les usages com-portaient un Troisième rang, il se compo-sait de VALETS.

TROISIÈME RANG D'INFANTERIE (G, 6). C'est une grande question en fait de TACTI-QUE D'INFANTERIE, d'ÉVOLUTION et d'ORDON-NANCE D'EXERCICE D'INFANTERIE, que l'emploi, ou la conservation, ou la suppression du Troisième rang. Les ÉCRIVAINS et les différen-tes ARMÉES ne sont pas encore tombés d'ac-cord à cet égard. — On lit dans LAS-CASES (t. VII), *que* BONAPARTE *voulait qu'on don-nât plus de consistance au Troisième rang, ou qu'on le supprimât.* Le peu de développement de ces propositions contra-dictoires éclairait peu la question, et si on le supprimait, il faudrait imaginer un nou-veau moyen d'OUVRIR LES RANGS et de faire le PAS EN ARRIÈRE. — GOUVION SAINT-CYR (1829) dit : *Ce n'est pas exagérer de dire que le troisième rang met hors de combat le quart des hommes blessés dans une af-faire; cette évaluation n'est pas portée assez haut s'il s'agit d'une troupe com-posée de recrues.* Il faut n'avoir pas com-battu dans les RANGS de l'INFANTERIE pour exagérer à ce point l'inconvénient de son FEU dans le cours d'un combat. — Les rè-glements anglais regardent les HOMMES DU TROISIÈME RANG comme destinés, un jour d'affaire, à alimenter les RANGS antérieurs à mesure de leur affaiblissement ou disloca-tion. Ainsi, cette MILICE résout cette ques-tion indécise en FRANCE : c'est aux dépens de la PROFONDEUR, et non du FRONT, que doit se maintenir ou se compléter la LIGNE DE BATAILLE. — D'autres MILICES, telles que les MILICES AUTRICHIENNE, BAVAROISE et PRUSSIENNE, regardent les HOMMES de ce RANG comme de-vant être employés en TIRAILLEURS. — La MILICE RUSSE regarde les HOMMES DU TROISIÈME RANG comme devant remplir les vides lais-sés par le départ des hommes du SECOND RANG

se portant en TIRAILLEURS. — Les MILICES AN-
GLAISE, ANGLO-AMÉRICAINE et SUISSE ont aboli le
Troisième rang. — L'absence de Troisième
rang modifie, en quelques points, le tracé et
la méthode pour OUVRIR LES RANGS au moyen
du PAS EN ARRIÈRE. — D'autres questions
concernent les principes à suivre s'il s'agit
de MARCHER EN COLONNE PAR LE TROISIÈME
RANG, ou d'exécuter certaines contre-mar-
ches et ABDUCTIONS, certains SERREMENTS DE
COLONNE, PASSAGE DE DÉFILÉ EN RETRAITE, PAS-
SAGE D'OBSTACLE EN RETRAITE et MARCHE DE BA-
TAILLON EN BATAILLE; d'observer l'ACCOUDE-
MENT, d'AJUSTER le feu. — D'autres difficultés
tiennent à l'exécution des feux. S'il s'agit du
FEU DE DEUX RANGS, ou FEU DE FILE, autrefois
appelé FEU DE BILLEBAUDE, le Troisième rang
ne TIRE pas, mais passe le fusil, sans armer,
au SECOND RANG; de telle sorte qu'en chaque
file l'HOMME du second RANG, après le premier
COUP TIRÉ, fasse feu avec le fusil de l'HOMME
du Troisième rang, recharge et tire de nouveau, continuant ainsi, alternativement et
sauf le premier feu, à FAIRE FEU deux fois avec
chaque arme avant de l'échanger. — Lorsque
quelques circonstances s'opposent à ce que
les COMMANDEMENTS généraux, soit d'avertissement, soit d'exécution, puissent être nette-
ment entendus, les ADJUDANTS-MAJORS et AD-
JUDANTS, se tenant en bataille à quelque
distance en arrière du Troisième rang, ont
charge de répéter ces COMMANDEMENTS. —
S'il s'agit d'OUVRIR LES RANGS, l'ADJUDANT assure la position des SERGENTS DE REMPLACE-
MENT et du CAPORAL D'ENCADREMENT destinés à déterminer l'ALIGNEMENT du Troisième rang. — Dans la MARCHE EN BATAILLE
EN RETRAITE, l'ADJUDANT-MAJOR et l'ADJUDANT
se tiennent devant le Troisième rang; le
PORTE-DRAPEAU et les deux CAPORAUX du Troisième rang de sa GARDE le devancent de huit
pas pour contribuer à la conservation du PAS
CADENCÉ. L'ALIGNEMENT du Troisième rang
est alors surtout une conséquence de l'ALI-
GNEMENT DES SERRE-FILES. — Dans une MAR-
CHE EN COLONNE, sous l'empire des anciens
règlements, le côté vers lequel se plaçaient
les HOMMES DU TROISIÈME RANG, en cas d'AB-
DUCTION, était une des règles qui détermi-
naient la forme et l'exécution de l'ABDUC-
TION. — Originairement, le Troisième rang
s'est composé d'ESCOUADES spécialement désignées à cet effet; mais il cessa bientôt d'en
être ainsi. — Il a été longtemps de principe
que les ALIGNEMENTS INDIVIDUELS ne pouvaient
ni se démontrer, ni se pratiquer par le Troisième rang, parce que l'ACCOUDEMENT des
hommes qui composaient le RANG d'après
un système de FORMATION DE RANG DE TAILLE,
aujourd'hui hors d'usage, exigeait moins

d'espace pour le FRONT que pour la queue des
FILES, ce qui contrariait les règles les plus
élémentaires de l'ALIGNEMENT DE BATAILLON.
Les formes préférables du PELOTONNEMENT,
longtemps mal décidées dans les ordonnances, ont modifié l'arrangement du Troisième
rang depuis 1831, et rendu praticable ce
qui ne l'était pas. — Il résulte de ce qui précède que la MARCHE par le Troisième rang
avait été une des grandes difficultés en fait
de règles à poser. Si cette MARCHE s'exécu-
tait EN BATAILLE, cela s'appelait RENVERSER la
LIGNE; mais, de 1791 à 1831, il avait été
reçu de ne jamais marcher RENVERSÉ; si
la troupe était par subdivision, elle pouvait marcher invertie ou par INVERSION,
mais non le Troisième rang en avant.
Voilà pourquoi l'antique usage des RÉVER-
SIONS avait disparu dans les temps modernes. — L'ORDONNANCE DE 1831 (1er mars)
en a décidé autrement, et trace des règles
pour les MANOEUVRES PAR LE TROISIÈME RANG.
— La manière de faire concourir le Troisième rang à FORMER LES HAIES avait été aussi
l'objet d'une longue incertitude, résolue par
le même document. — L'ESPACE du Troisième rang et des SERRE-FILES varie suivant
certaines circonstances. — Dans les usages
de la MILICE ROMAINE, les légions ont eu pour
Troisième rang les FÉRENTAIRES, les TRIAIRES;
mais ces systèmes ont été sujets, suivant les
temps, à de grandes variations. — L'IN-
FANTERIE FRANÇAISE, à raison de la difficulté
de tirer parti des FEUX du Troisième rang,
a essayé tour à tour des FEUX A DÉPLACEMENT,
des FEUX DE DEUX RANGS et DE QUATRE RANGS,
DE RANGS, DE TROIS RANGS, DE DEMI-BATAILLON,
A GÉNUFLEXION, et même du FEU EN AVAN-
ÇANT. — Pour éviter une partie des dangers
que le maréchal GOUVION a attribués au feu
du Troisième rang, il n'était point d'usage,
durant les guerres de l'empire, que les HOM-
MES de ce RANG, qui avoisinaient l'ENSEIGNE
ou les ENSEIGNES, fissent feu. Voilà pourquoi
Napoléon avait donné aux PORTE-DRAPEAUX
ou PORTE-AIGLES un armement particulier,
destiné à leur défense personnelle. — Outre
les ÉCRIVAINS et les MILICES que nous avons
mentionnés, on peut consulter, quant au
Troisième rang, le *Journal de l'Armée*,
p. 155.

TROISIÈME SECRÉTAIRE. V. SECRÉTAIRE.
V. SECRÉTAIRE DE TRÉSORIER.

TROISIÈME SERGENT. V. CHEF DE SUBDI-
VISION ADMINISTRATIVE. V. COLONNE DE ROUTE.
V. GARDE DE DRAPEAU. V. GUIDE DE SUBDIVISION.
V. ORDONNANCE D'EXERCICE D'INFANTERIE. V.
SERGENT. V. SERGENT D'INFANTERIE FRANÇAISE
DE LIGNE N° 5. V. SOUS-LIEUTENANT N° 4. V.
TACTIQUE, subs.

TROISIÈME SUBDIVISION V. CHEF DE TROISIÈME SUBDIVISION. V. -SUBDIVISION.

TROISIÈME TAILLE. V. CHEMISE DE PETIT ÉQUIPEMENT. V. SOULIER. V. TAILLE.

TROISIÈME TOUR D'AVANCEMENT. V. AVANCEMENT. V. TOUR D'AVANCEMENT.

TROISIÈME TOUR DE SERVICE. V. SERVICE. V. SERVICE JOURNALIER. V. TOUR DE SERVICE.

TROMBLON, subs. masc. (F), ou ESPINGOLE, ou GUEULARD. Mot qui est une corruption de l'italien *trombone*, grosse trompette, parce que l'embouchure du Tromblon s'évase en manière de pavillon de TROMPETTE. — C'est maintenant une ARME A FEU qui se tire avec des BALLES qu'on appelle POSTES. M. MORITZ-MEYER mentionne pour la première fois ce mot, à la date 1504. Il se rendait en allemand par *streubuechsen*. Les Nurembergeois en avaient, à Altendorf, qui jetaient cent livres de pierres. — Ainsi c'était d'abord une arme lançant des pierres, qui devint en ORIENT une arme lançant des BALLES. — Les MAMELOUCKS l'avaient conservé et l'avaient donné aux ESPAGNOLS, qui l'appelaient *trabucco*, qu'on a traduit par TRABUCHET. Les GUÉRILLAS et les brigands d'ESPAGNE en avaient continué l'usage. — De nos jours, la MILICE TURQUE se servait encore du Tromblon; mais dans l'Occident, ce n'est plus qu'une arme de parade ou de curiosité, après avoir été une arme de SAPEUR D'INFANTERIE.

TROMBON, subs. masc. v. TROMBONE.

TROMBONE, subs. masc. (G, 6), ou POSAUNE, suivant CARRÉ (1785, E), ou SAQUEBUTTE, ou TROMBON, ou TROMBONNE. Mot que ROQUEFORT, au mot *Trompette*, dérive de l'allemand *drumbon*, *drombete ;* mais qu. paraît une pure traduction de l'augmentatif italien *Trombone*, signifiant INSTRUMENT DE MUSIQUE à tube glissant. Son usage est peu ancien; aussi J.-J. ROUSSEAU n'en fait-il pas mention dans les AIRS DE MUSIQUE militaire qu'il a composés. Maintenant il est devenu indispensable dans l'exécution des fanfares. — L'ENCYCLOPÉDIE (1785, C), dit cependant qu'il n'était point inconnu des Latins, qui le nommaient *tuba ductilis ;* il y en avait, suivant elle (au mot *Musique*), dans le dernier siècle, de quatre espèces. — Le Trombone n'a commencé à être mentionné dans les ordonnances militaires que depuis la restauration, et son genre grammatical est resté incertain; l'ACADÉMIE, cependant, le fait masculin. Mais plusieurs écrivains l'ont fait féminin; si cette règle était admise, il faudrait entendre, par le mot fémi-

nin, le Trombone instrumental, et par le masculin, le Trombone idioptique. — V. INSTRUMENT DE CUIVRE.

TROMBONNE, subs. masc. v. TROMBONE.

TROMPE, subs. fém. v. DAN CONTRE LES DETTES. V. BUCCINE. V. COR DE CHEVALIER. V. FANFARE. V. INSTRUMENT DE MUSIQUE MILITAIRE. V. MILICE SUISSE N° 6. V. MUSIQUE. V. NACAIRE. V. SONNERIE. V. TOURNOI. V. TROMPETTE. V. TROMPETTE IDIOPLIQUE.

TROMPETTE, subs. fém. (F), ou TREBLE suivant ROQUEFORT. DUCANGE dérive ce mot du latin barbare *trompa*, ou de l'italien *tromba*, *trombetta*. MÉNAGE le tire du grec *trombos* (*turbo*), conque qui servait d'abord de Trompette ; d'autres lui trouvent une étymologie celtique. BARBAZAN prétend que le mot a été employé par harmonie imitative, et PASQUIER affirme que de son temps on en appelait *tarautara* la sonnerie. — L'usage de la Trompette était connu des FRANCS. — JOINVILLE appelle TROMPE celle dont on se servait dans la croisade de 1248. Les anciens romans la nomment ARAINE, parce qu'elle était d'AIRAIN. Ce nom figure dans une ordonnance de PHILIPPE LE BEL (1306). — Le rhéteur POLLUX prétendait, il y a près de vingt siècles, que cet INSTRUMENT était d'invention toscane ou tyrrhénienne. — Homère ne parle point de Trompettes dans ses récits; on peut donc croire qu'elles n'étaient point en usage de son temps chez les GRECS. Mais plus anciennement elles étaient connues des HÉBREUX et des ÉGYPTIENS. La Bible nous l'enseigne ; et les bas-reliefs de Thèbes, en Egypte, nous montrent des Trompettes donnant aux troupes les signaux, appelant aux armes, conduisant les combattants à la charge. — On a fait dans l'antiquité usage de Trompettes composées de divers ossements d'animaux. — Les Trompettes des GRECS, dit ROBINSON, étaient de six espèces qu'il décrit ; d'après son témoignage, celles de la phalange grecque se nommaient SALPIGÈTES. — FURETIÈRE et CARRÉ (1785) parlent de la LITUE comme d'une sorte de Trompette. Et, en effet, les instruments des anciens nommés *cornua*, *litui*, *tubæ*, étaient les variétés d'un même genre. — Les Romains en connaissaient trois espèces : la droite, *tuba directa*, la courbe, *tuba curva* ou *lituus*, la circulaire, *buccina* ou *buccinum*. Une quatrième Trompette, que mentionne VÉGÈCE, était en usage sous Valentinien le Jeune, c'était la corne de buffle. — Les TARTARES sonnaient la charge au moyen d'une Trompette nommée *tapa ;* elle a trois mètres de long ; il faut la porter à deux hommes ; elle est soutenue sur une fourche ; elle est la basse du CLAIRON. — Selon BOREL, au mot *Bosine*, les Trompettes de l'infanterie de la MILICE ROMAINE jouaient quelquefois en même temps que la BUCCINE et le CORNET INSTRUMENTAL, mais la destination spéciale des Trompettes était d'ordonner la CHARGE, ou la retraite, ou les travaux, ou les revues. Suivant VÉGÈCE, la Trompette sonnait pour la charge ou la retraite, et il prétend que dans ce cas les CORNETS et les CORS n'avaient d'autre objet que d'augmenter le bruit, et que, hors de ces cas, le CORNET et le COR ne donnaient point de signaux aux SOLDATS, mais seulement aux ENSEIGNES, tandis que la Trompette faisait marcher les SOLDATS sans les ENSEIGNES. Toutefois, après cette assertion, le même AUTEUR, se démentant lui-même, ou confondant peut-être des usages ou des époques diverses, dit que la Trompette servait pour indiquer les POSES, et que le COR ou CORNET annonçait l'instant de RELEVER LA GARDE. En général, on manque de renseignements clairs et satisfaisants, et sur le genre des INSTRUMENTS des anciens et sur leur destination, qui probablement aura changé plus d'une fois. — Une Trompette s'est appelée *lituus*, mot qui signifiait aussi bâton augural. Il reste douteux si c'est l'INSTRUMENT qui a donné son nom à cette crosse antique, ou si c'est l'inverse ; mais nous tiendrions plutôt pour ce dernier avis, parce que le bâton, d'abord pastoral et ensuite augural, doit avoir été plus primitif. Toujours est-il que la forme de ces deux *lituus* avait de l'analogie ; ainsi, la Trompette nommée *lituus* tenait le milieu entre celle qu'on appelait *tuba* et le COR ou CORNET nommé *cornu*. Le *lituus* n'était pas droit comme la Trompette, il n'était pas arrondi comme le COR, mais il paraît que seulement son PAVILLON déviait de la ligne droite et se recourbait en crosse. — Le commentateur d'HORACE attribue plus particulièrement la Trompette *tuba* à l'INFANTERIE, et le *lituus* à la CAVALERIE. On conçoit que les hommes à cheval auraient été embarrassés d'une Trompette trop grande, et d'ailleurs des sons plus perçants convenaient peut-être mieux au tumulte de la cavalerie. — En effet, STACE nous apprend que le son du *lituus* était plus aigu :

Et lituis aures circumpulsantur acutis.

— On lit dans LUCAIN (Pharsale, liv. Ier) ce vers :

Stridor lituum, clangorque tubarum.

— Barthius, commentateur de Guillaume le Breton, est d'avis que la Trompette, *tuba*,

donnait le SIGNAL du combat, et le *lituus* celui de la retraite : il règne sur toutes ces questions beaucoup de doutes et de contradictions. — FESTUS nous apprend que le joueur de *lituus* s'appelait *liticen ;* les Romains nommaient *tubicen*, et peut-être *tubator*, le sonneur de Trompette ; quant au joueur de CORNET, il s'appelait *cornicen*. Notre langue plus pauvre se sert du même mot pour indiquer l'INSTRUMENT et celui qui l'emploie, ou TROMPETTE IDIOPLIQUE. — Dans la TROMPETTE INSTRUMENTALE on appelle nœuds les parties du tube qui sont soudées ou qui peuvent se séparer, et potences les endroits par où elles se recourbent. Les deux principaux canons s'appellent branches. — La TROMPETTE CROMORNE paraît avoir été analogue à celle qu'on désigne sous le nom de Trompette parlante ou porte-voix. On en voit des images dans la colonne d'Antonin. Elles servaient à l'INFANTERIE comme à la CAVALERIE. — On s'est servi à la guerre, suivant ROQUEFORT, d'un COR ou d'une Trompette de petite dimension qu'on nommait GRAILE ou SOURDINE, de l'italien *sordina*, pour donner aux troupes campées l'ordre du départ à l'insu de l'ennemi. De là cette locution : décamper A LA SOURDINE. — La TROMPE d'Uri et celle d'Unterwalden, qui jouèrent un si grand rôle à GRANSON, MORAT, MARIGNAN, étaient deux énormes Trompettes en demi-lune, que la tradition, suivant M. DE BARANTE, regardait comme un don fait aux SUISSES par PEPIN et par CHARLEMAGNE. — Il est difficile de déterminer l'époque où les formes actuelles de la Trompette ont été adoptées. Le tombeau de LOUIS DOUZE nous montre des Trompettes sans potences, et quelques-unes dont la forme est particulière. Peut-être est-ce une fantaisie du statuaire. — WILLEMIN montre celles du quinzième siècle, qui sont en forme de CROMORNE, et longues de 4 à 5 pieds ; elles sont garnies de TABLIERS à fleurs de lis. Il en montre de plus anciennes qui sont recourbées comme les nôtres. — Celles dont on sonnait en 1600, et que représente GHEYN (1608, A), ne diffèrent ni par le TABLIER, ni par le CORDON, de celles que nous avons vues en usage de nos jours. — Les MOUSQUETAIRES DE LA GARDE, encore qu'ils eussent des TAMBOURS, avaient aussi des Trompettes. — L'invention des Trompettes à clef et quelques autres perfectionnements ont été une révolution d'une certaine importance en MUSIQUE MILITAIRE, et ont donné, dans les corps de CAVALERIE, plus d'étendue et de variété aux AIRS DE MUSIQUE. V. BAN DE PUBLICATION. V. BANDEROLE DE T... V. BASSON. V. BOCAL. V. CARROUZE. V. CAVALERIE N° 5. V.

CAVALERIE FRANÇAISE N° 4, 8. V. CLAIRON INSTRUMENTAL. V. CÉLEUSTIQUE. V. CYMBALE. V. DÉFENSE DE CONVOI. V. DÉSERTION. V. DONNER DE LA T... V. DRAGON FRANÇAIS ; id. N° 4. V. EMBOUCHURE DE T... V. FACTION V. FANFARE. V. FAPIFARE. V. FOUET INSTRUMENTAL. V. GROSSE CAVALERIE N° 4. V. GUET DE PARIS. V. HARPE DE MUSIQUE MILITAIRE. V. HÉRAULT. V. HONNEURS FUNÈBRES. V. INSTRUMENT A VENT. V. INSTRUMENT DE CUIVRE. V. JUGEMENT DE DIEU. V. LIVRÉE. V. MANIFESTE. V. MILICE BAVAROISE N° 3. V. MILICE CHINOISE N° 5. V. MILICE ROMAINE N° 7, 10. V. MILICE RUSSE N° 4. V. MILICE TURCO-ÉGYPTIENNE N° 5. V. MUSIQUE. V. PAVILLON DE T... V. SACQUEBUTTE. V. SIGNAL. V. SIGNAL INSTRUMENTAL. V. SISTRE. V. SOLDAT. V. TAMBOUR INSTRUMENTAL.

TROMPETTE CROMORNE. V. BUCCINE. V. CROMORNE. V. TROMPETTE.

TROMPETTE d'ARTILLERIE. V. MILICE SYKE N° 5.

TROMPETTE de HUSSARD. V. HUSSARD N° 4. V. CAVALERIE FRANÇAISE N° 5.

TROMPETTE ENNEMI, subs. masc. (E, 4 ; H, 1). L'ORDONNANCE DE 1768 (tit XI, art. 86) détermine les règles à suivre pour leur admission dans une PLACE DE GUERRE.

TROMPETTE GREC. V. HÉCATONTARCHIE. V. MILICE GRECQUE N° 67. V. OURAGUE.

TROMPETTE IDIOPLIQUE, subs. masc. (A, 1). HOMME DE TROUPE, OU MUSICIEN, qui doit être considéré comme appartenant plus particulièrement aux CORPS DE CAVALERIE. — Au MOYEN AGE il se nommait TROMPILLE ou TROMPEUR, parce qu'il *trompait*, ou DONNAIT de la TROMPE, ou CORNAIT, ou SONNAIT. Le fabricant de TROMPETTES, en latin *tubarius*, s'appelait aussi TROMPEUR ; et, suivant ROQUEFORT, dont l'assertion demanderait à être éclaircie, on nommait Trompettes ceux qui lançaient des POTS-A-FEU appelés TROMPES. — Au temps de RABELAIS, comme on le voit dans cet auteur, on appelait CASAQUIN leur CASAQUE qui était *descouppé et doublé de toille d'argent*. — L'ORDONNANCE d'habillement DE 1767 appelait encore CASAQUE leur HABIT et celui des TIMBALIERS. Dans nos anciens usages, ils montaient ordinairement un CHEVAL BLANC, comme accompagnant les ROIS et HÉRAUTS D'ARMES, et étant, par cette monture, visibles de plus loin quand ils sont envoyés en PARLEMENTAIRES. — Dans les CORPS DE CAVALERIE ils sont sous la direction d'un TROMPETTE-MAJOR. V. DÉCLARATION DE GUERRE. V. ENFANT D'HOMME DE TROUPE N° 1. V. HABIT DE LIVRÉE.

TROMPETTE INSTRUMENTALE. V. CAMPEMENT TACTIQUE. V. CLAIRON INSTRUMENTAL.

V. HÉRAUT D'ARMES N° 4. V. SOURDINE. V. TABLIER DE TROMPETTE. V. TOURNOI. V. TROMPETTE.

TROMPETTE - MAJOR. V. TROMPETTE IDIOPLIQUE.

TROMPETTE PORTUGAIS. V. MILICE PORTUGAISE N° 1. V. PORTUGAIS, adj.

TROMPEUR. V. TROMPETTE IDIOPLIQUE.

TROMPILLE. V. RÉGIMENT DE PRINCE. V. TROMPETTE IDIOPLIQUE.

TRONIÈRE, subs. fém. (G, 2, 4). Nom donné, suivant GANEAU, à des EMBRASURES d'artillerie.

TRONSON. V. NOMS PROPRES.

TROP LONGUE ABSENCE. V. ABSENCE. V. LONGUE ABSENCE.

TROP PERÇU, subs. masc. (B, 1). Une DÉCISION DE 1835 (5 JANVIER) en traite. V. BALANCE. V. CIRCULAIRE DE 1832 (31 MARS). V. CONSOMMATION DE DÉCOMPTE. V. DÉCOMPTE. V. DÉCOMPTE DE LIQUIDATION. V. DISTRIBUTION DE DENRÉES. V. FEUILLE DE JOURNÉES DE COMPAGNIE. V. LECOUTURIER (1825). V. MINISTÈRE DE LA GUERRE. V. MOINS PERÇU. V. PAYE. V. PERÇU. V. PRESTATION. V. RATION. V. REVUE ÉCRITE.

TROP PERÇU DE SOLDE. V. SOLDE.

TROPPAU; TROSBERG. V. NOMS PROPRES.

TROT. V. ARMURE. V. CAVALERIE FRANÇAISE N° 7. V. CHARGE DE CAVALERIE. V. CHEMINEMENT ÉQUESTRE. V. LECOUTURIER (1825). V. PAS ACCÉLÉRÉ.

TROU. V. A TROUS. V. COR A TROUS.

TROU A ARDILLON. V. COURROIE DE CHARGE.

TROU A CARTOUCHE. V. COFFRET D'ÉTUI DE HACHE. V. COMPARTIMENT DE GIBERNE. V. FIOLE A HUILE. V. GIBERNE.

TROU à JOUR du PLOMB (G , 1). Il était pratiqué vers le centre de l'ENVELOPPE de la PIERRE, à l'effet de servir d'encastrement à la TIGE de la VIS A TÊTE PERCÉE.

TROU à PIVOT DE BRIDE. V. BRIDE DE NOIX.

TROU à VIS DE BRIDE. V. BRIDE DE NOIX.

TROU à VIS DE GACHETTE. V. BRIDE DE NOIX.

TROU à VIS DE ROSETTE. V. ROSETTE.

TROU de BALLE. V. CIBLE.

TROU de BASSINET (G, 1). Est destiné au passage de la VIS DE BASSINET. V. ŒIL.

TROU de BOULET. V. COUP DE BOULET. V. PÉTARD CATABALISTIQUE.

TROU de CORPS DE PLATINE. V. CORPS DE PLATINE DE FUSIL. V. GASSENDI (1819).

TROU de CUIRASSE. V. CHEVALIER DU MOYEN

AGE N° 4. V. CUIRASSE DE FER PLEIN. V. ESPADON.

TROU de GIBERNE. V. DEMI-GIBERNE.

TROU de GRAND CERCLE. V. GRAND CERCLE DE CAISSE.

TROU de LOUP (E, 6 ; G. 4). Sorte de CHICANES, de DÉFENSES ou d'OBSTACLES extérieurs. On voit dans AMIOT (1782, O) que, dès les temps les plus reculés, les CHINOIS faisaient usage de diverses sortes de TRAPPES où s'abîmaient hommes et chevaux. Ces TRAPPES ne sont pas autre chose que des Trous de loup ou PUITS militaires. — Les ITALIENS nous ont emprunté cet usage et ont traduit le mot par *tuchi di lupo.* — Ce sont des FOSSÉS qui servent à la DÉFENSE de certains OUVRAGES DE CAMPAGNE; quelquefois on les dispose en quinconce; quelquefois, pour rendre plus meurtrière la chute des cavaliers, on arme le fond des Trous avec des pieux pointus, qu'on nomme CORNES DE CERF. En cet état ils s'appellent TROUS PIQUETÉS. — Quand on en a reconnu, on les jalonne après les avoir sondés, et pour les indiquer aux survenants ou s'en préserver soi-même au retour, on y plante des branchages avec leurs feuilles. — L'ASSIÉGEANT creuse quelquefois aussi des Trous de loup en avant des ATTAQUES DE SIÉGE, OU ATTAQUES DE FRONT DE PLACE. Ce sont, dans ce cas, des Trous de deux mètres de profondeur, où se cachent des TIRAILLEURS, devant lesquels sont placés, comme parapets et embrasures, des SACS A TERRE. Ces Trous se font de nuit; les TIRAILLEURS y restent vingt-quatre heures avec des vivres et des munitions; ils ont ordre de tirer sur les hommes qui se montrent au rempart, et principalement sur les canonniers qu'ils apercevraient. On emploie ces Trous de loup jusqu'à l'instant où l'on peut DÉMASQUER LES BATTERIES et OUVRIR LE FEU. Ce fut ainsi qu'en usa CHASSELOUP au siége de PESCHIERA, en l'an neuf. — En 1832, des Trous de loup, entremêlés de pierres de taille semées avec un désordre calculé, défendaient les ABORDS de la GORGE de la LUNETTE Saint-Laurent, prés d'ANVERS. — Dans son insurrection, Varsovie, en la même année, avait comme DÉFENSE des Trous de loup. Les POLONAIS n'avaient pas eu le soin de les garnir de pieux. Les TIRAILLEURS russes s'y jetèrent, et de là ils tuèrent, sans danger pour eux-mêmes, une partie des défenseurs des remparts. V. ATTAQUE DE POSTE. V. CHAUSSE-TRAPE. V. CHEMIN MILITAIRE. V. GASSENDI (1819). V. LECOUTURIER (1825). V. LIGNE FORTIFIÉE. V. MECISZENSKI. V. PUITS DE FORTIFICATION. V. REDOUTE DE CAMP RETRANCHÉ. V. YPOCLASTE.

TROU de MINEUR (G, 4). Suivant l'ancien usage, avant d'entreprendre la DESCENTE DU FOSSÉ, on portait au pied du rempart, des madriers, des poutres recouvertes de fer-blanc, et l'on en formait une espèce de loge à l'abri de laquelle pût travailler le MINEUR et faire son Trou. Maintenant, et depuis les perfectionnements apportés par VAUBAN (1742, B) à l'art des MINES OFFENSIVES, le Trou se fait à COUPS DE CANON. L'endroit choisi pour l'ATTACHEMENT DE MINEUR est ordinairement le milieu d'une FACE DE BASTION. Le percement du Trou est précédé de l'occupation du CHEMIN COUVERT, de la rupture des FLANCS qui AURAIENT DES VUES sur le point insulté, de la DESCENTE et du PASSAGE DE FOSSÉ, et de la construction d'un LOGEMENT A FEU, où se tient un poste d'une vingtaine d'hommes. V. ESCARPE. V. FOSSÉ DE FORTERESSE.

TROU de RESONNANCE (B, 1). Ouverture pratiquée au FUT de la CAISSE DE PERCUSSION, OU TAMBOUR INSTRUMENTAL, à l'effet de lui donner de la sonorité. Ce Trou a huit millimètres de diamètre; il est percé dans le prolongement de la ligne sur laquelle sont situés les Trous à rivets de GACHE; il est à une égale distance du bord supérieur et du bord inférieur du FUT.

TROU de RESPIRATION (F). Ouverture pratiquée aux bombes de CASQUES. Le *Spectateur militaire* (t. XIX, p. 255) les appelle, on ne sait pourquoi, *jours,* en traitant des SCHAKOS belges.

TROU de VIS DE BATTERIE. V. BATTERIE DE PLATINE. V. OEIL.

TROU d'ÉTOFFE. V. ÉTOFFE D'HABILLEMENT. V. MARCHÉ D'HABILLEMENT.

TROU d'INSTRUMENT A VENT. V. INSTRUMENT A VENT.

TROU PIQUETÉ. V. TROU DE LOUP.

TROUBADOUR, subs. masc. (F), ou TORBADOR, suivant VELLY (t. VIII), OU TROUVEOR, OU TROUVEUR, OU TROUVÈRE, OU TROUVERSE, OU TROUVEUR, suivant l'ENCYCLOPÉDIE (1751, C). Poëtes provençaux d'outre-Loire, dont les écrivains des derniers siècles ont exhumé certaines compositions. — Il a été de mode d'exalter le mérite des Troubadours, à qui l'on ne devrait, suivant ROQUEFORT, que *quelques médiocres chansons d'une assoupissante monotonie.* — Il a été ensuite de bon goût de préconiser les TROUVÈRES, ou poëtes des provinces plus septentrionales de la France; BARBAZAN, FAUCHET, PASQUIER, LEGRAND D'AUSSY, ROQUEFORT, se sont montrés leurs panégyristes. — Les littérateurs des bas siècles, quelques noms qu'ils aient portés, ont été en grande partie de vils parasites, distribuant des louanges et imaginant ou récitant des contes pour payer leur écot dans les châteaux et y amuser les loisirs des grands. Il s'en est trouvé cependant un petit nombre d'un esprit indépendant ou d'une extraction élevée, dont les œuvres ou les satires sont de curieux monuments; parmi eux ont figuré des souverains. — Tout ce qu'on sait des choses militaires du MOYEN AGE est sorti des souvenirs que nous ont laissés les Troubadours ou les TROUVÈRES; s'ils ne fournissent que des renseignements incomplets ou sans liaison, c'est qu'ils n'ont jamais traité leurs sujets dans un esprit didactique ou réellement historique. Quoi qu'il en soit, ils donnent les seules lumières qui puissent éclairer des temps dépourvus d'historiens graves et de professeurs spéciaux. — Le nom des Troubadours et celui des TROUVÈRES ont la même origine; le premier a pris la désinence méridionale, l'autre celle des substantifs du nord de la FRANCE. Le mot provençal *trobador*, ui signifie inventer, ou trouveur, et les verbes *trovoir, trover, truever*, signifiant trouver, inventer, donnent indubitablement la racine de l'un et de l'autre de ces noms. Nous partageons donc cette opinion de M. FAURIEL (*De l'origine de l'épopée chevaleresque du moyen âge*, 1832), que la distinction établie par quelques écrivains entre Troubadours et TROUVÈRES est imaginaire et résulte d'une méprise. — Dès le douzième siècle il existait des Troubadours en Espagne sous le nom de *trobadores, y juglores* (jongleurs), *y bufones* (bouffons). — La Provence avait été leur berceau. Elle eut des Troubadours avant les CROISADES; ils composaient des poésies lyriques qu'ils chantaient ou faisaient chanter; c'est en quoi ils différaient des TROUVÈRES. Ces poëtes chantants et parasites vont désennuyer les BARONS en leur débitant de petits poëmes rimés en LANGUE ROMANE. Quelquefois ils marchent à la GUERRE, et ce sont eux qui se chargent d'y entonner les CHANTS MILITAIRES. — MÉNESTRIER cite des TOURNOIS où ils se présentaient couronnés de plumes de paon, parce que le paon était l'oiseau de la CHEVALERIE, l'oiseau des vœux ou serments publics. — Le onzième et le douzième siècle ont été l'époque du triomphe des Troubadours. Ceux qui ne chantaient pas se faisaient accompagner par les MÉNESTRELS. On a souvent pris cependant Troubadours pour MÉNESTRELS, mais les Troubadours tenaient le premier rang. — En 1144, LOUIS SEPT les comble de faveurs et de dons. Sous le règne de PHILIPPE AUGUSTE, la licence de leurs mœurs amène leur expulsion de FRANCE, ainsi que celle des

MÉNESTRELS. — Au dire de l'ENCYCLOPÉDIE (1751, C), les Troubadours ne seraient apparus qu'au douzième et au quatorzième siècle; leurs poésies auraient été en grande estime; ils auraient brillé de 1120 à 1382. Nous pensons qu'ils précédèrent la première de ces deux époques. — Au nombre des plus anciennes poésies qui nous sont restées se trouvent celles que composait, vers la fin du onzième siècle, GUILLAUME neuf, comte de POITOU; probablement, comme le remarque M. SISMONDI, ce prince en avait appris les règles de Troubadours plus anciens. — Les Troubadours ou chantres d'amour de l'ALLEMAGNE se nommèrent MINNESÆNGER. — On peut consulter sur ce sujet Fontenelle (*Histoire du théâtre français*), MORERI, PASQUIER, RAYNOUARD, VELLY, le *Dictionnaire de la Conversation* et le *Mémorial encyclopédique*, n° 56, p. 465. V. CHEVALERIE D'AFFILIATION. V. CHEVALIER DU MOYEN AGE. V. JONGLEUR. V. LACURNE. V. LANGUE FRANÇAISE. V. LANGUE ITALIENNE. V. LANGUE ROMANE. V. MUSICIEN. V. PREUX.

TROUPE (troupes), subs. fém. (term. génér.), ou TROUPPE, comme l'écrit FURETIÈRE, ou RAISE, ou TORBE, ou TOURBE suivant BARBAZAN, qui dérive ce mot du latin *turba*. PASQUIER le dérive du latin barbare *tropus*, qui était employé dans les lois d'ALLEMAGNE. GÉBELIN rappelle qu'il a eu jadis pour synonyme TURBE, et croit qu'il vient du celtique *torp*, ou du latin *turba*. Suivant CASENEUVE il viendrait du bas latin *troppus*, troupeau, et suivant MÉNAGE, de *turba*, *trupa, trupum, trupellum*. DUTILLET prend ÉTABLIE comme synonyme de Troupe. Voici ce qu'il dit : *Le registre des comptes disant que c'est au connétable à ordonner toutes les établies, enseigne que le mot connétablie, écrit es chroniques, signifie établies et bataillons, parce qu'ils étaient établis en certains lieux et formes.* — Cette explication pourrait induire des lecteurs en erreur, d'autant qu'il n'existait pas de BATAILLONS au temps de DUTILLET, ou que du moins ce terme n'avait pas le sens actuel. — ÉTABLIE était synonyme de GARNISON; le CONNÉTABLE en déterminait la force et l'emplacement; mais il est vrai qu'on disait indifféremment une Troupe pour une GARNISON, ou une GARNISON pour une Troupe. — ROQUEFORT donne pour synonyme au mot Troupe le mot PARACIS et le substantif FOURQUE, dont il n'indique ni le genre ni l'origine. — CHAMBRAY (1827-1838) fournit la définition et du mot principal et de ses espèces. — Ce terme, d'une signification si étendue, a deux sens plus particulièrement distincts : l'un, général et absolu, par lequel on entend GROUPE MILITAIRE, AGRÉGATION armée, ensemble de COMBATTANTS sans distinction d'ARMES, de CORPS, ni de GRADES; ainsi on dit ADOSSER UNE TROUPE; être trop petite lui est moins préjudiciable que d'être trop grosse; sa force consiste dans l'union de la masse plus encore que dans la valeur des individus qui en font partie. — L'autre sens est restrictif et spécial; il désigne le personnel d'un CORPS RÉGIMENTAIRE, abstraction faite de ses OFFICIERS. Dans cette acception le mot Troupe comprend depuis l'ENFANT DE TROUPE jusqu'à l'ADJUDANT SOUS-OFFICIER. Tous les HOMMES DE TROUPE s'appellent ainsi depuis le jour de leur inscription sur un REGISTRE MATRICULE de CORPS, jusqu'au jour soit de la délivrance de leur CONGÉ ABSOLU, soit de la RADIATION des CONTROLES, soit de l'admission dans le CORPS D'OFFICIERS. — On a dit LEVER DES TROUPES; expliquons ce verbe LEVER. Dans le principe on LEVAIT BANNIÈRE, on la faisait flotter en signe de guerre; BANNIÈRE et Troupe sont devenues synonymes; de là LEVER BANNIÈRE et LEVER Troupe ont également signifié faire des dispositifs de GUERRE. — Le vieux mot AROUTER exprimait aussi LEVER DES TROUPES, former des hommes en Troupe. — Depuis des époques peu anciennes on a adopté l'expression ENLEVER LA TROUPE, pour signifier stimuler son élan, lui donner une vive impulsion, l'électriser devant l'ENNEMI. — On appelle TROUPES DE RENFORT celles qu'à la GUERRE on porte sur un point trop affaibli. — Potier (1780, X) témoigne qu'au temps des MORTE-PAYES, les Troupes d'ARMÉE prenaient RANG dans les FORTERESSES avant les Troupes de GARNISON, PRÉSÉANCE, à cette époque, fort explicable. — Le RANG des Troupes entre elles a été depuis l'objet de quantité de décisions et d'observations, et pourtant est resté mal déterminé. — L'ORDONNANCE DE 1768 (1er MARS), dans les formes qui ont en partie vieilli, avait tracé les règles de l'ARRIVÉE, de l'ASSIETTE DU LOGEMENT et du SERVICE DES TROUPES dans les PLACES DE GUERRE, ainsi que de leur DÉPART et des cas de PASSAGE et de SÉJOUR. — L'ORDONNANCE DE 1832 (3 MAI), sans inscrire le mot Troupes dans son titre même, a déterminé les bases et les détails de leur SERVICE EN CAMPAGNE. — L'ORDONNANCE DE 1833 (2 NOVEMBRE) a formulé les principes et les prescriptions de leur SERVICE INTÉRIEUR. — En dernier lieu, l'ordonnance de 1844 (10 mai) a rajeuni, coordonné ou posé les règles de l'ADMINISTRATION et de la COMPTABILITÉ des CORPS DE TROUPE. V. A L'ORDRE DEVANT LA T... V. ABRI. V. ACTION DE GUERRE. V. ADMINISTRA-

TION MILITAIRE. V. AILE DROITE. V. ALARME. V. ALIGNEMENT DE T... V. ALIGNER. V. ANCIEN DE T... V. ANCIEN D'UNE T... V. ARME BLANCHE DE T... V. ARME DE T... V. ARME PERSONNELLE Nº 2, 5. V. ARMÉ A LA LÉGÈRE. V. ARMÉE FÉODALE. V. ARMÉE FRANÇAISE. V. ARMÉE PERMANENTE. V. ARMEMENT. V. ARMEMENT DE T... V. ARMER EN GUERRE. V. ARMES ET BAGAGES. V. ARMOIRIES. V. ARRIVÉE DE T... V. ARROY. V. ASSEMBLÉE DE T... V. ATTAQUE DE GUERRE. V. ATTAQUE EN RASE CAMPAGNE. V. AUMONIER Nº 6. V. AVANTAGE D'ARMÉE. V. AVANT-GARDE DE T... V. AVOIR CHARGE. V. BANDE. V. BANDEROLE. V. BANNERET. V. BATAILLE. V. BATAILLE TACTIQUE. V. BATAILLON. V. BATIMENT DE T... V. BAUDRIER DE T... V. BÉNÉDICTION DE T... V. BILLET DE LOGEMENT EN GARNISON. V. BILLETER. V. BOIS DE LIT DE T... V. BONNET DE POLICE DE T... V. BOUTON DE GILET. V. BOUTON DE T... V. BUREAU DE POSTE AUX LETTRES. V. CANDIDAT. V. CAPOTE DE T... V. CARRION (1824, E). V. CAS D'ALARME. V. CASAQUE. V. CASSATION DE SOUS-OFFICIER. V. CATÉGORIE D'ARMÉE. V. CAVALERIE LÉGÈRE. V. CAVALIER DE T... V. CEINTURE DE T... V. CENT-SUISSE. V. CERCLE DE PARADE DE PLACE. V. CERNER. V. CHAMBRE DE T... V. CHAMP DE BATAILLE. V. CHAMP DE BATAILLE DE CANTONNEMENT. V. CHANDELIER DE TRANCHÉE. V. CHANGEMENT DE FRONT. V. CHAPEAU. V. CHAPERON. V. CHARBON DE TERRE. V. CHARGE DE CAVALERIE. V. CHARGE D'INFANTERIE. V. CHASSEUR D'INFANTERIE. V. CHAUFFAGE DE T... V. CHAUFFAGE EN ROUTE. V. CHAUSSURE DE T... V. CHEF DE DÉTACHEMENT DE GUERRE Nº 3, 4. V. CHEF DE T... V. CHEMIN MILITAIRE. V. CHEMISE DE PETIT ÉQUIPEMENT. V. CHEMISE DE T... V. CHEVAL DE T... V. CHEVALERIE D'AFFILIATION Nº 3. V. CHEVALIER DU MOYEN AGE Nº 7. V. CHEVELURE MILITAIRE. V. CHIRURGIEN - MAJOR D'INFANTERIE FRANÇAISE DE LIGNE Nº 10, 14. V. CIBLE. V. CIRCULATION CLINIQUE. V. CIRCULATION TACTIQUE. V. COALISÉ. V. COIFFE DE CHAPEAU. V. COIFFURE DE TAMBOUR-MAJOR. V. COIFFURE DE T... V. COIN TACTIQUE. V. COL DE T... V. COLONEL D'INFANTERIE FRANÇAISE DE LIGNE Nº 1. V. COLONEL GÉNÉRAL DE L'INFANTERIE; id. Nº 5. V. COLONNE DE ROUTE. V. COLONNE ÉPAGOGIQUE. V. COLONNE DE T... V. COLONNE MOBILE. V. COLONNE TACTIQUE. V. COMBAT. V. COMBAT STRATEUMATIQUE. V. COMBUSTIBLE MILITAIRE. V. COMMANDANT DE PLACE Nº 4, 5, 10. V. COMMANDANT SUPÉRIEUR. V. COMMANDEMENT D'AVERTISSEMENT. V. COMMANDEMENT DE T... V. COMMANDEMENT TACTIQUE. V. COMMISSAIRE DES GUERRES Nº 4, 5, 6. V. COMMUNES. V. COMPAGNIE. V. COMPAGNIE D'INFANTERIE FRANÇAISE DE LIGNE Nº 2, 3. V. COMPAGNIE SÉDENTAIRE. V. COMPARSE. V. COMPOSITION. V. COMTE. V. CONNÉTABLE Nº 8. V. CONSEIL DE LA GUERRE. V.

CONSIGNE DE POSTE AU CAMP. V. CONSIGNE DE
SENTINELLE DE FRONT DE CAMP. V. CONSIGNE
DE SENTINELLE EN CAMPAGNE. V. CONSTITUTION.
V. CONTINGENT. V. CONTRE-SORTIE. V. CONTRE-
VOLTER. V. CONVERSION PAR T... V. COR DE
CHASSE. V. CORACE. V. CORDEAU MÉTRIQUE. V.
CORDON DE BONNET. V. CORDON DE POSTES. V.
CORNETTE DE CASQUE. V. CORPS DE T... V. CORPS
D'ÉTAT-MAJOR. V. CORPS D'INTENDANCE N° 7.
V. CORPS ROYAL. V. CORPS SANS T... V. COR-
BOIS. V. COULEUR D'HABILLEMENT. V. COUP DE
BAGUETTE. V. COUP D'OEIL; id. N° 4. V. DE PIED
FERME. V. DÉBOITEMENT. V. DÉCÈS. V. DÉCOU-
VERTE. V. DÉFAIRE UNE T... V. DÉFILÉ. V. DÉFI-
LEMENT. V. DÉFILER. V. DÉGAGEMENT. V. DÉGAT.
V. DÉGRADATION DE CASERNEMENT. V. DEMI-
GIBERNE. V. DÉNOMBREMENT. V. DENRÉE DE DIS-
TRIBUTION. V. DÉPART DE CORPS. V. DÉPART DE
T... V. DÉROUTE. V. DÉSARMER UNE T... V.
DÉTACHEMENT DE T... V. DISCIPLINE MILITAIRE.
V. DIVISION MILITAIRE. V. DRAGON FRANÇAIS
N° 1. V. DRAGONNE DE T... V. DROMADAIRE.
V. DUANE (1810, E, au mot *Troop*). V.
ÉBRANLER UNE T... V. ÉCHELON ANGULAIRE. V.
ÉCHELONNER DES T... V. ÉCLAIRCIR UNE T... V.
ÉCLAIREUR. V. EFFET DE T... V. EN T... V. EN-
FANT DE T... V. ENFILER. V. ENFONCER. V.
ENGAGER UNE T... V. ESCARMOUCHE. V. ÉTAT DE
SITUATION. V. ÉTOUR. V. ÉVOLUTION. V. EXER-
CICE. V. EXERCICE DE T... V. EXPLORATEUR. V.
FACE DE T... V. FACTION. V. FAIRE MONTRE DE
SES FORCES. V. FEMME DE T... V. FEMME D'OF-
FICIER. V. FEU D'INFANTERIE. V. FEU EN MAR-
CHANT. V. FLANC DE T... V. FLANQUER. V.
FORCE ARMÉE. V. FORCE NUMÉRIQUE. V. FORMA-
TION DE T... V. FOURRAGE. V. FRONT DE T...
V. GALON. V. GÉNÉRAL. V. GILET DE T... V.
GLOBE TACTIQUE. V. GRANDE TENUE. V. HABIT
DE T... V. HAUT-DE-CHAUSSES. V. HOMME DE
TROUPE; id. N° 2. V. HOMME DE TROUPE D'HO-
PITAUX. V. INFANTERIE LÉGÈRE N° 1. V. INFES-
TER. V. INSPECTEUR DE T... V. INSPECTION DE
T... V. INSTRUCTION DE T... V. INSTRUMENT DE
MUSIQUE MILITAIRE. V. LECOUTURIER (1825).
V. LEVÉE DE T... V. LIGNE DE T... V. LIT DE
T... V. LIVRET D'EMPLACEMENT DE T... V. LO-
GEMENT DE T... V. MANCHE TACTIQUE. V. MA-
NOEUVRER UNE T... V. MARCHE DE T... V. MAS-
QUER UNE T... V. MASSE DE T... V. MILICE SUÉ-
DOISE N° 1. V. MONTER UNE T... V. MOUVEMENT
DE T... V. MOUVEMENT STRATÉGIQUE. V. OFFI-
CIER DE T... V. OUVRIR L'ENNEMI. V. OUVRIR
LES RANGS V. PANTALON DE T... V. PARADE DE
T... V. PENNON DE T... V. PERSONNEL DE T...
V. PISTOLET DE T... V. PHALANGE. V. PLIER. V.
POUDRE A FEU. V. PROTÉGER. V. QUADRILLE. V.
QUARTIER. V. QUARTIER DE T... V. RAMASSER
UNE T... V. RAMENER. V. RANG. V. RANG DE
T... V. RAPPORT. V. RASSEMBLEMENT DE T... V.
RÉCOMPENSE. V. REPLIER UNE T... V. REPLOYER

UNE T... V. RETRAITE. V. RETRAITE STRATÉU-
MATIQUE. V. REVUE DE T... V. RIDEAU DE T...
V. ROUT. V. SABRE DE T... V. SANS T... V. SÉ-
MANTIQUE. V. SERVICE DE T... V. SOULIER DE
T... V. TACTIQUE. V. TAMBOUR DE T... V. TÊTE
DE T...

TROUPE A CHEVAL (A, 1). *Dans cette
arme*, dit LESSAC (1789, E), *le cheval est
l'essentiel, l'homme n'est que l'accessoire.*
— Elle embrasse trois catégories : ARTILLE-
RIE A CHEVAL, CAVALERIE, TRAIN. V. A-VAU-
DE-ROUTE. V. AIDE MARÉCHAL GÉNÉRAL DES LO-
GIS. V. ALLOCATION. V. ARMATURE. V. ARME A
FEU PORTATIVE. V. ARMEMENT D'UNIFORME. V.
AVANCEMENT. V. AVOINE. V. CASTRAMÉTATION.
V. CAVALERIE. V. CAVALERIE FRANÇAISE N° 2, 7.
V. CAVALIER. V. CAVALIER DE TROUPE. V. CHE-
VAUX. V. CHIRURGIEN DE CORPS. V. COMPAGNIE
D'ORDONNANCE N° 2, 3. V. CORNETTE BLANCHE.
V. COSAQUE. V. CUIRASSE [AILÉE. V. CUIRASSIER.
V. DELATOUR (1514). V. DISTRIBUTION DE FOUR-
RAGE. V. DRAGON FRANÇAIS. V. ÉCHARPE MILI-
TAIRE. V. ÉQUESTRE. V. ESCADRON. V. ÉTAPE. V.
EXERCICE D'INFANTERIE. V. FORMATION CONSTI-
TUTIVE. V. FOURRAGE ARMÉ. V. FOURRAGE DE
DISTRIBUTION. V. FOURREAU DE SABRE. V. GALE.
V. GANT. V. GÉNIE IDIOPLIQUE. V. GRAND MAITRE
DES ARBALÉTRIERS. V. GUET DE PARIS. V. GUIDON
AGRÉGATIF. V. HABILLEMENT. V. HALLEBARDE. V.
MALANDRIN. V. MAMELOUCK. V. MILICE FRAN-
ÇAISE N° 2. V. MILICE GRECQUE N° 1. V. MOUS-
QUET. V. MUSIQUE. V. PISTOLIER. V. QUARTIER
DE CAVALERIE. V. RÉGIMENT DE CAVALERIE
FRANÇAISE N° 3. V. ROTTENBURG. V. SALADE DE
CAVALERIE. V. SCIRITES. V. SOUS-OFFICIER. V.
TAMBOUR INSTRUMENTAL.

TROUPE A PIED. V. ALBANAIS. V. ARME
BLANCHE. V. ARME BLANCHE DE TROUPE. V. AR-
QUEBUSE. V. AVANCEMENT. V. CAPORAL. V. CA-
VALERIE N° 3. V. CAVALERIE FRANÇAISE N° 7.
V. CHEVAL D'OFFICIER. V. CHIRURGIEN. V. CONVOI
PAR TERRE. V. COSAQUE. V. COUTILLIER. V. CROI-
SADE. V. DRAPEAU D'INFANTERIE FRANÇAISE DE
LIGNE. V. ENSEIGNE IDIOPLIQUE. V. ÉVOLUTION.
V. FRONT TACTIQUE. V. FUSIL D'UNIFORME. V.
GANT. V. GUERRE DE 1701. V. GUET DE PARIS.
V. HALTE. V. INFANTERIE N° 1. V. INFANTERIE
FRANÇAISE N° 6. V. INFANTERIE FRANÇAISE DE
LIGNE N° 1. V. MOUSQUETAIRE DE LA GARDE. V.
MUSICIEN N° 4. V. OFFICIER D'INFANTERIE. V.
PASSAGE DE RIVIÈRE EN RETRAITE. V. PIED D'AR-
MÉE. V. RADEAU. V. RORAIRE. V. SEIGNEUR. V.
SERRE-FILE. V. TAMBOUR INSTRUMENTAL. V. TAM-
BOUR INSTRUMENTAL D'INFANTERIE FRANÇAISE DE
LIGNE.

TROUPE AGISSANTE. V. GÉNÉRAL D'ARMÉE
N° 7.

TROUPE allant au BAIN. V. BAIN. V. CHI-
RURGIEN-MAJOR DE CORPS N° 8, 14.

TROUPE ALLEMANDE. V. ALLEMAND, adj.
V. AMBULANCE. V. MUSIQUE. V. REITRE. V.
TAUSCH.

TROUPE ALLIÉE. V. ALLIÉ. V. COCARDE. V.
COLOUGLIS.

TROUPE ANGLAISE. V. ANGLAIS, adj. V.
COMMANDEUR EN CHEF. V. HABILLEMENT. V. MI-
LICE ANGLAISE Nº 1, 2, 3, 5, 6, 7, 8, 10, 12.
V. MILICE HANOVRIENNE Nº 2. V. QUARTIER-
MAITRE GÉNÉRAL. V. RÉGIMENT. V. REVUE ADMI-
NISTRATIVE. V. SOULIER CORIOCLAVE. V. TAMBOUR
INSTRUMENTAL. V. TAUDIS.

TROUPE ANGLO-AMÉRICAINE. V. ANGLO-
AMÉRICAIN, adj. V. BUFFLE. V. MILICE ANGLO-
AMÉRICAINE Nº 1.

TROUPE ARMÉE. V. CONSIGNE DE GARDE DE
CAMP. V. CONSIGNE DE SENTINELLE DE GARDE DE
CAMP. V. CONSIGNE DE SENTINELLE EN GARNISON
DE NUIT. V. HALTE-LA.

TROUPE arrivant à la GARNISON. V. AR-
RIVÉE DE CORPS A LA GARNISON. V. ARRIVÉE DE
CORPS EN ROUTE. V. PLACE D'ARMES DE GARNISON.
V. RECONNAISSANCE DE TROUPE. V. RÉGIMENT
FRANÇAIS Nº 2.

TROUPE arrivant dans une PLACE (C, 3;
E, 4). L'ORDONNANCE DE 1768 (1er MARS, tit. 3,
5 et 11) a spécifié les règles de sa réception
aux BARRIÈRES par un ADJUDANT DE PLACE, de
son admission aux PORTES, de son établissement EN BATAILLE sur la PLACE D'ARMES, et
de son LOGEMENT dans les QUARTIERS et BATI-
MENTS MILITAIRES, ou à défaut chez l'HABITANT;
et les autres prescriptions qu'elle doit ac-
complir. V. ARRÊTE LA-BAS. V. ARRIVÉE DE CORPS
A LA GARNISON. V. ARRIVÉE DE CORPS DANS UNE
FORTERESSE. V. AVANCÉE. V. BARRIÈRE D'AVAN-
CÉE. V. CHEF D'AVANCÉE. V. FEMME A LA SUITE
DES CORPS. V. GARDE DE CAMP. V. QUI VIVE. V.
SENTINELLE.

TROUPE ASSIÉGEANTE. V. ASSIÉGEANT. V.
CAMPEMENT TACTIQUE. V. CERCLE A FEU. V. CIR-
CONVALLATION. V. CROCHET DE RETOUR. V. DÉ-
FENSE DE PLACE. V. OUVRAGE DE CAMPAGNE. V.
PARALLÈLE. V. PREMIÈRE PARALLÈLE. V. SIÉGE.
V. SIÉGE OFFENSIF. V. TOUR DE FORTIFICATION.
V. TRANCHÉE.

TROUPE ASSIÉGÉE. V. ASSIÉGÉ. V. ARMÉE
D'OBSERVATION. V. COMMANDANT DE PLACE AS-
SIÉGÉE. V. DÉROBER LE TRAVAIL. V. ESCALADE. V.
FAUSSE ATTAQUE. V. GROS D'ARMÉE. V. NOURRI-
TURE. V. RÉDUIT. V. SIÉGE DÉFENSIF. V. TENAILLE
DE FOSSÉ SEC. V. TOUR BASTIONNÉE. V. TOUR DE
FORTIFICATION.

TROUPE au CAMP. V. DISTRIBUTION DE
VIANDE AU CAMP. V. FAISCEAU DE CAMPEMENT.
V. HOMME DE TROUPE AU CAMP. V. SERVICE AU
CAMP.

TROUPE AUTRICHIENNE. V. DÉFAITE. V.
MILICE AUTRICHIENNE; id. Nº 1, 2, 3, 4, 5,
6, 7. V. RETRANCHEMENT. V. SCHAKO. V. TRA-
BAN.

TROUPE aux COLONIES (B, 1). Etait jusqu'au retour au compte de la MARINE. V.
TROUPE COLONIALE.

TROUPE AUXILIAIRE. V. ARMÉE AUXI-
LIAIRE. V. ARMÉE FRANÇAISE Nº 4. V. COMPOSI-
TION. V. DARU (t. III, p. 573). V. FÉRENTAIRE.
V. GUERRE DE 1775, — 1833. V. TROUPE ÉTRAN-
GÈRE.

TROUPE ayant CLISÉ. V. CLISE.

TROUPE BARAQUÉE. V. TENTE.

TROUPE BELGE. V. BELGE, adj. V. MILICE
BELGE.

TROUPE BOURGEOISE. V. GUET DE PARIS.
V. INFANTERIE COMMUNALE Nº 1.

TROUPE BRABANÇONNE. V. TAUDIS.

TROUPE BUÉNOS-AYRIENNE. V. BUÉNOS-
AYRIEN, adj. V. MILICE BUÉNOS-AYRIENNE.

TROUPE BYSANTINE. V. BARBARICAIRE. V.
BYSANTIN, adj. V. TERGISTITE.

TROUPE CAMPÉE. V. COUVERTE DE CAMPA-
GNE. V. DÉCAMPEMENT. V. DÉFENSIVE. V. DÉPART
DE CORPS. V. FLANC DE CAMP. V. FRONT DE BAN-
DIÈRE. V. FRONT DE BATAILLE. V. GÉNÉRALE AU
CAMP. V. SURPRISE.

TROUPE CASERNÉE. V. COUR DE CASERNE.
V. SOUS-INTENDANT MILITAIRE Nº 6.

TROUPE chargée (G, 6). Il est de principe
qu'elle ne doit jamais être mise en MARCHE
PAR LE FLANC, et ne doit exécuter de MARCHES
DE FLANC qu'après avoir été rompue par SUB-
DIVISIONS. V. FILE. V. LOUIS ONZE (1616).

TROUPE CHINOISE. V. CHINOIS, adj. V. MI-
LICE CHINOISE Nº 3, 7.

TROUPE CLISANT. V. CLISE.

TROUPE COALISÉE. V. COALISÉ, subs. V.
COALISÉ, adj.

TROUPE COMPOSITE. V. COMPOSITE. V. SE-
CONDE LIGNE DE BATAILLE.

TROUPE COLONIALE (A, 1), OU RÉGIMENTS
COLONIAUX. — Elle se compose de huit RÉGI-
MENTS de 1763 à 1791; ils étaient jusqu'a-
lors sous les ordres du MINISTRE DE LA GUERRE,
et passent en 1791 dans le département de
la MARINE. — Ils ont la CAPOTE en DRAP BEIGE.
— Leur FORCE, en 1763, est de douze mille;
en 1788, de quinze mille; en 1794, de sept
mille; en 1813, de huit mille sept cents; en
1815, de douze mille huit cent quarante;
en 1820, de treize mille sept cent trente-
quatre. — L'ORDONNANCE DE 1825 (26 JAN-
VIER) fait passer ce genre de TROUPE au compte
de l'ARMÉE DE TERRE, ou charge cette armée

d'y pourvoir. — En 1829, les RÉGIMENTS D'IN-
FANTERIE DE BATAILLE DE LIGNE 45e et 51e,
et le 16e régiment d'INFANTERIE LÉGÈRE sont
consacrés à la garde des COLONIES; leur régime et leur HABILLEMENT ont été l'objet d'a-
méliorations. Au lieu de HAMACS, des LITS
EN FER leur sont donnés; les HAUTES PAYES y
sont doubles; l'AVANCEMENT y est favorisé;
les SOUS-OFFICIERS y ont droit à la moitié des
SOUS-LIEUTENANCES. L'ADMISSION de ces militaires à la RETRAITE et les dispositions y relatives sont aussi l'objet de mesures favorables. — Leur SERVICE est réglé par l'INSTRUC-
TION DE 1825 (28 AOUT). — Toute TROUPE DE
LIGNE envoyée aux COLONIES devenait en
quelque sorte, par là, Troupe coloniale, parce
qu'elle passait au comte du département de
la marine dès l'embarquement. Il en était
du moins ainsi de 1792 à 1814. — La quantité de Troupes coloniales créées sous divers
noms, les révolutions nombreuses et fréquentes qu'elles ont éprouvées, et leur passage alternatif de l'ARMÉE DE TERRE à l'ARMÉE
DE MER, ne rentrent pas assez spécialement
dans notre sujet pour que nous ayons cru
devoir étendre les recherches à cet égard.
— Au nombre de ces Troupes coloniales, la
FRANCE a eu dans l'INDE quelques bataillons
de CIPAYES. V. ARMÉE FRANÇAISE Nº 4. V. ARMÉE
SÉDENTAIRE. V. CAPOTE D'INFANTERIE FRANÇAISE
DE LIGNE. V. COMPOSITION. V. ENFANT TROUVÉ.
V. TROUPE AUX COLONIES.

TROUPE COMBATTANTE. V. ARTILLERIE
STRATOPÉDIQUE. V. CHARGE IMPULSIVE. V. GÉNÉ-
RAL D'ARMÉE Nº 9.

TROUPE COMMUNALE. V. COMTE Nº 5. V.
INFANTERIE COMMUNALE Nº 1, 2, 3, 4, 6. V.
INFANTERIE FRANÇAISE Nº 1. V. MILICE COM-
MUNALE. V. SEIGNEUR. V. SERGENT MILITAIRE.
V. SOLDAT.

TROUPE CONVERSANT. V. CONVERSION
ÉPAGOGIQUE.

TROUPE D'ADMINISTRATION (A, 1). Elle
se composait, lors de la revue du roi en 1831
(2 mai), d'un BATAILLON D'OUVRIERS D'ADMI-
NISTRATION et de plusieurs compagnies d'ou-
VRIERS DES ÉQUIPAGES MILITAIRES. L'ORDON-
NANCE DE 1832 les plaçait sous les ordres
des MEMBRES DE L'INTENDANCE. Les INFIRMIERS
D'HOPITAL et soldats D'AMBULANCE appartiennent aussi à cette catégorie, et pourraient être appelés TROUPE D'ADMINISTRATION
D'HOPITAL. V. MILICE RUSSE Nº 2.

TROUPE D'ADMINISTRATION D'HOPITAL. V.
HOMME DE TROUPE D'ADMINISTRATION D'HOPI-
TAL. V. TROUPE D'ADMINISTRATION.

TROUPE DANOISE. V. DANOIS, adj. V. MI-
LICE DANOISE; id. Nº 5, 6.

TROUPE D'ARBALÉTRIERS. V. CRANEQUI-
NIERS.

TROUPE D'ARTILLERIE. V. ARTILLERIE D'IN-
FANTERIE. V. ARTILLERIE IDIOPLIQUE (tableau).
V. COTTY (1822). V. OFFICIER D'ARTILLERIE
Nº 2. V. HOMME DE TROUPE D'ARTILLERIE. V.
RECRUTEMENT. V. RÉGIMENT D'ARTILLERIE; id.
Nº 1.

TROUPE D'AVANT-GARDE. V. CHIEN DE
GUERRE. V. POSITION STRATEUMATIQUE.

TROUPE DE BATAILLE. V. LIGNE IDIOPLI-
QUE. V. PAREMENT D'HABILLEMENT. V. PELTASTE.
V. TROUPE DE LIGNE.

TROUPE DE CAVALERIE. V. CASERNE. V.
CAVALERIE FRANÇAISE Nº 8. V. CUIRASSE DE
CAVALERIE. V. ESCADRON FRANÇAIS Nº 2. V.
OFFICIER DE CAVALERIE. V. QUEUE DE TRANCHÉE.
V. SELLE D'ARMES. V. TRÉSORIER. V. TRIMA-
CRÉSIE.

TROUPE DE CHIENS. V. CHIENS DE
GUERRE.

TROUPE DE COMPAGNIE. V. APPEL DE
TROUPE DE COMPAGNIE.

TROUPE DE CONVOI. V. CHEF D'ESCORTE
DE CONVOI. V. CONVOI FUNÈBRE. V. CONVOI PAR
TERRE.

TROUPE DE DÉTACHEMENT. V. CHEF DE
DÉTACHEMENT DE GUERRE Nº 2.

TROUPE DE GARDE. V. CHEF DE GARDE
MONTANTE EN GARNISON. V. CORPS DE GARDE.
V. ÉCHAUGUETTE. V. GARDE ARMÉE. V. HOMME
DE GARDE. V. TRAVÉES DE BARAQUE.

TROUPE DE GARDE ROYALE. V. INFANTE-
RIE FRANÇAISE DE GARDE ROYALE Nº 2.

TROUPE DE GARNISON. V. CHEF D'AVAN-
CÉE. V. FORTERESSE. V. GRANDE MANOEUVRE. V.
MILICE WURTEMBERGEOISE Nº 1.

TROUPE DE HUSSARDS. V. CHEVELURE.

TROUPE DE LA MAISON. V. GENDARMERIE
DE LA MAISON. V. HOQUETON.

TROUPE DE LIGNE (A, 1). En s'exprimant
ainsi (*Journal militaire*, octobre 1820),
l'ORDONNANCE a tort. Elle aurait dû dire
TROUPE DE BATAILLE, et non pas Troupe de
ligne ou INFANTERIE DE LIGNE, puisqu'il faut
dire LIGNE par opposition au mot GARDE
ROYALE, et non par opposition au mot
TROUPE LÉGÈRE. V. ARMÉE FRANÇAISE Nº 4. V.
CLARINETTE. V. COMPAGNIE D'ORDONNANCE Nº 1.
V. COMPAGNIE D'OUVRIERS D'ARTILLERIE. V.
CORPS ROYAL. V. DEVIS. V. DIVISION D'INFAN-
TERIE. V. ESCADRON D'ARTILLERIE. V. FUSILIER.
V. GARDE NATIONALE. V. GARDE ROYALE Nº 2.
V. HABIT. V. HALLEBARDIER. V. HARNACHE-
MENT. V. HAUSSE-COL. V. INFANTERIE LÉGÈRE
Nº 1. V. LANDWEHR. V. LÉGISLATION MILITAIRE

(1792, 25 JANVIER). V. LIGNE IDIOPLIQUE. V. MILICE DANOISE N° 1. V. MILICE PROVINCIALE. V. PAIN DE MUNITION. V. PRESTATION. V. PRÉVOT DE CORPS. V. RECRUTEMENT. V. RÉGIMENT D'INFANTERIE FRANÇAISE. V. RETROUSSIS D'HABIT. V. REVERS D'HABIT. V. SCHAKO D'INFANTERIE. V. SOUS-OFFICIER N° 1. V. TORSADE D'ÉPAULETTE.

TROUPE de MARINE. V. ARMÉE FRANÇAISE N° 4 (tableau).

TROUPE de MER. V. CODE MILITAIRE. V. FORCE MILITAIRE. V. MILICE TURQUE N° 2. V. TORTUE TACTIQUE.

TROUPE de PASSAGE (C, 5; E, 4, 5). L'ORDONNANCE DE 1768 (1er MARS, titre XXXI), prescrit les règles qui sont applicables à son entrée et à son SÉJOUR DANS UNE PLACE. V. AUTORITÉ CIVILE. V. CHAUFFAGE EN ROUTE. V. DÉTACHEMENT DE GUERRE. V. DIANE. V. EMBUSCADE. V. ÉTAPE. V. GARDE DE LA PLACE. V. GARDE DE POLICE EN ROUTE. V. LOGEMENT EN ROUTE. V. MAJOR DE PLACE N° 4. V. PLACE D'ARMES DE GARNISON. V. POSTE DE PASSAGE. V. POSTE D'HOMMES DE GARDE.

TROUPE de POSTE FERMÉ. V. CHEF DE POSTE FERMÉ.

TROUPE de PIQUET. V. PIQUET. V. PIQUET ACTIF.

TROUPE de RENFORT. V. TROUPE, terme génér.

TROUPE de SERVICE. V. DESCENTE DE GARDE. V. SIÉGE OFFENSIF.

TROUPE de SIÉGE. V. CLOCHE DE FORTERESSE. V. ENFILADE. V. SIÉGE. V. SIÉGE OFFENSIF.

TROUPE de SORTIE. V. CHEMIN COUVERT. V. SORTIE.

TROUPE de SOUVERAIN. V. COMMANDEMENT D'ARMÉE.

TROUPE de TERRE. V. ARME DE GRAND CALIBRE. V. ARMÉE DE TERRE. V. BANDIÈRE. V. CHEF D'ESCADRE. V. CODE MILITAIRE. V. COLONISATION. V. COLONISATION DE TROUPES DE TERRE. V. DÉFENSE DE CONVOI. V. DRAPEAU DE BEFFROI. V. ÉTAT MILITAIRE. V. FORCE MILITAIRE. V. GARGOUSSE. V. HACHE. V. HACHE D'ARMEMENT. V. INFANTERIE N° 5. V. INFANTERIE FRANÇAISE N° 6. V. LANGUE FRANÇAISE. V. MILICE ANGLAISE. V. MILICE TURQUE N° 2. V. MORTIER. V. PAVILLON DISTINCTIF. V. RALLIER. V. RATION. V. RECOUSSE. V. REVUE. V. SIGNAL STRATEGMATIQUE. V. TRANSPORT. V. TRANSPORT DE TERRE.

TROUPE d'ÉLITE (A, 1; F). On regardait les Troupes d'élite comme étant, par rapport à l'ARMÉE ACTIVE, dans la proportion d'un cinquième en 1763. — En 1794,

DICTIONNAIRE DE L'ARMÉE.

elles forment la huitième partie de l'ARMÉE ACTIVE. — En 1815, elles se trouvent dans le même rapport. — En 1825, elles sont dans la proportion d'un quart. V. ARGYRASPIDE. V. ASSAUT. V. CARABINIER. V. COLONNE COMBINÉE. V. CORPS DE RÉSERVE. V. GARDE ROYALE N° 1. V. HABILLEMENT. V. HOMME DE TROUPE D'ÉLITE. V. ORDRE OBLIQUE. V. TRIAIRE N° 3.

TROUPE d'ESCORTE. V. HOMME D'ESCORTE.

TROUPE DÉPLOYÉE. V. DÉPLOYÉ, adj. V. FLANC TACTIQUE. V. PASSAGE DE DÉFILÉ.

TROUPE DÉTACHÉE. V. CORPS DE GARDE DE COMPAGNIE. V. DÉTACHÉ, adj.

TROUPE d'ÉTAT-MAJOR. V. HOMME DE TROUPE D'ÉTAT-MAJOR.

TROUPE d'INFANTERIE. V. AILE PIVOTANTE DE SUBDIVISION. V. ARME PORTÉE. V. CHANGEMENT DE DIRECTION. V. COLONNE ÉPAGOGIQUE N° 4. V. DÉPLOIEMENT. V. EXERCICE D'INFANTERIE. V. FRANC-ARCHER. V. FRONT. V. GALON. V. INFANTERIE N° 1, 2, 5, 6, 7. V. INFANTERIE FRANÇAISE DE GARDE ROYALE N° 1. V. INFANTERIE LÉGÈRE N° 1. V. INSTRUMENT DE MUSIQUE MILITAIRE. V. INSULTE. V. HOMME DE TROUPE; id. N° 2. V. HOMME DE TROUPE D'INFANTERIE. V. MARCHE PAR LE FLANC. V. MARÉCHAL DES BANDES. V. ORDONNANCE TACTIQUE. V. PIQUE. V. POUSSE-BALLE. V. RANGS D'INFANTERIE. V. SECONDE LIGNE DE BATAILLE. V. SIÉGE OFFENSIF. V. SORTEZ. V. SUBDIVISION DE COLONNE. V. SYNASPISME. V. TAMBOUR INSTRUMENTAL D'INFANTERIE FRANÇAISE. V. TAMBOUR-MAJOR N° 9.

TROUPE d'INFANTERIE EN ARMES. V. SALUT AVEC ARMES.

TROUPE d'INFANTERIE FRANÇAISE DE LIGNE. V. CHEVAL DE TROUPE. V. CHEVALERIE D'AFFILIATION. V. COLONEL D'INFANTERIE FRANÇAISE DE LIGNE N° 2, 32. V. DRAPEAU. V. DRAPEAU DE BEFFROI. V. EN AVANT. V. FÉODALITÉ. V. FILE DE BATAILLON. V. FLOTTEMENT. V. FORCE NUMÉRIQUE. V. FRAISER. V. GARDE DE DRAPEAU. V. GUERRE DE 1688. V. GUÊTRE. V. HALTE. V. HAUT-LE-PIED. V. INFANTERIE DE BATAILLE N° 2, 3. V. INFANTERIE FRANÇAISE N° 1. V. INSPECTEUR GÉNÉRAL D'INFANTERIE N° 4. V. MANCHE TACTIQUE. V. MARCHE DE BATAILLON EN COLONNE PAR LE FLANC. V. MARCHE DE BRIGADE D'INFANTERIE DE BATAILLE. V. ORDRE DE BATAILLE D'INFANTERIE. V. ORDRE MINCE. V. PAS CADENCÉ. V. PAS EN ARRIÈRE. V. PASSAGE DE DÉFILÉ. V. PASSAGE DE LIGNES. V. PELOTONNEMENT.

TROUPE d'INFANTERIE LÉGÈRE. V. TIRAILLEUR.

TROUPE du GÉNIE (A, 1). VAUBAN réclama vainement l'institution de ces TROUpes; il était réservé aux temps modernes de la voir éclore. Nous l'empruntons de la milice anglaise. Déjà, vers la fin de la guerre d'Amérique, le duc de Richemond avait institué les artisans royaux. — La composition et le nombre des troupes du génie aux diverses époques de notre histoire militaire, ont été indiqués au mot génie idioplique. — En 1832, le nombre des prévenus de cette arme mis en jugement n'était qu'à raison de un sur soixante-dix-huit. v. arme du génie. v. catégorie d'armée. v. corps d'armée. v. génie. v. génie idioplique n° 1, 2 (tableau). v. infanterie française n° 6, 7. v. homme de troupe du génie. v. Laisné. v. musique. v. officier du génie n° 3. v. recrutement. v. régiment du génie. v. Villeneuve.

TROUPE du guet. v. guet de Paris.

TROUPE du moyen age. v. dizainier.

TROUPE du train. v. artillerie idioplique. v. régiment d'artillerie.

TROUPE écossaise. v. écossais, adj. v. tambour instrumental.

TROUPE égyptienne. v. égyptien, adj. v. milice syke n° 1.

TROUPE embarquée (B, 1). Quand elles ne sont pas embarquées comme passagers, mais comme garnison de bord, les Troupes reçoivent, par les soins du ministère de la marine, un pantalon et un sarrau. Elles sont, pour le reste de l'habillement, au compte du ministère de la guerre. Il est à cet effet pourvu, par le conseil d'administration, à la fourniture de leur habillement complet, et même aux moyens de réparations d'habillement. Ainsi le voulait la circulaire de 1813 (15 février). v. embarqué, adj. v. feuille de journées. v. payement de t...

TROUPE embusquée. v. embuscade. v. embusqué, adj. v. stratagème.

TROUPE en bataille. v. arrière-rang. v. colonne épagogique n° 4. v. formation en colonne. v. front de bataille. v. grand'-garde. v. guide de subdivision. v. hauteur tactique. v. intendant militaire n° 2. v. jalonnement. v. rompement en bataille. v. sergent de remplacement. v. tactique, subs.

TROUPE en campagne. v. abatis défensif. v. algarade. v. administration de troupe. v. aumonier de corps n° 1. v. base d'opération. v. bénédiction de troupe. v. biscuit. v. campagne. v. capitulation. v. chauffage de campagne. v. chien de guerre. v. conseil judiciaire. v. contre-ordre. v. échange de monnaies. v. en panne. v. état-major d'armée n° 5. v. exécution militaire. v. flanqueur. v. fortification de campagne. v. fossé. v. fourrage. v. fourrage armé. v. géologie. v.

GRAND'GARDE. v. gué. v. guerre; id. de 1741; id. de 1823. v. héraut. v. homme de troupe. v. indemnité de vivres. v. infanterie française n° 5. v. ligne d'opération. v. obstacle. v. officier de cavalerie n° 6. v. ouvrage de fortification. v. ouvrage en campagne. v. pont de campagne. v. poste d'alarme. v. poste strateumatique. v. quartiers d'assemblée. v. quartiers de guerre. v. reconnaissance en campagne. v. redoute de campagne. v. revue écrite. v. riz. v. sauvegarde. v. sergent militaire. v. stratagème. v. stratégie. v. tente. v. terrain. v. topographie.

TROUPE en cantonnement. v. cantonnement de fin de campagne.

TROUPE en colonne. v. alignement de subdivision. v. commandement d'exécution. v. compagnie d'infanterie française de ligne n° 9. v. conversion épagogique. v. formation en bataille.

TROUPE en détachement. v. armement de t... v. homme de t...

TROUPE en garnison. v. attaque de place. v. caserne. v. clef de chambre de caserne. v. commandement de division territoriale n° 3. v. commandement de place n° 4, 5, 7, 9. v. compagnie d'élite. v. défilé. v. délit. v. distribution de rations. v. exécution a mort. v. exercice tactique. v. forteresse. v. fortification. v. fourrage de distribution. v. garnison. v. haie. v. homme de troupe. v. hote. v. manoeuvre de troupe. v. officier de casernement. v. officier d'état-major de place. v. place de guerre. v. réduit principal. v. revue. v. revue écrite. v. service de campagne.

TROUPE en manoeuvre. v. choc. v. jalonneur. v. sémantique. v. tacticographie.

TROUPE en marche. v. arme présentée. v. arrête la-bas. v. berme de chemin. v. changement de direction en marche par file. v. chaussée. v. chemin militaire. v. commissaire des guerres n° 4. v. eau potable. v. embuscade. v. feu en marchant. v. formation en colonne d'une troupe en marche. v. forteresse. v. garde descendante. v. garde en garnison. v. générale. v. gite. v. halte. v. havre-sac. v. indemnité de route. v. Jacquinot. v. jambe. v. logement en route. v. marche, subs. fém. v. marche d'armée. v. marche de troupes. v. obstacle. v. place d'armes de garnison. v. poste d'hommes de garde. v. sapeur d'infanterie. v. séjour. v. service de route. v. tacticographie. v. trésor public.

TROUPE en masse. v. gros d'armée.

TROUPE en plaine. v. chef de détachement de guerre n° 2.

TROUPE EN ROUTE. V. ARME DE T... V. ARME D'UNIFORME DE TROUPE. V. ARME PRÉSENTÉE. V. AUX CHAMPS. V. CAPORAL EN ROUTE. V. CHEMIN MILITAIRE. V. COMPTABILITÉ DE DÉTACHEMENT. V. DÉLIT. V. DÉPART DE CORPS. V. DISCIPLINE FRANÇAISE. V. ÉTAPE. V. GÉNÉRALE. V. HALTE EN ROUTE. V. HOMME DE T... V. HOTE. V. LOGEMENT EN ROUTE. V. MARCHE-ROUTE. V. PAIN. V. PAYE. V. RANGS D'INFANTERIE. V. RETRAITE CÉLEUSTIQUE. V. REVUE D'ADMINISTRATION. V. REVUE EN ROUTE. V. ROULEMENT. V. ROUTE. V. SERVICE DE ROUTE. V. SOUS-INTENDANT N° 7. V. SOUS-PRÉFET. V. TRANSPORT. V. TRÉSORIER DE CORPS EN ROUTE.

TROUPE EN ROUTE SUR PIED DE PAIX. V. BAGAGES EN ROUTE SUR PIED DE PAIX. V. EXTRAORDINAIRE DES GUERRES. V. FANION DE BAGAGES. V. HALTE DE ROUTE. V. HAVRE-SAC. V. LOGEMENT EN ROUTE. V. MARCHE - ROUTE. V. PREMIER CÉLEUSTIQUE. V. RIZ.

TROUPE EN STATION. V. EXTRAORDINAIRE DES GUERRES.

TROUPE ENNEMIE. V. CERNER. V. TRÊVE.

TROUPE ÉQUESTRE. V. TROUPE A CHEVAL.

TROUPE ESPAGNOLE. V. AMOGABARE. V. CAISSE DE PERCUSSION. V. CULOTTE. V. ESPAGNOL, adj. V. GUÉRILLA. V. MILICE ESPAGNOLE N° 1, 2, 3, 4, 5, 8, 9, 10. V. MINISTRE DE LA GUERRE EN 1819. V. MIQUELET. V. SOULIER.

TROUPE ÉTRANGÈRE (F). Dans des questions qui intéressent autant le juriste que le militaire, on a agité s'il est permis à un homme de se louer militairement à une puissance étrangère, sans mettre en considération la justice ou l'injustice des GUERRES qui peuvent être entreprises. On a étendu cette pensée, et demandé si un peuple peut vendre à d'autres peuples des RÉGIMENTS. Ces propositions ont été débattues, sous le point de vue moral, dans un ouvrage de BOCHAT, imprimé à Lausanne en 1758. — Les PERSES passent pour avoir, des premiers, soldé des Troupes étrangères. — Les SPARTIATES en avaient aussi à leur service dans la guerre de Messénie. — En Occident, les GAULOIS paraissent être le peuple qui, le plus anciennement, ait vendu des TROUPES à des puissances étrangères. — PHILIPPE LE BEL est le premier, parmi nos rois, qui solde des ÉTRANGERS. — En vertu de traités politiques, il prend des NORWÉGIENS à son service. Depuis son règne, les ALBANAIS, les ARBALÉTRIERS GÉNOIS, les ARGOULETS, les BANDES NOIRES, les CARABINS, les ÉCOSSAIS, les LANSQUENETS, les REITRES, les STRADIOTS, les SUISSES, se mettent tour à tour à la solde française. En 1521, la FRANCE solde sept

mille ÉCOSSAIS à pied. — Le nombre des Troupes étrangères s'accroît beaucoup en 1336. — SICARD dit que l'usage en avait régné sous la première race, avait cessé sous la seconde, et reparu en 1285 sous PHILIPPE LE BEL. Ces AUXILIAIRES sont surtout alors des ALLEMANDS. — CHARLES SEPT est le seul prince qui, vers ces époques, n'ait pas goûté le service des ÉTRANGERS. — Quant à LOUIS ONZE, à CHARLES HUIT, à LOUIS DOUZE, à FRANÇOIS PREMIER, ils ont recours aux Troupes étrangères, à cause du peu d'estime que méritaient, de leur temps, l'INFANTERIE et la CAVALERIE LÉGÈRE de la FRANCE. — Ainsi, en 1465, LOUIS ONZE entretient quantité d'ALLEMANDS à son service; CHARLES HUIT augmente, en 1488, les BANDES SUISSES et ITALIENNES; et en 1500, LOUIS DOUZE prend à sa solde de nouvelles TROUPES allemandes. — L'utilité des Troupes étrangères était contestée par les uns, soutenue par les autres. Les défenseurs de ce système prétendaient, en achetant des hommes aux puissances voisines, les affaiblir d'une part, et de l'autre les attacher à la couronne. — LOUIS DOUZE, en se brouillant avec les SUISSES, fut à la veille de se voir enlever par eux la Bourgogne. — Mais les antagonistes de ce système élevaient mille objections non moins puissantes; ils citaient la désertion en masse des LANSQUENETS, abandonnant dans le royaume de NAPLES le duc de Montpensier; ils citaient les désastres de LAUTREC, à la BICOQUE, où ce général avait été forcé, par les SUISSES de ses troupes, de livrer bataille; ils citaient la conduite indisciplinée des GRISONS à l'instant de la bataille de PAVIE. — FRANÇOIS PREMIER se décida donc à mettre sur pied une solide INFANTERIE FRANÇAISE, et il institua les LÉGIONS. — Toutefois LOUIS QUATORZE, en 1693, fait un emploi considérable de Troupes étrangères. Son armée de FLANDRES était un composé de toutes nations, au dire de DANGEAU (5 août). — Les AUTEURS MILITAIRES qui repoussent ce mode de RECRUTEMENT sont cependant nombreux. MONTÉCUCULI, dans ses *Mémoires* (1704, D), en désapprouve l'emploi, et fonde sur de puissantes raisons ce jugement. SANTA-CRUZ (1738, A) consacre son chapitre quinze à la même réprobation. VÉGÈCE et JUSTE LIPSE avaient professé les mêmes sentiments. Les Troupes étrangères, dans le seizième siècle, se refusaient aux CORVÉES et aux ASSAUTS, prétendant n'assister qu'aux BATAILLES et y tenir les places d'honneur. Aussi DUBELLAY (1535, A) s'en montrait-il déjà l'antagoniste, et, de nos jours, MAINGARNAUD (1822, B) a jeté sur elles le même blâme. — En 1790, le DÉCRET de formation en reconnaît, mais en limite le nombre. — Au commencement de la GUERRE DE LA RÉVOLUTION, les Troupes étrangères disparaissent de notre MILICE, et chaque pacte constitutionnel interdit leur retour. Il en est ainsi jusqu'en l'an sept, époque où le Directoire (1799, 14 mai et 8 septembre) prend à sa solde des LÉGIONS italiennes et polonaises, et des CORPS FRANCS de tous pays. — BONAPARTE exagéra bien davantage ensuite ces mesures. Des CONTRIBUTIONS d'hommes furent levées, à titre de CONTINGENT, sur toutes les CONFÉDÉRATIONS AUTRICHIENNES, BAVAROISES, NAPOLITAINES, POLONAISES, PORTUGAISES, PRUSSIENNES, SAXONNES, WESTPHALIENNES. — L'assemblée constituante avait réglé qu'en FRANCE le maximum des Troupes étrangères n'outrepasserait pas vingt-six mille hommes. — Des discussions sur le budget de 1829 ont donné naissance à une question de haute importance : le trône a-t-il le droit d'appeler et d'entretenir des MERCENAIRES étrangers sans l'assentiment de la législature? — L'ORDONNANCE DE 1832 (5 MAI) ne fait prendre RANG aux Troupes étrangères qu'après les TROUPES NATIONALES de même ARME. V. ANDREU. V. ARMÉE FRANÇAISE N° 4; id. tableau. V. BUDGET. V. CAPITULER. V. CHATIMENT MILITAIRE. V. COLONEL D'INFANTERIE FRANÇAISE DE LIGNE N° 2. V. COLONEL GÉNÉRAL DE L'INFANTERIE N° 2. V. COMPOSITION. V. CORVÉE EN CAMPAGNE. V. ENCYCLOPÉDIE (1785, C). V. FLIEGELMAN. V. FOLARD. V. FUSIL. V. GARDES WALLONES. V. GUERRE CIVILE. V. GUIDON V. HUSSARD N° 2. V. INFANTERIE FRANÇAISE N° 2. V. INFANTERIE FRANCO-ÉTRANGÈRE. V. JURISPRUDENCE MILITAIRE. V. LANSQUENET. V. MARÉCHAL DE CAMP N° 6. V. MILICE ANGLAISE N° 2. V. MILICE ÉGYPTIENNE N° 1. V. MILICE ROMAINE N° 2. V. PEINE DE MORT. V. PISTOLIER. V. PLAN EN RELIEF. V. POLYBE. V. RECRUTEMENT. V. RÉGIMENT ÉTRANGER. V. STRADIOT. V. SURPRISE DE PLACE. V. TITE LIVE. V. TROUPE FRANCO-ÉTRANGÈRE.

TROUPE FÉODALE. V. GONFALONIER. V. HOPITAL MILITAIRE. V. PAYE. V. ROTURIER. V. SERGENT MILITAIRE. V. SERVICE FÉODAL. V. SOLDAT.

TROUPE FIEFFÉE. V. PAYE.

TROUPE FRAICHE. V. FRAIS, adj. V. LANGUE FRANÇAISE.

TROUPE FRANÇAISE (F). — Ce qui concerne les troupes françaises a été traité avec détails dans le cours de l'ouvrage, notamment aux mots ARMÉE FRANÇAISE, INFANTERIE FRANÇAISE, MILICE FRANÇAISE, etc. V. ABANDON. V. ABSENCE. V. ACIER. V. ACTION DE CHOC. V. ADMINISTRATION MILITAIRE. V. AGE D'ENROLEMENT D'OFFICIER. V. AGUERRIR. V. AMBACTE. V. AMIOT (1830). V. ANCIEN. V. ANCIENNETÉ DE GRADE D'OFFICIER. V. ANSPESSADE. V. ARCHER A CHEVAL. V. ARMAGNAC. V. ARME A FEU. V. ARMÉE AGISSANTE N° 5. V. ARMÉE FÉODALE. V. ARMÉE FRANÇAISE N° 4, 7, 8. V. ARMEMENT DE TROUPE. V. ARQUEBUSE A FEU. V. ARTILLERIE D'INFANTERIE. V. ARTILLERIE IDIOPLIQUE. V. ASSIETTE DE CAMP. V. ATTAQUE. V. AUMONIER DE CORPS; id. N° 8. V. AVANCÉE. V. AVANCEMENT. V. BAGUETTES CORRECTIONNELLES. V. BALLE DE FER BATTU. V. BANNIÈRE. V. BARBE. V. BARIL A EAU. V. BASSON. V. BISCUIT. V. BOUILLON. V. BOUILLON D'OS. V. BRETELLES CORRECTIONNELLES. V. BRIGADE D'ARMÉE. V. CABINET D'ARMES. V. CALOTTE DISCIPLINAIRE. V. CAMPEMENT TACTIQUE. V. CANTONNEMENT. V. CAP D'ESCOUADE. V. CAPITAINE D'INFANTERIE FRANÇAISE DE LIGNE N° 1, 2. V. CAPOTE DE TROUPE. V. CARABINE A VENT. V. CARABINIER A CHEVAL. V. CASERNEMENT. V. CAVALERIE LÉGÈRE. V. CHAMP DE BATAILLE. V. CHANDELLE. V. CHAPEAU. V. CHAPEAU A QUATRE CORNES. V. CHASSEUR A CHEVAL. V. CHEVALIER DU MOYEN AGE N° 9. V. CHEVRON D'ANCIENNETÉ. V. CHIAOUX. V. CHIRURGIEN. V. CHIRURGIEN-MAJOR D'INFANTERIE N° 18. V. CIRCONVALLATION. V. CITADELLE. V. CLARINETTE. V. COCARDE. V. CODE MILITAIRE. V. COL DE PETIT ÉQUIPEMENT. V. COLONEL GÉNÉRAL. V. COLONEL GÉNÉRAL D'INFANTERIE N° 1. V. COMBUSTIF DE CUISINE DE CASERNE. V. COMMISSAIRE DES GUERRE N° 2. V. COMMISSAIRE PROVINCIAL. V. COMPOSITION. V. CONGÉ DE SEMESTRE. V. CONNÉTABLE N° 5. V. CONSCRIPTION. V. CONSEIL DE LA GUERRE N° 3. V. CONSEIL JUDICIAIRE. V. CONSTITUTION. V. CONTRE-PLATINE. V. CONTROLEUR DES GUERRES. V. CONVALESCENT ABSENT. V. CORPS A PIED. V. CORPS D'ARMÉE. V. CORPS DE L'INTENDANCE. V. CORPS ÉTRANGER. V. CORPS FRANC. V. CORPS RÉGIMENTAIRE. V. CORRIDOR DE CASERNE. V. COULEUR D'HABILLEMENT. V. COUP DE PLAT DE SABRE. V. CROISADE DE 1202. V. CUIRASSE. V. DÉFAITE. V. DÉLAI DE REPENTIR. V. DENIERS DE POCHE. V. DISPONIBLE. V. DRAGON FRANÇAIS N° 4. V. DRAPS. V. DRAPS DE LIT. V. ECCLÉSIASTIQUE. V. ÉCHARPE. V. ÉCHEC. V. ÉCOLE DE MARS N° 4. V. EFFECTIF. V. EMPLOI. V. ENGAGEMENT LIMITÉ. V. ÉPÉE D'HOMME DE TROUPE. V. ÉPÉE D'OFFICIER. V. ESCADRONNER. V. EXTRAORDINAIRE DES GUERRES. V. FEMME D'ARMÉE. V. FEUILLARD. V. FIEF. V. FUSILIER. V. GAGE. V. GARANCE. V. GARDE DE PARIS. V. GARDES FRANÇAISES N° 4, 5. V. GENDARMERIE DE LUNÉVILLE. V. GÉNÉRAL D'ARMÉE N° 7, 9. V. GÉNÉRAL FRANÇAIS N° 3, 4, 5, 6. V. GÉNÉRALE. V. GÉNIE IDIOPLIQUE. V. GENTILHOMME. V. GISORS (1767, D). V. GOUVERNEMENT STRATONOMIQUE. V. GOUVERNEUR. V. GOUVERNEUR DE PLACE. V. GOUVERNEUR DE PROVINCE. V. GRADE.

V. GRAINS DE MANUTENTION. V. GRAND'CROIX DE LA LÉGION D'HONNEUR. V. GRAND SÉNÉCHAL. V. GRANDE MANŒUVRE. V. GRENADIER DE FRANCE. V. GRENADIER D'INFANTERIE N° 2. V. GRENADIERS RÉUNIS. V. GROS D'ARMÉE. V. GROSSE CAISSE. V. GUERRE DE 1741; id. DE 1756, — DE 1792. V. GUET DE PARIS. V. GYMNASTIQUE. V. HABILLEMENT. V. HABIT. V. HALLEBARDE. V. HALLEBARDIER. V. HAUSSE-COL. V. HAUTBOIS. V. HOMME DE TROUPE N° 1. V. HONNEURS. V. ILE MARITIME. V. INDEMNITÉ DE VIVRES V. INFANTERIE N° 1. V. INFANTERIE FRANÇAISE N° 5. V. INFANTERIE FRANCO-SUISSE; id. N° 2. V. INFANTERIE FRANCO-SUISSE DE LIGNE. V. INSPECTEUR. V. INSPECTEUR GÉNÉRAL N° 1, 5. V. INSTRUCTEUR. V. INSTRUMENT DE MUSIQUE. V. INTENDANT D'ARMÉE. V. INTENDANT MILITAIRE; id. N° 5. V. JUSTICE MILITAIRE. V. LANGUE. V. LANGUE FRANÇAISE. V. LANGUE ITALIENNE. V. LEBLOND (1748, B). V. LÉGION. V. LÉGION DE FRANÇOIS PREMIER. V. LÉGION FRANÇAISE. V. LÉGISLATION. V. LEVÉE. V. LIBÉRATION. V. LIEUTENANT GÉNÉRAL; id. N° 5. V. LIVRET D'ARMEMENT. V. MAIRE DE COMMUNE. V. MAITRE DE LA CAVALERIE. V. MANUFACTURE D'ÉTOFFES. V. MARAUDAGE. V. MARCHE D'ARMÉE. V. MARCHE EN POSTE. V. MARÉCHAL DE FRANCE N° 6, 10. V. MARÉCHAL DES LOGIS D'ARMÉE N° 1, 5. V. MARÉCHAUSSÉE. V. MARQUE DISTINCTIVE. V. MÉLANGE D'ARMES. V. MESSE MILITAIRE. V. MILICE. V. MILICE ANGLAISE N° 1, 2, 7, 12. V. MILICE AUTRICHIENNE N° 2. V. MILICE BAVAROISE. V. MILICE FRANÇAISE N° 2, 6, 8. V. MILICE HELLÉNIQUE. V. MILICE PORTUGAISE. V. MILITAIRE, subs. V. MINISTÈRE DE LA GUERRE. V. MINISTRE DE LA GUERRE; id. N° 13, 15, 16. V. MINISTRE DE LA GUERRE EN 1743, — EN 1761. V. MONTRE ADMINISTRATIVE. V. MORTE-PAYE. V. MOT DE RALLIEMENT. V. MOUSQUET. V. MOUVEMENT TACTIQUE. V. MULET DE BAT. V. MUSIQUE. V. MUSIQUE TURQUE. V. NATATION. V. NOBLE V. OFFICE. V. OFFICIER A LA SUITE. V. OFFICIER DE COMPAGNIE. V. OFFICIER DE SANTÉ. V. OFFICIER D'ORDONNANCE. V. OFFICIER FRANÇAIS; id. N° 8, 9, 11. V. ORDINAIRE DES GUERRES. V. ORDONNANCE D'EXERCICE D'INFANTERIE. V. ORDONNANCE IDIOLIQUE. V. ORDONNANCE OFFICIELLE. V. ORDRE DE BATAILLE. V. ORDRE PROFOND. V. ORDRE QUATERNAIRE. V. ORDRE TACTIQUE. V. ORGANISATION. V. PAIN. V. PARTI BLEU. V. PARTI DE GUERRE. V. PAS DE COURSE. V. PAS HIÉRARCHIQUE. V. PASSAGE DE RIVIÈRE. V. PASSATION DE REVUE. V. PAVILLON DE CAMP. V. PAVILLON DE CASERNE. V. PAYE. V. PAYEUR. V. PEINE DE MORT. V. PIED DE GUERRE. V. PIERRE A FEU. V. PIONNIER. V. PIQUE. V. PIQUIER N° 4. V. PLAN DE CAMPAGNE. V. PLATINE A BATTERIE. V. POLICE MILITAIRE. V. POSITION. V. POSTE D'ALARME. V. POSTE D'HOMME DE GARDE EN GARNISON. V. POUDRE ALIMENTAIRE. V. PRÉFET

DE DÉPARTEMENT. V. PREMIER CÉLEUSTIQUE. V. PRÊT. V. PRÉVOT. V. PRÉVOT D'ARMES. V. PRÉVOT DES BANDES. V. PRÉVOT DES MARÉCHAUX. V. PRINCE FRANÇAIS. V. PRISONNIER DE GUERRE. V. PRISONNIER DE GUERRE ÉTRANGER. V. PROCÉDURE MILITAIRE. V. PROFESSION DES ARMES. V. PROJECTILE. V. PROMENADE. V. PUNITION. V. PUPILLE. V. QUARTIER GÉNÉRAL. V. QUARTIER-MAITRE D'INFANTERIE FRANÇAISE DE LIGNE N° 5. V. QUARTIERS DE GUERRE. V. RALLIER. V. RANG DE BATAILLE. V. RANGS D'INFANTERIE. V. RAPPEL CÉLEUSTIQUE. V. RAPPORT. V. RÉCEPTION D'OFFICIER. V. RÉCOMPENSE. V. RECONNAISSANCE. V. RECONNAISSANCE DE TERRAIN. V. RECRUE. V. RECRUTEMENT. V. REDOUTE PERMANENTE. V. RÉFORME. V. RÉGIMENT. V. RÉGIMENT FRANCO-ÉTRANGER. V. RÈGLEMENT. V. REMPLACEMENT. V. RÉMUNÉRATION. V. RENGAGEMENT. V. RENVERSER. V. RÉPRESSION. V. RÉSERVE DE BATAILLE. V. RETENUE. V. RETIRADE. V. RETRAITE CÉLEUSTIQUE. V. REVERS D'HABIT. V. REVUE D'ADMINISTRATION. V. REVUE SUR LE TERRAIN. V. RIZ. V. RUSTRE. V. SABRE. V. SABRE D'HONNEUR. V. SÉJOUR. V. SEL. V. SENTENCE. V. SERF. V. SERGENT. V. SERGENT DE BANDE. V. SERGENT DE BATAILLE. V. SERGENT D'INFANTERIE FRANÇAISE DE LIGNE N° 11. V. SERVICE D'ARMÉE. V. SERVICE DE JOUR. V. SERVICE DE SANTÉ. V. SERVICE PERSONNEL. V. SICARD (1850, A). V. SIÉGE OFFENSIF. V. SKEUOPHORE. V. SKEUOPHORIE. V. SOLDAT. V. SOLDE. V. SOULIER. V. SOUPE. V. SOUS-ARME. V. SOUS-INTENDANT N° 8. V. SOUS-OFFICIER. V. STATISTIQUE. V. SUBDIVISION DE COLONNE. V. SUBSISTANCE. V. SUPPLICE. V. SURPRISE. V. TABAC. V. TACTIQUE. V. TENTE. V. TERRAIN. V. TERZE. V. TÊTE A DROITE. V. THÉORIE. V. TIRE-BALLE. V. TON DE COMMANDEMENT. V. TRAVAIL. V. TRAVAUX MILITAIRES. V. TRAVERS. V. TRAVERSIN. V. TRICOT DE LAINE. V. TRICOUSES.

TROUPE FRANCHE. V. COMPAGNIE FRANCHE.

TROUPE FRANCO-ÉTRANGÈRE (F). TROUPES composées d'ÉTRANGERS au SERVICE de FRANCE. PHILIPPE LE BEL en solda le premier, suivant le *Journal de l'Armée* (t. II, p. 155). Il conclut à cet égard une CAPITULATION avec Albert, duc d'AUTRICHE, et avec d'autres princes. — Elles commencent à s'introduire en plus grand nombre sous PHILIPPE DE VALOIS, comme le témoigne DUTILLET. — Sous les règnes suivants, la FRANCE, en vertu de traités avec les gouvernements, a pris à son SERVICE des ANGLAIS, DANOIS, ECOSSAIS, ESPAGNOLS, HOLLANDAIS, IRLANDAIS, ITALIENS, SUISSES. — Depuis le schisme de HENRI HUIT, et surtout depuis la déconfiture des STUARTS, des IRLANDAIS servirent avec vaillance en FRANCE. — Sous LOUIS QUINZE, elles sont au compte du département des affaires étrangères, et CHOISEUL, qui avait ce département, parvient à en réduire le nombre. — Le DÉCRET DE 1790 (18 AOUT) dispose que les ALLEMANDS, les ITALIENS, les SUISSES au SERVICE de FRANCE, ne pourront, à moins d'un nouveau décret, excéder vingt-six mille hommes. — V. ARMÉE FRANÇAISE N° 4, tableau. V. CODE PÉNAL MILITAIRE. V. COLONNE D'ATTAQUE. V. HAUSSE-COL. V. TROUPE ÉTRANGÈRE.

TROUPE FRANCO-SUISSE. V. HACHE D'ARMEMENT.

TROUPE-FRONTIÈRE. V. COLONISATION. V. CROATE. V. ESCLAVON. V. FRONTIÈRE. V. MILICE AUTRICHIENNE N° 1, 2. V. MILICE BYSANTINE. V. RÉGIMENT-FRONTIÈRE.

TROUPE GAULOISE. V. GAULOIS, adj. V. MILICE FRANÇAISE N° 2, 6.

TROUPE GRAVE. V. GRAVE, adj. V. INFANTERIE FRANÇAISE N° 1.

TROUPE GRECQUE. V. CASQUE. V. ÉPHIPPARCHIE. V. GREC, adj. V. MÉRARQUE. V. MILICE GRECQUE N° 2, 4, 5, 6, 7, . 8. V. MILICE HELLÉNIQUE. V. MILICE PERSE. V. MUSICIEN. V. PHALANGE GRECQUE. V. POLÉMARQUE. V. PROSTAXE. V. PROTAXE. V. RANGS D'INFANTERIE. V. RÉVERSION. V. STRATIOTIDE. V. SUBSISTANCE. V. SYNTAGME. V. TACTIQUE. V. TARENTINARCHIE. V. TORTUE TACTIQUE.

TROUPE HANOVRIENNE. V. MILICE HANOVRIENNE N° 1.

TROUPE HELLÉNIQUE. V. MILICE HELLÉNIQUE.

TROUPE HESSOISE. V. HESSOIS, adj. V. MILICE HESSOISE.

TROUPE HOLLANDAISE. V. CULOTTE. V. EXERCICE D'INFANTERIE. V. MILICE HOLLANDAISE N° 2, 5, 5.

TROUPE IRLANDAISE. V. ARZEGAIE. V. IRLANDAIS, adj.

TROUPE IRRÉGULIÈRE (F). Ce mot, presque inusité maintenant, a été synonyme de TROUPES LÉGÈRES, si l'on en croit les *Instructions militaires* (1769, B, t. II, p. 214). Dans le sens actuel, il s'applique à des TROUPES exemptes d'organisation durable et d'uniformité : tels ont été les PALICARES de la MILICE HELLÉNIQUE. — Un recensement général de la force de l'ARMÉE au commencement du régime impérial mentionne en l'an treize (1804, 1805), sous le nom de Troupes irrégulières, différents CORPS hors ligne montant à sept mille six cent soixante hommes. — A une époque plus récente, on peut considérer comme Troupes irrégulières

certains COLOUGLIS et certains *goums* de CAVALERIE des tribus arabes, dont l'action a été fréquemment adjointe à la puissance de nos armes dans les EXPÉDITIONS de la GUERRE DE 1835 et des années suivantes en ALGÉRIE. V. AVENTURIER. V. CORPS RÉGULIER. V. HOURRA. V. INFANTERIE FRANÇAISE N° 5. V. MILICE AUTRICHIENNE N° 2. V. MILICE HELLÉNIQUE. V. MILICE RUSSE N° 7. V. PANDOUR.

TROUPE ITALIENNE. V. CONDOTTIÈRE. V. MILICE ITALIENNE. V. MUSIQUE.

TROUPE LÉGÈRE (F). César l'appelle *levis armatura* ; son rôle est d'ASSURER l'ARMÉE : ici ASSURER signifie plus qu'ÉCLAIRER. C'est la CAVALERIE LÉGÈRE qui ÉCLAIRE, mais c'est l'aide de l'INFANTERIE LÉGÈRE qui ASSURE. — On croit reconnaître l'emploi des Troupes légères, déjà connues des ROMAINS et des GRECS, dans quelques détails de la bataille de BOUVINES. — GUIBERT (1773) dit que GUSTAVE-ADOLPHE et que NASSAU n'avaient pas de Troupes légères : c'est une proposition trop absolue ; il faut s'entendre. Les mêmes CORPS contenaient des PIQUIERS et des ARQUEBUSIERS ou des MOUSQUETAIRES. Les premiers étaient TROUPES DE BATAILLE, les autres étaient Troupes légères. — Sous TURENNE il en était de même ; mais ce capitaine ne commandait que de faibles ARMÉES, nourrissait de PILLAGE ses SOLDATS, avait peu d'ARTILLERIE, point de BAGAGES ; il tenait toute son ARMÉE, pour ainsi dire, en vue de l'ENNEMI, et la remuait tout entière de sa main. Des ARMÉES démesurées, un attirail considérable, une ARTILLERIE nombreuse, l'excès des ÉQUIPAGES, ont nécessité plus tard un grand emploi de Troupes légères. Il fallait une ARMÉE pour protéger l'ARMÉE. — Les AVENTURIERS de MONTLUC et de BAYARD étaient des Troupes légères, par opposition à la GENDARMERIE. — Dans les usages de la TACTIQUE moderne, les Troupes légères datent de la GUERRE DE 1741, et l'extension donnée à ce système a changé la forme de la GUERRE. L'AUTRICHE, inférieure en forces à ses agresseurs, leva force CROATES, HUSSARDS, PANDOURS, TALPACHES OU TOLPACHES, et chercha à substituer les CHICANES aux BATAILLES. Nos désastres dans cette GUERRE DE 1741 sont attribués en partie aux efforts et à la quantité de ces Troupes légères autrichiennes, qui devinrent depuis lors le modèle de celles de toutes les milices. Le besoin de se garantir de ces nuées de COUREURS avait amené dans les autres milices l'introduction de TROUPES pareilles. On a blâmé leur grand nombre, à ce point de vue que cet excès de précautions empêche l'ARMÉE de s'aguerrir, et que ce genre de COMBATTANTS, par leur nature même, résistant ordinairement peu à l'armée qui en a moins, habituent celle-ci à mépriser ses adversaires. — En 1761, la force des Troupes légères d'infanterie est en France de cinq mille neuf cent quatre-vingt-huit, et celles de cavalerie montent à trois mille six cents, officiers non compris. — Mirabeau prétend que le seul costume de nos hussards témoigne la supériorité des Troupes légères de la maison d'Autriche. Aussi cet auteur trouve-t-il qu'il y aurait eu et du patriotisme et de l'habileté à supprimer dans les troupes françaises un costume incommode, ridicule et dispendieux. On peut ne pas se rendre à cet avis, mais on ne saurait nier que les pandours de Trenck ont été les vrais modèles des Troupes légères, hommes robustes, toujours en haleine, sans cesse exercés, nageurs, coureurs, sauteurs, grimpeurs, tireurs adroits. — L'ancien usage avait été de ne lever les Troupes légères qu'à l'instant de la campagne. On en a senti l'abus. Les officiers sont maintenant aussi portés à y entrer qu'ils y avaient de répugnance avant la guerre de la révolution. — L'ouvrage de Laroche-Aymon (1817, C) insinue pourtant que depuis un quart de siècle cette branche de l'art militaire semble n'avoir pas profité et avoir même décru. On a reproché à la milice française de n'avoir pas su encore créer de véritables Troupes légères, ou du moins à notre art militaire de n'avoir pas su conserver légères celles qui, dans nos institutions, avaient été créées en cette vue. Ainsi nos hussards, nos chasseurs escadronnent au lieu d'être plus particulièrement instruits à agir par petits détachements et par cavaliers isolés. — Le mot Troupes légères, pris par opposition à troupes de bataille, comprend un ensemble d'infanterie légère, de cavalerie légère et d'artillerie légère. Leur utilité est grande ; leur service est d'un péril de tous les jours ; elles sont l'école de la guerre. Cependant les Troupes légères, considérées accidentellement comme une arme, ne passent qu'après l'infanterie, la cavalerie, l'artillerie et le génie, parce qu'on a vu des armées s'en passer, que leur emploi est secondaire, qu'on peut les remplacer et qu'on ne pourrait se substituer elles-mêmes aux troupes de bataille. — L'art de coordonner le service des Troupes légères aux terrains n'est pas étranger à la topographie : cet art applique et diversifie ses règles suivant que les pays sont plats ou montueux, libres ou obstrués. Mais à un point de vue général, aller a la découverte, dresser une embuscade, simuler une fuite, dérober une marche, engager une escarmou-

che, tels sont les principaux actes des Troupes légères. Elles couvrent les marches d'armées, les camps, les fourrages, les quartiers ; facilitent l'arrivage des convois ; entretiennent les communications ; préviennent ou surprennent l'ennemi ; rendent difficiles ses subsistances ; reconnaissent sa position et ses mouvements, le harcèlent et l'observent ; ruinent le pays, ou y lèvent des contributions. — Gugy (1782, K) a traité de la tactique des Troupes légères, et Gréven (1851) de leur service. v. abduction. v. abduction allongée. v. académie militaire. v. agrégation. v. Albanais. v. argoulet. v. argyraspide. v. arme personnelle n° 2. v. armée. v. armée agissante n° 1. v. armée féodale. v. armée française n° 5. v. armement d'uniforme. v. armés a la légère. v. armure légère. v. art militaire de terre. v. attaque de cantonnement. v. attaque en rase campagne. v. avant-garde d'armée. v. aventuriers. v. bagages d'armée agissante. v. bagages d'armée en campagne. v. butin. v. cadre organisé. v. camp retranché. v. campement administratif. v. carte topographique. v. catégorie d'armée. v. cavalerie légère. v. chaine de postes. v. clype. v. code militaire. v. compagnie franche. v. composition. v. cornistite. v. corps de garde de passage. v. Croate. v. dragon n° 1. v. école tactique. v. embuscade. v. effet de campement. v. Esclavon. v. escorte de convoi. v. exercice d'infanterie. v. feu de chaussée. v. feu en avançant. v. Foerster (1825, K). v. formation en bataille. v. gale. v. grand'garde. v. grenadier d'infanterie n° 8. v. guerre de 1756. v. hussard n° 5. v. infanterie française n° 1. v. infanterie légère n° 1. v. investissement. v. lame courbe. v. lancier. v. légion française. v. ligne idioplique. v. législation 1769 (1er mai). v. manoeuvres de t... v. milice autrichienne. v. milice espagnole n° 2. v. milice française n° 2. v. milice grecque n° 5. v. ministre de la guerre en 1743. v. musique. v. natation. v. officier de t... v. ordonnance d'exercice d'infanterie. v. parti de guerre. v. partisan. v. pillage. v. pot défensif. v. queue de chevelure. v. régiment d'infanterie française. v. réserve de bataille. v. ribaud. v. tactique, adj. v. tente. v. tirailleur.

TROUPE légère a cheval. v. scaphandre. v. timbale.

TROUPE légère a pied (F). L'ordonnance de 1768 (titre 57) prescrit qu'elles doivent se conformer, pour le service des places, à ce qui est ordonné pour l'infanterie. v. infanterie légère n° 7.

TROUPE logée chez l'habitant (F). Aux

termes de l'ORDONNANCE DE 1768 (titre 5), les OFFICIERS sont tenus de donner des reçus aux HOTES des FOURNITURES qu'ils ont faites à leurs SOUS-OFFICIERS et SOLDATS.

TROUPE METTANT BAS LES ARMES. V. ARMES BAS.

TROUPE MERCENAIRE (F), ou TROUPE STIPENDIAIRE. Le mot MERCENAIRE est dérivé du LATIN et désigne une TROUPE qui ne sert qu'en vue d'un avantage pécuniaire; elle se nomme ainsi par opposition à celles que le patriotisme, la loi, l'amour de la gloire appellent aux armes. — GROTIUS a dit: *Nullum vitæ genus est improbius quàm eorum qui, sine causæ respectu, mercede ducti, militant.* — GUIBERT, pour en faire la critique, dit que ces TROUPES ne gagnent rien à vaincre et ne perdent rien à être vaincues; mais cette pensée a plus d'éclat que de justesse. — L'usage des Troupes mercenaires était déjà connu dans la MILICE GRECQUE. Les LACÉDÉMONIENS soldent des CRÉTOIS. IPHICRATE, général athénien, avait commandé, vers la fin du cinquième siècle avant J.-C., vingt mille étrangers. — Cependant tous les écrivains de l'antiquité condamnent l'usage de ces TROUPES, et entre autres THUCYDIDE, XÉNOPHON, POLYBE, TACITE. — MACHIAVEL et PATRIZZI en blâment aussi l'emploi; ils les déclarent déserteurs, mutins, exigeants et prêts à trahir tous devoirs le jour du combat. — Ces blâmes sont peut-être justes à de certaines dates; ils sont moins applicables à d'autres époques et pour d'autres usages. Il faut reconnaître que, recrutées et commandées par des chefs capables, les Troupes mercenaires se sont souvent montrées singulièrement valeureuses. — Nous en trouvons des exemples dès les temps reculés de notre histoire. — Les usurpateurs de la NORMANDIE, fatigués du repos qui terminait leur vie de pirates, se font, par désœuvrement, AVENTURIERS chrétiens et courent en caravanes aux lieux saints, comme c'était la mode au commencement du onzième siècle. Une de leurs TROUPES, bien armée par esprit de précaution et par amour pour l'économie de la vie militaire, c'est-à-dire pour les commodités du brigandage, se vend à un prince lombard de PALERME, et, à son profit, elle triomphe des SARRASINS de SICILE. De là de nouveaux enrôlements, et une nouvelle émigration d'où sort enfin le trône de NAPLES, formé de la dépouille des chrétiens de l'Orient. C'est en vain que d'autres mercenaires allemands, sous les ordres de LÉON NEUF, marchent contre Robert Guiscard; la valeur normande triom-

phe de l'infaillibilité papale, et le saint-père est prisonnier. — Toute l'histoire de l'ITALIE et de l'ANGLETERRE nous montre l'image des Troupes mercenaires, et c'est parce que cet usage était moins vicieux encore que celui de notre FÉODALITÉ, que ces pays sont bien plus florissants, au milieu de leurs troubles, que ne l'était alors la malheureuse FRANCE, quoique plus favorisée par sa position géographique. — Ne blâmons pas si amèrement les MERCENAIRES : nous avons été à la solde des GRECS, des ROMAINS, des ORIENTAUX, précisément parce que nous ne savions pas être à notre propre solde. — Dans le moyen âge, toutes les républiques et principautés de l'ITALIE se servaient de ces Troupes. Ainsi, les villes les plus riches étaient en même temps les plus puissantes; ce qui explique la longue suprématie dont jouirent MILAN et FLORENCE. En 1282, Florence prend à sa solde cinq cents LANCES françaises, de même qu'en 1225, GÈNES avait stipendié le duc de SAVOIE et deux cents cavaliers. — C'est surtout pendant le quatorzième siècle que cet usage s'étend. Les passages des ARMÉES allemandes éparpillaient des AVENTURIERS qui se vendaient et se revendaient à qui les payait le mieux. — La FRANCE et la HONGRIE aussi fournissent beaucoup de ces SOLDATS de fortune à l'ITALIE. Ils y étaient appelés par un beau ciel, des vins abondants, une paye large, et par une réputation de supériorité que les Italiens leur accordaient assez volontiers, regardant comme synonymes les mots bons soldats et *oltramontani* (ultramontains). — Des ALBANAIS, ARGOULETS, STRADIOTS, GASCONS, CARABINS, SUISSES, REITRES, LANSQUENETS, AVENTURIERS, ont été des Troupes mercenaires. — Dans le quinzième siècle, les ECOSSAIS étaient les SUISSES des rois de France. — Au point de vue philosophique, toute TROUPE qui suit les drapeaux d'un conquérant est Troupe mercenaire. — La mode de ce genre de Troupes a passé; on les accuse d'être les satellites du despotisme. La mode des TROUPES NATIONALES temporaires prévaut dans toute l'EUROPE; ce sont les hommes de la patrie. Aujourd'hui, fort peu d'États entretiennent des TROUPES qui soient tout à fait MERCENAIRES. — HENRI QUATRE n'en voulait pas, et n'en faisait nul cas. BRANTOME en rend témoignage dans le passage suivant : *Nostre grand et brave roy d'aujourd'huy en a pris l'instruction* (a adopté l'opinion de COLIGNY), *qui a fait et parfait ses guerres et acquis son royaume sans ces gens-là, fors quelques troupes que Turenne lui amena, qui ne servirent guères; aussi il s'en défist bientôt, en quoi il monstra son grand cœur et sa grande sagesse.* — MACHIAVEL dit trop de mal des MERCENAIRES de son temps, qui étaient des troupes de théâtre plutôt que des SOLDATS; car, malheureusement, il faut avouer que, militairement parlant, les MERCENAIRES, conduits par un GÉNÉRAL habile et heureux, sont la meilleure espèce de TROUPE, mais la meilleure pour l'intérêt de leur GÉNÉRAL, pour les succès prodigieux qui dépendent des ressources de l'ART, quoique la plus funeste peut-être au repos des peuples et aux intérêts de la civilisation. — Le jour où MARIUS soudoya l'ARMÉE, il la rendit vénale; elle put être achetée, et ROME devint bientôt la propriété d'un maître. — Mais si ces Troupes renversèrent la liberté romaine, elles renversèrent aussi la FÉODALITÉ. Elles ont fait le bien et le mal, comme toutes les institutions. — Nous avons parlé de leur valeur en certains cas; nous pourrions citer aussi des exemples de leur faiblesse. — KLÉBER, en 1794, assiégeait MAESTRICHT, défendue par les HESSOIS au service de la HOLLANDE. Les PARLEMENTAIRES envoyés au GÉNÉRAL français dès que la tranchée fut ouverte, implorèrent la cessation du feu au nom des BOURGEOIS, mais firent l'aveu maladroit que chaque coup qui emportait un SOLDAT coûtait deux cents florins aux colonels hessois, parce que les États ne remboursaient l'homme mort qu'à raison de soixante florins. Le feu redoubla à l'instant; le soir, une ville imprenable était rendue. Autant en arrivait à YPRES. — La dispense du service commun et personnel est la conséquence de l'usage des Troupes mercenaires, de même que l'établissement de l'impôt en est aussi la conséquence, puisque l'impôt seul, auquel la victoire parfois peut suppléer, pourvoit à ce genre de TROUPES. v. BRABANÇON. v. CARRION (1824). v. CHEVALIER DU MOYEN AGE. v. CONDOTTIERE. v. GÉSATE. v. GUERRE. v. INFANTERIE Nº 1. v. INFANTERIE COMMUNALE Nº 6. v. INFANTERIE DE BATAILLE Nº 7. v. LANSQUENET. v. MILICE. v. MILICE ESPAGNOLE Nº 2. v. MILICE FRANÇAISE Nº 1. v. MILICE HESSOISE. v. MILICE ROMAINE Nº 2. v. PIQUICHIN. v. RECRUTEMENT. v. TROUPE PERMANENTE.

TROUPE MEXICAINE. V. MEXICAIN, adj. V. MILICE MEXICAINE.

TROUPE MILICIENNE. V. MILICE ANGLO-AMÉRICAINE Nº 1. V. MILICE PROVINCIALE.

TROUPE MILITAIRE. V. PILLAGE. V. REDOUTE. V. RÉGIMENT. V. ROUT. V. SIGNAL. V. TACTICOGRAPHIE.

TROUPE MONTÉE. V. CAVALERIE FRANÇAISE Nº 7. v. MONTÉ, adj.

TROUPE NAPOLITAINE. V. MILICE NAPOLITAINE Nº 2.

TROUPE NATIONALE. V. MILICE. V. SOUDURIER. V. TROUPE ÉTRANGÈRE. V. TROUPE MERCENAIRE.

TROUPE NÉERLANDAISE. V. MILICE NÉERLANDAISE Nº 1.

TROUPE ORGANISÉE. V. COMBAT SINGULIER.

TROUPE PAR LE FLANC. V. ABDUCTION ALLONGÉE. V. CHEF DE GARDE MONTANTE EN GARNISON. V. FORMATION SUCCESSIVE.

TROUPE PARAGUÉENNE. V. MILICE PARAGUÉENNE. v. PARAGUÉEN, adj.

TROUPE PARQUÉE. V. ATTAQUE DE CONVOI.

TROUPE PASSANTE. V. RÉGIMENT FRANÇAIS Nº 2.

TROUPE PERMANENTE (F). La CRÉATION des troupes permanentes, en FRANCE, est peu postérieure au commencement du quatorzième siècle. — Un des défauts qu'on leur reproche, c'est de contenir trop d'OFFICIERS d'un AGE avancé. — Les LÉGIONS de CÉSAR, occupées pendant dix ans à la conquête des GAULES, étaient des Troupes permanentes en partie ÉTRANGÈRES; elles avaient un GÉNÉRAL et point de patrie; elles vainquirent les TROUPES NATIONALES temporaires de POMPÉE, qui pourtant étaient plus nombreuses, qui étaient patriotiques, et qui avaient un chef habile mais moins bien secondé. — Les TROUPES d'ANNIBAL étaient PERMANENTES et formées de MERCENAIRES ramassés de tous les pays. — v. ARMÉE FRANÇAISE Nº 4. v. ARMÉE PERMANENTE. v. CORPS D'INTENDANCE Nº 7. v. EXTRAORDINAIRE DES GUERRES. v. GÉNÉRAL D'ARMÉE Nº 7. v. GUET DE PARIS. v. MILICE. v. MILICE ESPAGNOLE Nº 2. v. MILICE TURQUE Nº 2. v. PERMANENT, adj. v. REVUE D'ADMINISTRATION. v. SERF. v. SERVICE FÉODAL.

TROUPE PERSANE. V. MILICE PERSANE Nº 1, 3, 4. V. MILICE PERSE. V. PERSAN, adj.

TROUPE PIÉMONTAISE. V. MILICE PIÉMONTAISE Nº 1, 2. v. PIÉMONTAIS, adj.

TROUPE POLONAISE. V. MILICE POLONAISE Nº 1, 5. v. POLONAIS, adj.

TROUPE PORTUGAISE. V. MILICE PORTUGAISE Nº 1, 6. v. PORTUGAIS, adj.

TROUPE POSTÉE. V. DÉCOUVERTE.

TROUPE PRENANT LES ARMES. V. ARMES DE SERVICE ARMÉ.

TROUPE PRÉTORIENNE. V. GENTIL.

TROUPE PRIVILÉGIÉE. V. GARDE DE PRINCE. V. GARDE DES CONSULS. V. MAISON DU ROI Nº 1. V. PAIN. V. POSTE RETRANCHÉ.

TROUPE PROVINCIALE (F). Troupes créées en 1771 ; on les évaluait, en 1787, à soixante-dix-sept mille hommes, dont mille neuf cents OFFICIERS. V. CODE MILITAIRE. V. RÉGIMENT D'ARTILLERIE N° 3. V. REVUE CONSCRIPTIVE.

TROUPE PRUSSIENNE. V. INSPECTEUR GÉNÉRAL N° 5. V. MILICE PRUSSIENNE ; id. N° 1, 2, 3, 4, 7, 8, 9. V. PRUSSIEN, adj.

TROUPE RÉGLÉE. V. BRIGANT. V. COMBAT A OUTRANCE. V. MILICE AUTRICHIENNE N° 2. V. RÉGLÉ, adj.

TROUPE RÉGULIÈRE (F). Troupes qui ont en FRANCE leur origine dans la création des COMPAGNIES D'ORDONNANCE. Elles étaient plus anciennement connues dans la MILICE ANGLAISE, parce que la PAYE y était forte, la GUERRE populaire et l'esprit public déjà formé ; ce qui explique la supériorité des ARCHERS ANGLAIS, hommes tirés de la classe moyenne du peuple. — La nécessité d'en employer se manifeste à l'époque où cesse l'existence de la MILICE FÉODALE. — HALLAM prétend que cela augmenta les frais de la guerre ; mais la répartition des impôts destinés à cet emploi ne pouvait qu'être de beaucoup préférable au PILLAGE des SOLDATS et aux concessions des SEIGNEURS. V. ARCHER A CHEVAL. V. ARMÉE PERMANENTE. V. CLAIRON INSTRUMENTAL. V. COMPAGNIE D'ORDONNANCE N° 4. V. CONSTITUTION. V. HUSSARD N° 5. V. JANISSAIRE. V. MILICE HELLÉNIQUE. V. MILICE SARDE. V. MUSIQUE. V. REVUE D'ADMINISTRATION. V. SERF.

TROUPE RELEVANTE. V. DESCENTE DE GARDE.

TROUPE ROMAINE. V. ALLIÉ. V. CAMP ROMAIN. V. CENTURION N° 5. V. CENTURION EN CHEF. V. CLYPE. V. CONSUL. V. CONTRIBUTION DE GUERRE. V. CORNICULAIRE. V. DUCENAIRE. V. ESCRIME. V. GARNISON. V. HARANGUE. V. HOPITAL MILITAIRE. V. LIGNE D'OPÉRATIONS. V. MANIPULE N° 1. V. MANUBALISTE. V. MÉTATEUR. V. MILICE ROMAINE N° 2, 4, 6, 7, 8, 9, 10. V. MUSICIEN. V. PAIN. V. PAL. V. PATRICE. V. PELTASTE. V. PHALÈRE. V. PILLAGE. V. PLOMBÉE. V. PORTE DÉCUMANE. V. POST-SIGNAIRE. V. PRÉFET DE CAMP. V. PRÉFET DU PRÉTOIRE. V. QUESTEUR. V. ROMAIN, adj. V. SERMENT. V. SUBSIGNAIRE. V. TAMBOUR INSTRUMENTAL. V. TORTUE TACTIQUE. V. TRAVAUX MILITAIRES. V. TRIAIRE ; id. N° 1, 2, 3. V. TRIBUN N° 5, 6.

TROUPE ROYALE. V. CAPITAINE D'INFANTERIE FRANÇAISE DE LIGNE N° 2. V. GARNISON. V. MAIRE.

TROUPE RUSSE. V. COSAQUE. V. JAVELOT. V. MILICE RUSSE N° 1, 2, 3, 5, 7, 8, 10. V. MOUSQUET.

TROUPE SAXONNE. V. MILICE SAXONNE N° 1, 3. V. SAXON, adj.

TROUPE SEIGNEURIALE. V. SEIGNEUR.

TROUPE SOLDÉE (F). Un des premiers exemples qu'on en trouve remonte à SAINT LOUIS, qui, dans une CROISADE, solda JOINVILLE et sa TROUPE. Des souverains y furent contraints quand les TROUPES des VASSAUX devinrent insuffisantes pour leurs expéditions. L'usage en commence à PHILIPPE AUGUSTE. V. ARMÉE PERMANENTE. V. GUET DE PARIS. V. MILICE TURQUE N° 2. V. PAYE. V. SERF. V. SOLDAT.

TROUPE SOUDOYÉE. V. GUERRE. V. TROUPE SOLDÉE.

TROUPE SOUS LES ARMES. V. FORMATION SOUS LES ARMES. V. HAUSSE-COL. V. HONNEURS. V. HONNEURS FUNÈBRES. V. HOST. V. RÉCEPTION D'OFFICIER. V. SALUT. V. SOUS LES ARMES.

TROUPE STIPENDIAIRE. V. GUERRE. V. LEVÉE. V. MONTRE ADMINISTRATIVE. V. PAYE. V. SERVICE FÉODAL. V. TROUPE MERCENAIRE.

TROUPE SUBDIVISIONNAIRE. V. CONVERSION EN BATAILLANTE.

TROUPE SUÉDOISE. V. MILICE SUÉDOISE N° 1, 2, 3, 5, 6. V. SUÉDOIS, adj.

TROUPE SUISSE. V. INFANTERIE FRANÇAISE N° 1. V. INFANTERIE FRANCO-SUISSE N° 2, 4. V. MILICE SUISSE N° 1, 2, 3, 5. V. SABRE. V. SUISSE, adj.

TROUPE SYKE. V. MILICE SYKE N° 3, 5. V. SYKE, adj.

TROUPE TACTIQUE. V. FILE TACTIQUE.

TROUPE TEMPORAIRE (F). Telles étaient les TROUPES des républiques grecques, et principalement de LACÉDÉMONE. Celles de PHILIPPE DE MACÉDOINE et d'ALEXANDRE n'étaient plus temporaires ; elles étaient TROUPES MERCENAIRES PERMANENTES, de même que l'avaient été les TROUPES que CYRUS le Jeune avait achetées à la GRÈCE, et que conduisait XÉNOPHON. — Celles de la MILICE ROMAINE furent temporaires jusqu'au consulat de CÉSAR.

TROUPE TURCO-ÉGYPTIENNE. V. MILICE TURCO-ÉGYPTIENNE N° 1, 2, 3. V. TURCO-ÉGYPTIEN, adj.

TROUPE TURQUE. V. MILICE TURQUE ; id. N° 1, 2, 3, 4, 5, 6, 7. V. JANISSAIRE. V. TIMARIOT. V. TURC, adj.

TROUPE URBAINE. V. GUET DE PARIS.

TROUPE VÉNALE. V. REVUE D'ADMINISTRATION. V. VÉNAL, adj.

TROUPE VÉNITIENNE. V. MILICE VÉNITIENNE. V. VÉNITIEN, adj.

TROUPE WURTEMBERGEOISE. V. MILICE WUR-

TEMBERGEOISE N° 1, 3, 5. V. WURTEMBERGEOIS, adj.

TROUPITZ. V. NOMS PROPRES.

TROUPPE. V. TROUPE.

TROUSSE, subs. fém. (F). Mot que Gébelin dit être dérivé du celtique *tro*, assemblage ou quantité. On peut consulter sur ce sujet FURETIÈRE, LECOUTURIER (1825) et MÉNAGE. V. ARBALÉTRIER. V. ARCHER. V. CARQUOIS. V. CHAUSSE DE MAILLES. V. DÉ A COUDRE.

TROUSSE d'ARCHER (F). Réceptacle qui contenait des TRAITS, des CARREAUX, des MATRAS. V. FRANC ARCHER. V. GARDE ÉCOSSAISE.

TROUSSE de BATTERIE. V. BATTERIE DE PLATINE. V. TALON DE BATTERIE.

TROUSSE de CHIRURGIEN. V. CHIRURGIEN. V. CHIRURGIEN DE CORPS.

TROUSSE de FOURRAGE (B, 1). Ensemble de deux faisceaux d'herbe ou de grains liés avec une CORDE A FOURRAGE, et se jetant, comme un bissac, sur le dos du cheval. Le poids de la Trousse est proportionné à la quantité de jours pendant lesquels le FOURRAGE doit durer. Ce poids se suppute au moins à raison de cinquante livres par jour. Le maximum du poids d'une Trousse est, suivant POTIER, de cinq à six cents livres. V. FOURRAGE. V. FOURRAGE AU VERT.

TROUSSE de HAUT-DE-CHAUSSES. V. HAUT-DE-CHAUSSES.

TROUSSE de PAGE. V. HAUT-DE-CHAUSSES. V. PANTALON.

TROUSSE de SOLDAT. V. AIGUILLE. V. ALÈNE. V. CISEAUX. V. FIL NOIR. V. TROUSSE GARNIE.

TROUSSE d'ÉQUIPEMENT (B, 1). La DÉCISION MINISTÉRIELLE du 8 décembre 1821 en réglait la composition. V. AIGUILLE. V. ALÈNE. V. BOUTONS DE SOUS-PIEDS. V. CISEAUX. V. EFFETS DE PETIT ÉQUIPEMENT. V. EFFETS DE TROUSSE. V. FIL BLANC. V. FIL NOIR. V. INFANTERIE N° 5. V. RETROUSSIS. V. TROUSSE GARNIE.

TROUSSE d'HABILLEMENT. V. HÉRAUT D'ARMES N° 2.

TROUSSE GARNIE. V. PETITE MONTURE. V. TROUSSE D'ÉQUIPEMENT.

TROUSSEQUIN. V. LECOUTURIER (1825). V. SELLE D'ARMES.

TROUSSES de CHAUSSES (F). Sorte de CULOTTE ou de HAUT-DE-CHAUSSES en usage au quinzième siècle. V. CHAUSSES DE MAILLES. V. GRÈGUES.

TROUSSES de PAGE (F), ou GRÈGUES, ou CHAUSSES à la GRECQUE. V. GANEAU. V. HABILLEMENT. V. HABIT. V. PAGE.

TROUVADOUR, subs. masc. V. TROUVÈRE.

TROUVAIRE, subs. masc. V. TROUVÈRE.

TROUVÉ (trouvée), adj. V. CHEVAL T... V. ENFANT T...

TROUVÉOR, subs. masc. V. TROUBADOUR. V. TROUVÈRE.

TROUVÉOUR, subs. masc. V. TROUBADOUR.

TROUVÈRE, subs. masc. (F), ou TROBAIRE, ou TROUBADOUR, ou TROUVADOUR, ou TROUVAIRE, ou TROUVÉOR, ou TROUVEUR, ou TROUVOR, ou TROVÉOR, ou TROVÈRE, ou TROVERRE, ou TROVETIR suivant BARBAZAN (1808), ou TROVOR suivant ROQUEFORT. Ces mots ont la même étymologie que TROUBADOUR, et ont été la désignation générique donnée aux poëtes de FRANCE, à partir du onzième jusqu'au quatorzième siècle. — Rutebeuf, compositeur de fables, mort en 1310, est un des plus célèbres entre eux. — On a nommé trouveresses, troveresses, les femmes poëtes des mêmes époques. — Faut-il admettre que les TROUBADOURS, auteurs lyriques et chanteurs, différaient surtout des Trouvères en ce que ceux-ci se livraient à une sorte de poésie épique; ou faut-il établir plutôt que les TROUBADOURS étaient au delà de la Loire et les Trouvères en deçà? — PHILIPPE AUGUSTE attirait et récompensait les Trouvères. Ce que l'on sait de son règne est dû en partie aux encouragements qu'il leur prodiguait. Chrestien de Troyes écrivait de son temps. —Les romans de Lancelot du Lac, d'Alexandre, de Saint-Gréaal, de Tristan de Léonois, appartiennent à la même époque. V. CHANTÉOUR. V. CHEVALERIE D'AFFILIATION; id. N° 3. V. CHEVALERIE ERRANTE. V. CHEVALIER DU MOYEN AGE. V. ENCYCLOPÉDIE (1751, C¹. V. HÉRAUT D'ARMES N° 3. V. LANGUE FRANÇAISE. V. LANGUE ROMANE. V. MUSICIEN. V. PAIR DE FRANCE.

TROUVERSE, subs. masc. V. TROUBADOUR.

TROUVEUR, subs. masc. V. TROUBADOUR. V. TROUVÈRE.

TROUVOR, subs. masc. V. TROUVÈRE.

TROVÉOR, subs. masc. V. TROUVÈRE.

TROVÈRE, subs. masc. V. TROUVÈRE.

TROVERRE, subs. masc. V. TROUVÈRE.

TROVEUR, subs. masc. V. TROUVÈRE.

TROVOR, subs. masc. V. TROUVÈRE.

TRUÈVE, subs. fém. V. TRÈVE.

TRUHIE, subs. fém. (F), ou TROUIE, ou TRUIE. Mot que ROQUEFORT mentionne sans en indiquer la racine. Il exprimait, à ce que dit FROISSARD, une machine de guerre d'où l'on pouvait lancer des pierres; il parle d'une Truhie qui, en 1378, pouvait bien contenir cent hommes d'armes. Roquefort pense que c'était une galerie d'approches, et Borel (Pierre) que c'était un bélier.

TRUIE, subs. fém. v. treuil. v. troie. v. truhie. v. truye.

TRUMELIÈRE, subs. fém. (F). Mot dérivé de trumel, trumeau, trumiau (cuisse, jambe, jambage), et qui a signifié cuissard.

TRUNKEER, subs. masc. v. trencheor.

TRUNKIER, subs. masc. v. trencheor.

TRUYE, subs. fém. v. truhie. v. truie.

TSCAPZKA, subs. masc. v. szapka.

TSCHAIKISTE, subs. masc. v. régiment frontière.

TSCHERKES, ou **TSCHERKESSES**, subs. masc. v. milice russe n° 2.

TSCHEULIN. v. noms propres.

TUBE, subs. masc. (term. génér.). Mot que Gébelin croit d'origine celtique, et qui exprime toute espèce de cylindres à lancer des projectiles, des bombes, etc. v. ame de fusil. v. ame de tube. v. amplitude. v. angle de mire. v. arbrier d'arbalète. v. arquebuse a croc. v. artillerie de montagne. v. balistique. v. balle de fusil. v. bombarde. v. calibre. v. calibrer. v. canon. v. charge de mousquet a main. v. coin de mire. v. couleverine. v. crever. v. culasse. v. feu grégeois. v. fusée. v. fusée de guerre. v. grenade. v. grenadier d'infanterie française n° 1. v. mortier.

TUBE a feu. v. canon d'artillerie. v. jumelle. v. orgue a feu. v. portée d'arme. v. portée de canon. v. poste projectile. v. poudre a feu. v. serpenteau. v. siphon a main.

TUBE d'acquereau (F). Partie principale d'un acquereau. Ce Tube était un long tuyau ouvert à chaque bout, formé de bandes de fer forgées et soudées. Il était renforcé par des cerceaux de fer qui donnaient à cette machine quelque ressemblance avec une colonne à bossage. Des anneaux de fer, qui jouaient dans les cerceaux, s'attachaient aux chaînes destinées à suspendre l'acquereau. L'un des bouts du Tube recevait la culasse d'acquereau après qu'on y avait introduit le pile ; car si on eût placé ce pile comme on place maintenant un boulet, les pennes, ou ailes du pile, en eussent été contrariées et endommagées. Il y a eu des Tubes d'acquereau qui, à cause de la longueur de cette arme, étaient de plusieurs pièces, et s'ajustaient comme des tuyaux de fonte pour conduits d'eaux. — Dans les derniers siècles, les savants d'Allemagne ont exprimé, en latin, Tube par *fistula*.

TUBE d'amorce. v. amorce. v. fusil koptepteur.

TUBE d'arme a feu. v. angle de mire. v. arme a feu. v. bagué. v. jumelle. v. pierre projectile. v. portée.

TUBE d'armement. v. ame de tube. v. armement.

TUBE d'artillerie. v. pièce a boite. v. pièce d'artillerie.

TUBE de canon. v. flamber.

TUBE de clairon. v. clairon instrumental.

TUBE de cornet. v. cornet. v. cornet de voltigeurs.

TUBE de coulevrine. v. canon d'artillerie. v. chambre de bombarde. v. coulevrine.

TUBE de mortier. v. mortier.

TUBE de trompette. v. tablier de trompette.

TUBICEN, ou **TUBICIEN**, subs. masc. v. cornet idioplique n° 2.

TUCHIN, subs. masc. (F). Ce mot, rendu en italien par *tochini*, signifiait, suivant Roquefort, pillard ou révolté du Poitou et de l'Auvergne vers 1584. Il a servi de désignation à un certain genre d'aventuriers qui touchaient aux mains de ceux qu'ils rencontraient, pour savoir s'ils avaient des durillons. Ils traitaient en ennemis ceux qui n'avaient pas de durillons.

TUDESQUE, adj. v. langue allemande. v. langue t...

TUEIL, subs. masc. v. canons d'habillement. v. culotte.

TUFE, subs. fém. v. panache.

TUFFE (tuffes), subs. masc. (F). Soldats dont parlent Froissard et Borel (Pierre). Ce qui est dit des ribauds leur est applicable. v. brigant.

TUG, subs. masc. (F), ou touc comme l'écrit Boiste, ou toug comme le disent Ganeau et l'Encyclopédie (1751, C, au mot *Queue de cheval*). Sorte d'enseigne chinoise, tartare et turque. Il en était porté sept devant le sultan. v. Duane (1810, E). v. milice turque n° 4.

TUIEL, subs. masc. v. canons d'habillement. v. culotte.

TUIER, subs. masc. v. écuyer.

TUIRIAU, subs. masc. (F) (au pluriel tuiriaux). Mots que Roquefort mentionne comme synonymes de pourpoint, sans entrer dans aucun détail étymologique.

TULIPE (subs. fém.) de canon (G, 2, 5). Partie renforcée de son embouchure. v. Legrand (1857, A).

TULLUS. V. NOMS PROPRES.

TUMÉRIAU, subs. masc. (F). Ce mot, qui avait autrefois le sens du mot tombereau, a servi de désignation, à ce que dit ROQUEFORT, à un ENGIN dont on se servait pour jeter des pierres. Il est probable qu'il basculait comme le font les tombereaux, et que cette similitude était cause de l'appellation.

TUMULTE, subs. masc. (E). Evénement, trouble, CAS D'ALERTE de nature à être réprimés par la FORCE PUBLIQUE, et à l'occasion desquels les POSTES prennent les ARMES. V. ALERTE DE T...

TUMULTUAIRE, adj. V. BATTERIE T... V. BRUIT T...

TUNICLE. V. COTTE D'ARMES. V. HÉRAUT D'ARMES. V. TABAR.

TUNIQUE, subs. fém. (F). WILLEMIN donne le dessin de celle de CHARLEMAGNE. V. CHLAMYDE. V. COTTE D'ARMES. V. COTTE DE MAILLES. V. ÉCOLE DE MARS N° 3. V. HABILLEMENT. V. HÉRAUT D'ARMES N° 2. V. HOQUETON. V. LÉGION ROMAINE N° 4. V. MAILLOT. V. MILICE GRECQUE N° 4. V. MILICE ROMAINE N° 4, 10. V. ROI D'ARMES. V. SIGNAL STRATEUMATIQUE. V. SIGNAL TACTIQUE. V. TREUMELLE. V. TORNICLE. V. TOURNOI.

TUNIS. V. NOMS PROPRES.

TUPINEIS, subs. masc. (F), ou TUPYNEIS. Mots qui, suivant CARPENTIER, étaient synonymes d'EXERCICE MILITAIRE ou de JOUTE.

TUPYNEIS, subs. masc. V. TUPINEIS.

TUR, subs. fém. V. TOUR DE FORTIFICATION.

TURBAN, subs. masc. (F). Ce mot, suivant GÉBELIN, est une altération de l'oriental *dulpant, tulpant.* V. AIGRETTE. V. ALBANAIS. V. ATTRIBUT DE T... V. CASQUE. V. HULLAN. V. MILICE SYKE N° 1, 3. V. MILICE TURQUE; id. N° 4. V. SCHAKO D'INFANTERIE.

TURBAN DE BONNET DE POLICE. V. ATTRIBUT DE BONNET DE POLICE. V. BONNET DE POLICE. V. BONNET DE POLICE D'HOMME DE TROUPE. V. CORPS DE BONNET DE POLICE.

TURBAN DE COUVRE-SCHAKO. V. COUVRE-SCHAKO.

TURBE, subs. fém. V. TROUPE.

TURC. V. NOMS PROPRES.

TURC (turque), adj. V. AIDE DE CAMP T... V. ALBANAIS. V. ARMÉE T... V. ARMEMENT T... V. ARMURIER T... V. ARTILLERIE T... V. BATAILLON T... V. BOMBARDIER T... V. BRIGADE T... V. CANONNIER T... V. CAPITAINE T... V. CAPORAL T... V. CAVALERIE T... V. CHEF DE BATAILLON T... V. CHEF D'ÉTAT-MAJOR T... V. COLONEL T... V. COMPAGNIE T... V. CORPS T... V. DIVISION T... V. DRAPEAU T... V. ÉCOLE T... V. EMPIRE T... V. ÉTAT-MAJOR T... V. GARDE T... V. GÉNÉRAL DE BRIGADE T... V. GÉNÉRAL DE DIVISION T... V. GÉNÉRAL T... V. GÉNIE T... V. GOUVERNEMENT T... V. INFANTERIE T... V. INSTRUMENT T... V. LANGUE T... V. LIEUTENANT-COLONEL T... V. LIEUTENANT T... V. MAJOR T... V. MILICE T... V. MILITAIRE T... V. MINEUR T... V. MUSIQUE T... V. OFFICIER T... V. PIONNIER T... V. QUARTIER-MAITRE T... V. RECRUTEMENT T... V. RÉGIMENT T... V. SERGENT-MAJOR T... V. SERGENT T... V. SERVICE T... V. SOLDAT T... V. SOLDE T... V. SOUS-OFFICIER T... V. SPAHI T... V. TACTIQUE T... V. TAMBOUR T... V. TRAIN T... V. TROUPE T...

TURCO-ÉGYPTIEN (turco-égyptienne), adj. V. ADJUDANT-MAJOR T... V. ARMÉE T... V. ARTILLERIE T... V. BATAILLON T... V. BRIGADE T... V. CAPITAINE T... V. CAVALERIE T... V. CHIRURGIEN T... V. CLAIRON T... V. COMPAGNIE T... V. CORPS T... V. ÉCOLE T... V. ÉGYPTIEN, adj. V. ESCADRON T... V. GARDE T... V. GENDARMERIE T... V. GÉNÉRAL T... V. GÉNIE T... V. HABILLEMENT T... V. HUSSARD T... V. INFANTERIE T... V. LANCIER T... V. LIEUTENANT T... V. MILICE T... V. MUSIQUE T... V. OFFICIER T... V. OFFICIER PAYEUR T... V. QUARTIER-MAITRE T... V. RECRUTEMENT T... V. RÉGIMENT T... V. SERVICE T... V. SOLDAT T... V. SOUS-LIEUTENANT T... V. SOUS-OFFICIER T... V. TAMBOUR T... V. TRÉSORIER T... V. TROUPE T...

TURCOIS, subs. masc. (F). En ITALIEN *turcasso.* Suivant BOREL (Pierre), c'est un CARQUOIS. V. CROISADE (1096).

TUREL, subs. masc. V. TOUR DE FORTIFICATION.

TURENNE; TURGOT; TURIN. V. NOMS PROPRES.

TURMAIRE, subs. masc. V. LEVÉE. V. TURME.

TURMARQUE, subs. masc. (F). Espèce de BRIGADIER, ou de CHEF DE BRIGADE. MAIZEROY (1771) dit que les Turmarques succédèrent aux MÉRARQUES. LÉON (900, A) prétend que les Turmarques s'appelaient autrefois MÉRARQUES, ce qui n'est pas rigoureusement vrai. — Une loi romaine de 319 (26 mars), rendue à Sirmium, appelait Turmaires, *turmarii,* les officiers de recrutement chargés de l'examen des CONSCRITS. V. CHILIARCHIE. V. CONSEIL D'ARMÉE AGISSANTE. V. DRONGAIRE. V. DUC N° 2. V. MÉRIE. V. MILICE BYSANTINE. V. OFFICIER N° 2.

TURME, subs. fém. (F), ou grande MÉRIE. C'était, en général, une petite TROUPE, par opposition à *agmen,* qui signifiait un gros CORPS, *agmen densum.* La Turme était de trente CAVALIERS, subdivisés en DÉCURIES. Le premier DÉCURION en était le CAPITAINE ou le PRÉFET, *præfectus*. Il en était du moins ainsi au temps de VÉGÈCE. Chaque DÉCURION était secondé par un OPTION ou OURAGUE, *optio, uragus*. — VARRON prétend que ce nom dérivait de *terna (quasi ter dena)*, parce que, au commencement, une Turme était fournie par trois tribus. — Suivant HYGIN, seize Turmes, ou cinq cent douze chevaliers, formaient une AILE : *C'était à peu près*, dit CARRION, *la cavalerie de deux légions*. Une armée de quatre LÉGIONS avait une AILE de chaque côté. — L'ENCY-CLOPÉDIE (1751, C, au mot *Légion romaine*) dit que la Turme se composait de trente-trois chevaux, et se divisait en trois DÉCURIES qui avaient chacune un DÉCURION. La Turme était sous les ordres du premier DÉCURION. L'un de ces premiers DÉCURIONS commandait une AILE sous le nom de PRÉFET DE CAVALERIE. — LA-ROCHE-AYMON et le *Journal des Sciences militaires* (1835 août, p. 183) appellent Turme un ensemble de trente-deux cavaliers. — Il y en avait, dit LISKENNE, dix par LÉGION ; chaque Turme était de trois DÉCU-RIES. — Suivant BÉNETON (1741), ce mot a été employé dans la MILICE FRANÇAISE, avant l'usage du mot ESCADRON. V. CATERVE. V. DRONGE. V. HOURT. V. LÉGION ROMAINE N° 5. V. MÉRARQUE. V. MÉROS. V. MILICE ROMAINE N° 2. V. MILICE TURQUE N° 7. V. ORDRE DE BA-TAILLE. V. PROSTAXE. V. TERZE.

TURNEIMENT, subs. masc. v. TOURNOI.

TURNÈBE; TURNER; TURPIN; TURQUIE. V. NOMS PROPRES.

TURQUOIS, subs. masc. v. TURCOIS.

TURREAU. V. NOMS PROPRES.

TUYAU (subs. masc.) D'ARTILLERIE. V. PIÈCE D'ARTILLERIE.

TYMBALE, subs. fém. v. TIMBALE.

TYMBALLE, subs. fém. v. TIMBALE.

TYMBON, subs. masc. v. TYMBRE DE CAS-QUE.

TYMBRE, subs. masc. v. CASQUE. V. HEAUME. V. HÉRAUT D'ARMES N° 2. V. TAMBOUR DE BASQUE. V. TIMBRE.

TYMBRE de CASQUE (F), ou TYMBON sui-vant CARRÉ (1785, E). v. CASQUE. v. HEAUME. v. TIMBRE.

TYMBRER, verb. act. et neut. v. BATTRE LA CAISSE.

TYMPAN, subs. masc. v. TAMBOUR. V. TIMBRE.

TYMPANE, subs. masc. v. TAMBOUR.

TYMPANONIQUE, subs. fém. (C, 2; G, 6). Partie de la CÉLEUSTIQUE. Représenta-tion écrite et spéciale des BATTERIES DE CAISSE, au moyen de signes analogues aux notes de MUSIQUE ou de plain-chant ; art d'exprimer et de démontrer le degré de vitesse et d'é-nergie, les modifications propres aux AIRS DE TAMBOUR, le jeu des BAGUETTES, etc. C'est une combinaison de caractères qui, sans indiquer de ton, indique des mesures, des BRUITS, des cadences. — Ce système figuratif emploie, ainsi que la MUSIQUE, des portées différentes, des notes exprimées par des noires, etc. Une noire tracée sur la ligne inférieure d'une portée représente un BA. — L'ORDONNANCE D'EXERCICE DE 1831 est restée longtemps la seule qui eût fait usage de signes clangico-graphiques. Cet art de noter les BATTERIES DE CAISSE, négligé depuis lors et tombé en ou-bli, et qui était devenu plus indispensable par la suppression des dessus de FIFRES, par l'oubli de leurs AIRS fixés musicalement, et dont le TAMBOUR n'était qu'un accessoire, par la multiplication du nombre des BATTERIES, a été retrouvé et reproduit utilement par l'OR-DONNANCE DE 1831 (4 MARS). V. BATTERIE D'ORDONNANCE. V. DA. V. TAMBOUR IDIOPLIQUE D'INFANTERIE FRANÇAISE N° 7. V. TAMBOUR INS-TRUMENTAL. V. TAMBOUR-MAJOR N° 10. V. TLA.

TYPE, subs. masc. v. ÉCHANTILLON TYPE. V. MINISTÈRE DE LA GUERRE.

TYR; TYRIEN; TYROL. V. NOM SPRO-PRES.

TYROLIEN, adj. v. CHASSEUR T... V. SOL-DAT AUTRICHIEN.

TYRON, subs. masc. v. CONSUL. V. JEUNE SOLDAT. V. MILICE ROMAINE N° 1, 2, 5, 6. V. PROFESSION DES ARMES. V. RECRUE. V. SOLDAT. V. SOLDAT ROMAIN. V. TIRON.

TYRTÉE; TYTLER. V. NOMS PROPRES.

TZCAPKAS. V. MILICE RUSSE N° 4.

Les chiffres entre parenthèses, qu'on rencontre dans le cours du texte, indiquent le millésime de l'année à laquelle appartiennent la citation ou l'événement.

Les abréviations entre parenthèses, qui sont en tête des articles, sont une concordance du tableau synoptique (*Disc. prélim.*, p. 10) et du vocabulaire sommaire (*Disc. prélim.*, p. 36-37). Ces abréviations donnent le moyen de remonter des conséquences aux principes.

D'autres abréviations indiquent le genre grammatical.

Les caractères italiques dénotent des phrases empruntées.

Les mots en petites capitales sont ainsi configurés comme réclames, comme preuve qu'on peut chercher à sa place générale alphabétique le mot représenté en lettres capitales.

UCHER, subs. masc. v. HUISSIER D'ARMES.

UEBER. V. NOMS PROPRES.

UEM, **UEME**, subs. masc. v. HOMME.

UFANO. V. NOMS PROPRES.

UHLAN, subs. masc. v. HULLAN.

UHLICH. V. NOMS PROPRES.

UIS, subs. masc. v. HUISSIER D'ARMES.

UISSE de CASQUE. V. CASQUE. V. VISIÈRE.

UISSIER, **UIX**, **UIZ**, subs. masc. v. HUISSIER D'ARMES.

ULAN, subs. masc. v. HULLAN.

ULCÈRE, subs. masc. v. CAS DE RÉFORME. V. INFIRMITÉ.

ULÉMA, subs. masc. v. MILICE TURQUE N° 6.

ULM; **ULPIEN.** V. NOMS PROPRES.

UMAGE, subs. masc. v. ALLOU (1837, p. 28). V. HOMMAGE. V. HOMME.

UMBON, subs. masc. (F). JABRO (1751, C) a francisé ce mot tout grec, *umbo.* ALLOU (1837) l'appelle BOSSE OU OMBILIC. V. BOCLE. V. BOUCLIER. V. ÉCU.

UMBRIL, subs. masc. v. BOURGUIGNOTE. V. CASQUE. V. VISIÈRE DE CASQUE.

UN, subs. masc. v. TRENTE-UN.

UN FEU. V. FEU. V. TIR A UN FEU.

UNE FILE DE DROITE EN ARRIÈRE, interj. v. COMMANDEMENT D'AVERTISSEMENT. V. METTRE DES FILES EN ARRIÈRE.

UNE FILE DE DROITE EN LIGNE, interj. v. COMMANDEMENT D'AVERTISSEMENT. V. FAIRE RENTRER DES FILES EN LIGNE.

UNE FILE DE GAUCHE EN ARRIÈRE, interj. v. COMMANDEMENT D'AVERTISSEMENT. V. METTRE DES FILES EN ARRIÈRE.

UNE FILE DE GAUCHE EN LIGNE, interj. v. COMMANDEMENT D'AVERTISSEMENT. V. FAIRE RENTRER DES FILES EN LIGNE.

UNI (unie), adj. v. BOUTON UNI. V. ÉPÉE UNIE.

UNIFLASQUE, adj. v. ARTILLERIE U...

UNIFORME, adj. v. HABIT U...

UNIFORME, subs. masc.(B, 1). Composé de deux mots latins *unus*, un, *forma*, forme, c'est-à-dire qui a une seule et même forme. Son origine n'est pas des plus anciennes, car on ne le voit pas usité chez les Latins, qui exprimaient l'idée qu'il représente, soit par une courte périphrase, *unius modi* (Cicéron), soit par un adjectif analogue, comme *æqualis* et *consimilis* (HORACE). Mais il est vrai qu'il ne s'appliquait pas au costume dans les armées. Pour l'employer dans le langage militaire moderne, nous avons été obligés de convertir l'adjectif en un substantif, désignant d'une manière générale l'HABILLEMENT prescrit à tous les individus d'un même corps. — Il est difficile de découvrir quels étaient les UNIFORMES chez les peuples anciens ; ce que disent les historiens sur cette matière est assez ténébreux, et ne suffit point pour prouver que l'UNIFORME ait été affecté à chaque corps. D'un autre côté, les lumières que peut fournir à cet égard l'étude des graveurs et des peintres sont souvent trompeuses ; beaucoup d'entre eux se sont plus occupés de l'effet pittoresque que de la vérité du COSTUME, qui d'ailleurs n'était pas soumis à des conventions générales. Ce que les artistes nous donnent comme la mode d'un siècle, ou au moins de quelques lustres, n'appartient souvent qu'à un pays, à un seul corps de troupe, peut-être même à un seul militaire. On a quelque raison de croire cependant que toutes les nations n'ont pas absolument négligé l'UNIFORME. Les bas-reliefs des monuments antiques montrent, il est vrai, des guerriers vêtus d'HABILLEMENTS différents ; mais cette variété résultait tout naturellement du costume adopté par chaque peuple, et l'on ne peut rien en inférer contre l'usage de l'uniformité. Tant que la guerre mit en présence des combattants couverts de fer, il fut inutile que le costume, surmonté de l'armure, fût d'une forme, d'une couleur et d'une étoffe homogènes. Les chefs et les soldats adoptèrent celui qui convenait le mieux à leur goût, à leurs habitudes, à leur fortune; ceux-là, par exemple, en préférèrent un qui pût les faire remarquer des leurs, sans s'inquiéter du danger de devenir pour l'ennemi un point de mire. — Dans les temps héroïques, lorsque les hommes vivaient à l'état presque sauvage, et même, plus tard, chez les Gaulois et les Francs, les guerriers se couvraient de peaux de bêtes, et se faisaient des CASQUES avec la tête des animaux féroces; la gueule était ouverte, les cornes ou les dents menaçantes. A l'appui de cette assertion, PINDARE dépeint Hercule et Ajax parés de peaux de tigre et de lion, et Cadmus, allant conquérir la Béotie pour y bâtir la citadelle de Thèbes, est représenté de même dans OVIDE. De son côté, PROSPER D'AQUITAINE, dans son poëme de la *Providence,* dit que les guerriers tartares dédaignent la POURPRE, et préfèrent employer le même moyen pour se rendre horribles, et inspirer la terreur dans les combats. On voit par ce qui précède que le guerrier était toujours couvert d'une peau ou d'une armure. Là était toute l'UNIFORMITÉ. Quant au VÊTEMENT, la couleur en était différente, aussi bien que la forme, suivant les peuples. Les Phrygiens portaient des habits brodés; les Babyloniens, un tissu uni et bariolé; les Grecs affectionnaient la couleur rouge ou écarlate, inventée par les Tyriens, parce que cette couleur étant semblable au sang, les blessures produisaient moins d'effet à la vue des soldats : *Ars erat in pugna visum occuluisse cruorem* (SILIUS). SUIDAS dit aussi, d'après ARISTOTE, que les Lacédémoniens l'avaient adoptée comme propre à donner de la dignité à un homme de guerre, et parce qu'elle l'habitue à voir froidement couler le sang. VALÈRE MAXIME tient le même langage (liv. II, chap. 6, n° 2). Du reste, on n'est d'accord ni sur la forme ni sur la matière des VÊTEMENTS des Grecs; ils avaient la CHLAMYDE, espèce de manteau retroussé d'un côté qui se jetait sur l'épaule gauche. Après Périclès, on trouve le KABBADE, ou CABADE, habit militaire court, serré, sans plis, descendant jusqu'au joint de la jambe, et ne se boutonnant qu'au bas de la poitrine avec de gros boutons de métal. Il se ceignait avec une ceinture et était bordé d'une frange de couleur variée, ou d'or pour les chefs. — Chez les Romains aussi, le général n'était distingué des autres officiers et des simples LÉGIONNAIRES que par la couleur de sa COTTE D'ARMES, *paludamentum*, entièrement teinte en rouge. Il ne pouvait prendre ce vêtement qu'au moment de son départ pour l'armée, et il devait le quitter avant de rentrer dans la cité. La POURPRE était donc le symbole du commandement. Nul autre n'avait le droit de la revêtir. C'est ainsi que, au siége d'Alexie, CÉSAR fut reconnu par les Gaulois à la couleur éclatante de l'HABIT dont il avait coutume de se parer les jours de bataille (*De Bello Gall.,* liv. VII). Pline, en parlant (liv. II, chap. 2) des teintures inventées par les Gaulois, dit : Il ne s'agit pas de cette graine qu'on apporte de Galatie, d'Afrique et de Lusitanie, employée à faire l'écarlate, et qui sert à teindre les COTTES D'ARMES des PRINCES et des GÉNÉRAUX. EUTROPE, en décrivant le faste de DIOCLÉTIEN, dit (liv. II, *in Dioclet.*) qu'il fit couvrir de pierreries ses HABITS et sa CHAUSSURE, ne se contentant pas du MANTEAU de POURPRE, qui était l'unique marque de distinction des empereurs, vêtus du reste comme leurs sujets. En effet, les médailles et les monuments, tels que la colonne Trajane, ne laissent paraître aucun signe distinctif entre les habits des soldats et des officiers, ni même des généraux (V. FABRETTI, liv. VII). — La CHAUSSURE était la même pour toute l'armée; seulement celle des soldats était garnie de clous, d'où vint à CASSIUS, qui avait été nourri parmi eux, le surnom de CALIGULA. C'étaient des BOTTINES qu'il était permis de faire monter jusqu'à mi-jambe ou jusqu'au genou à volonté. On portait également une TUNIQUE de toile ou CAMISOLE, dont parle SAINT JÉROME (*Ad Fabiolam*), fort juste à la taille, de façon à ne point contrarier les mouvements du corps, puis le SAYOM (*sagum*), espèce de capote ouverte, semblable au KABBADE des Grecs, et le LACERNE, sorte de manteau à capuchon, qui passa par sa commodité des champs dans les villes. La TUNIQUE, qui était la première partie du VÊTEMENT, était recouverte par la CUIRASSE, etc.; on y ajoutait le CAMPESTRE, demi-culotte ainsi appelée, parce qu'elle avait été inventée par les jeunes gens pour cacher les parties viriles dans les exercices du champ de Mars; c'est ce que SAINT AUGUSTIN nomme *succinctorium pudendorum.* A la CUIRASSE, qui était en laine bourrée ou en cuir, comme son nom l'indique, s'ajustait une CEINTURE qui retenait l'ÉPÉE tombant sur la cuisse gauche. Cette CUIRASSE enveloppait la poitrine, et s'étendait souvent jusqu'aux épaules, et même sur les bras jusqu'aux poignets. Les variations dans les costumes militaires eurent chez les Romains, outre le goût des modes, une cause raisonnable, celle des progrès des arts nécessaires et utiles à la vie et au luxe. Mais il est certain que l'UNIFORMITÉ y fut adoptée de bonne heure, et que, sous le règne d'AUGUSTE, alors que les jeux étaient le plus en faveur, ceux qui couraient dans les cirques, soit à pied, soit à cheval, soit en chariots, se partageaient par bande, et que chaque bande se distinguait par une COULEUR particulière. L'HABILLEMENT des Romains fut imité par les Francs jusqu'au cinquième siècle. A la bataille de CASILIN (553), que décrit AGATHIAS, ceux-ci portent tous des BRAIES qui se prolongent en RABACHES : c'est ce que les Anglais appelaient ACCOUTREMENTS, comme on le voit dans DUANE. Nos ancêtres conservèrent la mode romaine jusqu'à CHARLEMAGNE (768), et reprirent alors leur ancien SAYON de peau, appelé encore BARDIAQUE, *bardiacum*, auquel on ajusta le HAUBERT, OU HABIT A MAILLES. A cette époque, l'UNIFORME consistait dans le TRICOT de fer de pied en cap, CHAPERON, VESTE, BAS DE CHAUSSES ; l'HABILLEMENT complet s'appelait *squammata vestis*, HABIT A ÉCAILLES. Le HAUBERT fut en usage jusqu'au temps de CHARLES SIX (1380). On le quitta pour la COTTE D'ARMES, qui devint l'UNIFORME de guerre sous son successeur. La forme de ce dernier VÊTEMENT était commune à tous les gens d'armes ; mais la couleur en était différente selon les compagnies. Un commandant donnait la couleur de sa COTTE à ses soldats, de sorte qu'il était facile, à l'inspection, de reconnaître le chef de la troupe. Sur la COTTE D'ARMES étaient peints ou brodés le CHIFFRE, le CRI DE GUERRE, ou la DEVISE, et le numéro indiquant le rang de la compagnie. La COTTE fut à son tour remplacée par le HOQUETON, devenu bientôt CASAQUE, parce qu'elle enfermait les manches sur le côté en même temps qu'elle s'ouvrait sur la poitrine ; c'était un HABILLEMENT plus léger et plus commode. Le soldat portait sa CASAQUE agrafée au cou, la rejetait en arrière par le beau temps ou la ramenait en avant dans les temps de pluie, selon qu'il lui plaisait de montrer ou de cacher son ARMURE. — Avec les croisades et les voyages que firent dans la Palestine ou à Constantinople les peuples de l'occident de l'Europe, l'UNIFORME ne pouvait manquer de se modifier d'une manière importante ; c'est ce qui arriva. Les soldats conduits en terre sainte apprirent à faire usage, pour recouvrir leurs grossières armures de cuir, de fer ou de laine, de la pourpre, des riches étoffes d'Orient, et des fourrures que les Grecs tiraient de la Russie et de la Tartarie par la mer Noire. C'est alors que parut la mode des HABITS de couleur pour la guerre. Les Sarrasins portaient sur leur armure des TUNIQUES d'étoffe unie ou rayée, qui servirent de modèle à nos soldats ; ils les adoptèrent sous le nom de COTTES D'ARMES. A leur retour, les croisés se montrèrent parés de ces

VÊTEMENTS uniformes, qu'on appela des SALADINES, du nom de SALADIN ; ce qui fit ensuite donner le nom de SALADE, non-seulement à l'armure que couvraient ces étoffes, mais encore au CASQUE sans CRÊTE dont ils se coiffaient, et qui était plus léger que celui jusqu'alors en usage. La jonction de la COTTE SALADINE à l'ancienne COTTE, ou SAYON uni, rendit la COTTE D'ARMES fort commune et commença en même temps à produire une certaine uniformité dans les armées. Mais c'est surtout au quatorzième siècle qu'on voit la mode s'en répandre. On peut consulter à cet égard les dessins que renferme le portefeuille de Gaignières, dont parle fréquemment Monteil. Ce dernier nous montre la suite des seigneurs vêtue uniformément. « Le plus simple raisonnement, » dit-il, suffit pour prouver combien est ancien l'usage de l'Uniforme. Les seigneurs, » les monastères donnèrent à leurs SOUDOYÉS, à leurs TROUPES, des LIVRÉES ; c'est-» à-dire qu'ils leur faisaient, à époque fixe, » des distributions de CHAUSSURE, de VÊTEMENTS, de COIFFURE, et pour ce qu'on appelait le commun de la maison, ils ne » donnaient que des étoffes de même espèce » et de même fabrique. » Il affirme qu'au quatorzième siècle, les confréries d'ARBALÉTRIERS étaient en cotte rouge. Le P. Daniel dit (t. I, p. 222) dans un passage qui se rapporte à l'année 1352, à l'occasion des revues de compagnie d'ordonnance : « *Leurs* » *robes seront de la couleur de l'enseigne.* » Ainsi, voilà l'habit d'uniforme clairement décrit et exigé à cette époque. BARANTE témoigne qu'à la bataille de Rosbeck, gagnée par Charles six en 1382, les Flamands étaient tous habillés à la livrée de la ville. A cette date, la CASAQUE d'ORDONNANCE prévalut sur le HOQUETON. Par elle on savait à quelle compagnie appartenait tout homme qui causait du désordre, et afin de s'informer mieux encore de quelle compagnie faisait partie le coupable, la cour envoyait dans chaque juridiction du royaume un échantillon de la LIVRÉE de chaque compagnie qui se trouvait sur pied. En 1415, l'examen et la surveillance de l'HABILLEMENT, du HARNACHEMENT et des REMONTES sont confiés à des commis particuliers. L'Uniforme faisait ainsi des progrès. Charles sept les favorisa. Sous son règne, un HABILLEMENT spécial est affecté aux FRANCS ARCHERS. Ce fut encore lui qui donna, à Melun, des lettres patentes dans lesquelles il interdit certains habits ; il défendit même à ceux qui n'étaient pas chevaliers de porter des draps de soie, et ne permit qu'aux écuyers de porter des draps de satin rayé et de satin figuré. Il fallait bien qu'il existât des principes concernant l'Uniforme en 1466, puisque M. de Barante dit de Charles le Téméraire : « *On lui avait vu tuer de sa main* » *un archer, parce qu'il n'était pas tenu* » *selon l'ordonnance, et c'était à une re* » *vue hors de la présence de l'ennemi.* » Quelques années plus tard (c'est encore le même auteur qui parle), six cents hommes d'armes, tous *vêtus de rouge,* formaient l'escorte du duc de Bourgogne (*voyez* la 5ᵉ des *Cent nouvelles*). Enfin il ajoute qu'en 1474, les soldats suisses des cantons forestiers faisaient la guerre contre les Bourguignons, tous habillés de même COULEUR aux frais des bourgeois. Dans un manuscrit du temps de LOUIS ONZE (1461–1483), on voit le roi prescrire lui-même la matière, la forme et les dimensions de l'Uniforme. A la même époque le comte de LAMARK, surnommé le Sanglier des Ardennes, ayant recruté à Paris trois mille vagabonds, les fit habiller, dit M. DE BARANTE, en robes rouges, avec une hure de sanglier brodée sur la manche. L'armée de Charles huit, entrant à Rome en 1494, n'avait point de vêtements uniformes pour la couleur; mais les soldats portaient tous une veste courte qui dessinait les membres, ce qui devait paraître nouveau et singulier à côté des pourpoints larges et taillardés des Italiens et des Espagnols (PAUL JOVE). Si l'on ne voit pas l'usage de l'Uniforme se répandre plus généralement au commencement du seizième siècle, c'est que l'Etat ne se chargeait pas alors de fournir l'HABILLEMENT aux troupes. Mais, à défaut de l'uniformité, les divers corps de nation qui entraient en campagne se distinguaient généralement les uns des autres par quelque signe de reconnaissance. Ainsi les Suisses portaient, de même que les Français, une croix blanche sur leurs HABITS; toute la différence qui existait entre eux, c'est que les premiers portaient encore une clef de drap blanc sur l'épaule ou sur l'estomac. C'est avec une croix rouge que les ennemis de Lautrec combattaient à la Bicoque en 1522. Une démarcation aussi peu tranchée produisait souvent la confusion dans les rangs. Ainsi à la bataille de PAVIE (24 février 1525) les Impériaux, qui, afin d'éviter le feu de notre artillerie, s'étaient préparés pour le combat et mis en colonnes avant le jour, furent obligés de revêtir des chemises blanches par-dessus leurs habits pour pouvoir se reconnaître en défilant pendant la nuit. Jusque-là l'Uniforme se bornait à des signes de convention, et ne s'étendait même pas jusqu'à la CASAQUE. François premier, par une ordonnance

de 1533, voulant éviter que la dépense qu'occasionnerait l'Uniforme complet fût une excuse, exige seulement que les ARCHERS aient une manche de leur vêtement à la couleur du capitaine. Avant cette institution, et même depuis qu'on avait quitté les anciennes armures, les nations et les troupes n'avaient été distinguées qu'aux couleurs des écharpes. L'écharpe, qui datait de saint Louis, mais avait été abandonnée, redevint tout à coup à la mode et remplaça dans l'Uniforme l'usage des CASAQUES; on la mettait sur la cotte d'armes ou par-dessus l'armure, suivant le caprice ou l'époque. Elle fut longtemps le seul signe d'Uniforme, et pendant plusieurs années on en porta deux en bandoulières, l'une à droite, l'autre à gauche. La première était l'emblème de la nation ; la seconde représentait seulement l'Uniforme des troupes, et elle était de la couleur qu'il plaisait au commandant de lui donner. Aussi chaque compagnie avait-elle une ÉCHARPE d'une couleur particulière, variant à l'arrivée de son chef, tandis que celle qui figurait la nation était la même pour toute l'armée. Une ordonnance de 1549 régla la tenue des HOMMES D'ARMES et ARCHERS, leur ARMURE et leur ÉQUIPEMENT. Certains peuples, notamment les Anglais et les Belges, paraissent avoir mis plus d'empressement à généraliser l'Uniforme. Témoin l'entrée à Anvers de PHILIPPE DEUX, depuis roi d'Espagne ; il fut reçu par huit cents cavaliers vêtus en velours violet et cramoisi, et par quatre mille fantassins, tous exactement habillés de même. A la bataille de Saint-Quentin, en 1557, on vit un corps de sept mille Anglais, tous en Uniforme bleu, et à la bataille de Nieuport, trois ans plus tard, ils étaient en jaune. Nous penchons cependant à croire que le corps de troupes anglaises en uniforme jaune, dont parlent les auteurs, étaient des volontaires que suivaient leurs valets, revêtus d'un habit de peau de buffle, qui était alors le costume semi-militaire de l'époque (Turpin, *Journal de l'Armée*). La France marchait d'un pas moins rapide. Pendant les guerres civiles qui marquèrent la fin du seizième siècle, elle en était encore aux CASAQUES OU HOQUETONS, aux couleurs des partis. A la prise d'armes de 1562, le prince de Condé, chef des protestants, fit prendre à ses soldats des casaques et des écharpes blanches, « *pour* » *marque d'une netteté de conscience au* » *dessein par eux faict.* » (La Popelinière). Le parti catholique et royal adopta alors les ÉCHARPES et CASAQUES cramoisies. Vers la même époque, à la conférence de Thoury, CATHERINE DE MÉDICIS, voyant passer une troupe de protestants vêtus de la casaque blanche, dit au prince de Condé : « Vos » *gens sont meuniers, mon cousin.* — » *C'est pour toucher vos asnes, Ma-* » *dame.* » (Daubigné). Bientôt les dissidents supprimèrent la croix blanche, que les catholiques conservèrent. Pendant les guerres de religion, les Ligueurs adoptèrent le noir. Après l'assassinat de Henri trois (1589), l'écharpe noire fut remplacée par la verte, couleur des Guises, puis, après leur ligue avec l'Espagne, simultanément par les écharpes noire et rouge (*Journal de l'Estoile*, Daubigné). Après Jarnac (mars 1569) et la mort du prince de Condé, les réformés quittent l'écharpe blanche pour celle du duc de Deux-Ponts, qui leur amène des secours. A Moncontour (octobre, même année), l'armée est en blanc, avec l'écharpe jaune et noire. Bientôt le rouge est abandonné par le reste des troupes qui l'avaient conservé; et enfin, au moment de l'avénement de Henri quatre, le parti huguenot, réuni au parti royal, reprend l'écharpe blanche (*Confession de Sancy*). Qu'on ne croie pas cependant que ces variations successives fussent l'œuvre de la fantaisie ou du hasard; il est évident qu'elles renfermaient en elles un caractère politique, puisqu'elles étaient dictées par deux camps opposés. De ce jour, l'Uniforme fut pour jamais intronisé en France, et l'on peut dire que certains écrivains ont eu tort d'en attribuer la première pensée à Louis quatorze. Le passage suivant de Brantôme prouve d'ailleurs le contraire : « *Je l'ai veue* (la compagnie d'ordonnance » du duc de Savoie) *au siége de la Rochelle* » *(1573), montée de bons hommes avec* » *des casaques très-belles, tout de ve-* » *lours cramoisi, en broderie d'or et* » *d'argent.* » On aperçoit encore la trace de costumes d'uniforme dans ces paroles du même auteur : « *La bande de mon oncle* » *montait à cinq cents gentilshommes,* » *tous vêtus de ses couleurs, blanc et in-* » *carnat.* » L'usage d'en affubler la troupe date du dix-septième siècle; les Français l'adoptèrent par imitation des Hongrois (2ᵉ vol., p. 270). La milice espagnole et la milice vénitienne le connaissaient déjà au temps de Louis douze, comme Brantôme en fournit les preuves dans la relation suivante : « *A la bataille d'Agnadel* (1509), » *lui* (le général espagnol) *et ses gens fi-* » *rent très-bien; mais venant* Bayard, *il* » *donna si à propos par le flanc des Vé-* » *nitiens, qu'ils ne firent plus rien qui* » *vaille, sinon quelques bons soldats* » *esleus* (choisis ou d'élite) *dudit général,* » *Barthélemy Alviano, habillés de blanc*

» *et de rouge, qui demeurèrent sur le* » *champ.* » En résumé, jusque vers le commencement du dix-septième siècle à peu près, voici quel était généralement l'ensemble de l'Uniforme : un casque en fer, appelé salade ou bacinet, un bouclier, une casaque de peau de buffle, un pourpoint en toile rembourré de laine ou de coton (c'était le hoqueton), et auquel on ajoutait quelquefois une cotte de mailles ou brigantine. L'armure défensive de la cavalerie, chevaliers et hommes d'armes, se composait d'un haubert ou corselet de doubles mailles; les bras et les mains étaient protégés par des manches et par des gantelets en mailles. Sous le haubert, et quelquefois par-dessus, l'homme d'armes portait un vêtement lâche, appelé gambasson, qui descendait jusqu'aux genoux; il était doublé en laine ou en coton, et servait à amortir les coups de sabre et de lance, qui auraient pu, sans cette interposition, meurtrir le corps. Sous le haubert et le gambasson, ou entre l'un et l'autre, on ajustait quelquefois un poitrinal en fer appelé plastron. Par-dessus cet attirail, les hommes de distinction portaient des pourpoints de satin ou de velours, ou un manteau d'or ou d'argent, sur lequel étaient brodées leurs armoiries. Le casque, coiffure des hommes d'armes, avait différentes formes; quelques-uns étaient coniques ou pyramidaux, avec une légère projection, appelée nasale, pour garantir le visage d'un coup de revers; d'autres, de forme cylindrique, couvraient toute la tête jusqu'au bas du menton, avec des ouvertures pour la vue et la respiration; d'autres enfin laissaient le visage entièrement à découvert. Les casques à visière et à masque ne paraissent avoir été en usage que jusqu'au milieu du quatorzième siècle. Le bouclier était de bois, couvert de cuir ou de métal, et orné des armoiries de chevalier ou de devises. Les chevaux des hommes d'armes étaient bardés de fer, comme leurs cavaliers; leur figure et leur tête étaient couvertes de masques de métal, appelés chanfreins, au front duquel se dressait souvent une pique de fer semblable à la défense d'une licorne; leur cou était quelquefois garanti par de petites plaques attachées ensemble par des chaînes appelées crinières ou manafères; on leur mettait également un poitrinal pour défendre le poitrail, et des flançois pour les flancs. On les faisait en airain, en fer, et plus généralement en cuir de jaquette (Turpin, *Journal de l'Armée*). On découvre, vers cette époque, les premières traces de coquetterie militaire dans le choix, la beauté, le fini du travail et le brillant des armes offensives et défensives, et dans le harnachement des chevaux. Les vieux chroniqueurs n'oublient pas de dire qu'au siége de Harfleur, le CHANFREIN du cheval de bataille du comte de SAINTE-FOIX coûta quinze mille couronnes, et que celui du comte de SAINT-PALS n'en valut pas moins de trente mille. Les gens de guerre commençaient alors à alléger le harnais de leurs chevaux, jusque-là bardés de fer. Sous HENRI QUATRE ils renoncent, pour cette raison, à l'armure de pied en cap. C'était se décider bien tard, si l'on pense que l'artillerie, qui avait si aisément raison de ces armures, était depuis longtemps déjà en usage. Mais il faut dire que cette science, qui aurait dû faire des progrès en proportion de l'acharnement des guerres civiles, était très-négligée, et que la poudre n'était pas encore assez bien employée dans les batailles pour rendre inutile le secours des armes défensives. FAUCHET (1610) est un des auteurs qu'on peut citer comme ayant traité ce sujet. Le premier Uniforme donné à la troupe le fut du temps de MARIE DE MÉDICIS, par CONCINI, MARÉCHAL D'ANCRE. Peu à peu il devint plus complet. Le POT EN TÊTE et le CORSELET, en usage jusqu'en 1614, étaient des effets confectionnés avec une certaine uniformité. Ces CORSELETS, particulièrement, étaient ou blancs ou noirs, c'est-à-dire fourbis ou bronzés. Au siége de Négrepelisse (1622), LOUIS TREIZE appliqua l'Uniforme aux chapeaux, en y faisant nouer des étoffes blanches pour éviter les méprises, et, pour le même motif, il n'était pas rare que l'armée imitât les Impériaux, dont nous avons cité la prudence à la bataille de Pavie; cela s'appelait DONNER L'ASSAUT EN CHEMISE. Quoi qu'il en soit, ce n'est guère que vers 1628 que l'Uniforme prend un caractère plus régulier. Quelques-uns des régiments qui étaient au siège de la Rochelle avaient un habit uniforme, dont le fond était *gris-blanc* et *ventre de biche*, les couleurs tranchantes *bleu, écarlate* et *vert-pré*. Les CAPITAINES DES GARDES FRANÇAISES adoptèrent alors pour leur compagnie une tenue particulière, et l'on a conservé, dans les archives de l'hôtel de ville de Paris, le certificat donné par Jean Archambault, valet de chambre, tailleur du roi, daté du camp de la Rochelle le 11 janvier de la même année, pour avoir reçu du sieur Delaistre, l'un des échevins de la ville, cinq mille trois cent vingt-neuf habits et cinq mille quatre cent vingt-huit paires de souliers. Cet échevin était chargé de rassembler le contingent de chaque ville, et Paris devait fournir deux mille quatre cents habits de bure grise et

cent autres de serge cramoisie; Meaux, cent cinquante habits; Langres, cent, etc., etc. Toutefois il est à remarquer, à cette époque, que les tendances du gouvernement vers l'Uniforme n'allaient pas jusqu'à en faire une obligation. Dans l'enrôlement de trois mille hommes de pied, fait à Paris en 1638, il fut donné à chaque homme six francs d'entrée de service, et huit sous à dépenser par jour jusqu'à l'année où ils devaient trouver des armes et une monture toute prête : il n'est pas question de fourniture d'habillement. Sous ce rapport, toutes les nations n'étaient pas aussi indifférentes. La Suède dispute à la France l'honneur d'avoir introduit l'Uniforme dans ses armées; et en effet, si l'on entend par Uniforme, non un habit d'uniforme, mais l'uniformité du matériel, il est juste de reconnaître que GUSTAVE-ADOLPHE avait apprécié et réalisé une telle création. Ses régiments étaient distingués par la couleur de l'habit qui servait à les désigner : c'est ainsi qu'il y avait, à Lutzen, le *régiment jaune*. Cet exemple devait donner une nouvelle impulsion à la France, d'autant mieux que les soldats n'étaient pas encore exclusivement habillés par les colonels ou les capitaines. Lors d'une levée considérable, le roi obligeait les villes de son royaume à fournir un certain nombre d'habits militaires qui consistaient en JUSTAUCORPS de drap de Vire ou de Château-Renard, en bas de chausses et en souliers. En 1655, notamment, le roi demanda à sa bonne ville de Paris trois mille paires d'habits qui lui furent fournies. C'est encore dans cette année qu'il donna à sa cavalerie des MANTEAUX uniformes qui coûtaient dix-neuf livres la pièce. Ce privilége ne fut pas étendu à tous les corps; peut-être même ne le fut-il qu'à ceux de la maison militaire : « Il » semblerait, s'écrie Jabro, à l'appui de » cette opinion, que *Mars eût confié à la* » *fée Babiole le soin d'attifer nos sol-* » *dats.* » Une réforme importante dont l'idée est attribuée à COLINAN DU FRANDAT, lieutenant général, date de 1670 : dès lors les soldats furent habillés aux frais du roi. Les Suisses seuls firent exception et conservèrent leur antique POURPOINT jusqu'à la fin du siècle. C'est sans doute cette pensée de réforme que quelques écrivains ont confondue avec l'invention de l'Uniforme, qu'ils ont ainsi faussement attribuée à LOUIS QUATORZE. Ce prince a donné, soit à des régiments, soit à un ensemble d'armes, un seul et même Uniforme, parce que jusque-là chaque bande devenue partie intégrante d'un régiment conservait son habillement primitif. Il en était ainsi depuis Henri quatre. Ainsi avant 1643, *telle compagnie des gardes françaises était habillée de gris et avait un chapeau à panache ; telle autre avait les chausses bleues, une autre enfin avait le casaquin et les chausses rouges.* Le premier Uniforme que leur donna LOUIS QUATORZE pour faire disparaître ces bigarrures choquantes, fut le JUSTAUCORPS gris galonné d'argent pour la troupe, et le JUSTAUCORPS écarlate bordé d'argent pour les officiers. Les chapeaux furent ornés de plumes ou de nœuds de rubans : de là l'origine des COCARDES ; des rubans de même couleur flottèrent aussi sur l'épaule, ce qui devait plus tard donner naissance à l'ÉPAULETTE imaginée en 1759 par le maréchal de BELLE-ISLE. Que si l'on cherche maintenant le principal motif de l'adoption de l'Uniforme en 1670, on le trouvera dans la suppression complète de l'armure. Du jour où elles cessèrent de s'en couvrir, les troupes qui étaient vêtues de mille couleurs différentes, selon le goût fastueux ou le caprice des princes, n'offrirent plus qu'un spectacle ridicule. La nécessité de remédier à cet inconvénient se fit sentir à cette époque dans toute l'Europe. On en voit un exemple dans les guerres de la révolution hollandaise, où figurent les fiers et vaillants *soldadoes* (soldats hollandais) si admirablement représentés dans le livre de Callot sur les exercices militaires. C'est là qu'on trouve le MOUSQUETAIRE, dont l'Uniforme se compose, soit d'une courte jaquette et d'un manteau qui tombe sur l'épaule gauche, d'une large culotte, de bas et de souliers surmontés de rosettes, soit d'un pourpoint qu'il laisse quelquefois ouvert, ou qu'il retient au moyen d'un ceinturon ou d'une lanière. On y trouve encore le CHAPEAU rond faisant partie de l'Uniforme militaire ; les simples soldats portent de hauts CHAPEAUX à petits bords, ornés, comme ceux de France, de rubans flottants ou d'une ou deux petites plumes ; les officiers, au contraire, les ont à larges bords, ornés de hautes plumes. On n'y remarque plus de boucliers. Les montagnards écossais seuls continuèrent d'en porter pendant plus d'un siècle, alors que les autres troupes européennes les avaient depuis longtemps oubliés. — Dans les premières années de l'adoption générale des HABITS d'Uniforme, on fut guidé, dans le choix des couleurs, un peu par les règles héraldiques, mais aussi par les occasions d'achat. On prit telles qu'elles se trouvèrent les étoffes présentées en plus grande quantité et à plus bas prix ; seulement on observa de donner le bleu aux régiments

royaux, le rouge au régiment de la reine. Le samedi 24 mars 1685, le roi fit la revue de ses gardes françaises ; les soldats étaient tous habillés de bleu pour la première fois, car auparavant ils avaient toujours été vêtus de gris. Les régiments des princes eurent la couleur grise ; ceux des colonels propriétaires furent tout bigarrés, et on usa beaucoup d'habits avant d'affecter une couleur particulière pour chaque arme. — La SOUBREVESTE fut, en 1688, donnée aux MOUSQUETAIRES comme partie de l'habillement. Ce vêtement était bleu et galonné comme les casaques. Les soubrevestes avaient une croix devant et derrière, en velours blanc bordé de galons d'argent ; les fleurs de lis aux angles de la croix étaient de même ; le devant et le derrière des soubrevestes s'accrochaient aux côtés par des agrafes. Mais comment arriver à une stricte uniformité quand les soldats étaient habillés, dans chaque localité de leurs compagnies, par les capitaines ou les recruteurs, pour le compte du colonel propriétaire ? Les règlements relatifs aux Uniformes des troupes, imaginés par LOUIS QUATORZE, étaient considérés comme une opération financière ; ils étaient bien décrits dans tous les marchés, mais il n'en était parlé dans aucune ordonnance ; de telle sorte que les officiers ne se croyaient obligés ni à les porter, ni même à veiller à ce que les soldats ne les quittassent point. Comme jadis le maréchal d'Ancre et les cardinaux Mazarin et Richelieu avaient donné leur livrée à leurs gardes, plusieurs colonels propriétaires avaient cru être autorisés à donner la leur pour Uniforme aux régiments qu'ils commandaient. Ainsi après la bataille de Steinkerque (1692), l'ÉCHARPE d'UNIFORME des troupes ayant disparu, ce fut dans les AIGUILLETTES OU NŒUDS D'ÉPAULE que les commandants continuèrent à transmettre la livrée à leurs soldats. A mesure que les différents États de l'Europe se décidèrent à faire eux-mêmes les levées et à entretenir des troupes permanentes, l'uniformité de costume se répandit davantage dans les armées. Le corps des grenadiers de Brandebourg, en 1698, présenta le premier Uniforme complet, et celui sur lequel se modelèrent par la suite tous les autres. Les hommes et les officiers avaient des HABITS et des VESTES bleus, à parements de même couleur et boutons jaunes ; la DOUBLURE était rouge, et le vêtement était assez ample : les CHAPEAUX étaient en drap, quelquefois comme une espèce de court bonnet catalan tout à fait semblable au chapeau négligé porté par les royalistes au commencement de la guerre de la Péninsule. On ne voit pas encore de têtes poudrées. Les officiers ont des BAS noirs ; ceux des soldats sont rouges, comme leur cravate, tandis que celle des officiers est blanche. Ceux-ci, dont les HABITS sont richement galonnés, portent de larges HAUSSE-COLS dorés et une CEINTURE noire argêntée. Vers le même temps, en France, on remarque que l'Uniforme prend un caractère plus militaire ; la coupe devient invariable dans chaque corps, les habits sont garnis de BOUTONS métalliques. De 1701 à 1703, le régiment royal-artillerie eut l'habit bleu de roi, et les autres régiments français prirent l'habit blanc ; les Suisses et les Irlandais le rouge garance ; le royal-italien, le brun clair, et les autres régiments étrangers le bleu turquin. Toutefois la discipline ne se montrait pas aussi rigoureuse à cet égard qu'elle le fut plus tard. C'est ainsi qu'on vit en 1725 des officiers sous les armes porter des manchettes de dentelles, des vestes de satin brodées, des bas de soie, et faire tenir leur esponton (demi-pique) par un sergent. Turpin (1785, t. I). — L'ordonnance de 1729 (10 mars) devient moins tolérante et prescrit les règles de l'Uniforme. Si le comte de Ségur dit avoir vu alors, à Versailles, les officiers des gardes françaises monter la garde en habit noir et en hausse-col (Voy. ENCYCLOPÉDIE, t. I, p. 142), il a omis d'ajouter que c'était un privilége qu'ils avaient, étant en deuil, de paraître ainsi devant leur troupe. Le même privilége avait été accordé aux officiers des CENT-SUISSES. L'ENCYCLOPÉDIE témoigne encore qu'une ordonnance de 1757 astreignit les officiers à porter en tout temps leur Uniforme en garnison, dans les places, ou en marche, comme étant le plus décent, et le plus convenable pour les faire reconnaître et respecter de ceux qui se trouvaient sous leurs ordres. Il ne devait différer de celui des soldats que par la qualité du drap d'Elbeuf. Après le ministre Louvois qui avait le premier réglé les Uniformes, M. d'Argenson s'appliqua à apporter de l'ordre dans l'habillement, et fixa les mesures des habits des soldats à raison d'une taille moyenne. C'est lui qui eut l'idée de donner un Uniforme aux généraux qui jusque-là, dit Turpin, avaient à leur guise un habit gris ou brun, souvent uni, et un chapeau sans bords ; c'est lui encore (ordonnance du 1er février 1744) qui substitua à l'Uniforme rouge des ingénieurs, qui lui paraissait trop étranger, l'habit gris de fer, avec revers de velours noir, filet d'or aux boutonnières et broderies au chapeau ; il décida enfin que l'Uniforme des artilleurs serait le même que le précédent, et que l'habillement des troupes serait divisé en GRAND et PETIT OR-

DINAIRE (GRANDE et PETITE TENUE). Par l'ordonnance du 19 janvier et l'instruction du 29, ce ministre sut d'une main ferme faire exécuter les ordonnances antérieures relatives à l'habillement des troupes. Grâce à cette haute et intelligente protection, l'Uniforme s'enracina, pour ainsi dire, dans les coutumes du pays et devint un besoin national, à tel point qu'il put subir les variations les plus bizarres sans que son existence fût jamais compromise. Tous les corps se soumirent à cette obligation : les troupes suisses prirent d'elles-mêmes des baguettes de fer et des bonnets à poil ; les CHARRETIERS des vivres ne voulurent pas rester en arrière : en effet, dans un RÉGLEMENT DE 1751, on voit que les munitionnaires devaient, à l'entrée de la campagne, se pourvoir de bonnets de treillis blanc croisé, et de sarraux bordés d'un galon de laine bleue, garnis de boutons de cuivre, dont deux par devant et trois à chaque manche. Le bonnet était à la dragonne, avec un W sur les replis du devant et une houppe à la pointe. Cette coiffure allait assez mal avec les cheveux enduits de graisse et couverts de poudre, tels qu'on les ajustait depuis longtemps déjà, au grand déplaisir du MARÉCHAL DE SAXE, qui se récria vainement contre la folie de cet usage. Une ordonnance du 7 décembre 1756, modifiant celle du 1er février 1744, s'attacha à régler l'Uniforme des officiers généraux et des aides de camp ; celle du 25 novembre 1757 fixa l'Uniforme des officiers d'état-major des places. Vers 1762, époque où les compagnies passent au compte du roi, les principes établis sur l'Uniforme sont encore plus sévères (voy. Fririon). En vain quelques officiers cherchent-ils à s'y soustraire, ou au moins à ne s'y conformer qu'à l'époque des inspections. Le ministre CHOISEUL avait deviné cette propension des officiers français, lorsqu'il prohibait, dans cette même année, les moindres changements apportés à l'Uniforme et destituait les majors qui les avaient tolérés. Il est utile de donner une idée de l'Uniforme militaire dans cette première période du règne de Louis QUATORZE. Dans l'infanterie, le régiment du roi avait l'habit bleu, avec des agréments aurore ; le royal-roussillon, l'habit et les parements bleus ; dix-sept régiments avaient l'habit et les parements blancs ; deux, l'habit blanc et parements noirs ; trente-deux, habit blanc et parements bleus ; quarante-six autres, habit blanc et parements rouges ; les culottes et les bas étaient de différentes couleurs. Les régiments allemands portaient l'habit bleu avec les parements rouges, jaunes ou aurore ; tous les régiments irlandais, l'habit rouge, avec parements tantôt jaunes, tantôt verts ou bleus ; les dix régiments suisses, l'habit rouge et les parements bleus ; le royal-italien et royal-corse, l'habit brun et parements rouges ; les milices et grenadiers royaux, l'habit blanc ; la seule marque distinctive entre eux était l'ÉPAULETTE couleur de feu et la GRENADE aux retroussis ; enfin les grenadiers de France avaient habit, culotte et parements bleus, revers et collet écarlate, boutonnières blanches sur l'habit, bonnet de peau d'ours par devant et rouge derrière. Les régiments de recrue se distinguaient par l'habit blanc aux revers aurore. Sous le duc de CHOISEUL, l'habit blanc fut affecté à l'infanterie, le bleu à la cavalerie, le vert aux dragons. Les troupes étant alors habillées aux frais du roi, ce ministre adopta le système des entreprises, parce qu'en passant un marché il était facile de stipuler la qualité du drap, la forme des habits et des ornements. L'un des premiers réglements qui ait traité ce sujet date du 26 juin 1763 ; il y est particulièrement question de l'administration de la masse affectée à l'entretien de l'habillement et de l'équipement des troupes. Celui du 2 septembre 1775, qui ouvre en quelque sorte le règne de LOUIS SEIZE, est beaucoup plus étendu, et l'Uniforme particulier de chaque corps s'y trouve décrit avec des détails. On y voit que le CASQUE est supprimé dans l'infanterie et remplacé par le CHAPEAU ROND ; que les cheveux, au lieu d'être liés en catogan, seront liés en QUEUE de douze à quatorze pouces, recouverte par un ruban de laine noire. Il contient des dispositions générales qui enjoignent aux officiers de ne porter, sous aucun prétexte, des doublures de soie à leurs habit, veste, redingote ou manteau, non plus que des manchettes à dentelles, et de ne jamais quitter leur Uniforme au régiment. Les marques distinctives des grades des officiers de l'infanterie y sont également déterminées avec le plus grand soin (art. 7). Il fut suivi du réglement du 31 mai 1776, qui, *étant susceptible d'inconvénients et d'une dépense trop considérable*(ce sont les termes cités), fut à son tour annulé par celui du 21 février 1779. Des changements importants furent dès lors apportés dans l'Uniforme par mesure d'économie. Tous les régiments français d'infanterie, à l'exception de celui de Picardie, des régiments royaux et des princes, furent classés par série de six, dans leur ordre d'ancienneté. Le fond de l'habit était blanc comme par le passé, la veste blanche et le pantalon de tricot blanc. L'une des couleurs suivantes était affectée à la distinction de chacune des séries, savoir :

1re série,	bleu céleste.
2e —	panne noire.
3e —	violet.
4e —	gris de fer.
5e —	rose.
6e —	jonquille.
7e —	cramoisi.
8e —	gris argentin.
9e —	aurore.
10e —	vert foncé.

— Les trois premiers régiments de chaque série avaient les BOUTONS jaunes ; les trois derniers, les BOUTONS blancs. Pour l'infanterie aussi bien que pour la cavalerie, ce dernier réglement détermina l'Uniforme de chaque corps dans le même ordre et avec non moins de développement que celui du 2 septembre 1775, et maintint comme lui des dispositions générales à l'usage de tous les officiers. Il serait superflu de répéter ici, sur cette matière, des détails déjà fournis par le *Dictionnaire de l'Armée*, et qui ont naturellement trouvé leur place dans l'histoire des divers régiments, où l'on pourra les lire ; c'est donc seulement sous un aspect plus large qu'il convient de considérer l'Uniforme et d'en suivre les progrès. Le maréchal de Ségur y donna tous ses soins. Son réglement du 1er octobre 1786 en est la preuve. L'INFANTERIE, la CAVALERIE, la GENDARMERIE DES ORDONNANCES, la MARÉCHAUSSÉE, les OFFICIERS GÉNÉRAUX, et ceux des ÉTATS-MAJORS, les AIDES DE CAMP, le CORPS ROYAL DU GÉNIE, les INTENDANTS DES ARMÉES et les COMMISSAIRES DES GUERRES, tous y ont un Uniforme parfaitement décrit. Les moindres particularités concernant la confection, la fourniture des étoffes, l'entretien de l'habillement et la tenue des troupes, y sont l'objet d'observations minutieuses. Du reste, les régiments y sont toujours divisés, comme en 1779, en plusieurs séries à chacune desquelles est affectée une couleur de distinction. L'infanterie continue à porter l'habit et la veste de drap blanc, doublés de blanc, et la culotte de tricot de même couleur. Les revers et parements sont de la même couleur que l'habit, qui est garni d'épaulettes. Le chapeau, garni d'une cocarde de basin blanc, est coupé rond ; il doit avoir trois pouces et demi au moins de profondeur de forme et quatre pouces six lignes d'aile ; il est bordé d'une laine noire de neuf lignes de large ; les ailes sont relevées avec des agrafes, et celle du côté gauche est arrêtée par une ganse noire, attachée à un petit bouton uniforme. Il est surmonté d'une houppe ronde de laine de deux pouces, servant à distinguer la compagnie, et alterne avec le bonnet de police. La différence entre les officiers et les soldats consiste dans la qualité du drap. Les premiers peuvent porter des manchettes : elles doivent être de mousseline ou de batiste, et hautes de dix-huit à vingt lignes, bordées d'un ourlet plat, sans broderie ni feston : l'usage des manchettes à dentelles est toujours prohibé. Le col est de basin blanc, ainsi que les vestes et les culottes d'été que les officiers remplacent en hiver par des culottes d'étoffe de laine noire en calemande, prunelle ou autre de même genre, et des bas de soie ou de laine de même couleur. Les boucles de souliers doivent être d'argent. En guerre, on y substitue des bottes ou des guêtres blanches ; dans ce dernier cas seulement il est aussi permis aux officiers d'infanterie de porter des manteaux de drap de la couleur de l'habit ; les rotondes de ces manteaux sont bordées d'un galon d'or ou d'argent d'un pouce de largeur. Les cheveux sont liés par derrière en catogan qui ne dépasse pas la couture du collet de l'habit et est couvert d'un cuir noirci. Il en est de même pour les soldats, si ce n'est que ceux-ci ne doivent se poudrer que les jours de parade et les dimanches et fêtes. L'épée des officiers, garnie d'une dragonne ou cordon mêlé de filés d'or et de soie couleur de feu, est à garde de cuivre doré et poignée d'argent doré à la mousquetaire ; la lame plate et forte doit avoir de vingt-six à vingt-huit pouces de longueur. Le soldat est armé d'un sabre et d'un fusil avec sa baïonnette. Dans la cavalerie, l'habit en drap bleu de roi ne cesse pas d'être de mode. On le porte avec des poches en travers ; la veste est en drap blanc et la culotte de peau blanchie. Les régiments de dragons restent également fidèles à l'habit en drap vert foncé. Les bonnets ou schakos sont de feutre noir, façonnés à la hongroise, doublés d'étoffe de laine des couleurs affectées à chaque régiment et bordés d'un galon de neuf lignes. Les bottes sont demi-fortes, en cuir de vache souple et cirées en suif ; elles sont garnies d'éperons d'une seule pièce. Les manchettes de bottes sont en toile blanche ; les gants, en peau jaune. L'Uniforme de la gendarmerie était demeuré tel qu'il avait été fixé par les règlements des 18 février 1772 et 4 avril 1781 ; celui de la maréchaussée n'avait pas changé non plus depuis l'ordonnance du 28 avril 1778. Les officiers généraux ont un grand et un petit Uniforme, composés chacun d'un habit de drap bleu de roi, doublé de serge de soie de même couleur ; d'une veste de drap écarlate, doublée de serge de soie blanche, et d'une culotte de même drap écarlate. L'Uniforme des officiers d'état-major et des aides de camp présente de grands rapports de ressemblance avec le précédent, quoique beaucoup plus simple. Les ingénieurs du corps royal du génie sont habillés de drap bleu de roi, avec revers, collet droit, parements de velours noir faits en botte. Enfin le fond de l'Uniforme des intendants d'armées, des commissaires ordonnateurs des guerres et des commissaires à département, est également bleu de roi ; la veste et la culotte sont de drap écarlate et garnies de petits boutons uniformes. Il y a encore, dans ce règlement si remarquable, certaines descriptions d'Uniformes moins importants, et qui d'ailleurs se rapprochent tellement de ceux qui précèdent, qu'il semble inutile d'en faire mention. Ce qui a été dit de l'habillement des troupes depuis la fin du règne de Louis quatorze jusqu'à 1762, et en dernier lieu jusqu'en 1786, présente le tableau le plus pittoresque qui ait marqué le dix huitième siècle. Jamais en effet l'Uniforme militaire n'atteignit à ce degré de coquetterie qu'on lui vit alors. Il est vrai que toute la brillante noblesse de France était à cette époque sous les drapeaux, qu'elle avait apporté au milieu des camps la recherche qui distinguait la cour, et qu'elle donnait dans les régiments l'exemple de l'élégance, comme elle sut donner aussi celui de la bravoure sur le champ de bataille de Fontenoy. Le règlement du maréchal de Ségur fut confirmé par l'instruction provisoire du 1er avril 1791, qui ne parut qu'en attendant un nouveau règlement que le roi se proposait de faire rendre sur l'Uniforme des troupes. Mais il n'en eut pas le temps ; l'échafaud vint le réclamer avant qu'il eût pu réaliser ses projets. Au reste, cette instruction n'apporta dans l'habillement que quelques modifications de peu d'importance. Les épaulettes des grenadiers et des carabiniers furent en drap écarlate ; celles des soldats, cavaliers, dragons et chasseurs à cheval, en drap de la couleur du fond de l'habit. La coiffure dans l'infanterie, au lieu d'être, comme par le passé, un chapeau coupé rond, fut un casque en feutre ou cuir verni, à l'exception des grenadiers et des carabiniers, qui portèrent un bonnet de peau d'ours. La cavalerie eut un chapeau uni ; les dragons conservèrent leur casque. Au mois de février 1793, époque de la formation des demi-brigades, l'habit bleu est adopté dans l'infanterie ; mais le mauvais état des finances laisse voir encore longtemps des habits blancs dans l'armée. On cessa bientôt de porter les vestes larges, si bonnes contre le froid, et les bas de laine, si utiles, quoique d'un aspect peu martial, furent remplacés par des GUÊTRES longues et serrées qui cachaient le genou. Comme ces GUÊTRES s'attachaient assez mal au-dessus de la rotule, les soldats, dans les premiers temps, furent obligés, pour les empêcher de bâiller, d'en retenir les bords avec des épingles. Les culottes, larges dans leur principe, furent portées, par économie, aussi étroites que possible. Le décret du 6 mai 1793 prescrivit aux officiers de ne porter d'autre Uniforme que celui qui avait été fixé par la loi du 23 février précédent (*Journal militaire*, p. 156); c'était à peu près l'Uniforme de la garde nationale qui avait prévalu dans les armées. Vers l'an six, quelques compagnies de carabiniers des corps d'infanterie légère adoptent le SCHAKO à flamme, pareil à celui de nos artilleurs. Une partie de l'infanterie légère prend, de son propre mouvement, à l'instar des compagnies franches, l'habit court et le pantalon. Le ministère donne la main à cette innovation, il la transforme en loi; mais il laisse sans signification le mot HABIT COURT, et ne fait point connaître à quelle hauteur du sol l'extrémité des basques doit se trouver. En l'an huit, la TENUE reparaît dans les troupes françaises; les corps l'avaient réellement oubliée depuis 1792. Si l'on en excepte la GENDARMERIE, les corps soldés par la Hollande et la GARDE DU DIRECTOIRE, presque toute l'infanterie était vêtue misérablement de VESTES ou de SARRAUX. Cette pénurie résultait de l'activité de la guerre, de l'éparpillement des corps, du désordre des finances, de la dépréciation des assignats, mais principalement de l'absence de tout principe. La cavalerie avait subi de nombreuses incorporations; des régiments de grosse cavalerie étaient devenus dragons; des régiments de chasseurs avaient été licenciés et versés dans diverses armes; les compagnies franches s'étaient amalgamées; les bataillons de chasseurs habillés de vert s'étaient fondus dans des corps vêtus de bleu; les demi-brigades de seconde création, formées en l'an quatre, et dont les corps habillés de blanc étaient le noyau, offraient une bigarrure qu'on ne vit que trop longtemps. Mais la puissance de l'autorité militaire, le rétablissement de l'ordre, l'institution d'un règlement d'administration (8 floréal an huit) allaient doter l'armée d'une amélioration qui fut malheureusement de courte durée. En l'an dix (1802), la complication des affaires de la guerre ayant amené la dislocation du ministère, la fraction qui garda la dénomination de MINISTÈRE DE LA GUERRE conserva le droit de déterminer l'Uniforme; celle qui s'appela administration de la guerre

fut investie du droit de pourvoir à ce service. Le désordre fut l'unique produit d'une telle combinaison, et l'Uniforme, à peine sorti du chaos, fut de nouveau menacé d'y rentrer. On en était là, lorsque parut le règlement du 1er vendémiaire an douze, qui rendit à cette institution tout son lustre, en fixant l'Uniforme des hauts officiers de l'armée. Ce règlement, dû au ministre BERTHIER, était suivi de planches fort remarquables, contenant les modèles de l'Uniforme des généraux, adjudants-commandants, aides de camp, inspecteurs aux revues, etc. Tous devaient porter l'habit de drap bleu national, qui fut maintenu jusqu'en 1806. A cette époque, NAPOLÉON, séduit par des projets d'économie, forcé peut-être par la rareté de l'indigo, eut l'idée de rendre à l'infanterie l'habit blanc; un tiers des régiments de l'armée reçut les remplacements d'une année en drap de cette couleur. Tel fut l'objet des dispositions du 25 avril et du 24 juillet. Les régiments furent divisés, comme autrefois, en plusieurs séries, ayant chacune une couleur distinctive pour les revers et parements. Un autre décret modifia également la coiffure, et le SCHAKO fut adopté; il se maintint dans l'infanterie, mais l'habit blanc fut supprimé le 26 juin 1807. Enfin l'HABIT-VESTE fut donné aux régiments à pied par décret du 19 janvier 1812, et appliqué à la cavalerie le 7 février suivant. L'Uniforme de l'infanterie se composait alors de ce vêtement à fond bleu, avec gilet à manches, pantalon de tricot, capote, schako, revers de l'habit coupés carrément par le bas et s'agrafant dans toute leur longueur; on pouvait les croiser ou les doubler sur la poitrine. Par exception, le fond de l'habit de la garde de Paris était blanc, et garance celui des régiments suisses. Les carabiniers portaient le fond blanc; les cuirassiers, bleu; les dragons, chevau-légers et chasseurs, vert; les hussards, de couleur variée. Il n'y eut point de modifications graves jusqu'en 1814; mais dans le cours de cette année, ainsi qu'en 1815, l'Uniforme dut subir celles que nécessitèrent les événements politiques. En créant de nouveaux corps, la restauration s'occupa non-seulement de leur affecter un habillement spécial (v. GARDE ROYALE), mais encore les décisions des 22 avril, 12 juillet, 11 octobre et 20 décembre 1814 introduisirent des changements notables dans l'Uniforme de toutes les troupes. L'ordonnance du 23 septembre 1815 rend encore une fois l'habit blanc à l'infanterie; les LÉGIONS DÉPARTEMENTALES sont distinguées entre elles par la couleur du collet, des revers, des parements, etc.; le schako est en feutre noir et de la même forme pour tous les corps ; il y est adapté un couvre-nuque. Le HAVRE-SAC en peau dont les soldats faisaient usage est remplacé par un SAC en toile imperméable. Le CASQUE est également de la même forme pour tous les corps de cavalerie ; seulement la peau d'ours, le cuir ou le fer le distinguent. Le pantalon en étoffe de laine croisée est substitué à la culotte de peau ; les BOTTES montant à deux doigts au-dessous du genou remplacent les BOTTES à l'ÉCUYÈRE, que conservent cependant les GENDARMES, les CUIRASSIERS, les GARDES DU CORPS, et qu'on voit encore aujourd'hui dans la GENDARMERIE. Vinrent ensuite la notice du 6 décembre 1815, sur l'Uniforme des officiers de toutes armes ; celle du 22 mai 1816, concernant les officiers d'ÉTAT-MAJOR GÉNÉRAL de l'armée et des AIDES DE CAMP ; l'ordonnance du 14 août suivant, relative aux MARÉCHAUX DE FRANCE ; la circulaire du 19 janvier 1818, autorisant les officiers des LÉGIONS D'INFANTERIE à porter, en petite tenue, le frac couleur bleu-céleste, et déclarant qu'il est accordé un pantalon de drap gris à chaque soldat ; puis encore, ce qui est plus important, l'ordonnance du 27 octobre 1820, établissant qu'à l'avenir le fond de l'Uniforme de l'INFANTE-RIE FRANÇAISE serait en drap bleu de roi ; la décision du 26 juillet 1829, substituant le PANTALON garance au pantalon bleu ; celle du 17 février 1830, attribuant également cette couleur de pantalon, à dater de 1831, aux CUIRASSIERS, CARABINIERS, SOUS-OFFICIERS et FUSILIERS SEDENTAIRES. La révolution de juillet remit en honneur la COCARDE TRICO-LORE (ordonnance du lieutenant général du royaume en date du 1er août 1830). D'autres dispositions relatives à l'Uniforme ne tardèrent pas à paraître, notamment celles du 25 janvier 1852, réglant la composition de la TENUE des divers corps de l'armée ; du 14 avril 1857, qui prescrivit le port des GANTS ; du 2 août de la même année, introduisant un nouveau modèle de SCHAKO, de BONNET de POLICE et de quelques objets accessoires de l'Uniforme des troupes à pied ; la circulaire du 22 décembre 1840, contenant de nouvelles prescriptions sur la tenue militaire, applicables à tous les officiers et employés de l'armée sans distinction ; celle du 31 décembre 1841, faisant connaître qu'à l'avenir, dans toute l'armée de terre, la GENDARMERIE exceptée, les PANTALONS en usage, dans quelque tenue que ce soit, seront confectionnés à BRAYETTES et sans pont. Jusqu'alors l'essai de ce dernier vêtement n'avait encore été fait que dans les régiments de cavalerie. Le maréchal SOULT, qui était ministre de la guerre à cette époque,

s'appliqua, par de constants efforts, à rechercher ce qui pouvait améliorer l'habillement militaire. Aussi institua-t-il, en octobre 1843, une commission d'officiers supérieurs et autres, chargés, sous la présidence d'un officier général, de réviser les anciens règlements relatifs à l'Uniforme français, et de le ramener à certains perfectionnements que l'expérience et l'usage journalier des corps indiquaient. Le travail de cette commission, soigneusement élaboré et formant un ensemble de règlements qui est, pour ainsi dire, le code complet de l'HABILLEMENT de l'armée, fut approuvé par le ministre et consacré par des décisions officielles. La TU-NIQUE, qui n'existait encore, à cette époque, que dans certains corps qui revenaient de faire campagne en Afrique, fut adoptée pour vêtement ordinaire, en place de l'habit, dans tous les régiments d'infanterie, à l'exception de la GENDARMERIE, de la GARDE MUNICI-PALE et du GÉNIE. Les services administratifs militaires, les OFFICIERS DE SANTÉ, ceux des ÉTATS-MAJORS, etc., etc., continuèrent à porter le frac. L'équipement de l'infanterie, par suite de cette modification, dut aussi subir un changement radical ; les BANDEROL-LES de GIBERNE et BAUDRIERS DE SABRE, qui écrasaient la poitrine du soldat, furent supprimés, et on leur substitua un CEINTURON, auquel se trouvèrent rattachés, par des coulants, la GIBERNE, le PORTE-SABRE et le PORTE-BAIONNETTE. Le SCHAKO, diminué de poids et de hauteur, prit une forme conique plus élégante ; la JUGULAIRE de cuivre disparut, et une banderolle de cuir la remplaça avantageusement. Les officiers reçurent un SABRE, retenu à des bélières comme celui des caraliers. Ces diverses améliorations furent l'objet du règlement du 29 février 1844. D'après cela, on peut dire que les progrès de l'Uniforme sont manifestes, et en considérant combien cette institution est aujourd'hui en faveur chez tous les peuples, on a peine à comprendre qu'elle soit restée si longtemps à l'état de barbarie. Quelques écrivains ont prétendu que la diversité d'armes et de costumes était une idée aristocratique qui avait eu pour inconvénient de diviser les citoyens en deux classes bien distinctes ; d'autres ont avancé, par opposition, que c'était un fait démocratique qui accusait la pauvreté d'un pays, parce qu'il datait d'une époque où des villes, ayant enrôlé des citoyens misérables, avaient été obligées de les équiper. La seule vérité qui reste maintenant de ces puériles controverses, c'est qu'il ne saurait y avoir de discipline dans une armée sans uniformité dans l'habillement. L'expérience a démontré que le luxe et la fantaisie, qui ne tardent pas à s'y introduire, portent une grave atteinte à la hiérarchie, et que l'autorité du grade risque d'être humiliée et méconnue par l'éclat de la fortune. Ajoutons à ces considérations que l'obligation de l'Uniforme est un des moyens les plus efficaces pour maintenir le respect de la dignité militaire dans les rangs de l'armée; car l'esprit de corps ne souffre jamais que l'Uniforme soit déshonoré par celui qui le porte, tandis qu'à la faveur du vêtement civil, il est facile d'échapper à une réprobation méritée. Peu s'en est fallu, dans ces derniers temps (1848), que l'Uniforme ne devînt d'une simplicité regrettable; les TUNIQUES de l'infanterie étaient rentrées dans les magasins, et la capote grise fut, pendant plusieurs mois, le vêtement de parade de cette arme. Toutefois, il est juste de dire que cette mesure était le résultat de la nécessité, qui commandait de mettre sur pied, en peu de temps, un effectif considérable. On se vit contraint alors de réserver la tunique pour les hommes du dépôt, et la capote pour les bataillons de guerre. Quant à la CAVALERIE, on avait songé à lui retirer le plumet qui orne sa coiffure, et l'on parlait de ne laisser aux régiments qui pouvaient entrer en campagne que la veste d'écurie. Lors même qu'on eût voulu, par cette mesure, alléger la charge de l'homme ou du cheval, supprimer la grande tenue était une mauvaise inspiration. Qu'on se souvienne que Napoléon, qui s'entendait à gouverner le soldat, ordonnait la grande tenue aux jours de ses plus fameuses batailles, et qu'à Austerlitz l'inspection des troupes fut passée avant le combat, absolument comme s'il s'était agi d'une revue au Carrousel. On ne tombera plus, il faut l'espérer, dans les récentes exagérations qui ont marqué le commencement du gouvernement actuel, de même qu'il ne nous sera probablement plus donné de voir le COLBACK, que viennent d'abandonner les chasseurs à cheval. Ce n'est pas que cette coiffure soit absolument condamnable; si elle n'eût pas été en loup de Canada, si la forme n'en eût pas été dénaturée, nul doute qu'elle ne se fût maintenue avec avantage. Ainsi, les GUIDES de l'empereur, les HUSSARDS et l'ARTILLERIE DE LA GARDE avaient de forts beaux COLBACKS. Il y a lieu de supposer qu'on ne tentera pas non plus un second essai du casque en cuir bouilli, dont l'infanterie a été momentanément affublée. Mais n'est-il pas fâcheux que l'Uniforme ait eu à souffrir, dans des régiments entiers, de tentatives ridicules et infructueuses? Il n'est point une partie de l'habillement des troupes qui n'ait été remaniée

depuis peu d'années. Quoiqu'il en soit résulté d'excellentes choses, les améliorations n'ont pas été complètes, et l'Uniforme de l'infanterie laisse encore à désirer. La CAPOTE elle-même, vêtement utile et commode, qui, sous la tente, est la véritable couverture du soldat, ainsi que le voulait le maréchal Luckner, est si disgracieuse par la coupe et le choix de sa couleur, qu'il est peu d'hommes qui la portent avec plaisir. On peut en dire autant de la CASQUETTE et du BONNET A POIL des SAPEURS, écourté d'une façon si bizarre. La CONTRE-ÉPAULETTE, importation allemande, n'est pas moins choquante à l'œil, et il serait à désirer qu'elle fût remplacée, dans les compagnies du centre, par l'épaulette. La cavalerie a eu aussi à subir sa part de modification dans la tenue, qui est très-compliquée, mais qu'il serait difficile de simplifier sans détruire ce que plusieurs années d'expérience ont consacré. L'Uniforme militaire a des limites bien tranchées dont il ne doit pas sortir, si l'on veut qu'il soit partout honoré, que le soldat se montre fier de le porter, que l'engagé volontaire y trouve un glorieux attrait. Il faut se garder de le soumettre à des variations trop fréquentes pour être toujours heureuses, et, dans tous les cas, il importe que chacune des innovations faites dans des vues d'économie ou dans l'intérêt de l'armée soit le fruit d'une salutaire expérience. — On peut consulter, au sujet de l'Uniforme, les ouvrages suivants : *Annales militaires* (1819, t. III et IV), *Art de la guerre* (1755, p. 34 et 35), AUDOUIN (*Histoire de l'administration de la guerre*, tom. I, III et IV), BARDIN (1812, *Règlement d'uniforme*, manuscrit du dépôt de la guerre), BARDIN (*Manuel d'infanterie*), BERRIAT (t. III, p. 178), BILLOT (*Dictionnaire*), BOHAN (1781), BOMBELLES (1746, t. II, planch.), CANCRIN, CARRÉ (*Panoplie*), COTTY (1822), CARRION (1822, t. I, p. 452; t. II, p. 57, 201, 349), DANIEL (*Milice française*, t. I, p. 722), DARU (*Dictionnaire militaire*), DUANE (*Dictionnaire*, 1810), DUBELLAY (1549, p. 14), ECKMEYER (*Exercice de l'infanterie*, 1766, in-8°), ENCYCLOPÉDIE (t. III, p. 753), *Fonctions de l'infanterie*, 1695, p. 28, FRÉDÉRIC (1751, *Science de la guerre*, t. III, p. 245, 949, 251), FRIRION, GUIBERT (t. V, p. 264, 276), *Instruction du 16 septembre 1816*, *Journal de l'Armée* (t. I, p. 285; t. III, p. 165), *Journal militaire* (1er supplément, p. 137; 6e supplément, p. 314; t. I, p. 172, 256; t. II, p. 384; t. IV, p. 52, 55; t. VI, p. 253; t. VII, p. 657; t. XV, p. 490; t. XIX, p. 459 et 441; t. XXVIII, p. 213; t. XXXIV, p. 14; t. XXXV, p. 245;

CHEF DE BATAILLON D'INFANTERIE FRANÇAISE DE LIGNE n° 4.

UNIFORME de CHEF DE MUSIQUE. V. CHEF DE MUSIQUE.

UNIFORME de CHEVALERIE D'AFFILIATION. V. CHEVALERIE n° 3.

UNIFORME de CHEVALIER DU MOYEN AGE. V. CHEVALIER DU MOYEN AGE. V. COLLIER DE CHEVALIER. V. COR DE CHEVALIER.

UNIFORME de CHIRURGIEN. V. BRODERIE. V. CHIRURGIEN.

UNIFORME de CHIRURGIEN DE GARDE ROYALE. V. CHIRURGIEN DE GARDE ROYALE.

UNIFORME de CHIRURGIEN DE LIGNE. V. CHIRURGIEN DE LIGNE.

UNIFORME de CHIRURGIEN-MAJOR D'INFANTERIE DE LIGNE. V. CHIRURGIEN-MAJOR D'INFANTERIE DE LIGNE n° 4.

UNIFORME de COLONEL. V. COLONEL n° 5.

UNIFORME de COLONEL DE LA GARDE ROYALE. V. COLONEL DE LA GARDE ROYALE.

UNIFORME de COMMANDANT DE PLACE. V. COMMANDANT DE PLACE n° 3.

UNIFORME de COMMISSAIRE DES GUERRES. V. COMMISSAIRE DES GUERRES. V. SOUS-INTENDANT MILITAIRE n° 3 et 5.

UNIFORME de COMPAGNIE. V. CAPITAINE D'INFANTERIE FRANÇAISE DE LIGNE n° 20 et 26.

UNIFORME de COMPAGNIE DE DISCIPLINE. V. COMPAGNIE DE DISCIPLINE.

UNIFORME de COMPAGNIE DE GRENADIERS. V. COMPAGNIE DE GRENADIERS n° 4.

UNIFORME de COMPAGNIE DE PIONNIERS. V. COMPAGNIE DE PIONNIERS.

UNIFORME de COMPAGNIE D'ÉLITE. V. COMPAGNIE D'ÉLITE n° 4 et 5.

UNIFORME de COMPAGNIE D'ORDONNANCE. V. COMPAGNIE D'ORDONNANCE n° 5. v. COTTE DE MAILLES.

UNIFORME de COMPAGNIE D'INFANTERIE FRANÇAISE DE LIGNE. V. COMPAGNIE FRANÇAISE DE LIGNE n° 6.

UNIFORME de COMPAGNIES SÉDENTAIRES. V. COMPAGNIE SÉDENTAIRE.

UNIFORME de COMMISSAIRE DES GUERRES. V. COMMISSAIRE DES GUERRES n° 3.

UNIFORME de CONNÉTABLE. V. ARMES HÉRALDIQUES. V. CONNÉTABLE.

UNIFORME de CORNET IDIOPLIQUE. V. CORNET IDIOPLIQUE n° 4.

UNIFORME de CORPS A PIED. V. CORPS A PIED.

UNIFORME de CORPS D'INTENDANCE. V. CORPS D'INTENDANCE n° 5.

UNIFORME de CORPS RÉGIMENTAIRE. V. CORPS RÉGIMENTAIRE n° 3.

UNIFORME de CUIRASSIER. V. CUIRASSIER.

UNIFORME de DÉTACHEMENT. V. CAPITAINE D'INFANTERIE FRANÇAISE DE LIGNE. V. DROITS. V. CHEF DE DÉTACHEMENT n° 3. V. EFFET D'UNIFORME DE DÉTACHEMENT.

UNIFORME de DÉTENU. V. EFFET D'UNIFORME DE DÉTENU.

UNIFORME de DRAGONS. V. DRAGON. V. DRAGON FRANÇAIS n° 6.

UNIFORME d'ÉCLAIREUR. v. *Journal militaire*, février 1819, p. 5¹

UNIFORME d'ÉCOLE DE MARS. V. ÉCOLE DE MARS n° 3.

UNIFORME d'ÉCUYER. v. ÉCUYER n° 2.

UNIFORME d'EMPLOYÉ. v. EMPLOYÉ. V. EMPLOYÉ DES SERVICES.

UNIFORME EN MAGASIN. V. EFFETS D'UNIFORME EN MAGASIN.

UNIFORME EN ROUTE. V. EFFETS D'UNIFORME EN ROUTE.

UNIFORME d'ENFANT PERDU. V. ENFANT PERDU n° 2.

UNIFORME d'ÉTAT-MAJOR DE CORPS. V. ÉTAT-MAJOR DE CORPS n° 2 et 3.

UNIFORME d'ÉTAT-MAJOR D'ARMÉE. V. ÉTAT-MAJOR D'ARMÉE n° 5. V. CORPS D'ÉTAT-MAJOR.

UNIFORME d'ÉTAT-MAJOR DE PLACE. V. ÉTAT-MAJOR DE PLACE.

UNIFORME de FANTASSIN. V. FANTASSIN.

UNIFORME de FOURRIER. V. FOURRIER D'INFANTERIE FRANÇAISE DE LIGNE n° 4.

UNIFORME de GARDES DU CORPS. V. GARDES DU CORPS n° 5.

UNIFORME de GARDE DU GÉNIE. V. GARDE DU GÉNIE.

UNIFORME de GARDE IMPÉRIALE. V. GARDE IMPÉRIALE n° 4.

UNIFORME de GARDE NATIONALE. V. BERRIAT, p. 450 et 809.

UNIFORME de GARDE ROYALE. V. GARDE ROYALE n° 3. V. PRESTATION.

UNIFORME de GARDES FRANÇAISES. V. GARDES FRANÇAISES n° 3.

UNIFORME de GENDARMERIE. V. GENDARMERIE DE LA GARDE DU ROI. V. GENDARMERIE DE LA MAISON DU ROI. V. GENDARMERIE DE POLICE n° 3.

UNIFORME de GENDARMES. V. GENDARME DU MOYEN AGE Nº 4.

UNIFORME de GÉNÉRAL. V. GÉNÉRAL D'ARMÉE Nº 5.

UNIFORME de GÉNÉRAL EN CHEF. V. GÉNÉRAL EN CHEF Nº 1.

UNIFORME de GÉNÉRAL FRANÇAIS. V. GÉNÉRAL FRANÇAIS Nº 1, 5, 5.

UNIFORME de GÉNÉRAL DE DIVISION. V. GÉNÉRAL DE DIVISION Nº 5.

UNIFORME de GÉNÉRAL DE BRIGADE. V. GÉNÉRAL DE BRIGADE Nº 2.

UNIFORME de GÉNIE. V. GÉNIE IDIOPLIQUE. Nº 4.

UNIFORME de GOUVERNEUR. V. GOUVERNEUR. V. GOUVERNEUR DE PLACE DE GUERRE Nº 2.

UNIFORME de GRANDE TENUE D'OFFICIER. V. GRANDE TENUE.

UNIFORME de GRENADIERS. V. GRENADIERS D'INFANTERIE Nº 4.

UNIFORME de HASTAIRE. V. HASTAIRE Nº 5.

UNIFORME de HÉRAUT D'ARMES. V. HÉRAUT D'ARMES Nº 2.

UNIFORME d'HOMME DE TROUPE. V. HOMME DE TROUPE Nº 4.

UNIFORME d'INFANTERIE. V. ARME DÉFENSIVE. V. ARME PORTATIVE. V. ARMEMENT D'UNIFORME. V. ÉPAULETTE.

UNIFORME d'INFANTERIE DE BATAILLE. V. INFANTERIE DE BATAILLE.

UNIFORME d'INFANTERIE FRANÇAISE. V. INFANTERIE Nº 4 et 5.

UNIFORME d'INFANTERIE FRANÇAISE DE GARDE ROYALE. V. INFANTERIE FRANÇAISE DE GARDE ROYALE Nº 2.

UNIFORME d'INFANTERIE FRANÇAISE DE LIGNE. V. INFANTERIE FRANÇAISE DE LIGNE Nº 4.

UNIFORME d'INFANTERIE FRANCO-SUISSE. V. INFANTERIE FRANCO-SUISSE Nº 5.

UNIFORME d'INFANTERIE LÉGÈRE. V. INFANTERIE LÉGÈRE Nº 5.

UNIFORME d'INSPECTEUR AUX REVUES. V. INSPECTEUR AUX REVUES.

UNIFORME d'INTENDANT. V. INTENDANT. V. INTENDANT MILITAIRE Nº 1.

UNIFORME de LÉGION ROMAINE. V. MILICE ROMAINE Nº 4.

UNIFORME de LIEUTENANT GÉNÉRAL. V. LIEUTENANT GÉNÉRAL Nº 4.

UNIFORME de MAITRE OUVRIER. V. MAITRE OUVRIER Nº 2.

UNIFORME de MAJOR. V. ÉPAULETTE DE MAJOR. V. MAJOR-CAPITAINE Nº 2. V. MAJOR LIEUTENANT-COLONEL Nº 1. V. MAJOR DE PLACE Nº 1.

UNIFORME de MALADE. V. EFFETS D'UNIFORME DE MALADE.

UNIFORME de MAMELOUCK. V. MAMELOUCK Nº 3.

UNIFORME de MANIPULE. V. MANIPULE Nº 5.

UNIFORME de MARÉCHAL DE CAMP. V. MARÉCHAL DE CAMP Nº 4.

UNIFORME de MARÉCHAL DE FRANCE. V. MARÉCHAL DE FRANCE Nº 5. V. ORDONNANCE DE 1856 (août).

UNIFORME de MILICE ANGLAISE. V. MILICE ANGLAISE Nº 4 et 12.

UNIFORME de MILICE ANGLO-AMÉRICAINE. V. MILICE ANGLO-AMÉRICAINE Nº 2.

UNIFORME de MILICE AUTRICHIENNE. V. MILICE AUTRICHIENNE Nº 4.

UNIFORME de MILICE BAVAROISE. V. MILICE BAVAROISE Nº 5.

UNIFORME de MILICE CHINOISE. V. MILICE CHINOISE Nº 5.

UNIFORME de MILICE DANOISE. V. MILICE DANOISE Nº 5.

UNIFORME de MILICE ÉGYPTIENNE. V. MILICE ÉGYPTIENNE Nº 2.

UNIFORME de MILICE ESPAGNOLE. V. MILICE ESPAGNOLE Nº 4.

UNIFORME de MILICE FRANÇAISE. V. MILICE FRANÇAISE Nº 4.

UNIFORME de MILICE GRECQUE. V. MILICE GRECQUE Nº 4.

UNIFORME de MILICE HAITIENNE. V. MILICE HAITIENNE.

UNIFORME de MILICE HOLLANDAISE. V. MILICE HOLLANDAISE Nº 4.

UNIFORME de MILICE NAPOLITAINE. V. MILICE NAPOLITAINE Nº 2.

UNIFORME de MILICE NÉERLANDAISE. V. MILICE NÉERLANDAISE Nº 3.

UNIFORME de MILICE PERSANE. V. MILICE PERSANE Nº 5.

UNIFORME de MILICE PIÉMONTAISE. V. MILICE PIÉMONTAISE Nº 5. V. PIÉMONTAIS, adj.

UNIFORME de MILICE POLONAISE. V. MILICE POLONAISE Nº 1 et 5.

UNIFORME de MILICE PORTUGAISE. V. MILICE PORTUGAISE Nº 5.

UNIFORME de MILICE PRUSSIENNE. V. MILICE PRUSSIENNE Nº 4.

UNIFORME de MILICE ROMAINE. V. MILICE ROMAINE N° 4. V. ROMAIN, adj.

UNIFORME de MILICE RUSSE. V. MILICE RUSSE N° 4.

UNIFORME de MILICE SAXONNE. V. MILICE SAXONNE N° 5.

UNIFORME de MILICE SUÉDOISE. V. MILICE SUÉDOISE N° 5.

UNIFORME de MILICE SUISSE. V. MILICE SUISSE N° 4.

UNIFORME de MILICE SYKE. V. MILICE SYKE N° 3.

UNIFORME de MILICE TURCO-ÉGYPTIENNE. V. MILICE TURCO-ÉGYPTIENNE.

UNIFORME de MILICE TURQUE. V. MILICE TURQUE N° 4.

UNIFORME de MILICE WURTEMBERGEOISE. V. MILICE WURTEMBERGEOISE N° 5 et 9.

UNIFORME de MOUSQUETAIRES. V. MOUSQUETAIRE. V. MOUSQUETAIRE A PIED N° 3. V. MOUSQUETAIRE DE LA GARDE.

UNIFORME de MUSICIEN. V. MUSICIEN. V. MUSICIEN N° 4.

UNIFORME d'OFFICIER D'ARTILLERIE. V. OFFICIER D'ARTILLERIE N° 4.

UNIFORME d'OFFICIER DE CAVALERIE. V. OFFICIER DE CAVALERIE N° 2 et 4.

UNIFORME d'OFFICIER FRANÇAIS. V. OFFICIER FRANÇAIS N° 7.

UNIFORME d'OFFICIER DU GÉNIE. V. OFFICIER DU GÉNIE N° 5.

UNIFORME d'OFFICIER D'INFANTERIE FRANÇAISE. V. ÉPERON DE BOTTES. V. OFFICIER D'INFANTERIE FRANÇAISE N° 2.

UNIFORME d'OFFICIER PARTICULIER. V. CENT-SUISSES. V. CHEF DE BATAILLON N° 4.

UNIFORME d'OFFICIER D'ORDONNANCE. V. OFFICIER D'ORDONNANCE.

UNIFORME d'OFFICIER PARTICULIER. V. CHEF DE BATAILLON D'INFANTERIE N° 4.

UNIFORME d'OFFICIER DE PLACE. V. ÉTAT-MAJOR DE PLACE N° 1.

UNIFORME d'OFFICIER DE SANTÉ. V. OFFICIER DE SANTÉ.

UNIFORME d'OFFICIER SUPÉRIEUR. V. COLONEL D'INFANTERIE FRANÇAISE DE LIGNE N° 5.

UNIFORME de PIQUIER. V. PIQUIER N° 3.

UNIFORME de PORTE-DRAPEAU. V. PORTE-DRAPEAU N° 3.

UNIFORME de PUPILLE. V. PUPILLE N° 4.

UNIFORME de RÉGIMENT. V. RÉGIMENT D'INFANTERIE FRANÇAISE N° 5. V. RÉGIMENT FRANÇAIS N° 4.

UNIFORME de SERGENT. V. SERGENT.

UNIFORME de SERGENT D'INFANTERIE FRANÇAISE DE LIGNE N° 4.

UNIFORME de SERGENT-MAJOR. V. SERGENT-MAJOR N° 4.

UNIFORME de SOLDAT. V. CAPORAL D'INFANTERIE FRANÇAISE DE LIGNE N° 6.

UNIFORME de SOUS-AIDE-CHIRURGIEN. V. SOUS-AIDE-CHIRURGIEN.

UNIFORME de SOUS-INTENDANT MILITAIRE V. SOUS-INTENDANT N° 3.

UNIFORME de SOUS-OFFICIER. V. SOUS-OFFICIER N° 5.

UNIFORME de TAMBOUR. V. TAMBOUR. V. TAMBOUR IDIOPLIQUE D'INFANTERIE FRANÇAISE.

UNIFORME de TAMBOUR-MAJOR. V. TAMBOUR-MAJOR N° 4.

UNIFORME de TRIAIRE. V. TRIAIRE N° 5.

UNIFORME de TRIBUN. V. TRIBUN N° 3.

UNIFORME de TROUPE. V. ARMÉ D'UNIFORME. V. BOUTONS D'UNIFORME. V. COMMANDANT DE PLACE N° 10.

UNIFORME de TROUPE EN ROUTE. V. ARMEMENT D'UNIFORME DE TROUPE EN ROUTE.

UNIFORME de VÉLITE FRANÇAIS. V. VÉLITE FRANÇAIS. V. VÉLITE DE LA GARDE CONSULAIRE. V. VÉLITE DE LA GARDE IMPÉRIALE. V. GARDE.

UNIFORME de VÉTÉRANS. V. VÉTÉRAN FRANÇAIS.

UNIFORME de VÉTÉRINAIRE. V. VÉTÉRINAIRE.

UNIFORME de VIVANDIER. V. VIVANDIER.

UNIFORME de VIVANDIÈRE. V. VIVANDIÈRE.

UNIFORME de VOLONTAIRE NATIONAL. V. VOLONTAIRE NATIONAL.

UNIFORME de VOLTIGEUR. V. VOLTIGEUR.

UNIFORME de ZOUAVE. V. ZOUAVE.

UNIFORMITÉ (B, 1). Le maintien de l'Uniformité dans les troupes est principalement recommandé par une instruction du 16 septembre 1816. La surveillance en est confiée aux inspecteurs généraux; elle est un des caractères distinctifs de la tenue. V. ARMEMENT. V. ARMURE. V. CASAQUE.

UNIQUE, adj. V. PAS UNIQUE.

UNITÉ ADMINISTRATIVE. V. AGRÉGATION RÉGIMENTAIRE. V. BATAILLON DE MILICE CONSCRIPTIVE. V. CADRE ADMINISTRATIF. V. CAPITAINE N° 1. V. CENTAINE. V. CHEF DE BATAILLON N° 7. V. COMPAGNIE D'INFANTERIE. V. COMPAGNIE D'INFANTERIE FRANÇAISE DE LIGNE.

UNITÉ de BATAILLON. V. BATAILLON GÉOMÉTRIQUE. V. SECTION. V. TACTIQUE.

UNITÉ STRATEUMATIQUE. V. DIVISION D'ARMÉE.

UNITÉ TACTIQUE (G, 6). M. le général LAROCHE-AYMON regarde comme Unités le BATAILLON D'INFANTERIE, la BATTERIE D'ARTILLERIE, le RÉGIMENT DE CAVALERIE ; de là l'expression de GRADES UNITAIRES, dont il se sert pour comprendre génériquement le chef de chacun de ces trois genres d'AGRÉGATIONS TACTIQUES. Par ce moyen, les intendants, les hôpitaux, les financiers, les fournisseurs, les préposés aux logements, les historiens supputeraient en quelques traits de plume, les efforts, les moyens, les ressources d'une nation. L'Unité tactique de l'Allemagne, si recommandable en tout ce qui est calcul, raison, ordre, économie, ne serait pas à dédaigner. En effet, il est impossible que la force des bataillons ne soit pas variable par le nombre des compagnies. Qu'on partage un régiment dont une partie marche en expédition, cette partie emmène toute la COMPAGNIE D'ÉLITE. D'ailleurs, il y aura en tous temps des COMPAGNIES qui feront CORPS. Il faudrait donc que la compagnie d'hommes à pied, infanterie, vétérans, génie, etc., etc., fût d'une force constitutionnellement pareille et ne variant que du PIED DE PAIX au PIED DE GUERRE. Même principe pour les compagnies ou escadrons de cavalerie, que nous voudrions semblables, quelle que fût l'arme. La routine et la vanité s'y opposeront ; mais ce système ne comptera pour antagonistes que ceux qui auront plus d'esprit de corps que d'esprit de patrie. On dirait : *Une armée se compose de tant de compagnies sur tel pied, dont tant à pied et tant à cheval.* L'UNITÉ TACTIQUE est un moyen facile pour dénombrer une armée. En Bavière, les compagnies d'infanterie et les escadrons forment l'Unité tactique ; on dit : L'armée se compose de tant de compagnies d'infanterie, tant d'escadrons de cavalerie, tant de batteries d'artillerie. Le bataillon étant divisible et n'ayant qu'une valeur imaginaire et de circonstance, se prêterait plus difficilement à l'Unité tactique et n'offrirait pas une expression juste. V. ADMINISTRATION. V. ADMINISTRATION MILITAIRE. V. AGRÉGATION (tableau). V. APPUYER. V. ARMÉE AGISSANTE. V. ARMÉE FRANÇAISE. V. ARMÉE FRANÇAISE N° 4. V. ART MILITAIRE. V. BANDE DE LÉGION. V. BATAILLON N° 1 et 7. V. BRIGADE D'ARMÉE. V. CAVALERIE. V. CHEF DE BATAILLON N° 1. V. CHEF D'UNITÉ TACTIQUE. V. COHORTE. V. COHORTE ROMAINE. V. COHORTE DE LÉGION ROMAINE N° 4. V. COLONNE ÉPAGOGIQUE. V. COM-

PAGNIE. V. DÉCURIE GRECQUE. V. DISTANCE. V. ESCADRON. V. ESCADRON FRANÇAIS N° 4. V. ESPACE. V. ÉVOLUTION. V. FILE DE BATAILLON. V. FILE GRECQUE. V. FILE TACTIQUE. V. FORMATION TACTIQUE. V. FRONT DE BATAILLE. V. INFANTERIE. V. INTERVALLE D'INFANTERIE. V. LÉGION N° 5. V. MANIPULE N° 4. V. ORDRE MINCE. V. RANG DE CAVALERIE. On peut lire à ce sujet la *Relation des guerres de 1665 à 1701* ; PUYSÉGUR (1748), les *Guerres de 1792*, et J. CARRION-NIZAS (1825, t. II, p. 578).

UNTERBERGER. V. NOMS PROPRES.

UOWER, subs. masc. V. SEIGNEUR.

UPTON. V. NOMS PROPRES.

URBAIN (urbaine), adj. V. COHORTE ROMAINE. V. COHORTE URBAINE. V. GARDE URBAINE.

URBAIN; URBICIUS. V. NOMS PROPRES.

URCINS. V. NOMS PROPRES.

URINE. V. INCONTINENCE D'URINE. V. RÉTENTION D'URINE.

USAGER (usagère). V. PRESTATIONS USAGÈRES.

USSE, subs. fém. V. HUISSIER. V. PORTE.

USSIE, subs. fém. V. HUISSIER. V. PORTE.

USSIER, subs. masc. V. HUISSIER.

USSIR SENTINELLE. V. SENTINELLE.

USTENSILE, subs. masc. (E, 3, 4), ou USTENCIL, ou USTENCILE, ou USTANCILLE. On a dit autrefois utensile. Ce mot paraît être une corruption de EXTENCILE, formé lui-même du verbe latin *exsto* ou *existo*, c'est-à-dire chose existante, qui, suivant Roquefort, avait produit le verbe EXSTENCILLER, signifiant meubler ou garnir d'USTENSILES. — Se dit généralement de tous les petits meubles de ménage, et particulièrement de ceux qui servent à la cuisine ; s'emploie encore, comme terme de guerre, pour désigner les meubles que les habitants sont tenus de fournir aux soldats qu'ils logent, et qui sont un lit pour deux avec des draps, un pot, un verre à boire, une écuelle, *hospitis militis supplex*. Le soldat en route a également droit au feu et à la chandelle. Toutes ces obligations sont comprises dans le mot Ustensile (*Dictionnaire de Trévoux*). Quelquefois cet impôt se paye en argent ou en ESPÈCE, qui a ici le même sens que *nature*. GANEAU ne l'emploie dans ce cas qu'au singulier et d'une manière absolue (voir le *Dictionnaire militaire*, aux mots *Logement, Masse, Uniforme*, p. 537, considérés comme Ustensiles de guerre). — C'était un mot tout à fait de convention, qui a commencé par exprimer une prestation représentative de la fourniture de certains objets, et qui ensuite a signifié une prestation en argent que le soldat touchait en sus des fournitures ou USTENSILES en nature. Ainsi FEUQUIÈRES dit que, dans les quartiers d'hiver, la subsistance des troupes consistait en fournitures en nature, telles que paille, menus Ustensiles, bois, etc., etc., et en fournitures en argent ou Ustensile qui se tire des coffres du prince, ou, s'il se peut, des pays ennemis. On voit par là que ce qui s'appelait jadis l'USTENSILE doit être considéré comme signifiant aujourd'hui prestation en deniers. Il semble, au surplus, que toutes les ordonnances qui en traitent se soient appliquées à être aussi obscures qu'ennuyeuses. Suivant POTIER, l'Ustensile était une gratification ou supplément de solde que le roi accordait aux troupes pendant la guerre. Il en était alloué aux capitaines à raison du nombre de leurs soldats, comme on le voit dans Lachesnaie (1758, au mot *Entretien*). Sur cet Ustensile il était fait une retenue, que le major administrait, et qui était destinée à pourvoir au linge et à la chaussure. L'ordonnance de 1628 (15 novembre) témoigne que ce qu'on appelait Ustensile se composait de SEL, VINAIGRE, BOIS et CHANDELLES; celle de 1635 (14 février) y comprend linge de table, écuelle et verre, avec défense de commuer l'Ustensile en argent. Le règlement de 1649 (4 décembre) veut que l'Ustensile soit fourni en espèces (c'est-à-dire en nature) aux troupes en quartier d'hiver, conformément au règlement du 10 octobre 1642, ou qu'il soit payé en argent par les habitants, à raison de deux sous par soldat à pied, caporal ou anspessade, quatre sous par sergent, huit sous par enseigne, dix sous par lieutenant, vingt sous par capitaine. La troupe ne pouvait plus exiger que lit garni de LINCEULS, linge de table, pot et écuelle, mais aucune fourniture de bois, chandelle, sel et vinaigre. Dans cette ordonnance le mot Ustensile est féminin. Souvent il se réglait de gré à gré entre les corps et les habitants. Une ordonnance du 24 décembre 1654 approuve le marché ou abonnement par lequel la ville de Verdun consentait à payer six cents francs d'Ustensile par mois par compagnie de cavalerie, et deux cents francs par compagnie d'infanterie. L'Ustensile, consistant d'abord en un droit ou tribut en nature, était devenu un droit ou tribut en argent, et pouvait répondre à peu près à deux francs par soldat pour le quartier d'hiver. C'était à peu près autant que le total de la solde que faisait le roi pour le même temps. Suivant ODIER (1821, t. II, p. 346), on appelait l'Ustensile la prestation en numéraire représentative de la valeur des Ustensiles de ménage que les habitants étaient auparavant obligés de fournir gratuitement au soldat. C'était lui qui désormais devait se les procurer, et il perdait le droit de les exiger, droit qui, jusquelà, avait été accompagné d'excès de toute espèce. Cette prestation ou redevance était une gratification de trois livres par mois de séjour à chaque fantassin, et de neuf livres à chaque cavalier (ordonnance du 4 novembre 1661). L'ordonnance du 7 septembre 1666 supprima cet Ustensile et le rétablit en nature. Les officiers seuls continuèrent à recevoir une indemnité pour leur logement. Et depuis cette époque jusque sous le ministère D'ARGENSON, qui fit bâtir des casernes à Paris, ce qui fut imité par les villes, aucun ministre n'avait pu faire cesser les maux résultant de l'éparpillement des soldats chez l'habitant. Il était défendu aux soldats, sous peine de la vie, de convertir l'Ustensile en argent, et aux officiers sous peine d'être cassés. Les uns et les autres exigèrent quelquefois la prestation qui leur revenait avec une brutalité qui causa de graves désordres. Les ordonnances de 1674 (15 octobre) et de 1675 (10 août) appelèrent de ces désordres devant les tribunaux ordinaires, et ils cessèrent, ou du moins diminuèrent. QUINCY (1741, au mot *Enseigne*) regarde comme synonymes les mots USTENSILE et QUARTIER D'HIVER. — Il en est question dans le règlement de campagne de 1755 : l'article 717 interdit à tout militaire d'exiger des habitants, dans les quartiers, le repas de l'arrivée ou celui du départ, ni aucune autre chose que l'Ustensile. Le règne de LOUIS QUINZE mit fin à cet impôt, en affranchissant les villes du casernement; mais plus tard il reparut sous un autre nom, car aujourd'hui encore, le soldat loge chez l'habitant (en route ou cantonné); il a place au feu et à la chandelle, droit au coucher, au sel et aux objets matériels propres à faire sa cuisine. La loi du 25 mai 1792, qui traite du logement des troupes chez l'habitant, a réglé les Ustensiles à fournir aux soldats (voir art. 52 à 55 du *Journal militaire*, t. VII, p. 878; *Collections du Louvre*, 12, 463; Baudouin, 33, 75). Cette loi est encore en vigueur. Le règlement du 20 juillet 1824, qui résume ou explique la loi de 1792 sur le LOGEMENT des troupes chez l'habitant, décrit sous le titre d'ameublement (art. 121) les USTENSILES de ménage à fournir aux officiers et soldats, et ajoute à l'article 125 que le soldat a place au feu et à la chandelle. — On peut consulter au sujet de l'Ustensile les ouvrages suivants : *Art de l'homme d'épée* 1656, p. 310), AUDOUIN (t. III, p. 46), De-

voirs de l'homme de guerre (1693, p. 152), *Éléments de l'art militaire* (1756, t. I, p. 150 et 201), ENCYCLOPÉDIE (t. III, p. 755), *Fonctions des officiers d'infanterie* (1671, p. 121, 122, 125), *Fonctions de l'infanterie* (1695, p. 69), l'*Infanterie prussienne* (1757, t. II, p. 72), LECOUTURIER (1825), ODIER (1824, t. II, p. 546), la *Science de la guerre* (1751, t. II, p. 408), le *Soldat citoyen* (1780). V. BAN D'ARRIVÉE EN GARNISON. V. COMMISSAIRE DES GUERRES Nº 6. V. DÉCOMPTE DE LIQUIDATION. V. DÉGRADATION D'U... V. ÉTAPE. V. EXÉCUTEUR. V. FONCTIONS DE L'INFANTERIE. V. LÉGISLATION (1655 [28 AVRIL]). V. MASSE D'U... V. MINISTRE DE LA GUERRE EN 1643. V. MONTRE ADMINISTRATIVE. V. ORDONNANCE OFFICIELLE. V. OUTIL. V. PLACE D'U... V. PRÊT.

USTENSILES ADMINISTRATIFS. V. ADMINISTRATION.

USTENSILES d'AUMONIER. V. AUMONIER Nº 5 et 6.

USTENSILES de CAMPAGNE. La milice prussienne, sous Frédéric, en était constamment pourvue. V. EFFETS DE CAMPEMENT. V. MILICE PRUSSIENNE.

USTENSILES de CAMPEMENT. Sorte d'Ustensiles qui font partie des effets de campement. Ils consistent, comme le témoigne le règlement de 1831 (13 novembre), en fourneaux, gamelles, bidons d'homme de troupe, grands bidons, marmites et leurs sacs, petits bidons avec leurs banderoles, et tonnelets. Il faut y ajouter les chevalets de piquet et les barils à eau. Voyez à cet égard BERRIAT (t. III, p. 39 et 262) et le *Journal militaire* (t. I, p. 117; t. II, p. 281; t. XI, p. 718). V. CHEVAL DE PELOTON. V. GAMELLE. V. EFFETS DE CAMPEMENT. V. MASSE DE CHAUFFAGE. V. MASSE DANS L'INFANTERIE. V. TONNELET DE PETIT ÉQUIPEMENT.

USTENSILES de CANON (G, 2). On appelait ainsi la LANTERNE pour le chargeoir, propre à mettre la poudre dans le noyau; le FOULOIR, servant à bourrer quand on a chargé la pièce; le BOUTE-FEU, l'ÉCOUVILLON, le FRONTEAU DE MIRE et les COINS DE MIRE. Ce terme, cité dans le *Dictionnaire* de TRÉVOUX et dans celui de LACHESNAIE DES BOIS (1751), se trouve encore dans le volume de l'*Artillerie* de l'*Encyclopédie méthodique* (1785). Il a disparu du *Dictionnaire* de COTTY (1822), où chaque Ustensile est décrit sous son nom propre et avec sa signification.

USTENSILES de CHIRURGIEN-MAJOR. V. CHIRURGIEN-MAJOR DE CORPS Nº 7.

USTENSILES de COLONEL. V. COLONEL Nº 9. V. COLONEL, DROITS Nº 12.

USTENSILES de CORPS DE GARDE. Le nombre et l'espèce en sont réglés par chaque traité de l'entrepreneur des lits militaires. V. CAPORAL DE CONSIGNE. V. CHANDELIER DE CORPS DE GARDE. V. CHEF DE POSTE Nº 2. V. CHEF DE POSTE D'HOMMES DE GARDE Nº 2. V. CONSIGNE DE POSTE DE GARNISON. V. EFFETS DE CORPS DE GARDE. On peut consulter à cet égard l'ENCYCLOPÉDIE (t. II, p. 133) et le *Mémorial de l'infanterie* (nº 79).

USTENSILES de CUISINE. L'ordonnance de 1768 (tit. V, art. 16) prescrit les cas où ils étaient fournis par les hôtes aux officiers généraux et supérieurs. Le titre V, article 25, enjoint aux habitants de les fournir aux troupes de passage, qui doivent les rendre exactement au départ et en retirer leurs reçus (tit. XXXII, art. 19). Le règlement de l'an deux (30 thermidor) veut que les Ustensiles de cuisine soient étamés. V. CAPORAL D'ESCOUADE Nº 2. V. CAPORAL D'ORDINAIRE Nº 2. V. CHAMBRE DE SOLDAT. V. CUISINE. V. CUISINIER. V. DÉGRADATION D'U... Consulter BERRIAT (t. II, p. 724), *Journal militaire* (2e vol. du supplément, p. 142), *Mémorial de l'infanterie* (p. 146 et 701) et le RÈGLEMENT DE 1816 (24 JUILLET).

USTENSILES de FOURNEAU. V. EFFETS AU COMPTE DU GÉNIE. V. FOURNEAU ÉCONOMIQUE.

USTENSILES de LOGEMENT. V. CAPITAINE. V. LOGEMENT DE CAPITAINE.

USTENSILES de MESTRE DE CAMP. V. MESTRE DE CAMP Nº 4.

USTENSILES de PRÉVOT. V. PRÉVOT DE CORPS.

USTENSILES de SALLE DE DISCIPLINE. Ont été réglés par l'instruction de 1821 (juillet), *Journal militaire* (p. 48).

USTENSILES de SERGENT. V. HOMME DE TROUPE Nº 1.

USTENSILES de SOLDAT DE CAVALERIE. V. SOLDE DE SOLDAT DE CAVALERIE (tableau).

USTENSILES de SOLDAT D'INFANTERIE. V. CAPORAL Nº 9.

USTENSILES de SOUS-LIEUTENANT. V. SOUS-LIEUTENANT.

USTENSILES de TENUE. V. CHAMBRE DE SOLDAT. Le *Journal militaire* (2e supplém., p. 142) et le *Mémorial de l'infanterie* (1746, t. I, p. 146) prévoient comment ils seront placés et serrés.

USTENSILES d'ÉCURIE. V. CAVALERIE. V. ÉCURIE.

USTENSILES d'HOPITAL. V. HOPITAL.

USTENSILES d'INFANTERIE. V. INFANTERIE FRANÇAISE Nº 5.

USTENSILES EN ARGENT. V. INFANTERIE

FRANÇAISE N° 5. V. MASSE DE LINGE ET CHAUSSURE.

USTENSILES EN NATURE. V. EN NATURE. V. MASSE DE LINGE ET CHAUSSURE.

USTENSILES PÉCUNIAIRES. V. GREFFIER DE RÉGIMENT.

USTIL, subs. masc. V. OUTIL.

USURPATION de NOBLESSE. V. DUEL. V. NOBLESSE.

USURPATION de TITRE. V. NOBLESSE. V. TITRE.

UTILITÉ (subs. fém.) PUBLIQUE. V. PUBLIC, adj. V. TRAVAUX D'U...

UTILLEMENT, subs. masc. V. OUTIL.

UVRIER, subs. masc. V. OUVRIER.

UXE, subs. masc. V. HUISSIER.

UXIER, subs. masc. V. HUISSIER.

Les chiffres entre parenthèses, qu'on rencontre dans le cours du texte, indiquent le millésime de l'année à laquelle appartiennent la citation ou l'événement.

Les abréviations entre parenthèses, qui sont en tête des articles, sont une concordance du tableau synoptique (*Disc. prélim.*, p. 10) et du vocabulaire sommaire (*Disc. prélim.*, p. 36-37). Ces abréviations donnent le moyen de remonter des conséquences aux principes.

D'autres abréviations indiquent le genre grammatical.

Les caractères italiques dénotent des phrases empruntées.

Les mots en petites capitales sont ainsi configurés comme réclames, comme preuve qu'on peut chercher à sa place générale alphabétique le mot représenté en lettres capitales.

VAAGNAIGE, subs. masc. V. GAIN. V. COMMISSAIRE DES GUERRES.

VACANCE. V. ADJUDANT DE PLACE. V. ASSEMBLÉES.

VACANCE dans les EMPLOIS DE L'ARMÉE. Comment elles sont remplies. V. AVANCEMENT. V. CLASSEMENT. V. DÉMISSIONS. V. NON-ACTIVITÉ. V. PERMUTATION. V. REMPLACEMENT.

VACANCE d'ADJUDANT D'INFANTERIE. V. ADJUDANT D'INFANTERIE FRANÇAISE DE LIGNE N° 4.

VACANCE de CLASSE DE CAPITAINE. V. CHEF DE DIVISION.

VACANCE de COMPAGNIE. V. COMPAGNIE D'INFANTERIE FRANÇAISE DE LIGNE N° 2.

VACANCE de GRADE. V. AVANCEMENT EN TEMPS DE GUERRE.

VACANCE d'EMPLOI. V. INSPECTEUR GÉNÉRAL D'INFANTERIE N° 2. V. MILICE HANOVRIENNE N° 1. V. MINISTÈRE DE LA GUERRE N° 10.

VACANCE d'EMPLOI D'ADJUDANT. V. ADJUDANT.

VACANCE d'EMPLOI D'ADJUDANT-MAJOR. Il y est pourvu de suite. V. ADJUDANT-MAJOR N° 5.

VACANCE d'EMPLOI D'AUMONIER. V. AUMONIER N° 4.

VACANCE d'EMPLOI DE CAPORAL. V. CAPORAL N° 4. V. CAPITAINE N° 14. V. CAPORAL D'ESCOUADE N° 1.

VACANCE d'EMPLOI DE COLONEL. V. COLONEL, PRÉROGATIVES N° 20.

VACANCE d'EMPLOI DE FOURRIER. V. CAPITAINE N° 14.

VACANCE d'EMPLOI DE LIEUTENANT-COLONEL. V. LIEUTENANT-COLONEL D'INFANTERIE FRANÇAISE DE LIGNE N° 2.

VACANCE d'EMPLOI D'OFFICIER. V. FEUILLE DE JOURNÉES.

VACANCE d'EMPLOI DE SERGENT. V. CAPITAINE N° 14. V. CAPORAL D'INFANTERIE FRANÇAISE N° 5. V. SOUS-OFFICIER N° 4.

VACANI. V. NOMS PROPRES.

VACANT (vacante), adj. V. EMPLOI V... V. MAJOR-CAPITAINE N° 14.

VACCA. V. NOMS PROPRES.

VACCIN, VACCINATION, VACCINE, subs. (D, 2, 4). Ce nom, qui rappelle l'une des découvertes les plus bienfaisantes, a été donné, d'après Odier, médecin de Genève, à la maladie qui résulte de l'inoculation du *virus* VACCIN. C'est à un médecin anglais, Edouard Jenner, que l'humanité est redevable d'une découverte si salutaire. Ce fut en 1798, après des expériences faites dès l'année 1776, et soumises en 1788 à une société particulière de médecins, que Jenner rendit publiques les propriétés de la Vaccine (*Inquiry in to the causes, etc.* Londres, 1798); traduit en français : *Recherches sur les effets et les causes de la variolæ vaccinæ* (Lyon, 1800), par DELAROQUE. Grâce au patronage du bienfaisant Larochefoucault-Liancourt, et par les soins de Thouret, qui, dans son séjour en Angleterre, avait été témoin des succès obtenus, la Vaccine arriva bientôt jusqu'en France. Dans ces derniers temps, on a eu l'idée de soumettre les individus vaccinés depuis un certain nombre d'années à une nouvelle Vaccination. Dans l'armée prussienne, un grand nombre de REVACCINATIONS ont été opérées, mais le plus souvent cependant sans qu'il survînt d'éruption vaccinale. Eu France, la Vaccine a été imposée à plusieurs reprises aux militaires (circulaire du 5 octobre 1816, *Journal militaire* (t. XLIII, p. 354). Une autre circulaire du 9 juillet 1819 rappelle les chefs de corps à l'exécution de la précédente, et enfin celle de 1831 (16 mars) recommande la Vaccination, principalement en ce qui concerne les jeunes soldats. Une note du 21 février 1834 reproche aux chirurgiens-majors leur négligence à cet égard; celle du 13 avril 1838 leur est adressée dans le même but. Ces différentes recommandations furent renouvelées d'une manière toute particulière le 6 mars 1841. v. BERRIAT (t. IV, p. 464 et 544). v. CHIRURGIEN-MAJOR DE CORPS N° 10. v. RECRUE.

VACE. v. NOMS PROPRES.

VACHE (cuir noirci de). v. CONTRE-SANGLON DE GIBERNE.

VA-DE-MANQUE, subs. masc. v. DÉFICIT.

VADLET, subs. masc. v. VALET.

VAFFARD. v. NOMS PROPRES.

VAFOLART, subs. masc. v. POIGNARD.

VAGABOND. v. PRÉVOT D'ARMÉE. v. PRÉVOT DES MARCHANDS. v. RECRUTEMENT.

VAGABONDAGE (justice militaire) (B, 5). Les tribunaux spéciaux institués par la loi du 18 pluviôse an neuf connaissent du fait de Vagabondage (voir le *Journal militaire* de l'an neuf [1re partie, p. 251]).

VAGUEMESTRE, subs. masc. (E, 1, 2, 4, 5), ou WAGUEMESTRE, ou VAGUEMAITRE (Boiste), ou VAGMESTRE comme l'écrivait l'ordonnance de 1755 (17 février). Vient de l'allemand *wacht-meister*, maréchal des logis, ou *wagen-meister*, qui signifie littéralement chariot-maître, pour maître de chariots. Les fonctions de Vaguemestre peuvent être comparées à celles de PRÉFET DES CAMPS (*præfectus castrorum*) dans les armées romaines. (Végèce 390, A). Dans l'ancienne organisation de l'armée, c'était un officier chargé de la conduite des équipages. Il y avait un Vaguemestre général qui avait sous ses ordres plusieurs Vaguemestres. — On voit, dans l'ordonnance du 5 mai 1692, que le Vaguemestre de brigade touche soixante livres par mois, et reçoit six rations de pain par jour; il a deux aides qui n'en perçoivent que la moitié. Un Vaguemestre est affecté à chaque régiment, et il marche à la tête des bagages. Le Vaguemestre de la brigade prend les ordres du maréchal général des logis de l'armée, et loge à cet effet à portée de l'état-major; il fait avertir les bagages de chaque brigade de se trouver autour de ses fanions pour défiler suivant leur rang. Au-dessus de lui est un Vaguemestre général. Par ordonnance de 1701, les appointements du Vaguemestre sont de deux cents livres par mois; il a dix rations de pain (GUIGNARD, *Ecole de Mars*, t. II, p. 335). — Une de ses missions principales consiste à se pourvoir de bons GUIDES. L'ordonnance de campagne du 17 février 1753 porte que les Vaguemestres de brigade sont pris parmi les sergents, et reçoivent trois livres par jour de marche, tandis que le Vaguemestre particulier du régiment, également pris parmi les sergents du corps, ne touche que vingt sous. Les mêmes dispositions se retrouvent à peu près dans l'ordonnance de 1755-1756 sur le service dans les camps. Enfin l'ordonnance du 12 mai 1788 déclare que c'était un lieutenant de fortune à qui ces fonctions donnaient rang de capitaine. Il devait avoir deux aides; il inscrivait tous les Vaguemestres des régiments, et leur assignait leur place dans la marche. Il était chargé de la conduite des équipages du quartier général et des VIVANDIERS. Aux termes de la loi du 27 vendémiaire an cinq, il distribue les lettres aux officiers supérieurs; celle du 23 fructidor en reconnaissait, par demi-brigade, un aux appointements de six cents francs; elle le constituait premier sous-officier et remplaçait le second quartier-maître dont la place était abolie. Il devait tenir deux registres cotés et paraphés de la main d'un membre de l'intendance, l'un pour les lettres chargées, l'autre destiné à l'inscription des lettres à charger. Le règlement du 31 août 1809 donnait le modèle de ces registres (v. SOUS-INSPECTEUR). Les titres III et IV du décret impérial du 22 février 1813 établissent les fonctions des Vaguemestres généraux et de ceux des corps. On y lit aux articles 18 et 25: Les Vaguemestres des divisions sont tenus de se faire inscrire chez le Vaguemestre général de leur corps d'armée, qui tiendra à cet effet un contrôle, et leur délivrera des certificats visés par les chefs d'état-major, d'après lesquels, et sur revue de l'inspecteur, ils seront payés de ce qui leur est alloué en sus de leur solde. Ils recevront journellement les ordres du Vaguemestre général de leur corps d'armée, pour le rang que les équipages devront occuper dans les marches, pour l'heure du départ et le rendez-vous où ils devront s'assembler. Ils feront charger et atteler les équipages, et ne souffriront point qu'aucun bagage se mette en marche que le Vaguemestre de la brigade ne soit venu l'ordonner, et qu'aucun conducteur ne parte avant l'heure prescrite. — Le Vaguemestre général est seul chargé de la conduite des équipages du quartier général et des vivandiers qui y sont attachés. — L'état-major lui fera remettre, les jours de marche, l'ordre dans lequel ils devront marcher, et le lieu où ils s'assembleront ; il aura soin d'en instruire tout ce qui est attaché au quartier général, et d'en faire part au commandant de la gendarmerie pour qu'il y fasse trouver les vivandiers. — Le Vaguemestre général se trouvera au rendez-vous avant l'heure où les équipages devront s'y assembler. Il les conduira pendant la marche, les fera précéder par les guides du pays qui lui seront donnés, et empêchera qu'ils ne les devancent. — Il sévira contre les domestiques ou autres individus attachés aux équipages qui voudraient dépasser leur rang, et fera arrêter toutes les voitures, fourgons et chariots qui excéderaient le nombre permis, ou qui seraient d'une espèce différente. — Le Vaguemestre général indiquera chaque jour, aussitôt l'ordre reçu de l'état-major, 1° le lieu où doivent se rendre les équipages, chevaux de selle, etc., de tout ce qui est attaché au grand quartier général ; 2° l'heure précise du départ. Il fera en sorte qu'il n'y ait jamais d'encombrement, et placera les équipages de la manière suivante : les équipages du commandant en chef, le trésor et les équipages du payeur général, les équipages du major général, de l'intendant général, des généraux de division attachés au quartier général, de l'inspecteur en chef aux revues, des généraux de brigade, de l'ordonnateur en chef, des colonels et adjudants-commandants attachés à l'état-major, des sous-inspecteurs aux revues, des chefs de bataillon ou d'escadron attachés à l'état-major, des capitaines adjoints à l'état-major, et autres officiers qui en remplissent les fonctions, des commissaires des guerres, de l'imprimerie impériale de l'armée, des agents en chef de l'administration, de la poste aux lettres, des vivandiers. — Le Vaguemestre général observera de ne jamais laisser en arrière aucun équipage, et de les faire marcher dans le plus grand ordre et suivant le rang qui leur est assigné ; il fera arrêter tout conducteur d'équipage qui serait parti avant l'heure prescrite. — Un état sommaire des équipages doit lui être remis avec les noms des conducteurs et domestiques qui y sont attachés. Il sera fait mention sur cet état du nombre de voitures que devront avoir l'imprimerie de l'armée, le

trésor et la poste aux lettres. — Le règlement de casernement de 1824 accorde au Vaguemestre une chambre pour lui seul. Déjà, à cette époque, il était chargé des rapports entre les militaires et l'administration de la poste ; car la circulaire du 30 juillet 1825, reproduisant l'ordonnance du 15 mai 1818, exige que les directeurs de bureaux de poste émargent les registres qu'il lui est enjoint de tenir. De même, la décision du 19 novembre 1827 commande aux sous-intendants de les visiter chaque année ; celle du 18 août 1826 prend plusieurs déterminations nouvelles propres à remédier aux infidélités qui pourraient avoir lieu dans la remise des valeurs qui passent dans les mains du Vaguemestre. L'ordonnance du 7 mai 1831, corroborée par celle du 5 juillet suivant, l'attache, comme sergent-major, à la compagnie hors rang, et lui accorde, à titre de facteur, une indemnité journalière de solde par chaque bataillon dont il fait le service. La même ordonnance lui interdit le droit à toute rétribution de la part des militaires à qui des envois sont faits. Dans les bataillons détachés, un sous-officier remplit les fonctions de Vaguemestre, et jouit d'une indemnité ; dans les dépôts de corps, elles sont dévolues au fourrier de la compagnie hors rang. L'ordonnance du 3 mai 1832, sur le service des troupes en campagne, dispose (art. 106) qu'il y aura un Vaguemestre pour le grand quartier général et un par division. Tous deux sont pris parmi les officiers sans troupe à la suite du quartier général ; ils ont chacun un aide, et maintiennent l'ordre et la police des voitures des domestiques de l'état - major ; enfin ils dirigent les équipages de la division ou de la brigade. Elle ajoute, à l'égard des Vaguemestres de régiment, qu'ils font le service de la poste aux lettres conformément aux prescriptions du règlement sur le service intérieur, réunissent les moyens de transport, veillent à leur entretien, et maintiennent la police parmi les CANTINIERS et les DOMESTIQUES du corps. En marche, ils obéissent au Vaguemestre de la division. Le Vaguemestre ne percevait alors que la paye de sergent, quoiqu'il fût d'usage de lui laisser porter les galons de sergent-major ; mais son traitement s'augmentait d'une recette de deux pour cent sur l'argent qu'il touchait à la poste pour les militaires du corps, et d'une rétribution de cinq centimes par lettre adressée à un officier ou à un sous-officier. Il y avait tels corps, si l'on en croit la *Sentinelle* (10 juillet 1835), où cet ensemble d'allocations équivalait à quatre francs par jour. Une nouvelle ordonnance a reconnu sergent-major le Vaguemestre, mais a décidé qu'il devait remettre *gratis* lettres et argent, et qu'il toucherait, à titre d'indemnité, vingt-cinq centimes par jour, par chaque bataillon dont il ferait le service de facteur. L'ordonnance du 2 novembre 1833 modifia les fonctions que lui avait assignées celle de 1818 (13 mai). Une autre disposition ministérielle du 7 août 1834 plaça le Vaguemestre sous la direction immédiate du major; sa commission et son registre devaient être visés par le sous-intendant; il était chargé du soin de faire transporter aux magasins du régiment les marchandises apportées au corps par le roulage. Enfin une décision du 21 mars 1835 a réglé le tarif des indemnités auxquelles ont droit les Vaguemestres d'artillerie, emploi donné ordinairement à un sous-officier âgé qui a mérité par sa bonne conduite la confiance de ses chefs. Ce tarif fut modifié le 25 décembre 1837, et notamment par l'ordonnance du 5 décembre 1840, qui en fit l'application générale aux Vaguemestres des corps de troupe. De nouvelles bases déterminèrent ces indemnités pour les Vaguemestres des escadrons du corps du train des équipages militaires. La plupart des dispositions précédentes furent rappelées dans la circulaire ministérielle du 4 mai 1843, et deux ans après, le 22 mars 1845, l'indemnité à accorder aux Vaguemestres dans les régiments d'infanterie, les bataillons de chasseurs à pied et les régiments d'artillerie, fut encore l'objet de la sollicitude du maréchal Soult, qui la régla d'une manière définitive. — Les ouvrages à consulter au sujet des Vaguemestres sont : l'*Art de la guerre* (1679, p. 30), l'*Art de l'homme d'épée* (1696, p. 309), Berriat (1824, t. i, p. 43; t. iv, p. 184), *Cours de la Science* (1740, t. ii, p. 36), Daniel (t. ii, p. 83), *Dictionnaire militaire* (1758, aux mots *Bagages* et *Waguemestre*), *Institutions militaires* (1775, t. iii, p. 51), *Journal de l'Armée* (t. iv, p. 332), *Journal militaire*, Lecouturier (1825), Potier, *Solde des troupes* (p. 144), général Préval (1827), *Règlement de police* (1818, p. 102, art. 305), *Science de la guerre* (1751, t. iii, p. 315), la *Sentinelle de l'Armée* (t. ii, p. 149). v. adjudant n° 14. v. adjudant de semaine n° 8. v. adjudant d'infanterie française de ligne n° 14. v. argent. v. argent adressé au petit état-major. v. argent d'envoi au conseil d'administration. v. armes excédantes. v. articles. v. bastagaire. v. billet de logement de maitres-ouvriers. v. bulletin de chargement. v. bureau de v... v. cahier d'envoi d'argent. v. campement. v. caporal d'équipages en route. v. cercle d'ordre au camp.

v. chargement d'argent de militaire. v. chargement de lettres. v. cheval de corps. v. cheval de troupe. v. colonel, prérogatives n° 20. v. commission d'emploi. v. consigne de piquet de logement. v. corps en route. v. devoirs de v... v. directeur de postes d'armée. v. domestique. v. équipages. v. état-major de corps n° 2. v. facteur. v. fonctions. v. fourrage. v. fourrier d'infanterie française de ligne n° 13. v. harnais de cheval de troupe. v. législation, ordonnance de 1833 (2 novembre). v. logement de v... v. maitre. v. major chef de bataillon n° 8. v. officier d'administration. v. poste. v. premier sous-officier. v. rang de v... v. registre d'articles. v. sergent-major. v. sergent-major n° 1 et 6. v. skeuophore. v. sous-intendant militaire n° 8. v. sous-officier n° 7 et 8.

VAGUEMESTRE autrichien. v. autrichien. v. milice autrichienne n° 2.

VAGUEMESTRE de brigade. v. fanion de bagages.

VAGUEMESTRE de corps. v. équipage de corps en route.

VAGUEMESTRE de grand quartier général. v. maréchal général des logis d'armée.

VAGUEMESTRE d'infanterie française de ligne. v. fonctions de v... v. homme de troupe n° 1.

VAGUEMESTRE en chef. v. préfet de camp.

VAGUEMESTRE en route. v. équipages d'armée.

VAIDI; VAILLANT. v. noms propres.

VAINCRE, verb. act. v. langue française.

VAIR, subs. masc. (F). Terme de blason. — Fourrure blanche et grise : émaux d'argent et d'azur. Quantité de mots utiles des langues romane et française sont tombés en désuétude, parce que l'acception en était obscurcie par des homonymes : de ce nombre est le mot vair, venu du latin *varius*, dont on fit le mot *menu-vair* adapté aux modes de la chevalerie. Il est resté de la même racine le mot *vairon*, encore en usage dans la cavalerie pour désigner un cheval qui n'a pas les yeux pareils.

VAIS, subs. masc. v. chenal. v. gué.

VAISSEAU. v. acte d'embarquement. v. armée de mer. v. armer française n° 9. v. bouclier. v. corbeau défensif. v. falarique. v. flibustier. v. garnison. v. garnison de bord. v. milice anglaise n° 3. v. milice espagnole. v. mireur. v. ponton. v. poudre a

FEU. V. RECOUSSE. V. SALUT A FEU. V. STRA-
TIOTIDE. V. TACTIQUE. V. TORTUE.

VAISSETTE. V. NOMS PROPRES.

VAIT, subs. masc. V. GUET. V. SENTI-
NELLE.

VAL. V. AVAL.

VAL, subs. masc. (G, 8). Mot tout latin
qui dans la langue des géologues donne
l'idée d'une certaine modification de gorges
de vallée. Lorsqu'il s'élargit il se prolonge
en vallée. V. GORGE.

VAL de ROUTE. V. A VAL DE ROUTE.

VALAISAN. V. BATAILLON VALAISAN.

VALAZÉ. V. NOMS PROPRES.

**VALDECK ; VALDES ; VALENCIEN-
NES ; VALENTINI ; VALENTINIEN ;
VALÈRE.** V. NOMS PROPRES.

VALÈS, subs. masc. V. VALET.

VALET, subs. (F), suivant DUCANGE du
latin barbare *valetus*, fait par contraction,
dans la basse latinité, de *vasletus* pour *vas-
saletus*, diminutif de *vassallus*, lequel dérive primitivement de *vas, vadis*, CAUTION.
On a dit aussi VADLET, VALÈS, VALEZ, VALLÈS,
VALLET, VALLEZ, VARLET, VASLÉ, VASLET, VAS-
SAL suivant Barbazan, et enfin VASSELET. Ce
mot, qui a produit VALETON, VALLETON, VAR-
LETON, VASLETON, vient, si l'on en croit Fauchet, Ménage et Pasquier, du latin *bajulus*
qu'on a traduit par BAILLI. Roquefort ne partage pas cette opinion, et prétend qu'il se tire
de l'adjectif *varletus* qu'il regarde comme
un composé de *vir*, homme. Borel (Pierre)
croit que l'espagnol *varo* en est la racine,
qu'ensuite on en aurait fait *baro*, BARON. Il
est vrai qu'on désignait sous le titre de Valets les enfants des plus grands seigneurs :
ce terme était synonyme d'ÉCUYER ou DA-
MOISEL. Louis, roi de Navarre, Philippe,
comte de Poitou, fils de Philippe le Bel, sont
qualifiés VALETS ou VARLETS, ainsi qu'ALEXIS,
fils de l'empereur ISAAC (VILLEHARDOUIN,
Histoire de Constantinople). Le nom de
Valet, avili depuis la chute de la féodalité,
fut donné d'abord aux jeunes seigneurs qui
servaient d'aides de camp aux généraux et
de frères d'armes aux chevaliers. On lit dans
le registre de la chambre des comptes, en
1297, un acte qui définit le VALET, un serviteur noble allant partout où le chevalier,
son maître, lui commande d'aller. Une autre
pièce datée de la même année contient ces
mots : « *Philippus Dei gratiâ Francorum
» rex, etc., etc., dilectus et fidelis* VALETUS
» *noster Aimericus de Pictavis domicel-
» lus.* » Une ordonnance de 1351 (avril) alloue
cinq sous tournois de solde par jour au VAL-

LET ARMÉ de HAUBERGEON, de BASSINET à CAMAIL,
de GORGERETTE, de GANTELET. Philippe de
Comines (1464 à 1498) dépeint les VALETS
comme chargés de massacrer les chevaliers
désarçonnés sur le champ de bataille. « Ils
» brisaient, dit-il, les visières avec des ha-
» ches à fendre le bois, parce qu'il n'y avait
» pas moyen de les tuer autrement, tant ils
» étaient fortement armés. » Bientôt on n'appliqua plus ce titre qu'aux pages et au reste
de la suite des chevaliers, et les gens d'un
ordre inférieur aux pages s'appelaient GROS
VARLETS. Enfin, il était également employé
par opposition au roi et à la reine, qui ces-
saient de le porter en montant sur le trône.
On était Valet tant qu'on n'était pas dé-
coré de la ceinture militaire, ou membre de
la chevalerie, à ce que dit ROQUEFORT ; mais
il affirme d'un autre côté que tout était vassal ou Valet, hors le roi, ce qui implique
contradiction et donnerait à ce mot le sens de
SUJET FIEFFÉ. Ce nom fut encore donné à
quelques officiers honorables, tels que les
ÉCUYERS TRANCHANTS, les ÉCHANSONS, etc., etc.;
la charge même de valet de chambre du roi
ne pouvait être accordée qu'à un gentilhomme. Ce fut François premier (1515) qui
commença à permettre aux roturiers de le
servir en cette qualité. Depuis, cette charge
s'est conservée jusqu'en 1791.

VALET. V. APPOINTEMENT. V. ARME A FEU.
V. ARME CONTONDANTE. V. ARMÉE AGISSANTE.
V. ARMURE. V. ARMURE A HAUBERT. V. AVEN-
TURIER. V. BACHELIER. V. BOURGUIGNOTE. V.
CAMP. V. CAPUCHON DE MAILLES. V. CAVALIER
DE TROUPE. V. CHEVALERIE D'ACCOLADE. V. CHE-
VALERIE D'AFFILIATION N° 5. V. CHEVALIER DU
MOYEN AGE N° 5. V. COLLET DE MAILLES. V.
COMPAGNIE DE GENTILSHOMMES. V. COMPAGNIE
D'ORDONNANCE N° 6. V. CONNÉTABLE N° 2. V.
CORNET IDIOPLIQUE. V. COUTILLIER V. CRI DE
GUERRE. V. DAMOISEAU. V. ÉCHELLE TACTIQUE.
V. ÉCUYER–VALET. V. ESTAFIER. V. GASTADOUR.
V. GENTILHOMME. V. GOUJAT. V. GROS VARLET.
V. HAUBERT. V. HÉRAUT D'ARMES. V. LANCE FOUR-
NIE. V. LAQUAIS. V. LÉGION ROMAINE N° 1. V.
LIVRÉE. V. MILICE GRECQUE N° 2, 5 et 6. V. PAGE
DE LANCE FOURNIE. V. PRÉVOT DE CORPS. V. PRIS-
SONNIER DE GUERRE. V. RANG DE CAVALERIE. V.
SERGENT D'ARMES. V. SERGENT MILITAIRE. V.
TAMBOUR IDIOPLIQUE D'INFANTERIE N° 1 et 2.
V. VARRON. —A l'égard du mot VALET on
peut consulter AUDOUIN (1811, t. I, p. 298),
CARRION-NISAS (1824, t. I, p. 87, 428 ; t. II,
p. 610), DANIEL, *Milice française* (t. I,
p. 129, 217), *Devoirs de l'infanterie*
(1675, p. 96), *Dictionnaire militaire* (au
mot *Bagages*), ENCYCLOPÉDIE (t. I, p. 607,
au mot *Chevalerie*), *Institutions militaires*
(1759, p. 755), MÉNAGE, *Panoplie de Carré*,

p. 140, 183, 451, 459, 465), *Pensées sur la tactique* (1768, p. 114), *Réforme de la législation militaire* (p. 209), *Science de la guerre* (1751, t. III, p. 61), *Traité de tactique* (1767, t. I, p. 44), TURPIN (1783, t. I, p. 38, 58), VELLY (t. IV, p. 8; t. XIV, p. 404; t. XV, p. 282; t. XVIII, p. 96), VOLTAIRE (*Edit. de* 1785, t. XVII, p. 224; t. XVIII, p. 415).

VALET D'ARMÉE. V. CAVALERIE. V. CAVALERIE FRANÇAISE N° 7. V. CHEVALERIE MILITAIRE. V. CORPS PRIVILÉGIÉ. V. CROISADE. V. DÉNOMBREMENT D'ARMÉE. V. DIMAQUE. V. DOMESTIQUE. V. ÉQUIPAGES V. GALÉAIRE. V. GASTADOUR. V. GOUJAT. V. HAUBERT. V. LANSQUENET. V. MARCHE D'ARMÉE. V. MILICE ROMAINE N° 2. V. MILICE RUSSE N° 2, 4. V. MILICE TURQUE N° 5. V. OPLITE. V. PRÉVOT DE CORPS. V. REITRE. V. RIBAUD. V. SERF. V. SKEUOPHORE. V. TRABAN. V. TRAIN. V. TRAVAUX MILITAIRES. V. TRIMACRÉSIE. V. VASLET. V. VASSAL.

VALET DE BRIGADE. V. FANION DE BAGAGES.

VALET DE CHARGE. V. BOUCHE A FEU.

VALET DE CHEVALIER. V. ÉCUYER. V. VARLET.

VALET D'ÉQUIPAGES. V. COUTILLIER.

VALET FIEFFÉ. V. FIEF.

VALET D'HOMME DE TROUPE. V. DOMESTIQUE.

VALET DE LANCE FOURNIE. V. LANCE FOURNIE. V. TROISIÈME RANG DE CAVALERIE.

VALET MILITAIRE. V. DOMESTIQUE D'OFFICIER. V. VALET.

VALET D'OFFICIER. Les ordonnances de 1669 (28 février), 1679 (20 novembre) et 1692 (14 février) prescrivent aux officiers de faire habiller leurs Valets différemment de leurs soldats. Ceux qui étaient trouvés revêtus du costume militaire étaient punis comme passe-volants. Le soldat qui, sous prétexte d'être Valet d'officier, ne montait pas sa garde, était également réputé passe-volant d'après l'ordonnance de 1671 (18 août). Si dans une marche un Valet coupait le trait d'un bagage, il était sur-le-champ fustigé de la main de l'exécuteur (ordonnance de 1692, 5 mai). Le FANION DES BAGAGES était porté par un Valet choisi parmi les plus sages, par le major-général dans l'infanterie et par le maréchal des logis de la cavalerie; il avait à cet effet vingt sous par jour de marche. Les Valets qui quittaient les bagages de la brigade étaient punis du fouet. Dans les règlements de 1755 et 1756 sur le service de la cavalerie et des dragons, il est dit que les officiers ne peu-

vent se faire suivre dans la marche que par un seul Valet à cheval, avec un autre cheval de main. En ce cas, ce Valet se tenait dans l'intervalle de l'escadron. Les autres se plaçaient à l'équipage de leurs maîtres sans s'écarter. L'ordonnance de 1768 sur le service de place (titre IX, art. 10) punit les Valets d'officier qui vont au-devant des paysans et leur achètent les vivres que ceux-ci apportent à la ville. L'ordonnance de 1772 sur le service en campagne les charge de la fauchaison du camp. Plusieurs écrivains militaires du dernier siècle avaient proposé d'armer les Valets D'ARMÉS DE HAST, pour les employer au besoin à la défense des bagages. V. DOMESTIQUE D'OFFICIER. V. TAMBOUR IDIOPLIQUE.

VALET D'OPLITE. V. MILICE GRECQUE N° 8.

VALET DE PIÈCE D'ARTILLERIE (G, 2). Bouchon de cordage de bourre ou de foin dont on se servait pour charger les canons. Il n'en est plus question dans le *Dictionnaire* de Colly (édition de 1822).

VALET PYROBOLIQUE (G, 2). On appelait ainsi un cylindre de bois rempli de poudre et percé de plusieurs trous dans lequel on mettait des balles et des pétards. On le descendait, au moyen d'un cordage, dans les fossés d'une place où l'ennemi voulait pénétrer. Cet artifice qu'on garnissait d'une mèche a été peu en usage.

VALET DE PYROBOLISTE. V. BARIL FOUDROYANT. V. PYROBOLISTE.

VALET ROMAIN. V. MILICE ROMAINE N° 5.

VALET DE SOLDAT. V. ARME A FEU PORTATIVE. V. GARDE DU CORPS. V. GOUJAT. V. MILICE ÉGYPTIENNE N° 4. V. MILICE ESPAGNOLE N° 2.

VALET DE TAMBOUR. V. TAMBOUR. V. TAMBOUR IDIOPLIQUE D'INFANTERIE FRANÇAISE N° 1.

VALET DE VILLE. V. SERGENT.

VALETON, subs. masc. V. VALET.

VALEURS FINANCIÈRES. V. COMPTABILITÉ DE CORPS. V. COMPTABLE. V. FONDS. V. HOMME DE TROUPE N° 11. V. REGISTRE-JOURNAL.

VALEZ. V. VALET.

VALISE D'OFFICIER (E, 5). Elles devraient être de même mesure dans chaque arme. La forme carré-long est préférable pour le chargement des BAGAGES. Les valises doivent porter une plaque de cuivre relatant le régiment, le bataillon, la compagnie et le nom du propriétaire. V. BAGAGE DE CORPS EN ROUTE. V. BALLOT DE COMPAGNIE EN ROUTE. V. PORTE-MANTEAU. V. PORTE-MANTEAU D'ÉQUIPEMENT D'OFFICIER.

VALLATION (subs. fém.), de VAL. V. CONTREVALLATION. V. REMPART. V. RETRANCHEMENT.

VALLÉE, subs. fém. (G, 8). Mot qui a la même origine que VAL.. Berceau partageant deux chaînes de MONTAGNES ou deux penchants, et qui offre un lit ou un écoulement à leurs eaux. Quelquefois une vallée prend naissance d'un VAL. Quelquefois aussi on l'appelle Vallée dès son origine, lorsqu'elle a une certaine largeur et des berges adoucies. Les Vallées se distinguent en principales et secondaires. Les premières sont le berceau d'un grand cours d'eau, d'un fleuve, d'une grande rivière, alimentés par divers affluents ; les secondes prennent leur origine sur les flancs d'un contre-fort et sont le berceau d'un moindre cours d'eau qui n'est que l'affluent des eaux d'une vallée principale. Les topographes distinguent aussi les vallées en longitudinales et en transversales. Les Vallées de peu d'étendue se nomment vallons. Elles forment ordinairement un cul-de-sac du côté où le versant des eaux prend naissance. V. BERGE. V. COL DE MONTAGNE. V. COMBE. V. GÉOLOGIE. V. GLACIS GÉOLOGIQUE. V. GORGE GÉOLOGIQUE. V. GUERRE DE MONTAGNES. V. MONTAGNE. V. RAMEAU DE MONTATAGNE. V. THALWEG. V. VALLÉE LONGITUDINALE.

VALLÉE LONGITUDINALE. V. CHAINE DE MONTAGNES. V. CONTRE-FORT GÉOLOGIQUE.

VALLÉE TRANSVERSALE. V. COL DE MONTAGNES. V. CONTRE-FORT GÉOLOGIQUE.

VALLÉS. V. VALET.

VALLET. V. VALET.

VALLETON, subs. masc. V. VALET.

VALLEZ, subs. masc. V. VALET.

VALLIÈRE. V. AUTEURS. V. NOMS PROPRES.

VALLO. V. NOMS PROPRES.

VALLON, subs. masc. (G, 8), ou GORGE. Mot qui a la même origine que VAL. C'est une vallée peu considérable qui a ses points de départ sur les flancs des CONTRE-FORTS géologiques. Il forme les affluents d'un ordre inférieur, ou bien il est le berceau d'un ruisseau qui court entre deux collines. Il y a des Vallons sans issues ; il y en a qui sont percés de cols. V. INFANTERIE N° 10.

VALOIS ; VALORY ; VALPERGA ; VALTRINUS ; VALTURIN ; VALTURIUS. V. NOMS PROPRES.

VALVASSEUR. V. VAVASSEUR.

VANDALE ; VANDAMME ; VANDELEUR ; VAN-DER-HOOP ; VANDERMAAS ; VANDER-MEERE ; VANDER-

MONDE ; VANE ; VANGALEN ; VANNUCCIO ; VANRUSTINGEN ou **VANRUSTINGH ; VANSTRUBEN.** V. NOMS PROPRES.

VANTAIL, subs. masc. V. VENTAIL.

VAPEUR. V. ARME A V... V. ARME MÉCANIQUE. V. ARME NÉVROBALISTIQUE. V. ARMÉE FRANÇAISE N° 9. V. ARTILLERIE ÉPISTÉMIQUE. V. A VAPEUR. V. BATTERIE FLOTTANTE. V. INSTRUMENT DE GUERRE.

VARANGE, subs. masc. (F), ou BARANGE, ou BARANGUE, ou WARINGUE. Tel était le nom donné à une troupe d'Anglo-Danois chassés d'Angleterre par les Normands et passés au service des empereurs de Constantinople. D'abord incorporés dans la milice byzantine, ils formèrent ensuite un corps spécial dans la garde des empereurs. Leur capitaine était appelé ACOLYTHE, ainsi que le témoignent ANNE COMNÈNE et VILLEHARDOUIN.

VARANGUE, subs. masc. V. VARANGE.

VARD, subs. masc. V. GARDE. V. GARDE ARMÉE.

VARDARIOTE. V. BARDARIOTE.

VARDE, subs. fém. V. GARDE ARMÉE.

VARENNES. V. NOMS PROPRES.

VARETON, subs. masc. V. VIRETON.

VARGI. Nom donné, suivant Pierre Borel et Bochart, à un genre de soldats : c'est tout ce qu'on en sait.

VARICE. V. CAS DE RÉFORME. V. INFIRMITÉ.

VARICOCÈLE. V. CAS DE RÉFORME. V. INFIRMITÉ.

VARINOT. V. NOMS PROPRES.

VARIOLE. V. VACCIN. V. VACCINATION. V. VACCINE.

VARLET, subs. masc., suivant l'ancienne orthographe. V. VALET.

VARLETON, subs. masc. V. VALET.

VARON, subs. masc. V. BARON.

VARRON ; VARROY ; VARSOVIE. V. NOMS PROPRES.

VASAL, subs. masc. V. BACHELIER. V. ÉPÉE. V. SABRE. V. VASSAL.

VASE, subs. masc. V. ÉPÉE. V. SABRE.

VASIFÈRE, subs. masc. V. MILICE ROMAINE N° 2.

VASLÉ, subs. masc. V. VALET.

VASLET, subs. masc. V. PAGE DE LANCE FOURNIE.

VASLETON, subs. masc. V. VALET.

VASSAL ou VASSEUR, subs. masc. (F),

dérivé d'après Pasquier du latin *vassalus,
vassus, vavassor.* Suivant Hallam et Ménage, ce mot vient du celtique *gwas,* qui
signifie serviteur. Il se prenait aussi comme
équivalent de valet, ou de subordonné ; un
amant se déclarait vassal de sa dame. Borel
(Pierre) témoigne qu'on a employé vassal
dans le sens de militaire brave, et Miot affirme qu'il était synonyme de noble. Originairement, défendre son seigneur était le
premier devoir d'un Vassal ; il se restreignait à la fin au service militaire que les
possesseurs de fiefs devaient au roi lors des
convocations de ban et arrière-ban. C'est
pour cela que Béneton suppose que ce mot
est dérivé de *Werr, War, Was,* qui signifiait guerre et guerrier. Quoi qu'il en soit,
l'origine de la vassalité paraît dater de l'établissement des barbares sur le sol romain.
A cette époque, les rois et les plus puissants
de chaque royaume donnèrent à ceux qui
leur juraient dévouement et fidélité une partie de leurs domaines ; en retour, le faible
qui voulait un protecteur recommandait sa
personne et sa terre au puissant qui lui promettait protection ; enfin l'engagement réciproque de protection et de fidélité procédait
de la recommandation, aussi bien que de la
donation. Il est vrai de dire que celui qui
s'était ainsi lié envers un roi ou seigneur ne
fut pas d'abord appelé vassal, mais bien
leude (de *leiten,* suivre). Charles Martel
(715), chef des leudes d'Austrasie, ayant
agrandi son pouvoir aux dépens de la royauté,
le tourna habilement contre ceux qui l'avaient élevé. Il ne livra à ses compagnons
les terres des églises et des monastères qu'à
titre précaire et sous la condition d'un serment de fidélité prêté à sa personne. Il fit
ainsi rentrer les leudes dans la dépendance,
et remit en usage les services que devait au
donateur celui qui acceptait un don ou bénéfice. C'est depuis ce temps que le nom
de vassal ou serviteur accompagna et finit
par remplacer celui de leude. Jusqu'à Charles le Chauve (840) il n'y eut d'autres Vassaux que ceux de la couronne. Alors, la
France tombant en lambeaux que s'arrachaient une multitude de souverains, chacun
se créa des Vassaux, excepté le serf, qui n'en
avait pas. De là les distinctions de vassal
immédiat, d'arrière-vassal ou vavasseur.
Hugues Capet s'emparant du trône (988) fut
dans la nécessité de consacrer les usurpations qui avaient amené ces changements.
On nomma dès lors grands vassaux, les seigneurs qui s'étaient faits possesseurs héréditaires ; vassaux-liges les sous-vassaux obligés au premier commandement de faire la
guerre si leur maître l'ordonnait ; d'autres

Vassaux s'appelaient vassaux libres, parce
qu'ils pouvaient se dispenser de marcher en
personne en se faisant représenter. Quantité d'hommes libres se soumettaient au
vasselage ; ils n'avaient d'autre moyen de
conserver leur liberté et leurs biens qu'en
obtenant une protection d'un seigneur plus
puissant. Les grands Vassaux avaient tous
les droits de la souveraineté, et leur sang
était réputé si noble qu'ils ne pouvaient être
punis de mort que pour crime de trahison.
Leur départ pour la terre sainte en 1095
fut pour la France le commencement d'un
temps plus heureux, car on vit alors se rétablir peu à peu l'autorité royale. Philippe
premier (1060) y avait déjà travaillé, et
Louis le Gros s'en occupa encore plus utilement (1108). On nommait aussi les grands
Vassaux, vavasseurs majeurs (*valvassores
majores*) et vavasseurs mineurs (*valvassores minores*). On voit qu'au temps où furent promulgués les établissements (charte
ou code) de Louis neuf (1226), le vavasseur n'était qu'un Vassal de peu d'importance et n'ayant que basse justice. Un Vassal s'appelait encore caver, cavier : une caverie était une terre sujette à l'obligation
du service à cheval ou du service du cavier
ou homme de foi, à cause du serment de foi
et hommage. C'était là, avec l'investiture,
ce qui liait le Vassal ; Ducange en traite dans
son glossaire aux mots *hominium, fidelitas,
investitura.* L'hommage était rendu à genoux et en personne entre les mains du suzerain, c'était le lien de l'honneur ; la foi
était le serment sacré, elle liait la conscience ; l'investiture était ce qu'on nommait
aujourd'hui la réception. Le Vassal était
tenu de prendre les armes toutes les fois que
son seigneur le convoquait à la guerre ;
cette obligation s'appelait hostice. Le service militaire et fieffé était le lien et l'essence du régime féodal. A leur tour, les
grands Vassaux devaient, sous peine de félonie ou forfaiture (déchéance), fournir le
contingent de troupes que déterminait le
souverain. Le droit qu'ils avaient de convoquer le Vassal s'appelait menée (*menada,
menata*). De là l'extension du mot ménade,
qui a également signifié bande, troupe de
guerriers ; ce mot a été plus tard changé en
ménadier ou mesnadier, homme de bande ou
voleur. Etait homme-lige ou homme-liege
celui qui avait rendu un hommage-lige (*ligius, ligatus*), c'est-à-dire qui s'était lié par
soumission pleine et entière envers son seigneur. Cet hommage s'appelait aussi ligée,
ligéité, ligence, ligesse (*ligatio, ligamentum*). On nommait vins de vouade ou bovade, ou vovade, ceux qui provenaient de la

récolte du seigneur et que le Vassal était obligé de transporter; VIN-LE-COMTE, la redevance prélevée sur le fonds des vignes; VINAGE, le droit perçu au pressoir du château, et VIN D'OST, ou OST et OSTE simplement, suivant Roquefort, un impôt pour frais de la guerre. Ces droits étant chose stipulée par le contrat de foi et hommage, contrat dont les clauses variaient de château à château, établissaient la principale différence entre le Vassal et le serf; ce dernier, courbé sous une loi de tradition qui ne variait nulle part, était taillable à merci, c'est-à-dire que ses biens, sa personne, sa famille et presque sa vie étaient à la disposition du seigneur(1). Les assises de Jérusalem pourraient à cet égard être regardées comme la charte la plus détaillée de la vassalité. A mesure que la décadence du régime féodal se fait sentir, la vassalité s'efface; elle devient parfois dérisoire, dans le cas par exemple où le souverain, par l'acquisition d'un arrière-fief, était censé Vassal d'un sujet. Aussi était-il consacré dans la jurisprudence française que le roi *ne doit aucune foi et hommage pour un arrière-fief, mouvant* (relevant) *d'un Vassal.* Il régnait sur les Vassaux médiats ou immédiats. Ainsi le comte de Toulouse était Vassal immédiat du roi de France; il tenait sa terre du roi, rendait hommage au roi, en personne, et devait au roi les services vassalitiques. Le comte de Foix était Vassal immédiat du comte de Toulouse et arrière-Vassal du roi; il tenait sa terre du comte de Toulouse, devait au comte de Toulouse les services vassalitiques, et ne dépendait du roi que par l'intermédiaire du comte de Toulouse. Le comte de Foix pouvait à son tour avoir des Vassaux immédiats et des arrière-Vassaux. Ceux-ci étaient soumis au droit de HUAGE, c'est-à-dire à l'obligation de faire des huées dans certaines chasses, comme en font les traqueurs. L'ensemble des Vassaux s'appelait le baronage, c'est-à-dire l'ensemble des hommes de la baronie ou les hommes du pouvoir fieffé. On s'est demandé souvent si l'arrière-Vassal devait son service à son seigneur immédiat contre le seigneur de ce dernier. Au milieu des désordres de la féodalité on pourrait en citer plus d'un exemple; mais c'est ici le fait et non le droit. Charlemagne avait exigé pour lui-même le serment de fidélité de tous les habitants de son empire, quels que fus-

(1) On appelait SEIGNIE ou SOUGNIE le droit qu'avait le seigneur de venir manger et se loger chez son Vassal, ou la somme que celui-ci payait pour se racheter de cette obligation. Le droit de le poursuivre, s'il s'absentait ou s'éloignait, était le DROIT DE SUITE. Le service que devait un Vassal, en y employant ses équipages ou ses animaux, s'appelait SOMMAGE.

sent d'ailleurs leurs engagements réciproques. Guillaume le Conquérant, en Angleterre, permit à ses Vassaux immédiats d'avoir d'autres Vassaux, mais il exigea de tous les possesseurs de terre un serment prêté au roi qui lui assurait la fidélité de tout le pays. Frédéric Barberousse fit la même chose à Roncaglia (1162) et régla que dans les serments de fidélité d'arrière-Vassal à Vassal l'empereur serait toujours excepté. Mably a approfondi ce qui se rattachait aux rapports généraux des Vassaux relevant du roi. La constitution de la vassalité était si arbitraire et si confuse, qu'il n'était pas rare qu'un chevalier fût Vassal d'un seigneur dans un domaine, et son suzerain ailleurs, ou bien Vassal de plusieurs seigneurs ou monarques qui se faisaient la guerre, ce qui le mettait dans la position d'être inévitablement FÉLON, quelque parti qu'il prît d'ailleurs, car il appartenait à son seigneur et lui devait une entière obéissance. C'est là ce qui explique en quelque sorte le pouvoir absolu auquel la royauté française est parvenue depuis cette époque. Seigneurie suprême, cette royauté a détruit toutes les autres seigneuries, en attirant à elle tous leurs droits, et le roi est demeuré le seul seigneur, comme il a seul gardé le nom de SIRE, que tout Vassal donnait à son seigneur. — On peut consulter sur cette matière : AUDOUIN (*Histoire de l'administration de la guerre*, t. I, p. 285), BÉNETON (1741), BOREL (Pierre), CARRION-NISAS (1824, t. II, p. 280), CASENEUVE, DARU (t. I, p. 495), son *Mémoire sur la conscription, au tribunat le 28 floréal an dix* (*Journal militaire*, t. XXV, p. 603), DUCANGE, dans son *Glossaire*, l'ENCYCLOPÉDIE, GRÉGOIRE DE TOURS, MABLY, MARCULFE, MÉNAGE, PASQUIER, PITHOU, ROQUEFORT, TURNÈBE, VELLY (t. II, p. 192, 253, 237, 245, 289; t. III, p. 258; t. V, p. 96 et 250), WACHTER.

VASSAL, subs. masc. V. AIDE-CHEVEL. V. ANTRUSTION. V. ARBORER. V. ARMÉ FÉODALE. V. ARRIÈRE-BAN. V. ARRIÈRE-VASSAL. V. AVOUÉ. V. BACHELIER. V. BAN. V. BANNERET N° 1. V. BANNIÈRE. V. BANNIÈRE DE CHEVALIER. V. BANNIÈRE SEIGNEURIALE. V. BARON N° 1, 2, 3. V. BAS VASSAL. V. CARROUSEL. V. CAVALERIE LÉGÈRE. V. CHAMPION. V. CHATEAU. V. CHEVALIER A PENNON. V. CHEVALERIE D'AFFILIATION. V. CHEVALERIE DU MOYEN AGE. V. CLIENT. V. COMBAT DE JUGEMENT. V. COMMANDEMENT D'ARMÉE. V. COMTE N° 3. V. DUC N° 3. V. ECCLÉSIASTIQUE. V. ÉCHAUGUETTE. V. ÉCUAGE. V. ÉPERONS DE BOTTES. V. FÉODALITÉ. V. FEUDATAIRE. V. FIEF. V. FIEF BANNERET. V. FIEF D'ÉCUYERS. V. FIEF DE HAUBERT. V. FORTERESSE. V.

FORTIFICATION. V. GAIN. V. GARDE ARMÉE. V. GARDE DU PRINCE. V. GARNISON. V. GENDARME DU MOYEN AGE. V. GIROUETTE. V. GRAND VASSAL. V. GUERRE. V. GUERRE PRIVÉE. V. GUET. V. HAUBERT. V. HOST. V. HOSTICE. V. JUGEMENT DE DIEU. V. LANGUE LATINE. V. LEUDE. V. LEVÉE. V. MILICE ANGLAISE N° 2. V. MILICE FRANÇAISE N° 2. V. MONTRE ADMINISTRATIVE. V. NOBLESSE. V. ORIFLAMME. V. OST. V. PAYE. V. QUINTAINE. V. RECRUTEMENT. V. ROTURIER. V. ROUSSIN. V. SEIGNEUR. V. SERGENT DE BATAILLE. V. SERGENT FIEFFÉ. V. SERGENTERIE. V. SERVICE FÉODAL. V. TAILLE CONSCRIPTIVE.

VASSAL FIEFFÉ. V. ANTRUSTION.

VASSALET, subs. masc. V. PAGE DE LANCE FOURNIE.

VASSALITÉ. V. BACHELIER. V. BÉNÉFICE. V. FIEF. V. FOURNIR. V. GARDE ARMÉE. V. GENDARME DU MOYEN AGE N° 3. V. GUERRE PRIVÉE. V. NOBLESSE. V. PAYE. V. SATELLITE. V. SERVICE FÉODAL.

VASSAULT, subs. masc. V. VASSAL.

VASSAUS, subs. masc. V. VASSAL.

VASSEAL, subs. masc. V. VASSAL.

VASSEAU (vasseaus, vasseaux). V. VASSAL.

VASSELET (vasselets). V. BACHELIER. V. VALET. V. VASSAL.

VASSELAGE. V. VASSALITÉ.

VASSEUR, subs. masc. V. LANGUE LATINE. V. VASSAL. V. VAVASSEUR.

VASSUS, subs. masc. V. VASSAL.

VASTADOUR, subs. masc. V. FOURRAGEUR. V. GASTADOUR. V. MINEUR. V. PIONNIER.

VAU DE ROUTE. V. A VAU DE ROUTE. V. MILICE TURQUE N° 7. V. RETRAITE STRATEGMATIQUE. V. ROUTE.

VAUBAN; VAUCHELLE; VAUDONCOURT. V. NOMS PROPRES.

VAUDRECOURT. V. AUTEURS MILITAIRES. V. NOMS PROPRES.

VAULTIER. V. AUTEURS MILITAIRES. V. NOMS PROPRES.

VAUSIEUX (CAMP DE). V. NOMS PROPRES.

VAUVILLIERS. V. NOMS PROPRES.

VAVASOR, subs. masc. V. VAVASSEUR.

VAVASOUR, subs. masc. V. VAVASSEUR.

VAVASSERIE, subs. fém. V. VAVASSEUR.

VAVASSEUR, subs. masc. (F), ou VAVASSEUR, signifiant VASSEUR ou VASSAL infé-

rieur, est dérivé de *valvassor, vavassor* ou *vavasor*, ou *vavasour*, ou enfin VAVASSOUR. On nommait ainsi celui qui tenait un fief par SOUS-INFÉODATION. C'était, dit Daru (*Histoire de Bretagne*), la qualification des nobles, *soit qu'ils tinssent leur fief d'un seigneur, soit qu'ils possédassent originairement une terre noble ; ils étaient les justiciables de leur seigneur immédiat.* Les VAVASSEURS étaient les vassaux des barons ; aussi ces derniers s'appelaient-ils en certains pays *valvassores majores*, GRANDS VAVASSEURS. Ce mot, peu commun en Angleterre, y a pourtant été connu, à ce que déclare Hallam. Les Vavasseurs y étaient des détenteurs d'arrière-fiefs, des possesseurs de châtellenies et des seigneurs justiciers. Ils formaient la petite noblesse. L'institution de la chevalerie d'affiliation fut un moyen qu'ils employèrent pour contrebalancer l'influence exercée sur eux par la noblesse suzeraine. Dans l'empire germanique on appelait GRANDS VAVASSEURS (*valvassores majores* et *capitanis*) les seigneurs qu'on nommait en France GRANDS FEUDATAIRES ou vassaux de la couronne. Lorsque le titre de Vavasseur perdit de son importance, il commença à avoir la signification de SERGENT fieffé ou d'HUISSIER que lui donne Roquefort. Ce mot a produit les substantifs VAVASSERIE, redevance du fief Vassal ; VAVASSOIRE, femme de VAVASSEUR ; vavassorie, fief de vasselage subordonné. RAGUEAU dit, à ce sujet, que dans la coutume de Normandie, telle VAVASSORIE était franche et noble, telle autre était fief vilain soumis aux droits de SOMMAGE (fourniture de chevaux). Voir Borel (Pierre) et Velly (t. VI, p. 151, 152). V. BACHELIER. V. BARON N° 2. V. BAS VASSAL. V. CHEVALIER DU MOYEN AGE N° 1. V. FÉODALITÉ. V. FIEF. V. GÉNÉRAL, subs. V. GRADE. V. GRAND FEUDATAIRE. V. HUISSIER. V. LANGUE LATINE. V. NOBLESSE. V. SERGENT FIEFFÉ. V. SOUS-INFÉODATION.

VAVASSOIRE, subs. fém. V. CHEVALIER DU MOYEN AGE. V. CHEVALIER FIEFFÉ. V. VAVASSEUR.

VAVASSOR, subs. masc. V. VAVASSEUR.

VAVASSORIE, subs. fém. V. VAVASSEUR.

VAVASSOUR, subs. masc. V. VAVASSEUR.

VAYER, subs. masc. V. VICOMTE.

VAYS, subs. masc. V. GUÉ.

VAYVODE. V. GÉNÉRAL D'ARMÉE N° 1.

VÉ, subs. masc. V. GUÉ.

VÉAGE, subs. masc. V. GUÉ.

VEAU FAUVE. V. BANDEROLE DE GIBERNE. V. BRETELLE DE FUSIL. V. BRETELLES PORTE-GAISSE. V. BUFFLE D'ÉQUIPEMENT. V. MINISTRE DE LA GUERRE EN 1815.

VEDETTE, subs. fém. (E, 1, 3). V. AVANT-GARDE D'ARMÉE. V. CAVALERIE FRANÇAISE N° 8. V. CHIEN DE GUERRE. V. FACTIONNAIRE. V. FACTIONNAIRE A CHEVAL. V. GRAND GARDE DE CAVALERIE. V. INFANTERIE. V. MARCHE D'ARMÉE. V. POSTE D'ALARME. V. POSTE STRATEUMA-TIQUE. V. SENTINELLE. — On trouve ce mot employé dans AMIOT, comme signifiant l'endroit d'où l'on examine, l'élévation d'où la vue plonge. Ainsi l'on a donné à la sentinelle au GUET le nom du lieu qu'elle occupe. Cependant il est encore usité pour exprimer le cabinet ou tourillon placé sur un rempart, et dans lequel les sentinelles peuvent se retirer. DESCIAU applique ce mot à l'infanterie, et dit VEDÈTE ou *sentinelle de dessus une montagne* (DUANE, 1810). Les Italiens disent *vedetta, veletta;* mais ce dernier mot est probablement une corruption de l'autre, qui paraît dérivé de *vedere,* formé lui-même du latin *videre,* voir. Selon la définition moderne, c'est une sentinelle à cheval fournie par un poste de cavalerie; il lui est défendu de mettre pied à terre; elle doit avoir son fusil, sa carabine ou son sabre à la main, suivant l'arme; si elle est attaquée, elle se retire après avoir fait feu (LECOUTURIER). Ses devoirs sont encore prescrits par l'ordonnance du 1er juillet 1727, qui dit que la Vedette convaincue d'avoir quitté son poste sans être relevée sera punie de mort. Les Vedettes sont toujours placées à portée et en vue de la garde qui les pose; elles doivent tout observer autour d'elles; quand elles sont doublées, elles sont tournées du côté opposé; si l'une déserte, l'autre tire dessus; elles portent le mousqueton haut et armé, et accroché à la bandoulière (*Service dans les camps, cavalerie et dragons,* 1755-1766). Plus tard, on voit que les Vedettes d'honneur, qui étaient tout simplement des satellites, n'étaient données qu'aux souverains, princes du sang, commandants en chef ou vice-rois. C'est à tort que certains traducteurs de Walter-Scott (*la Dame du lac*) appellent Vedettes ce qu'ils auraient dû rendre par TIRAILLEURS OU ENFANTS PERDUS. L'ENCYCLO-PÉDIE (t. II, p. 491), l'*Essai sur la petite guerre* (1770, t. I, p. 114), le *Dictionnaire de la Conversation*, FURETIÈRE, LE-COUTURIER (1825), MÉNAGE, SIONVILLE (1756, t. III, p. 54), fournissent des renseignements curieux sur les Vedettes.

VEDOIL, subs. masc. V. FAUCHON A GARDE. V. FAUCHON A HAMPE.

VÉGA ; VÉGÈCE. V. NOMS PROPRES.

VÉHAIR, subs. masc. V. VICOMTE.

VÉHIER, subs. masc. V. VIGUIER.

VÉIES. V. NOMS PROPRES.

VEILLE D'ARMES. V. CHEVALIER DU MOYEN AGE. V. RÉCEPTION DE CHEVALIER.

VEILLE DE DÉPART. V. BALLOT DE COMPAGNIE EN ROUTE. V. BON DE FOURRAGE. V. CORRIDOR DE CASERNE. V. DÉPART.

VEILLE DE DÉPART DE CORPS (E, 3). V. COLONEL D'INFANTERIE FRANÇAISE DE LIGNE N° 25. V. COUR DE CASERNE D'INFANTERIE. V. DÉPART DE CORPS. V. EFFET DE CASERNEMENT. V. EFFET DE LITERIE. V. FEUILLE DE ROUTE DE CORPS. V. FOURRIER D'INFANTERIE FRANÇAISE DE LIGNE N° 13. V. SERVICE DE GARNISON. — On doit veiller à ce que les effets d'uniforme soient remis à qui de droit par le fourrier, examiner les dégradations commises dans le casernement, inspecter l'armement et l'équipement, s'opposer à la vente de vieux effets et au brocantage qui en est la suite, empêcher qu'on n'allume de grands feux avec le bois restant dans les chambres et la paille des paillasses. On peut consulter à cet égard le *Mémorial d'infanterie* (p. 755, n° 76).

VEILLE DE PRÊT. V. PRÊT.

VEILLE DE SÉJOUR. V. BLANCHIMENT DE BUFFLETERIE. V. SÉJOUR.

VEILLE DES TOURNOIS. V. TOURNOI.

VEILLÉE. V. GUET.

VÉLITATION. V. MILICE ROMAINE N° 6.

VÉLITE, subs. masc. Ce mot se décompose en VÉLITE DE LA GARDE IMPÉRIALE, — FRANÇAIS, — ROMAIN, — ROYAL. V. CASQUE. V. CENTURION. V. CHASSEUR A PIED. V. COHORTE DE LÉGION ROMAINE. V. COMPAGNIE DE VOLTIGEURS. V. CUIRASSE. V. DÉCURION. V. ENFANT PERDU. V. ESCARMOUCHE. V. FÉRENTAIRE. V. FORMATION TACTIQUE. V. FRONDEUR. V. GARDE IMPÉRIALE. V. GROSPHOMAQUE. V. HAST. V. HASTAIRE. V. HÉCATONTARCHIE. V. INFANTERIE N° 1. V. INFANTERIE DE BATAILLE N° 1, 3, 4. V. JAVELOT. V. LANGUE MILITAIRE. V. LÉGION ROMAINE N° 1, 2, 3, 4, 5. V. LIGNE PLEINE. V. MANIPULE N° 1. V. MILICE BYSANTINE. V. MILICE GRECQUE. V. MILICE ROMAINE N° 2, 7. V. MILICE TURQUE N° 7. V. MOUSQUETAIRE A PIED N° 5. V. PARME. V. PELTASTE. V. PILE. V. PRINCE DE LÉGION. V. RÉGIMENT DE V... V. SOLDAT. V. SOLDAT ROMAIN. V. TIRAILLEUR. V. VÉTÉRAN ROMAIN.

VÉLITE DE LA GARDE IMPÉRIALE. V. GARDE IMPÉRIALE N° 2.

VÉLITE (vélites) FRANÇAIS. Un décret de l'an douze (30 nivôse) créa deux corps de VÉLITES, chacun de huit cents hommes, attachés, l'un aux ɢʀᴇɴᴀᴅɪᴇʀs ᴀ ᴘɪᴇᴅ, l'autre aux ᴄʜᴀssᴇᴜʀs ᴀ ᴘɪᴇᴅ ᴅᴇ ʟᴀ ɢᴀʀᴅᴇ, et les établit à Saint-Germain en Laye, puis à Ecouen et à Fontainebleau. Les ᴠᴇ́ʟɪᴛᴇs devaient justifier d'un revenu assuré de huit cents francs, payé sous forme de pension par trimestre, et d'avance, au conseil d'administration des corps auxquels ils étaient attachés. On leur donnait des maîtres d'écriture, d'arithmétique, de dessin et de gymnastique. Le décret de l'an treize (5ᵉ complémentaire) créa également deux corps de huit cents ᴠᴇ́ʟɪᴛᴇs à la suite des ɢʀᴇɴᴀᴅɪᴇʀs et des ᴄʜᴀssᴇᴜʀs ᴀ ᴄʜᴇᴠᴀʟ ᴅᴇ ʟᴀ ɢᴀʀᴅᴇ, qui furent admis aux mêmes conditions et jouirent des mêmes avantages que les ᴠᴇ́ʟɪᴛᴇs ᴀ ᴘɪᴇᴅ. En 1806 (11 juin), on leva deux mille nouveaux ᴠᴇ́ʟɪᴛᴇs qui furent répartis dans les différentes armes de la ɢᴀʀᴅᴇ, et le 15 décembre tous les ᴠᴇ́ʟɪᴛᴇs de l'infanterie formèrent le 2ᵉ régiment de ꜰᴜsɪʟɪᴇʀs (ɢʀᴇɴᴀᴅɪᴇʀs). A partir de cette époque, les ᴠᴇ́ʟɪᴛᴇs furent seulement destinés au recrutement de la ᴄᴀᴠᴀʟᴇʀɪᴇ de la ɢᴀʀᴅᴇ. Après trois années de services ou de campagnes, les plus instruits obtenaient généralement des sous-lieutenances dans la ligne. — Les ᴠᴇ́ʟɪᴛᴇs ᴅᴇ ꜰʟᴏʀᴇɴᴄᴇ formaient un bataillon, créé le 24 mars 1809, pour faire le service auprès de la grande-duchesse de Toscane. Ce bataillon, tiré des ꜰᴜsɪʟɪᴇʀs (ɢʀᴇɴᴀᴅɪᴇʀs), dont il avait l'uniforme, et qui comptait dans la ɢᴀʀᴅᴇ ɪᴍᴘᴇ́ʀɪᴀʟᴇ, fit les campagnes de Russie et de Saxe, et fut incorporé dans le 14ᵉ régiment de ligne en août 1814. — Les ᴠᴇ́ʟɪᴛᴇs ᴅᴇ ᴛᴜʀɪɴ avaient été également organisés en bataillon le 24 mars 1809, pour la garde du prince ᴄᴀᴍɪʟʟᴇ Borghèse gouverneur des départements au delà des Alpes, et tirés des ꜰᴜsɪʟɪᴇʀs−ɢʀᴇɴᴀᴅɪᴇʀs. Ces ᴠᴇ́ʟɪᴛᴇs devaient fournir une pension de deux cents francs; ils avaient le rang et les marques distinctives de sergent et appartenaient à la ɢᴀʀᴅᴇ. Ils prirent part aux campagnes de Saxe et de France, et furent incorporés dans le 14ᵉ régiment de ligne en août 1814. Le *Journal de l'Armée* (t. ɪɪɪ, p. 261) contient des données intéressantes sur les ᴠᴇ́ʟɪᴛᴇs ꜰʀᴀɴᴄ̧ᴀɪs ᴅᴇ ʟᴀ ɢᴀʀᴅᴇ.

VÉLITE (vélites) ʀᴏᴍᴀɪɴ (F). Soldats armés à la légère, ainsi appelés à cause de la vivacité de leurs mouvements. ꜰᴇsᴛᴜs dit que Vélites vient du mot voler : *velites dicuntur, quasi volantes.* ᴠᴇ́ɢᴇ̀ᴄᴇ, qui en parle aussi comme de troupes légères, assure qu'on leur donnait ce nom parce que leur agilité était telle qu'on eût dit qu'ils voltigeaient; il conseille de les mêler à la cavalerie quand elle est inférieure à celle de l'ennemi, et ajoute que les anciens avaient coutume de placer un de ces soldats, bien

exercés à la course et au maniement des armes, entre deux cavaliers (*Veget.*, liv. ɪɪɪ, chap. 16). Il y a encore d'autres opinions sur l'étymologie de ce mot, celle, entre autres, d'ɪsɪᴅᴏʀᴇ ᴅᴇ sᴇ́ᴠɪʟʟᴇ, qui hésite, dans ses Origines, à le justifier par les raisons précédentes, ou à le tirer d'une ville de Toscane, ou plutôt, suivant ᴘʟɪɴᴇ, d'une ville du pays de Gênes, sans doute ᴠᴇʟᴇ̀ᴛᴇs ou ᴠᴇʟᴇᴀᴛᴇs. Enfin quelques écrivains le font venir du latin *velati*, voilés, pour exprimer que ces troupes n'étaient vêtues que d'habillements légers et ne portaient point d'armures; mais c'est une erreur. Ils ont confondu *leves* et *velites*, et ont oublié que ces derniers étaient souvent mis au nombre des soldats pesamment armés. On voit dans ᴛɪᴛᴇ ʟɪᴠᴇ que ces deux armes, quoique bien distinctes, remplissaient dans la guerre les mêmes fonctions. Il est bon de remarquer d'ailleurs qu'il y avait différentes espèces de troupes légères, car on en voit qui n'avaient pas d'armure, tandis que les Vélites avaient un casque et un bouclier; ils combattaient avec l'épée et le javelot, pendant que d'autres n'étaient que ꜰʀᴏɴᴅᴇᴜʀs ou ᴀʀᴄʜᴇʀs. Les Vélites n'étaient donc armés à la légère que comparativement à d'autres légionnaires : c'étaient des soldats d'élite, car ᴘᴏʟʏʙᴇ, qui en parle avec quelques détails, dit que, lorsque les citoyens tirés pour le service se sont rassemblés, les tribuns prennent les plus jeunes, et surtout les plus pauvres, pour en former les Vélites. Ils avaient des armes comme celles des ʟᴇ́ɢɪᴏɴs, mais elles n'étaient pas de même force; et ᴛɪᴛᴇ ʟɪᴠᴇ, le premier, déclare que leurs ᴊᴀᴠᴇʟᴏᴛs étaient des armes légères, et non des ᴘɪQᴜᴇs, comme le corps de bataille. Ailleurs il les présente portant des ᴊᴀᴠᴇʟᴏᴛs, et les lançant sur l'ennemi pour y causer du désordre, marchant en avant et escarmouchant entre les deux armées, puis se retirant derrière les lignes une fois le combat engagé; peut-être même est-ce tout simplement de cet exercice que leur vint le nom de Vélites, dérivé de *velitare*, escarmoucher. Ces ᴊᴀᴠᴇʟᴏᴛs, Polybe dit qu'ils avaient environ trois pieds de long, et n'étaient pas plus gros que le doigt; la pointe en était si mince qu'elle s'émoussait au moindre choc. Tite Live en fixe le nombre à sept, et dit que quand le soldat devait combattre de près, il les tenait de la main gauche et son ᴇ́ᴘᴇ́ᴇ de la main droite. C'est à tort que quelques historiens se sont imaginé que cette arme était attachée à une courroie, afin que celui qui s'en servait pût la retirer après l'avoir jetée. Il en est de même des autres armes, et particulièrement du ʙᴏᴜᴄʟɪᴇʀ, qui était, pour les Vélites, la *parma*, ou bouclier rond et léger, mais suffisamment fort pour les protéger; il avait, selon Polybe, trois pieds de diamètre. Quant au ᴄᴀsǫᴜᴇ, qui était léger, il était d'usage de le recouvrir d'une peau de loup, ou d'un signe semblable qui servît de marque aux officiers dans l'occasion. C'est encore par là qu'on peut distinguer les Vélites des *leves*, qui ne lançaient que des flèches ou des pierres. Vᴀʟèʀᴇ Mᴀxɪᴍᴇ définit en peu de mots l'histoire et les propriétés des Vélites; il en fait remonter l'usage à l'époque de la seconde guerre punique, lorsque Fᴜʟᴠɪᴜs Fʟᴀᴄᴄᴜs assiégea Capoue. La cavalerie romaine, à cause de son petit nombre, ne pouvant tenir contre les escarmouches continuelles de celle des Campaniens, Q. Nᴀ̃ᴠɪᴜs, centurion, proposa, dit-il, de choisir les plus dispos des fantassins, et les ayant armés d'un bouclier léger et de sept javelots, il les exerça à sauter adroitement en croupe derrière les cavaliers et à descendre avec la même agilité, afin que, lorsque les escadrons viendraient à se heurter, ils pussent mettre l'ennemi en désordre en lançant leurs traits sur les hommes et les chevaux (Vᴀʟèʀᴇ Mᴀxɪᴍᴇ, lib. ɪɪ, cap. 3). C'est peut-être à cause de cet usage de les faire monter en croupe que Vé̓ɢèᴄᴇ les considère comme des cavaliers. Mais il est évident qu'une différence existait entre les Vélites et les troupes armées à la légère en général; car Juste Lipse établit trois classes distinctes de ces dernières, et les nomme *rorarii, velites* et *accensi;* les seconds paraissent être d'une création postérieure aux deux autres, si l'on en croit Tɪᴛᴇ Lɪᴠᴇ, dont le témoignage vient à l'appui de cette opinion d'une manière formelle. D'accord sur ce point avec Vᴀʟèʀᴇ Mᴀxɪᴍᴇ, il fait remonter leur origine à l'époque du siége de Capoue, dans le troisième siècle avant J.-C., et raconte que, dans plusieurs combats, la cavalerie ayant toujours l'avantage, tandis que l'infanterie était vaincue, les Romains cherchèrent le moyen de prévenir de nouveaux échecs et d'augmenter les forces de leurs troupes à cheval. Ils eurent recours à la ruse, et choisirent dans les légions des jeunes gens alertes et vigoureux qu'ils armèrent de javelots. Les cavaliers prirent en croupe ces soldats qui s'étaient promptement exercés à descendre de cheval au premier signal; ils les conduisirent jusqu'à une portée de trait des murs de Capoue. A peine arrivés, ces derniers mirent pied à terre, et formèrent un bataillon qui aida au succès qu'obtinrent les assiégeants. Il est à remarquer que les Vélites **étaient également employés chez les Gaulois**

sous le nom d'ᴀʀᴄʜᴇʀs; Césᴀʀ dit qu'ils s'en servaient concurremment avec la cavalerie. Les autres peuples ne tardèrent pas à dresser de jeunes soldats dans le même but; et Tᴀᴄɪᴛᴇ rapporte qu'on en voyait chez les Germains, et qu'ils étaient particulièrement propres à combattre les éléphants. Quoique les Vélites fussent la troupe la moins considérable des armées romaines, ils n'étaient pas sans distinction; car il est certain qu'ils étaient, comme les ᴛʀɪᴀɪʀᴇs, exempts des gardes ordinaires du camp et des corvées échues aux ʜᴀsᴛᴀɪʀᴇs et aux ᴘʀɪɴᴄᴇs; c'est ce qu'atteste Pᴏʟʏʙᴇ lui-même (liv. ᴠɪ). Quant au nombre d'hommes dont cette troupe était composée, il était égal à celui des ᴘʀɪɴᴄᴇs et des ʜᴀsᴛᴀɪʀᴇs, et double de celui des ᴛʀɪᴀɪʀᴇs, c'est-à-dire qu'il était de douze cents par légion quand celle-ci était de quatre mille deux cents fantassins. Le nom de Vélites fut aussi donné aux *rorarii,* dont il a été parlé plus haut, et qui avaient le même emploi à la guerre. Fᴇsᴛᴜs dit que ce qui leur avait valu cette qualification, c'est qu'avant le combat ils faisaient pleuvoir sur l'ennemi une quantité considérable de flèches et de traits légers semblables à cette espèce de rosée qui précède souvent une pluie abondante, *quod ut antè imbrem rorare solet.* Vé̓ɢèᴄᴇ leur donne encore le nom de *ferentarii, scutatores, sagittarii, funditores,* soit parce qu'ils portaient des ᴊᴀᴠᴇʟᴏᴛs et des ʙᴏᴜᴄʟɪᴇʀs, soit parce qu'ils lançaient des pierres. Du reste, leur manière de combattre n'était pas toujours couronnée de succès; et ce qui le prouverait, c'est que Sʏᴍᴍᴀǫᴜᴇ, en parlant d'un bavard ennuyeux, le compare proverbialement à ces soldats (Vélites) qui ne jettent à l'ennemi que des traits inutiles. Il ne faudrait cependant pas prendre à la lettre ce mot satirique, contre lequel proteste plus d'une victoire due au courage et à l'habileté de ces troupes. Elles étaient en effet d'une rare intrépidité, et si elles avaient pour coutume de se tenir derrière les lignes, c'est que, dans cette position, il leur était plus facile de se reformer pour courir de nouveau sur l'ennemi aussitôt que le corps de bataille l'avait rompu. On les apercevait partout dans la mêlée; mais ils portaient principalement secours là où les ailes faiblissaient. C'est pourquoi, dit Rᴏɴɪᴜs, on les appelait *velites ferentarii,* du latin *ferre.* Il semblerait, d'après cela, que ces troupes fussent exclusivement destinées à venir en aide, à certains moments, aux bataillons épuisés; mais il n'en est rien, car, indépendamment des auteurs déjà cités, Sᴀʟʟᴜsᴛᴇ déclare qu'ils engageaient le combat par des escarmouches, et donnaient souvent l'élan dans la bataille (SALLUSTE, *Conjur. Catilinæ*). Ils avaient encore pour mission de poursuivre et de harceler l'ennemi après sa défaite. — L'ENCYCLOPÉDIE (1751, au mot *Légionnaire*) les appelle *antesignani;* mais elle les confond avec d'autres troupes, car les Vélites ne se trouvaient que par exception en avant des enseignes, par exemple pendant les marches. Ils étaient les plus jeunes de la LÉGION, ce qui s'explique aisément, puisqu'ils devaient être les plus agiles; ils n'apoint de compagnie ni de chef particulier; ils étaient répartis également, suivant leur nombre, dans les HASTAIRES, les PRINCES ou les TRIAIRES, et obéissaient aux centurions des compagnies auxquelles ils appartenaient. Leur costume se réduisait à une SAYE ou un MOQUETON serré par une ceinture. — Ils disparurent de la MILICE ROMAINE lorsque les villes d'Italie eurent toutes obtenu le droit de bourgeoisie, et furent remplacés par des FRONDEURS des îles Baléares, et par des corps d'infanterie légère, composés de Numides et de Germains. Dès lors ceux-ci prirent de préférence le nom d'ARCHERS, *jaculatores,* qui, sous TRAJAN, ADRIEN et ANTONIN (98-161), étaient vêtus d'habits à pans retroussés, ou d'un corselet en fer avec une cuirasse à écailles. C'est dire assez qu'ils ne pouvaient plus, en raison du poids de leur armure, faire en campagne le service de leurs devanciers. — On peut consulter au sujet des Vélites : AUDOUIN (t. I, p. 148), CARRION-NISAS (1823, t. I, p. 162 à 373; t. II, p. 518 et 610), MONDÉSIR, dans son *Manuel du dragon* (p. 2), POLYBE, TITE LIVE, TURPIN (1785, t. I, p. 459), VALÈRE MAXIME, VALTRINUS, qui décrit longuement la nature de leur service, les *Commentaires sur Végèce* (1785, t. I, p. 58).

VÉLITE ROYAL. V. PUPILLES N° 1, 3, 4 et 5.

VELLEIUS; VELLY. V. NOMS PROPRES.

VELOURS NOIR. V. CHIRURGIEN. V. CHIRURGIEN-MAJOR N° 4. V. GÉNIE IDIOPLIQUE N° 4. V. INGÉNIEUR MILITAIRE. V. OFFICIER DU GÉNIE N° 5.

VÉNALITÉ des EMPLOIS MILITAIRES (B, 1; F). V. COMPAGNIE D'INFANTERIE FRANÇAISE DE LIGNE N° 12. V. FINANCE. V. GARDES FRANÇAISES N° 2. V. LIEUTENANT D'INFANTERIE FRANÇAISE DE LIGNE N° 2. V. MINISTRE DE LA GUERRE (1775). V. PENSION DE RETRAITE. V. RÉGIMENT FRANÇAIS N° 6. V. RÉGIMENT D'INFANTERIE. — Les besoins de l'État avaient introduit la Vénalité dans la magistrature; la même cause mit à prix d'argent les EMPLOIS MILITAIRES. On peut induire des travaux du savant Mon-

teil, que déjà au seizième siècle, on exigeait quelquefois une grosse FINANCE des mestres de camp, qui se la remboursaient de l'un à l'autre de nomination à nomination. Par ordonnance de 1714 (16 novembre), le prix des régiments de Picardie, Champagne, Navarre, Normandie et la marine, appelés vieux corps, fut fixé à soixante-quinze mille livres. Les petits-vieux, c'est-à-dire ceux dont l'existence était moins ancienne, étaient taxés à cinquante-cinq mille livres, et les autres quarante mille ou trente mille, suivant leur ancienneté. Il était défendu de vendre les COMPAGNIES D'INFANTERIE, hormis celles des GARDES FRANÇAISES. Le prix des CHARGES dans la maison militaire avait été poussé sous Louis quatorze à des sommes si exorbitantes, qu'il était difficile de trouver des sujets de naissance assez riches pour les acheter. L'ordonnance de 1749 (1er août) fixa de la manière suivante le prix des CHARGES dans la GENDARMERIE : la compagnie de gendarmes écossais, cent quatre-vingt mille livres; celles des Anglais, des Bourguignons et des Flamands, cent cinquante mille livres; les autres compagnies, cent trente-cinq mille livres; une sous-lieutenance, cent mille livres; une enseigne, soixante-deux mille livres; une première cornette ou un guidon, cinquante mille livres. Le prix des régiments de cavalerie et de dragons n'était fixé par aucune ordonnance; c'était le roi qui le réglait suivant le cas. Les régiments royaux et de l'état-major de la cavalerie se vendirent jusqu'à cent mille livres. Les régiments de gentilshommes valaient vingt-deux mille livres. En 1741, les régiments de dragons furent mis au prix de cent à cent vingt mille livres. Les compagnies de cavalerie étaient fixées à dix mille livres par l'ordonnance de 1719; celles des régiments royaux ou d'état-major à huit mille. Les compagnies de dragons n'étaient pas taxées par aucune ordonnance. La mort éteignait le prix de la finance, c'est-à-dire que les héritiers n'y avaient aucun droit, et la vente du régiment ou de la compagnie avait lieu de nouveau au profit de la couronne. En 1776, le ministre Saint-Germain comprit que la Vénalité des emplois militaires nuisait à la discipline et à l'esprit d'émulation; qu'elle éloignait la noblesse pauvre des hauts grades, et ruinait la noblesse aisée par les pertes de la finance à la mort du titulaire. Une ordonnance du 25 mars supprima la finance de tous les emplois militaires, en réglant que, à chaque mutation, les corps subiraient une diminution du quart du prix de leur FINANCE, de manière que, à la quatrième mutation, les emplois fussent complétement libérés.

En cas de mort, ce qui n'avait pas eu lieu jusqu'alors, le prix était remboursé aux héritiers. On conserva néanmoins intacte la finance des compagnies de gendarmerie des ordonnances. A peine cette suppression de la Vénalité des charges militaires était-elle prononcée, que, au mois de février 1778, Louis seize y dérogeait, en vendant, au prix de trois mille livres chaque, quarante OFFICES de capitaines de cavalerie. Le décret constitutionnel sur l'armée, du 28 février 1790, sanctionné le 21 mars, supprima toute Vénalité des EMPLOIS et CHARGES MILITAIRES, et le décret du 24 novembre, ainsi que celui du 10 décembre suivant, annulèrent les BREVETS DE RETENUE sur les OFFICES militaires en fixant le mode de leur remboursement. La Vénalité des emplois militaires subsiste encore en Angleterre. — L'écrivain qui a traité le plus clairement la question de la Vénalité des charges est le maréchal de Saxe, dans ses *Rêveries* (p. 354).

VENDÉE. v. GUERRE DE LA V...

VENDOME. v. NOMS PROPRES.

VÉNERIE. v. FAUCON DE V...

VÉNÉRIEN, adj. (D, 2, 3, 4). v. BILLET D'ENTRÉE A L'HOPITAL. V. BLESSÉ. V. FIÉVREUX. V. HOPITAL MILITAIRE. V. HOPITAL V... V. MALADIE VÉNÉRIENNE. V. MILICE PRUSSIENNE N° 2. —Lorsque les compagnies étaient au compte des capitaines, les Vénériens étaient admis dans des HOPITAUX particuliers, qu'on appelait improprement HOPITAUX DE SANTÉ, puisque cette désignation peut s'appliquer à tout hôpital. Ces Vénériens y étaient traités, non aux frais du roi, mais du capitaine auquel appartenait la compagnie dont chacun d'eux faisait partie, et qui était tenu de payer quatorze livres par guérison. Dans l'armée de Frédéric deux, tout homme infecté d'une maladie vénérienne recevait cent COUPS DE BATON en sortant de l'hôpital. C'était ridicule et inhumain; mais, d'un autre côté, on comprend qu'un monarque essentiellement militaire craignait d'encourager, en temps de guerre, la pusillanimité des soldats, en ouvrant des asiles pour la guérison de ceux qui se rendaient malades à volonté, et échappaient par ce moyen aux dangers des champs de bataille. Enfin d'autres prétendus moralistes ont justifié ces mesures brutales, ou leur indifférence coupable à l'égard des Vénériens, en disant que, s'occuper de les soulager en temps de paix, c'était favoriser ouvertement la débauche. Certains ministres, abusés par ces déplorables raisonnements, n'ont pas toujours montré une grande sollicitude pour les soldats atteints d'un mal qui exerce de si cruels ravages. C'est ainsi que,

d'après le RÈGLEMENT DU 20 DÉCEMBRE 1718 (art. 24), les Vénériens ne devaient pas être soufferts dans les hôpitaux, mais être envoyés dans des lieux spéciaux, et traités à leurs frais. Ils subissaient une retenue de journée d'hôpital toute particulière, savoir : les officiers, les cinq sixièmes de leurs appointements; les sous-officiers et soldats, la totalité de leur solde, déduction faite de la masse linge et chaussure. Les arrêtés des 7 messidor an neuf et 13 nivôse an dix ont consacré ces retenues. Encore tous les militaires n'étaient-ils pas admis dans les hôpitaux à ces conditions; aussi combien d'entre eux, au retour des camps où ils avaient à peine passé quelques années de leur jeunesse, ont-ils à jamais empoisonné leur lignée, pour avoir été repoussés des hôpitaux, ou pour n'avoir pas reçu tous les soins que réclamait leur état! Quelques-uns même, retenus par un sentiment de honte, ou par la crainte d'une punition, car l'exemple de la Prusse s'était un moment introduit chez nous, n'osaient pas déclarer le genre d'affection dont ils étaient victimes. Heureusement il n'en est plus ainsi de nos jours, et l'intérêt du gouvernement à cet égard a suivi les progrès de la science médicale. Non-seulement les soldats malades sont reçus dans les hôpitaux, où les soins les plus intelligents leur sont prodigués, mais encore ils ne peuvent recevoir leur congé qu'après guérison. L'instruction du 27 mai 1830 fit savoir aux jeunes soldats restés disponibles dans leurs foyers, et atteints de maladies vénériennes, qu'ils ne pouvaient pas être traités dans les hôpitaux pour le compte de la guerre. Enfin, d'après l'ordonnance du 2 novembre 1833 sur le service intérieur des corps, les maladies vénériennes simples et légères sont traitées aux infirmeries régimentaires.

VENIR A COMPOSITION. v. COMPOSITION. v. LANGUE FRANÇAISE.

VENIR A LA HUÉE. Suivant la relation manuscrite de la bataille de Marignan (1515), c'est marcher aux cris de combat jetés par l'avant-garde. v. CHEVALIER DU MOYEN AGE N° 3.

VENIR AUX ARMES. V. ARMES. V. EN VENIR AUX ARMES.

VENIR AUX MAINS (EN) (H, 2). Cette expression, empruntée aux usages des anciens, ne signifie pas seulement se battre, elle exprime l'action de guerre qui succédait à l'escarmouche, et qui rapprochait l'ennemi des mains de son ennemi. Ainsi, avant d'en Venir aux mains, c'est-à-dire aux charges corps à corps, la milice romaine entamait l'action en lançant des JAVELINES, des PILES

et des TRAITS. V. ACTION DE GUERRE. V. AUMO-
NIER DE CORPS. V. COMBAT STRATEUMATIQUE. V.
EN VENIR AUX MAINS. V. HACHE D'ARMEMENT. V.
ORDRE DE BATAILLE. V. RÉGIMENT D'INFANTERIE
FRANÇAISE N° 6.

VÉNITIEN (vénitienne), adj. V. ARTILLE-
RIE V... V. CAVALERIE V... V. CAVALIER V... V.
GÉNÉRAL V... V. INFANTERIE V... V. LANGUE
V... V. MILICE V... V. NOMS PROPRES. V. RE-
CRUTEMENT V... V.TROUPE V...

VENLO ; VENN. V. NOMS PROPRES.

VENT, subs. masc. V. TOURNOI.

VENT. V. HEAUME. V. VENTAIL.

VENT (G, 2). On appelle ainsi le jeu que
doit avoir une BALLE en entrant dans le canon. Suivant COTTY (1822), le diamètre intérieur du CANON doit être réglé de manière
que les BALLES de dix-huit à la livre aient
suffisamment de Vent. V. BALLE DE FUSIL.
Consulter les *Travaux de Mars* (1685,
t. III, p. 134), CARRÉ, *Panoplie* (p. 184),
GASSENDI (p. 544).

VENT de BALLE, ou, suivant le *Dictionnaire de l'Académie*, évent de balle (G, 2).
Ce mot se confond avec la défectuosité de
fabrication nommée aussi évent. V. BOURRE.
V. CARABINE A VENT. V. FUSIL D'INFANTERIE.
Le *Journal de l'Armée* (t. II, p. 179) contient à cet égard des renseignements tech-
niques.

VENT de BALLE DE FUSIL. V. BALLE D'INFAN-
TERIE. V. TIR D'INFANTERIE.

VENT de BOULET. V. BOULET DE MÉTAL. V.
ÉVENT. V. VOYE.

VENT de CANON DE FUSIL. V. CARTOUCHE A
FUSIL.

VENT de CARONADE. V. CARONADE.

VENT d'une BOUCHE A FEU (G, 5). Se dit
aussi de l'impression que produit le projectile sur les individus près desquels il passe,
et qu'il frappe parfois d'asphyxie.

VENT d'un PROJECTILE. V. CALIBRE. V. CA-
LIBRE DE CANON DE MOUSQUETON.

VENTAIL, subs. masc. (F), ou AVAN-
TAILLE, ou VANTAIL, ou VÉDAILLE suivant Ro-
QUEFORT, OU VENTAILLE, OU VENTOLLE selon
BOREL. (Pierre). Mot dont le substantif VENT
est la racine, et qui se traduit en italien par
ventaglia, action de prendre ou de donner
du vent. Le Ventail était la partie du CASQUE
ou du HEAUME par laquelle le guerrier prenait vent, respirait et se rafraîchissait le visage ; il s'ouvrait, soit en façon de volets,
soit de bas en haut, soit de haut en bas. Ce
dernier genre de Ventail était comme un
demi-masque régnant des sourcils à la lèvre
inférieure. Il y avait des Ventails qu'on pou-

vait ôter ou placer sans déranger le casque ;
ceux-là, suivant M. ALLOU, s'appelaient DEMI-
HEAUMES. Le même auteur pense que Ventail
signifiait MENTONNIÈRE, c'est-à-dire la partie
au-dessous du NASAL. BARBAZAN nous semble
plus dans le vrai quand il prend Ventail
pour VISIÈRE DE CASQUE. Depuis le milieu du
quatorzième siècle le Ventail prit des formes
très-variées. Ainsi il s'étendait quelquefois
depuis le dessus de la bouche jusqu'à la
naissance de la poitrine, et se fixait sur la
CUIRASSE de fer plein au moyen d'une vis. On
en voit la représentation dans une gravure
d'ALBERT DURER de 1535. — La *Panoplie* de
CARRÉ, aux pages 400, 401, 410 et 411,
l'ENCYCLOPÉDIE (t. I, p. 610, au mot *Chevalerie)*, sont les ouvrages les plus utiles à consulter sur cette matière. V. BAVIÈRE. V. BOUR-
GUIGNOTE. V. CASQUE FERMÉ. V. CASQUE OUVERT.
V. ÉCUYER N° 4. V. GORGERIN DE CASQUE. V.
HEAUME. V. MEZAIL. V. NASAL.

VENTE (term. génér.) (B, 1 ; C, 5). C'est
un acte administratif lorsque les objets sont
vendus avec le consentement de l'Etat ; dans
le cas contraire, c'est un délit. Il se décom-
pose en VENTE D'ARMES, — DE CHEVAUX, —
D'EFFETS DE DÉCÉDÉS, — D'EFFETS D'HABILLE-
MENT, — DE FOURNITURES DE CASERNEMENT, —
DE FOURRAGES, — DE FUMIER, — DE MUNITIONS,
— D'OBJETS MOBILIERS, — DE VIEUX PAPIERS
INUTILES.

VENTE d'ARMES (term. sous-génér.). Délit
qui a toujours été puni dans les armées.
Chez les Romains, le soldat qui avait vendu
le TIBIAL et l'HUMÉRAL était battu de verges ;
s'il avait vendu la CUIRASSE, le BOUCLIER, le
CASQUE et le GLAIVE, il était assimilé au DÉ-
SERTEUR. On pardonnait plus facilement ce
crime aux jeunes soldats (*Papinianus,*
liv. XV et XIX). En France, on voit par l'OR-
DONNANCE du 28 AVRIL 1448 que le FRANC
ARCHER qui vendait ses armes était privé de
sa franchise. La législation devint beaucoup
plus sévère avec le temps. La loi du 28 mars
1793 infligeait l'emprisonnement, et le décret du 12 mai suivant cinq ans de fers à tout
homme qui vendait ses ARMES, SON CHEVAL,
SON HABILLEMENT et son ÉQUIPEMENT ; enfin
cinq ans de travaux publics sont la peine
portée par l'art. 3 de la loi du 15 juillet
1829.

VENTE de CHEVAUX (term. sous-génér.).
Le mode de cette Vente est réglé par les décisions ministérielles des 16 novembre 1814, 15
mars 1828, et par celle du 25 novembre 1835
relative aux dépouilles des chevaux morts
ou abattus dans les corps de troupes à cheval. Ces dépouilles sont vendues et livrées
au commerce dans tous les lieux de garni-

son où il existe des chantiers ou clos d'é-
quarrissage : dans les lieux où il n'existe pas
d'établissement de ce genre, les corps doivent, avant de conclure leur marché pour la
Vente de ces dépouilles, prendre l'attache
de l'autorité municipale, afin de ne point
contrevenir aux réglements de police locale.
L'art. 193 du réglement du 1er décembre
1858 arrête qu'aucune Vente de chevaux
réformés n'a lieu sans l'intervention des
fonctionnaires de l'intendance militaire et
des préposés des domaines. Ces fonctionnaires ont la faculté d'ajourner les jours de
Vente, s'ils reconnaissent que les prix offerts sont inférieurs à la valeur réelle des
objets mis en Vente. De nouvelles dispositions sont prises le 5 mai 1841 touchant la Vente des chevaux réformés; le
ministre décide qu'à l'avenir, lorsque des
chevaux de cette catégorie devront être
vendus, l'avis en sera donné par l'intendance militaire, soit au préfet de police, si
la Vente a lieu dans le ressort de la préfec-
ture, soit au préfet du département dans lequel les corps sont stationnés, afin que l'é-
tat sanitaire de ces chevaux soit constaté
contradictoirement avec le vétérinaire du
corps, par un vétérinaire civil délégué à cet
effet. La note ministérielle du 4 novembre
1841 ajoute aux dispositions précédentes,
que l'examen prescrit par la décision du 5
mai sera constaté par un procès-verbal du
sous-intendant militaire ou de son suppléant,
et que celui-ci, dans le cas où les deux experts ne seront pas d'accord sur l'état sanitaire des chevaux, provoquera auprès de
l'autorité civile la désignation d'un troisième
vétérinaire dont l'avis prévaudra.

VENTE d'effets de décédé (term. sous-
génér.). L'instruction du 9 décembre 1814
porte que le produit de la Vente des effets de
militaires décédés en prison ou à l'hôpital
devra être versé dans les caisses des receveurs
particuliers et généraux des départements.
On ne doit pas comprendre dans cette Vente,
aux termes de la circulaire du 28 août 1827,
les objets que les familles jugeraient à propos de reprendre en nature. L'article 935
du règlement du 1er avril 1831 sur le service
des hôpitaux, porte que le produit de la
Vente des effets appartenant aux sous-officiers et soldats est versé, avec les valeurs en
numéraire, à la caisse des dépôts et consigna-
tions au nom des successions. Ce règlement
est applicable aux effets laissés par les officiers décédés dans les hôpitaux ; les papiers,
brevets, insignes et ordres sont conservés et
envoyés aux familles.

VENTE d'effets d'habillement (term.

sous-génér.). Les peines portées pour ce délit
ont été définies dans la loi du 28 mars 1793,
avec celles concernant la vente des armes,
ainsi que dans la loi du 15 juillet 1829 qui
condamne le coupable à cinq ans de travaux
publics ; lorsque ce sont seulement des effets de petit équipement, la peine est de
deux mois à un an de prison.

VENTE de fournitures de casernement
(term. sous-génér.). Délit puni de trois ans
de fers par l'art. 14 du code pénal du 21
mai 1793.

VENTE de fourrages (sous-génér.).
L'employé d'administration qui s'en rend
coupable était condamné à six ans de fers
(décret du 12 mai 1793), et le soldat à un
an de prison.

VENTE de fumier (term. sous-génér.). Le
mode à suivre pour cette Vente est réglé par la
circulaire du 23 décembre 1822 et particulièrement par le règlement du 1er décembre
1858. L'art. 201 de ce règlement dispose
que les fumiers appartenant aux corps de
cavalerie et aux dépôts de remonte sont
vendus au profit de la masse d'entretien du
harnachement et de ferrage, par les soins
des conseils d'administration, avec autorisation des sous-intendants militaires chargés
de la surveillance administrative de ces
corps ou établissements.

VENTE de munitions confiées pour le service (term. sous-génér.). Délit puni, par les
art. 406, 408 du code pénal, de l'emprisonnement.

VENTE d'objets mobiliers ou immobiliers
(term. sous-génér.). Comme les autres Ventes,
elle ne peut être opérée sans l'intervention
des fonctionnaires de l'intendance militaire et des préposés des domaines.

VENTE de vieux papiers inutiles (term.
sous-génér.). Avant 1829, les papiers d'archives qui ne paraissaient plus nécessaires au
service étaient vendus, sans l'autorisation du
ministre, dans les corps ou établissements
qu'ils encombraient. Il en résultait souvent
que des documents précieux subissaient le
même sort que ceux qui n'avaient aucune
importance. Pour remédier à cet abus, différentes dispositions ministérielles ont déterminé les conditions dans lesquelles ces
Ventes devaient être faites. Depuis l'ordonnance du 20 mai 1844, touchant l'administration et la comptabilité des corps de troupe,
les registres et les feuillets mobiles de registre, sur lesquels il ne doit plus être fait
d'inscription , les revues de liquidation, les
feuilles de journées et les pièces qui s'y rat-
tachent, ainsi que celles qui ont été sou-

mises à la vérification définitive de l'intendant militaire et à l'approbation de l'inspecteur général, sont déposés aux archives des corps. Deux années après, le versement en est effectué à l'administration du domaine de l'Etat qui en fait la Vente au profit du trésor public. V. EFFETS D'OFFICIER. V. FUMIER. V. JUSTICE MILITAIRE. V. MASSE DE COMPAGNIE. V. MASSE D'HABILLEMENT. — Auteurs à consulter : BERRIAT (t. I, p. 462), *Dictionnaire Billot, Journal militaire* et *Table du Journal militaire.*

VENTEAU. V. BARRIÈRE A VENTEAU. V. BARRIÈRE DE FORTIFICATION. V. BATTANT DE BARRIÈRE. V. CHASSIS A VENTEAU. V. CHASSIS DE BARRIÈRE.

VENTILATEUR. V. MINE A FEU.

VENTILATION, subs. fém. V. MASSUE. V. MILICE ROMAINE N° 6. V. SCIAMACHIE.

VENTOUSE de SCHAKO. V. CORPS DE SCHAKO.

VENTRE, subs. masc. V. DISSIMULER.

VENTRE de CHIEN. V. CHIEN DE FUSIL.

VENTRE de MORTIER. V. MORTIER.

VENTURINI. V. NOMS PROPRES.

VÊPRES de TOURNOI. V. TOURNOI.

VERBAL. V. COMMUNICATION VERBALE. V. CONSIGNE D'INJONCTION. V. CONSIGNE DE POLICE. V. CONSIGNE VERBALE. V. PROCÈS-VERBAL.

VERBERY, V. NOMS PROPRES.

VERDUN, subs. masc. (F). Mot dont se servent BOREL (Pierre) et RABELAIS, et sur l'étymologie et la signification duquel on n'est pas d'accord. On convient seulement qu'il désignait une arme blanche que les uns croient être un SABRE court, les autres une ÉPÉE longue. ROBERT ESTIENNE et NICOT comparent le Verdun à la LINGULE. BOREL (Pierre) et MÉNAGE disent qu'il se fabriquait à VERDUN d'où lui viendrait son nom. LEDUCHAT, se contredisant lui-même, dit que c'est un couteau de chasse, comme l'affirme OUDIN, dans son *Dictionnaire* italien, et dans un autre passage il avance que c'est une longue ÉPÉE à quatre carres, en forme de broche, ayant sa pointe aplatie en spatule. Suivant lui, le latin *veru,* BROCHE, lui aurait donné son nom. Nous croyons moins à cette étymologie qu'à toutes les autres. V. BRANC. V. BRAND.

VERGE. V. A VERGE. V. GRANDE VERGE. V. SOUS-VERGE.

VERGE d'ARMES. V. ALLUMELLE.

VERGE de CARREAU. V. CARREAU.

VERGE de DRAPEAU ou de PAVILLON. V. DRAPEAU. V. GRANDE VERGE. V. HAMPE EN POTENCE. V. PAVILLON. V. TRAVERSIER.

VERGE de FAISCEAU ROMAIN. V. MILICE ROMAINE N° 9.

VERGE de FLÈCHE OU VERGETTE. V. FLÈCHE. V. FLÈCHE PROJECTILE.

VERGE de MOUSQUETON (G, 1). Petite tringle retenue d'un côté par la GRANDE VIS de CONTRE-PLATINE, et de l'autre côté par une VIS DE GRENADIÈRE. Elle peut servir à fixer le mousqueton suspendu près du sapeur, lorsqu'il fait emploi de sa HACHE dans un poste dangereux. V. MOUSQUETON.

VERGES (marche des). V. PEINE DES VERGES. V. PAR LES VERGES.

VERGES (peine des) (C, 5). V. BAGUETTES. V. BATTERIE DE CAISSE. V. BATTRE DE V... V. BATTRE LES V... V. BORDER LA HAIE. V. COUPS DE V... V. FUSTIGATION. V. MILICE PRUSSIENNE N° 9. V. PASSER PAR LES V... V. PEINE. V. PUNITION. V. VENTE D'ARMES. V. VÉTÉRAN ROMAIN. V. VIGNE DE CENTURION. On a souvent confondu la peine des VERGES avec celle des BAGUETTES. Il y a seulement cette différence que, pour celle-ci, on se servait de BAGUETTES au lieu de scions de bouleau que l'on employait pour la première. Cette peine est excessivement ancienne. A Sparte, on donnait tous les jours un certain nombre de coups de Verges aux ilotes de peur qu'ils n'oubliassent leur servitude. Ce fut chez les Crétois que les Lacédémoniens prirent cet usage. BATTRE DE VERGES était à Rome une punition établie dès l'origine de la république : il en est fait mention dans la LOI DES DOUZE TABLES. C'étaient les licteurs qui infligeaient la peine des Verges par ordre des consuls, avec les BAGUETTES nouées en faisceau autour de la hache (POLYBE, liv. VI). L'armée d'APPIUS, irritée contre lui, s'étant laissé vaincre par les Volsques, le consul irrité rassembla les débris de ses légions, et malgré les prières des légats, il fit battre de Verges les soldats sans armes, et les signifères sans enseignes. Sous le consulat de PUB. CORN. NASICA, et de DEC. JUNIUS BRUTUS (de Rome 615, avant J.-C. 138), les soldats qui s'absentaient du camp au delà de la portée de la trompette étaient réputés TRANSFUGES, battus de Verges et vendus comme esclaves. AURÉLIUS COTTA, que son parent C. COTTA avait laissé à sa place pour continuer le siége de Lipari (de Rome 678), fut attaqué dans son camp par l'ennemi, et peu s'en fallut qu'il ne fût pris. A la nouvelle de cet événement, le consul, sans avoir égard aux liens qui l'unissaient à AURÉLIUS, le fit battre de Verges et le condamna au service de simple soldat (VALÈRE MAXIME). Suivant un rescrit d'HADRIEN, adressé à Fulvius, légat d'Aquitaine, le soldat qui, par ivresse ou paresse, laissait évader un prisonnier confié à sa garde, était battu de Verges et mis dans une milice inférieure (*Digeste*, liv. xii de Custod.). Cette peine fut interdite par la loi Porcia. Sous la première race des rois de France, ce châtiment était réservé aux esclaves. Childéric deux, dans un de ses fréquents accès de fureur, fit attacher un seigneur de sa cour, nommé Rodillon, et le fit battre de Verges. Louis huit, successeur de Philippe Auguste, jugé coupable pour avoir continué de prétendre à la couronne d'Angleterre, expia cette rébellion en consentant à se présenter nu-pieds, en chemise, à la porte de Notre-Dame de Paris, avec des Verges, pour y être fouetté. Plus tard, les Verges ne furent plus qu'une peine attachée à une peine plus forte. Avant 1789, le soldat convaincu de vol était puni par les Verges; cette peine était encore infligée aux filles qui débauchaient les militaires, et à ceux-ci pour fautes commises principalement contre la morale. Le chef du régiment s'adressait à cet effet au commandant de place, et à celui de la province qui en rendait compte au ministre; ce dernier prenait les ordres du roi. Les Verges étaient faites avec de petites branches d'arbre, de saule ou d'osier, longues et menues. On en armait la troupe, qui s'en servait contre les soldats fautifs et les filles de mauvaise vie; pour cela elle était rangée en haies et frappait les épaules découvertes du coupable pendant qu'il allait rapidement, d'un bout à l'autre, autant de fois que le portait le jugement. Lorsque le condamné avait subi le supplice, on lui remettait son sac, une veste et un chapeau. Il était conduit ensuite hors de la ville et dégradé, puis on lui donnait un écu de trois livres et une cartouche jaune indiquant la nature de sa faute. Cette peine s'appliquait de deux manières: la première publiquement; alors la punition était infamante: la seconde, dans l'intérieur de la prison, ce qui s'appelait *sous la custode*. Elle était ordinairement administrée, dans le premier cas, par la garde montante; on y joignait au besoin un détachement. Potier, au mot *Châtiment*, dit avoir vu des patients subir en quinze jours trois corrections de sept mille deux cents coups chacune, et il ajoute que le moyen employé pour panser les plaies était un supplice de plus, parce qu'on les frottait avec du vinaigre. Dans les armées étrangères, le patient était précédé d'un sergent marchant à reculons et présentant la pointe d'une hallebarde, afin qu'aucun des coups ne pût être esquivé par la course ou la fuite. Chez les

Français, la coutume était au contraire de permettre au condamné de courir entre les rangs; mais comme souvent il tombait épuisé, et que le supplice s'achevait sur place, il n'avait pas moins à souffrir que par l'autre procédé. *Précédemment*, dit Potier, *on faisait passer par les Verges les filles qui s'abandonnaient aux soldats*. Il cite deux compagnies de grenadiers d'un même régiment qui furent mises en jugement pour s'être refusées à fustiger une fille débauchée. Ce refus ne leur était pas inspiré par un sentiment de pitié, comme on pourrait le croire, mais par orgueil; ils croyaient se déshonorer en maniant des Verges et préféraient frapper la victime de leur sabre, tant le sentiment militaire a de juste susceptibilité. Cet usage barbare fut aboli par l'ordonnance de 1788, et en 1789 il cessa même d'être un châtiment civil ou militaire. L'une des dernières personnes marquantes qui subirent cette punition fut la comtesse Lamotte, condamnée à être fouettée de Verges dans les places publiques et carrefours de Paris; à peine cet acte de cruauté était-il oublié que le peuple infligeait la même correction à la fameuse Théroigne de Méricourt. Depuis ce temps les progrès de la civilisation française ont fait complétement disparaître la peine des Verges, comme ont disparu la question, la torture et tant d'autres supplices.

VERGETTE. V. pal. V. supplice.

VERGETTE de roulage. V. cercle de roulage.

VERGNAUD. V. noms propres.

VERGUE, subs. fém. V. flèche projectile. V. meuble de blason.

VERGY. V. noms propres.

VÉRIFICATION. V. procès-verbal.

VÉRIFICATION de comptabilité. V. acte administratif.

VÉRIFICATION d'effets, par le sergent-major à son arrivée au gîte. V. maire de commune.

VÉRIFICATION d'étoffes. V. étoffes d'habillement. V. marché d'habillement.

VÉRITABLE. V. attaque véritable.

VERME. V. noms propres.

VERNI. V. cuir verni.

VERNIER. V. noms propres.

VERNISSAGE de giberne. V. giberne.

VERNISSÉ, adj. V. giberne vernissée.

VERNOIS. V. noms propres.

VÉRONE. V. noms propres.

VERRE A BOIRE. V. CHAMBRE D'OFFICIERS DE GARDE.

VERRIUS. V. NOMS PROPRES.

VERROUIL, subs. masc. (F), ou VERROUILLÉE. Mot cité par ROQUEFORT et signifiant ARME COURTOISE, LANCE à MORNETTE, LANCE ou PIQUE qu'on rendait innocente en garnissant sa pointe avec un étui nommé MORNETTE. — Le mot VERROUILLÉE, dont VERROUIL est une corruption ou une abréviation, rendait l'idée d'un instrument comparable à une fermeture à verrou. V. MORNE. — La locution *porter l'épée en verrou* s'employait lorsque l'épée battait la cuisse horizontalement.

VERROUILLÉE, subs. fém. V. VERROUIL.

VERS la PIQUE. V. CLISE.

VERS le BOUCLIER. V. CLISE.

VERSAILLES, V. NOMS PROPRES.

VERSANT, subs. masc. V. ARÊTE GÉOLOGIQUE. V. BASSIN. V. COL DE MONTAGNE. V. CONTRE-FORT GÉOLOGIQUE. V. COTEAU. V. GÉOLOGIE. V. GÉOLOGIQUE. V. MONTAGNE. V. TOPOGRAPHIE.

VERSER EN CAGE (G, 3). Se dit d'un caisson ou d'une pièce attelés quand ils versent les roues en l'air.

VERSEMENT à la MASSE. V. MASSE.

VERSEMENT d'ARMES. V. ARSENAL. V. CONSOMMATION D'EFFETS D'ARMEMENT. V. CONSOMMATION PAR VERSEMENT. V. OFFICIER D'ARTILLERIE.

VERSEMENT au PROFIT DE L'ORDINAIRE. V. ORDINAIRE.

VERSEMENT d'EFFETS D'HABILLEMENT. V. EFFETS D'HABILLEMENT.

VERSEMENT VOLONTAIRE. V. MASSE DE LINGE ET CHAUSSURE.

VERSO. V. MILICE GRECQUE N° 6.

VERT, subs. masc. FOURRAGE VERT (B 1,). Tous les ans au printemps, les corps de cavalerie mettent au Vert un certain nombre de chevaux pour les purger et les rafraîchir. On passe à cet effet des marchés avec les agriculteurs. La ration de Vert à la prairie est illimitée. Le cheval est privé d'avoine dans certains cas pendant qu'il est au Vert. V. FOURRAGE.

VERT (verte), adj. V. CARTOUCHE VERTE. V. COCARDE. V. COULEUR NATIONALE. V. COULEUR VERTE. V. DRAGON FRANÇAIS N° 4. V. DRAP VERT. V. HABIT VERT. V. INFANTERIE FRANÇAISE DE LIGNE N° 4. V. INFANTERIE LÉGÈRE N° 5. V. LANCE VERTE. V. MILICE PRUSSIENNE N° 4. V. POMPON. V. POUDRE VERTE.

VERT CLAIR (B, 1). Une des huit COULEURS DISTINCTIVES affectées à l'UNIFORME de l'INFANTERIE par l'ORDONNANCE DU 8 MAI 1822 (*Journal militaire*, p. 255). Les CONTRE-ÉPAULETTES de l'infanterie légère étaient aussi de cette COULEUR. Les régiments de ligne portant les n°s 29, 50, 51 et 52 formaient la seizième série à laquelle se trouvait affecté le Vert clair. V. COULEUR TRANCHANTE. V. INFANTERIE LÉGÈRE N° 5. V. INSPECTEUR AUX REVUES.

VERTÉBRALE. V. COLONNE VERTÉBRALE.

VERTEUIL (G, 2). Sorte d'ancienne BOUCHE A FEU à tir direct, que mentionne FURETIÈRE sans la décrire.

VERTICAL. V. BLINDE VERTICALE. V. FEU VERTICAL.

VERTIGO, maladie des chevaux (D). Le Vertigo est un accès de frénésie, une sorte de vertige qui porte l'animal à se précipiter vers un danger sans que son instinct le lui fasse prévoir.

VÉRUS. V. NOMS PROPRES.

VERUTUM (G, 1). Arme offensive chez les Romains. Le *verutum* avait un fer triangulaire de cinq pouces romains (4 pieds 6 pouces 415 lignes), et la hampe 5 pieds 6 pouces (5 pieds 2 pouces 11 lignes). C'était un JAVELOT affecté par SERVIUS TULLIUS à la cinquième classe des soldats. Suivant DIODORE DE SICILE, on l'appelait σαύνιον ou σαννίον, *verriculum* ou *verulum*. V. JAVELOT.

VERVINS. V. NOMS PROPRES.

VES. V. GUÉ.

VESCILLAIRE. V. PORTE-ENSEIGNE. V. VEXILLAIRE.

VESKE ; VESKES, subs. masc. V. ÉVÊQUE.

VESPASIEN. V. NOMS PROPRES.

VESQUE, subs. masc. V. ÉVÊQUE.

VESTE, subs. fém. (B, 1). V. CORVÉE D'ACHAT. V. CORVÉE AU CAMP. V. CULOTTE. V. DESSOUS D'HABILLEMENT. V. DÉTENU EN PRISON PUBLIQUE. V. EFFET D'HABILLEMENT. V. HABILLEMENT. V. HABIT. V. HABIT-VESTE. V. JUSTAUCORPS. V. MILICE PRUSSIENNE N° 4. V. MILICE SYKE N° 2. V. OFFICIER D'INFANTERIE FRANÇAISE N° 2. V. PAREMENT D'HABILLEMENT. V. PAREMENT DE VESTE. V. RÉGIMENT D'INFANTERIE FRANÇAISE. V. REVERS D'HABIT. V. SOUBREVESTE. V. UNIFORME. La Veste est portée dans l'armée depuis un temps immémorial; mais elle fut surtout en usage au siècle dernier. Les régiments d'infanterie française et étrangère ont presque tous la Veste de DRAP BLANC en 1775, comme l'indique le règlement du 2 septembre de cette année. Elle était boutonnée dans toute sa longueur ; celle des caporaux et soldats avait un petit COLLET et des PAREMENTS. Le RÈGLEMENT DU 21 FÉVRIER 1779 lui donnait une aune de drap ; elle devait embrasser les hanches, et les boutons d'en bas couvrir la CEINTURE de la CULOTTE ; une poche était ouverte à droite et simulée à gauche. Aux termes du même règlement, la durée de la Veste était fixée à trois ans. Le RÈGLEMENT DE POLICE DU 24 JUIN 1792 indique qu'elle devait être posée au-dessus du lit des soldats, sur le rayon supérieur, et pliée en deux (titre II, art. 10). Celui du 8 FLORÉAL AN HUIT porte que la Veste sera marquée du numéro matricule, du numéro du régiment et de la lettre de la compagne, au côté droit, à la hauteur de la poitrine, sur la doublure de toile. Le DÉCRET DU 19 JANVIER 1812 en limite la durée à deux ans. La DÉCISION DU 3 JANVIER 1828 la veut en DRAP BLEU ; celle DU 29 MAI suivant donne un COLLET garance à la Veste d'infanterie ; plus tard (CIRCULAIRE DU 25 JANVIER 1832) ce COLLET devait être échancré. Une autre CIRCULAIRE DU 12 JUIN de la même année ordonnait de remettre les Vestes de la troupe avec les bagages, en cas de mouvement astreignant à plus d'une journée de marche. Les autorités à consulter sont : les *Loisirs militaires* (1771, p. 87), *Mémoires de l'infanterie* (1746, t. II), *Mémoires sur les opinions* (1773, p. 195), et *la Science de la guerre* (1751, t. III, p. 252, 253).

VESTE à MANCHES. V. ENFANT D'HOMME DE TROUPE N° 1. V. POURPOINT.

VESTE de BASIN ou de COTON. Etait permise en été aux officiers par l'ordonnance du 25 mars 1776.

VESTE de CAPORAL D'INFANTERIE. V. CAPORAL D'INFANTERIE FRANÇAISE DE LIGNE N° 6.

VESTE d'HOMME DE GARDE. V. CORVÉE D'HOMME DE GARDE.

VESTE d'HOMME DE TROUPE. V. REVERS D'HABILLEMENT.

VESTE d'INFANTERIE. V. GILET. V. HOMME DE TROUPE N° 4. V. INFANTERIE LÉGÈRE N° 5.

VESTE RETOURNÉE. V. CORVÉE DE PAIN. V. CORVÉE DE SOUPE. V. CUISINIER. V. DÉTENU A LA SALLE DE DISCIPLINE.

VESTE de SERGENT. Le RÈGLEMENT DU 21 FÉVRIER 1779 n'explique point comment sera la Veste du sergent : il établit en général que les MARQUES DISTINCTIVES seront mises sur les Vestes comme sur les HABITS. Il ne paraît pas qu'il ait jamais été dans l'usage de donner des Vestes à manches aux sergents.

VESTE de SOUS-OFFICIER. V. LÉGISLATION. V. SOUS-OFFICIER.

VESTE de TRICOT. V. TRICOT. V. TRICOT DE LAINE.

VESTER. V. NOMS PROPRES.

VESTEUR, subs. masc. V. TAILLEUR.

VÈTE, subs. masc. V. ARME MATÉRIELLE.

VÈTE, subs. fém. V. GUET. V. SENTINELLE.

VÊTEMENT ou VESTEMENT, subs. masc. (B, 1). Les anciennes ordonnances, et principalement celle DU 1er JUIN 1668, emploient ce mot dans le sens donné aujourd'hui au mot HABILLEMENT. V. BLANC. V. BRAIES D'HABILLEMENT. V. CAPE. V. CAPOTE. V. CENT-SUISSES. V. CHAUSSURE. V. CHEVELURE MILITAIRE. V. COLLET D'HABILLEMENT. V. CORPS PRIVILÉGIÉ. V. COTTE D'ARMES. V. COTTE DE MAILLES N° 2. V. CULOTTE. V. DÉSERTEUR A L'INTÉRIEUR. V. DROIT FIL. V. ÉCHARPE MILITAIRE. V. ÉCOLE DE MARS N° 3. V. FOUET A VÊTEMENT. V. GAMBESON. V. GENDARME DU MOYEN AGE N° 4. V. HABILLEMENT. V. HABIT. V. HACHE DE DISTINCTION. V. HOQUETON. V. JUSTAUCORPS. V. LIT DE CORPS DE GARDE. V. MAILLOT. V. MANCHE. V. MANTEAU D'HABILLEMENT. V. MASSE DE LINGE ET CHAUSSURE. V. MILICE GRECQUE N° 4. V. MILICE ROMAINE N° 9. V. MINISTÈRE DE LA GUERRE EN 1761. V. PANTALON. V. POURPOINT. V. REDINGOTE. V. REVERS D'HABIT. V. ROBE. V. ROI D'ARMES. V. SARRAU. V. SOLERET. V. SOUBREVESTE. V. TABAR. V. TABLIER. V. TAILLE. V. TRESSE DE VÊTEMENT.

VÊTEMENT de CONDAMNÉ. V. CONDAMNÉ.

VÊTEMENT d'ENFANT DE TROUPE. V. ENFANT DE TROUPE. V. ENFANT D'HOMME DE TROUPE N° 4.

VÊTEMENT de GUERRE. V. CAMPESTRE. V. CUIRASSE. V. MILICE ROMAINE N° 4. V. SAYON.

VÊTEMENT MILITAIRE. V. COLONISATION. V. CULOTTE. V. GYMNASTIQUE. V. HABILLEMENT. V. MAILLE.

VÊTEMENT d'HOPITAL. V. HOPITAL. V. HOPITAL MILITAIRE.

VÊTEMENT d'OFFICIER. V. OFFICIER FRANÇAIS N° 7.

VÊTEMENT de SAPEUR. V. HACHE DE DISTINCTION.

VÊTEMENT du TRAIN. V. TRAIN.

VÊTEMENT d'UNIFORME. V. COTTE D'ARMES. V. CULOTTE. V. ÉPAULETTE.

VÉTÉRAN, subs. masc. (A, 1, 3), du latin *veteranus.* V. AGE D'ENROLEMENT D'ANCIEN MILITAIRE. V. ANNÉE DE SERVICE. V. AI-

POINTÉ. V. ARMÉE ACTIVE. V. ARMÉE FRANÇAISE
N° 4. V. ARMÉE SÉDENTAIRE. V. BATAILLON DE
VÉTÉRANS. V. BÉNÉFICE MILITAIRE. V. BÉNÉFI-
CIAIRE. V. BOUTON DE VÉTÉRAN. V. BREVET DE
VÉTÉRAN. V. CAMP ROMAIN. V. CAMP DE VÉTÉ-
RANS. V. CANONNIER VÉTÉRAN. V. COMPAGNIE
DE VÉTÉRANS. V. COMPAGNIE RÉGIMENTAIRE. V.
COMPAGNIE SÉDENTAIRE. V. CONSEIL D'ADMINIS-
TRATION DE COMPAGNIE. V. CONSUL. V. CORPS
SÉDENTAIRE. V. DEMI-BRIGADE DE VÉTÉRANS. V.
ENFANT DE TROUPE N° 1. V. ENGAGEMENT DE
RECRUE. V. ESCRIME. V. FEMME D'ARMÉE. V. FU-
SILIER-VÉTÉRAN. V. GARNISON. V. GRENADIER
D'INFANTERIE N° 1. V. HAUTE PAYE IDIOPLIQUE.
V. HAUTE PAYE DE VÉTÉRAN. V. HOTEL DES IN-
VALIDES. V. INFANTERIE FRANÇAISE N° 5. V. IN-
FANTERIE SÉDENTAIRE. V. INVALIDE. V. LAND-
WEHR. V. LÉGION ROMAINE N° 5. V. MÉDAILLON
DE VÉTÉRAN. V. MILICE. V. MILICE ROMAINE
N° 2, 10. V. MINISTRE DE LA GUERRE EN 1815,
— EN 1817 (12 SEPTEMBRE), — EN 1819
(18 NOVEMBRE), — EN 1821 (SEPTEMBRE). V.
MORTE-PAYE. V. NOBLESSE. V. POMPON. V.
PROPOSITION D'ADMISSION. V. RÉCOMPENSE. V.
RECRUTEMENT. V. RÉSERVE CONSCRIPTIVE. V.
RUDIAIRE. V. SERGENT DE VÉTÉRANS. V. SERVICE
CONSCRIPTIF. V. SOLDAT. V. SOUS-LIEUTENANT
N° 2. V. TAILLE. V. TRIAIRE N° 1. V. VEXIL-
LAIRE.

VÉTÉRAN ANGLAIS. V. ANGLAIS. V. MI-
LICE ANGLAISE. N° 2.

VÉTÉRAN AUTRICHIEN. V. AUTRICHIEN. V.
MILICE AUTRICHIENNE N° 2.

VÉTÉRAN DU GÉNIE. V. GÉNIE. V. VÉ-
TÉRAN FRANÇAIS.

VÉTÉRAN ESPAGNOL. V. ESPAGNOL. V.
MILICE ESPAGNOLE N° 2, 5, 5. V. TERZE.

VÉTÉRAN FRANÇAIS. L'arme des VÉTÉ-
RANTS est nouvelle en France ; elle ne date
que de la révolution ; seulement depuis l'ordonnance de 1771 il y avait, dans les corps,
des militaires isolés portant le nom de VÉTÉ-
RANS et décorés du MÉDAILLON. Le maréchal de Saxe en avait donné la première idée
dans ses *Rêveries* : il voulait les substituer
aux GRENADIERS. C'est donc un mot nouveau
dans la langue militaire FRANÇAISE. La loi de
1792 (16 mai, titre III) créa un corps de
cinq mille VÉTÉRANS nationaux destinés à
remplacer les compagnies d'INVALIDES DÉTA-
CHÉES. Nul n'y pouvait être admis avant d'a-
voir servi vingt-quatre ans dans les troupes.
On divisa ce corps en cent compagnies de
cinquante hommes chacune, dont douze de
CANONNIERS et quatre-vingt-huit de soldats
de toutes armes. Elles étaient désignées par
un numéro tiré au sort. Les militaires qui
les composaient étaient considérés comme
en activité de service ; leur solde était celle

de l'infanterie ou de l'artillerie suivant
l'arme. Les compagnies d'infanterie tenaient
garnison au chef-lieu, et celles de canonniers étaient répandues sur les côtes ou
dans les ports. Leur UNIFORME consistait en
un habit bleu national, veste et culottes
bleues, boutons blancs sur lesquels on lisait
les mots *Vétéran national*. Ils avaient la
faculté de résider dans le département de
leur naissance, et n'étaient imposés au rôle
des contributions qu'autant qu'ils avaient
des propriétés ou qu'ils exerçaient une profession commeciale. Le règlement de l'an
deux (5 brumaire) porta la solde des VÉTÉ-
RANS NATIONAUX à vingt sous par jour par
fusilier, une livre un sou par CANONNIER,
et régla l'administration de leurs masses.
En 1794 leur effectif montait à cinq mille
hommes, et en 1795 (avril) ils avaient huit
compagnies de service auprès de la convention nationale et dans les principaux édifices
publics de la capitale. Une loi de l'an cinq
(19 frimaire) autorisa la formation de deux
cents nouvelles compagnies de VÉTÉRANS
NATIONAUX dans lesquelles entrèrent tous les
militaires blessés aux armées. Cette augmentation porta le nombre des compagnies
à trois cents, et il fut attaché à chacune
d'elles un capitaine, un lieutenant et un
sous-lieutenant (loi du 16 fructidor an cinq).
Un règlement de l'an six (20 brumaire) fixa
l'organisation, le service, la police et la
discipline des compagnies. L'UNIFORME reçut
aussi des modifications : les officiers portaient le COL blanc en grande tenue et les
soldats le COL noir ; les uns et les autres
pouvaient revêtir la VESTE et la CULOTTE de
basin blanc hors du temps de service ; l'HA-
BIT était agrafé sur la poitrine, les RETROUS-
SIS levés et attachés avec des agrafes ; les
CHEVEUX liés en QUFUR, à l'exception de
ceux des faces descendant au bas de l'o-
reille. En grande tenue les officiers portaient les BAS blancs et les SOULIERS attachés
avec des BOUCLES de cuivre ; dans les autres
circonstances ils pouvaient porter des BOTTES,
et la troupe avait des GUÊTRES noires. L'É-
PÉE ou le SABRE en BANDOULIÈRE, avec la
DRAGONNE blanche, le CHAPEAU à trois cornes
et le PLUMET aux trois couleurs, étaient communs aux officiers et aux soldats. En
1799 on comptait quatorze mille VÉTÉRANS.
A cette époque (thermidor an sept) cinquante-trois compagnies furent tirées des
garnisons de l'intérieur et dirigées sur les
frontières du nord, de l'est et du sud, pour
y tenir garnison à la place des troupes de
ligne. L'organisation du 9 septembre 1799
fixa leur nombre à deux cent quatre-vingt-
sept compagnies de FUSILIERS et treize com-

pagnies de CANONNIERS. Un arrêté de l'an huit (4 germinal) réorganisa le corps des VÉTÉRANS NATIONAUX en dix demi-brigades, chacune de trois bataillons, chaque bataillon de six compagnies. On donna les emplois de chef de brigade aux officiers généraux réformés, ceux de chefs de bataillon aux adjudants généraux ou chefs de brigade, ceux de capitaines aux chefs de bataillon ou d'escadron, et ainsi de suite pour toutes les places d'officiers. Les conditions d'admission restèrent ce qu'elles étaient précédemment; mais on porta l'effectif des compagnies à soixante-dix-sept hommes, et la solde en numéraire fut réglée à trente centimes par jour pour les soldats, et à soixante pour les sergents. Par suite de cette réorganisation, les quatrième et dixième demi-brigades eurent le service de Paris et occupèrent l'hôtel des Invalides, l'Estrapade, le Luxembourg, le Jardin des Plantes, le Corps législatif, la Monnaie, le Ministère de la guerre, la maison Valentinois, les Petits-Pères et la Madeleine. Le décret de l'an treize (27 floréal) divisa les VÉTÉRANS IMPÉRIAUX, alors au nombre de douze mille cinq cent trente-trois, en cent compagnies, dont soixante-quinze de Vétérans à cent vingt hommes et vingt-cinq de cannoniers à cent hommes. De la première catégorie quinze compagnies formèrent un régiment destiné à tenir garnison à Paris. Les soixante autres occupèrent les forts, postes et châteaux de l'intérieur. Leur principale destination était d'empêcher la dégradation des fortifications et de surveiller le service des ponts-levis et des places. Les vingt-cinq compagnies de CANONNIERS eurent la garde des batteries des côtes et l'instruction des gardes-côtes. Tous continuèrent à jouir de la solde et des masses qui leur étaient attribuées par les règlements antérieurs. En 1808 on comptait un effectif de treize mille neuf cent cinquante Vétérans impériaux. Le 8 mars 1810, les VÉTÉRANS ROMAINS formèrent un nouveau bataillon. En 1810, l'organisation régimentaire des Vétérans parut vicieuse en ce qu'elle entraînait l'existence d'états-majors absolument inutiles et ruineux pour le trésor. Un décret du 10 juin prononça la dissolution de dix demi-brigades de VÉTÉRANS, des compagnies PIÉMONTAISES et LIGURIENNES, et prescrivit d'en former dix nouveaux BATAILLONS isolés; les premier et deuxième restèrent à Paris, le troisième fit le service dans l'ancien Piémont devenu vingt-neuvième division, le quatrième fut employé dans les places du Brabant, le cinquième, détaché en compagnies, eut diverses destinations, et les sixième, septième, huitième, neu-

vième et dixième eurent la garde des arsenaux d'Anvers, de Brest, de Lorient, de Rochefort et de Toulon. Les officiers n'eurent plus droit à aucun avancement, et il fut pourvu aux places vacantes à l'aide d'officiers pris dans la ligne. Le bataillon de VÉTÉRANS ROMAINS conserva son titre et son organisation. Après la réunion de la Hollande et des villes libres à la France, un décret de 1811 (3 février) créa trois nouvelles compagnies pour faire le service de la trente-deuxième division à Hambourg, Brême, Lubeck et Osnabruck, et le 15 juin 1811 un nouveau bataillon formé en partie de HOLLANDAIS fut attaché à la garde des établissements du port de Cherbourg. — A la paix de 1814, les Vétérans au nombre de douze mille furent réorganisés, par ordonnance du 18 mai, en cent compagnies de cent vingt hommes chacune, dont dix de SOUS-OFFICIERS, quatre-vingts de FUSILIERS et dix de CANONNIERS. La même ordonnance régla la solde des fusiliers à trente-cinq centimes, celle des canonniers et des sous-officiers à cinquante et un centimes; les masses et le fond de l'uniforme restèrent sur l'ancien pied. La compagnie de Vétérans de la GARDE impériale prit, le 21 octobre, le titre de compagnie de VÉTÉRANS ROYAUX DE FRANCE, et trois fleurs de lis remplacèrent l'aigle des BOUTONS. Comme les dix compagnies de CANONNIERS ne suffisaient pas au service des batteries des côtes destinées à faire les saluts et à donner protection au commerce, deux ordonnances de 1815 (20 janvier et 20 février) en créèrent cinq nouvelles par la transformation des vingt-neuvième, quarantième, quarante et unième, quarante-septième et cinquantième compagnies de FUSILIERS en onzième, douzième, treizième, quatorzième et quinzième de CANONNIERS. Afin de ne point laisser d'interruption dans la série des numéros, les quarante-sixième, quarante-huitième et quarante-neuvième compagnies de fusiliers prirent les numéros quarantième, quarante et unième et vingt-neuvième. Les nouvelles compagnies de canonniers se trouvèrent affectées au service de Port-Louis, du Havre, de Belle-Isle en mer, d'Antibes et de Boulogne. Pendant les cent jours, la rentrée d'un grand nombre de VÉTÉRANS sous les drapeaux de l'armée active réduisit considérablement leur effectif, qui était de huit mille deux cent neuf au 1er juin 1815. L'impossibilité de les recruter fit supprimer, le 16 février 1817, les vingt-quatrième, vingt-cinquième, trente et unième, trente-deuxième, trente-quatrième, trente-cinquième, trente-sixième, trente-septième, trente-huitième et quarante-deuxième compagnies de FUSILIERS,

ainsi que les treizième et quinzième compagnies de CANONNIERS. En 1818, le ministre GOUVION SAINT-CYR voulut qu'à l'instar de l'armée prussienne, dont il imitait le système alors tout nouveau, les sous-officiers et soldats ayant achevé le temps de leur service prissent le nom de VÉTÉRANS et fussent tenus en temps de guerre à un service territorial de six années. Ce principe, consacré par la loi du 10 mars 1818 (tit. IV, art. 23), rendait indispensable le changement de dénomination des compagnies existantes : une ordonnance du 25 mars leur donna le nouveau titre de FUSILIERS et CANONNIERS SÉDENTAIRES. En créant le nouveau corps de VÉTÉRANS comme une LANDWEHR d'élite, le ministère français commit la faute de ne leur préparer aucun cadre, de ne leur prescrire aucune réunion qui les rappelât de temps à autre aux exigences du métier des armes. Il y eut bien quelques mesures prises pour les faire inscrire sur des contrôles dans les départements, pour les empêcher de remplacer des jeunes soldats ou de contracter MARIAGE sans l'intervention de l'autorité militaire ; mais toutes ces mesures furent inefficaces. Aussi lorsque la loi du 10 avril 1823 et l'ordonnance du 11 rappelèrent au service de VÉTÉRANS dans l'intérieur, et avant la déclaration de guerre, les militaires libérés le 31 décembre 1822, ces dispositions brusques et mal prises, violant dans l'origine tous les principes de l'institution, ne produisirent aucun bon résultat ; car au lieu de restreindre leur service à la division territoriale, on les envoya aux bataillons de guerre. Quelques centaines d'hommes rejoignirent leurs régiments, et on fut très-heureux de prendre prétexte de la paix pour renvoyer dans leurs foyers (ordonnance du 27 octobre) tous les VÉTÉRANS appelés au service territorial qui ne voulurent point contracter un nouvel engagement. Le ministre baron DE DAMAS fit effacer le système de nos institutions militaires par une loi du 9 juin 1824, qui, abrogeant l'article 24 de la loi du 10 mars 1818, porta le service dans l'armée à huit ans et supprima le service de vétérance. Néanmoins les COMPAGNIES SÉDENTAIRES conservèrent leur nouvelle dénomination ; mais une ordonnance de 1826 (26 mai) ordonna la dissolution des vingtième, quarante et unième et quarante-quatrième, qu'on incorpora dans les sixième, treizième, dix-septième, vingt-neuvième, trente-troisième et quarante-troisième. Une autre ordonnance du 25 avril 1830 avait affecté les troisième et trente-troisième au placement exclusif des militaires de la GENDARMERIE, en leur donnant la qualification de première et deuxième compagnies de GENDARMES SÉDENTAIRES. — Au moment de la révolution de 1830, l'arme des SÉDENTAIRES comptait donc : dix compagnies de SOUS-OFFICIERS, trente de FUSILIERS, treize de CANONNIERS (une nouvelle treizième ayant été créée le 5 avril 1820 pour la Corse), deux de la GARDE ROYALE créées le 26 décembre 1821, et deux de GENDARMES. — Les deux compagnies de la GARDE devinrent, le 28 août, onzième de SOUS-OFFICIERS et vingtième de FUSILIERS : une nouvelle compagnie de SOUS-OFFICIERS fut affectée au service de la place de Saumur, et on s'occupa immédiatement de régulariser le numérotage des compagnies de FUSILIERS du n° 1 au n° 30. — Une ordonnance du 26 novembre 1830 créa dans chaque département, par voie d'engagement, une compagnie de VÉTÉRANS DE L'ARMÉE ; le département de la Seine fut le seul qui en fournit d'abord quatre, puis cinq. Chaque compagnie recrutée parmi les anciens militaires devait offrir un effectif de cent cinquante-six hommes, officiers compris. Leur UNIFORME était primitivement celui de la GARDE NATIONALE, à l'exception que le BOUTON était jaune, le PANTALON garance, et le SCHAKO semblable à celui de la LIGNE. Pour la SOLDE et les MASSES ils furent assimilés aux TROUPES DE LIGNE. Par une autre ordonnance du 26 juillet 1831, les compagnies SÉDENTAIRES furent supprimées et incorporées dans les nouvelles compagnies, qui prirent alors la dénomination de FUSILIERS VÉTÉRANS, en ajoutant à ce titre le nom du département où elles avaient été organisées. On peut consulter pour le détail de cet amalgame le livret imprimé de l'emplacement des troupes du 15 août 1831, page 83. Les compagnies de SOUS-OFFICIERS SÉDENTAIRES prirent le titre de SOUS-OFFICIERS VÉTÉRANS. Le besoin de maintenir la tranquillité publique dans les départements de l'ouest fit créer, le 16 octobre 1831, dix COMPAGNIES DÉPARTEMENTALES qu'on organisa seulement en 1832, avec le noyau des dix compagnies de FUSILIERS VÉTÉRANS de ces mêmes localités, supprimées par ordonnance du 2 juillet. Par suite de la réduction de l'effectif de l'armée (5 juillet 1833), ces COMPAGNIES DÉPARTEMENTALES licenciées passèrent dans la RÉSERVE de leurs départements respectifs. Le 17 novembre 1831, on changea la dénomination des treize compagnies de CANONNIERS SÉDENTAIRES en celle de CANONNIERS VÉTÉRANS, et le 19 du même mois fut créée une compagnie de VÉTÉRANS DU GÉNIE. Au commencement de 1832, les quatre compagnies de la Seine formèrent à Cherbourg le premier bataillon de VÉTÉRANS ; un deuxième bataillon s'or-

ganisa la même année en Afrique avec des détachements d'ouvriers auxiliaires du génie et des volontaires parisiens. — Par suite de ces différentes organisations, des licenciements antérieurs, et des suppressions opérées en octobre 1852, le nombre des compagnies de fusiliers vétérans était réduit à soixante-six au 1ᵉʳ janvier 1853. — Le 4 du même mois, une ordonnance réduisit ces soixante-six compagnies à trente, au moyen d'un nouvel amalgame, et affecta un numéro à chacune d'elles en échange de l'ancienne dénomination départementale (voir l'état d'incorporation au *Journal militaire*). Le premier bataillon dissous le 27 octobre fut versé dans les dix-septième, dix-neuvième et vingtième compagnies. Une nouvelle ordonnance du 10 septembre 1834 réduisit les sous-officiers à dix compagnies, et les fusiliers à vingt compagnies. Ces suppressions nécessitèrent encore un changement de numéros. Le bataillon qui était en Afrique, réduit au faible effectif de quatre cent quarante-six hommes, fut également supprimé le 4 janvier 1835, et ses débris servirent à former trois nouvelles compagnies qui prirent les nᵒˢ 21, 22 et 23. Ces vingt-trois compagnies furent réduites à seize par l'ordonnance du 10 décembre 1835, qui créa en même temps quatre compagnies de cavaliers vétérans de cent vingt-sept hommes chacune, spécialement chargées du service des quatre dépôts de remonte. Au commencement de 1840, les pertes éprouvées par l'arme des vétérans nécessitèrent une nouvelle réduction de leurs cadres. Une ordonnance du 8 janvier supprima les neuvième et dixième de sous-officiers, ainsi que les onzième, douzième, treizième, quatorzième, quinzième et seizième de fusiliers. Par suite de ces différentes réductions l'arme des vétérans présentait de 1840 à 1847 la composition suivante :

8 compagnies de sous-officiers vétérans.
10 — de fusiliers.
4 — de cavaliers.
13 — de canonniers.
1 — de génie.
2 — de gendarmes.

— Après la révolution de février 1848, il arriva le contraire de ce qu'on avait vu en 1830, bien que l'armée fût maintenue sur le même pied : le corps des vétérans éprouva des pertes si considérables que toutes les compagnies se trouvèrent bientôt au-dessous de leur effectif réglementaire. Un premier arrêté du 9 mai supprima la dixième compagnie de fusiliers ; un second arrêté du 9 juin prononça la dissolution des septième et huitième de sous-officiers. Le 10 juillet un nouvel arrêté réduisant à six le nombre des compagnies de fusiliers prononça la dissolution des sixième, huitième et neuvième, et fit prendre à la septième le nᵒ 6. En dernier lieu, un décret du 17 mai 1850 a supprimé les quatrième, cinquième et sixième compagnies de sous-officiers, ainsi que les quatrième, cinquième et sixième compagnies de fusiliers. De cette façon l'arme des Vétérans se compose aujourd'hui de trois compagnies de sous-officiers et trois de fusiliers dont l'organisation est réglée par l'ordonnance du 8 septembre 1841, quatre compagnies de cavaliers instituées par ordonnances des 10 décembre 1835 et 5 février 1843, cinq compagnies de canonniers dont la composition est réglée par l'arrêté du 1ᵉʳ juin 1848, et une compagnie de génie dont l'origine remonte au 19 novembre 1851. On peut consulter utilement au sujet des vétérans : les *Annales militaires* du mois de mars 1819, p. 263, Berriat (t. ii, nᵘ 520, p. 612), l'Encyclopédie (t. i, p. 760), Girardin (1837, p. 128), Lecouturier (1829). Le *Spectateur militaire* (t. xvi, p. 263) renferme des données curieuses sur l'arme des vétérans dans les diverses milices de l'Europe.

VÉTÉRAN français des camps. La loi du 1ᵉʳ floréal an onze accordait aux militaires de terre et de mer, mutilés ou grièvement blessés dans la guerre de la liberté, qui voudraient s'établir dans les vingt-sixième et vingt-septième divisions militaires, à titre de supplément de récompense nationale, un nombre d'hectares de terre d'un produit égal à leur solde de retraite. Les vétérans concessionnaires étaient tenus de résider sur les terres qui leur étaient distribuées, de les cultiver ou faire cultiver, d'en payer les contributions, et de concourir, lorsqu'ils y étaient appelés, à la défense des places frontières. On affecta dix millions de biens nationaux à cette institution nouvelle. Ces propriétés ne pouvaient être engagées, cédées ni aliénées pendant l'espace de vingt-cinq ans ; elles n'étaient transmissibles aux enfants des vétérans qu'autant que ceux-ci seraient nés de mariages contractés sur le territoire de la république ou aux armées avant la formation des camps, ou de mariages contractés depuis cette époque avec des filles du pays. Quand un vétéran mourait sans enfants, sa veuve conservait pendant sa vie l'usufruit de sa portion de terre ; et si elle épousait un militaire ayant dix ans de service, elle lui apportait en dot cette portion de terre dont elle devenait propriétaire. L'arrêté du 26 prairial an onze régla la formation des camps de vétérans de Juliers, près Mayence, et d'Alexandre, et fixa la force de chacun à quatre cent cinq Vétérans. Chaque camp était entouré d'un mur élevé et crénelé; chaque Vétéran avait une maison rurale, et au centre du camp se trouvait une halle. Cette institution était imitée des colonies militaires romaines, dont parle souvent César, et dont les Romains tirèrent tant d'avantages, qu'elles devinrent, suivant Cicéron, les boulevards de l'empire. Au 1er janvier 1814, le camp de Juliers comptait trois cent soixante-quinze Vétérans, trois cent quarante-cinq femmes et neuf cent quarante-six enfants; celui d'Alexandrie comprenait deux cent cinquante-trois Vétérans, deux cent quatre femmes et trois cent cinquante enfants; en tout deux mille quatre cent soixante-treize individus, dont les SOLDES DE RETRAITE et le revenu en terres s'élevaient à environ cent quarante-quatre mille francs. Pour satisfaire aux conditions imposées par la loi de l'an onze, ces VÉTÉRANS avaient réalisé toute leur fortune pour la transporter dans leurs CAMPS; ils y avaient conduit leurs femmes et leurs enfants; ceux qui n'étaient pas mariés avaient épousé des femmes du pays; la plupart d'entre eux enfin s'étaient jetés, au commencement de la campagne de 1814, dans les places fortes voisines, dont aucune ne fut prise par l'ennemi; mais, dans leur retraite précipitée, ils avaient abandonné leurs biens, leurs outils aratoires, leurs meubles, enfin toutes leurs propriétés. D'un autre côté, les dotations en pays étrangers accordées aux militaires français à titre de récompense avaient été perdues par suite des événements de la guerre, et le traité du 30 mai 1814 avait consacré cette dépossession à l'égard des VÉTÉRANS des camps. Louis dix-huit, voulant leur donner une marque de sa sollicitude, leur accorda, par ordonnance du 2 décembre 1814, un secours provisoire de soixante-seize mille francs, et rétablit en argent la double solde de retraite dont ils avaient précédemment le revenu en biens-fonds.

VÉTÉRAN HOLLANDAIS. V. HOTEL DES INVALIDES.

VÉTÉRAN NAPOLITAIN. V. MILICE NAPOLITAINE Nº 1 et 2. V. NAPOLITAIN.

VÉTÉRAN NÉERLANDAIS. V. MILICE NÉERLANDAISE Nº 1.

VÉTÉRAN NORWÉGIEN, V. MILICE NORWÉGIENNE. V. NORWÉGIEN.

VÉTÉRAN PIÉMONTAIS. V. MILICE PIÉMONTAISE Nº 2. V. PIÉMONTAIS.

VÉTÉRAN POLONAIS. V. MILICE POLONAISE Nº 2.

VÉTÉRAN PORTUGAIS. V. MILICE PORTUGAISE Nº 1 et 2. V. PORTUGAIS.

VÉTÉRAN PRUSSIEN. V. MILICE PRUSIENNE Nº 2. V. PRUSSIEN.

VÉTÉRAN ROMAIN (*veteranus*). Mot introduit vers la fin de la république romaine. Certains soldats furent appelés ainsi par opposition aux *novitii* et aux *tirones*, c'est-à-dire aux apprentis et aux recrues : c'étaient ceux qui, après leur service de vingt-cinq ans prescrit par la loi, restaient dans les rangs de l'armée. Ces Vétérans, ou VOLONTAIRES, étaient exempts de corvées militaires; aucun impôt, aucune charge personnelle ne pesait sur eux. Les prérogatives de ce titre les accompagnaient même en prison, où le châtiment par les verges et les peines décernées aux prolétaires ne pouvaient les atteindre; aussi aimaient-ils à faire valoir un nom à l'aide duquel ils pouvaient s'affranchir des règles communes. Quoique ce nom, comme il est dit plus haut, n'ait été que fort tard en usage, l'origine de la vétérance remonte à la distribution que Servius Tullius (578-534) fit du peuple romain en classes et centuries, divisées en *centuriæ juniorum* et *centuriæ seniorum*, jeunes gens et vieillards. On voit de ces derniers au siége de Véies (404-394). Jusque-là le RECRUTEMENT romain ne connaissait que deux catégories, à la manière grecque : les HASTAIRES ou VÉLITES, les PRINCES ou CORPS DE BATAILLE. L'état non permanent des troupes ne permettait pas qu'il existât de Vétérans, puisque les guerres n'étaient que des entreprises de quelques mois dans la belle saison. Mais la longue durée du siége de Veies ouvrit des droits de vétérance. Il fallut bien enchaîner par des récompenses ceux des légionnaires qui avaient persévéré à vivre dix ans sous la tente, *sub pellibus*. Toute l'organisation militaire romaine en fut changée; la légion perfectionnée vit le jour. Les HASTAIRES, de troupes voltigeantes qu'ils étaient, devinrent troupe solide, avant-front, première ligne; ils furent remplacés, comme infanterie légère, par les VÉLITES. Les princes ou premiers (*principes*), jusque-là en première ligne, furent l'élite de la conscription, la première réserve, la seconde ligne; les princes Vétérans, l'élite des vieux princes devint seconde réserve, ou troisième ligne, ou TRIAIRES. Leurs récompenses consistèrent d'abord en quelques arpents de terre; ainsi furent fondées les premières colonies romaines. Plus tard Tibérius Gracchus leur distribua les trésors d'Attale. Sauvages et grossiers dans leurs mœurs formées au milieu des camps, altérés de rapine, accoutumés à une vie active et périlleuse, les Vétérans devinrent les cruels instruments de l'ambition et de la vengeance de Sylla, de MARIUS et des triumvirs qui se les attachèrent à force d'argent et de promesses de pillage. AUGUSTE réduisit leur service à vingt années pour l'infanterie et à dix pour la cavalerie ; il publia une ordonnance qui fixa d'une manière stable leurs appointements, qui s'élevaient, au bout de vingt ans, à cinq mille drachmes pour les prétoriens et à trois mille pour les autres soldats. Dans l'intervalle qui sépare TIBÈRE de CONSTANTIN, les Vétérans, souvent maîtres de l'empire, firent trembler le sénat, qui n'était plus que l'ombre de celui des beaux jours de Rome. Ils mirent la pourpre impériale aux enchères, et la tête sanglante d'un César dépossédé devint le signal de l'élévation de son successeur. Lorsque les Barbares se répandirent de toutes parts dans l'empire, les Vétérans disparurent, et il n'en est plus fait mention dans l'histoire que longtemps après. V. VÉTÉRAN FRANÇAIS. V. VÉTÉRAN FRANÇAIS DES CAMPS.

VÉTÉRAN RUSSE. V. COLONISATION. V. MILICE RUSSE N° 3. V. RUSSE.

VÉTÉRAN SUÉDOIS. V. MILICE SUÉDOISE N° 1, 2. V. SUÉDOIS.

VÉTÉRAN WURTEMBERGEOIS. V. MILICE WURTEMBERGEOISE N° 1. V. WURTEMBERGEOIS.

VÉTÉRANCE. V. CADRE DE V... V. CONGÉ ABSOLU. V. LÉGIONS DE FRANÇOIS PREMIER. V. MÉDAILLON DE V... V. MILICE ANGLAISE N° 5. V. MILICE NÉERLANDAISE N° 1. V. PLAQUE DE V... V. SERVICE CONSCRIPTIF.

VÉTÉRINAIRE, adj. et subs. (D, 4, 5, 6). V. CHAPEAU DE TROUPE. V. CHARGE DE V... V. MILICE PORTUGAISE N° 1. V. MILICE WURTEMBERGEOISE. V. VENTE DE CHEVAUX. — Comme adjectif, le mot VÉTÉRINAIRE est ordinairement placé à la suite des mots *art ou médecine*, et sert à désigner cette partie des sciences naturelles qui s'occupe des maladies des animaux domestiques. Comme substantif, il s'emploie d'une manière abstraite pour désigner celui qui en fait son étude. Les Latins, en effet, appelaient les bêtes de charge *veterina ad vecturam idonea ;* de là les mots de *veterinarius medicus,* maréchal, et *veterinaria medicina,* maréchalerie, d'après Columelle. Cette dernière acception semblait restreindre la Vétérinaire à une seule de ses parties, celle qui renferme tout ce qui se rattache aux chevaux ; mais la médecine vétérinaire devait s'étendre, et s'est en effet étendue à l'étude de tous les animaux que l'homme a soumis à ses lois ou dont il a su tirer parti pour ses besoins. Le cheval étant le principal de ces serviteurs de l'homme, et presque le seul animal employé au service de guerre, on a surtout nommé art vétéri-

naire le soin de la conservation, de l'entretien et de la santé des chevaux, ce qui eût été mieux appelé HIPPIATRIQUE, de ἵππος (cheval) et ἰατρικη (médecine). Dans les écrits d'HIPPOCRATE et d'ARISTOTE on trouve déjà consignées des remarques précises sur les maladies des animaux. Les œuvres d'HIPPOCRATE, ou plutôt la série des écrits hippocratiques, contiennent à cet égard un assez grand nombre d'observations, pour qu'elles aient mérité d'être recueillies séparément par les soins d'un médecin et de former un ouvrage, l'*Hippocrate vétérinaire.* Mais c'est surtout le philosophe de Stagyre qui, sans avoir fait de traité spécial sur la matière, doit être considéré comme le fondateur de cette science. N'est-ce pas lui qui en jette réellement les bases dans son immortelle *Histoire des animaux*, et qui constate, le premier, que les chevaux qu'on laisse en liberté sont sujets à un moins grand nombre de maladies que ceux qui sont nourris à l'écurie ? Malheureusement, d'aussi importantes notions, au lieu d'être poursuivies avec ardeur, comme elles le méritaient, furent entièrement abandonnées et passèrent comme inaperçues. Si, dans les écrivains romains, dans CATON l'ANCIEN, dans COLUMELLE, dans VIRGILE, on rencontre des indications de médecine vétérinaire et des observations de maladies, ce n'est qu'en passant et d'une manière vague, et ce qu'on trouve dans ces différents auteurs atteste plutôt des pratiques populaires qu'un ensemble de règles et de préceptes tels que ceux qui constituent un art. Il faut arriver jusqu'au septième siècle de l'ère chrétienne pour voir enfin la médecine vétérinaire constituée comme science à part, cultivée et pratiquée par des hommes spéciaux. Sous le règne de CONSTANTIN PORPHYROGÉNÈTE, à Constantinople, dans le cours du dixième siècle, et par les ordres de ce prince, on fit une collection des écrits sur l'art vétérinaire, *Veterinariæ medicinæ libri duo*, dans laquelle il est facile de voir qu'à partir du septième siècle il y eut des hippiatres en titre, chargés de veiller à la santé des chevaux pendant les expéditions militaires ; ce sont même les observations de ces médecins vétérinaires qui forment ce recueil. D'après SPRENGEL (*Histoire de la médecine*, t. II), le plus ancien de ces hippiatres serait un certain EUDÈMES, de Thèbes ; viendraient ensuite Stratonicus, Hyéronyme de Lybie, et enfin, le plus célèbre, APSYRTE, de Pruse, qui fit, sous CONSTANTIN POGONATE, en 671, la campagne contre les Bulgares ; tous les autres n'auraient fait que copier APSYRTE pour composer les deux livres cités plus haut. Après la publication de cet ouvrage, on ne rencontre plus rien jusqu'à l'époque où François premier fit, dans le seizième siècle, traduire cette ancienne compilation. La ferrure des chevaux devint alors générale, et les maréchaux ferrants furent les seuls Vétérinaires. Mais la traduction commandée par François premier, celle des ouvrages d'Aristote, de Xénophon, qui a fait un traité fort étendu sur les maladies et jusque sur le ferrage des chevaux, *De re equestri*, et des autres naturalistes qui les avaient copiés, Pline, Elien, Varron, Columelle, Végèce, qu'il ne faut pas confondre avec l'auteur des *Institutions militaires,* répandirent des notions plus précises sur la médecine vétérinaire. Une cause accessoire encore de l'impulsion de cette science, ce furent les travaux des anatomistes modernes. Dès 1559 on vit paraître une ostéologie du cheval, par Hernard, à Paris; des planches anatomiques de cet animal, par Léonard de Vinci, le grand peintre; et, en 1618, l'*Anatomie complète du cheval*, par Ruini. Une foule d'ouvrages suivirent, tels que le *Grand maréchal* (1667), le *Parfait maréchal* (1684), de Solleysel, qui, simple écuyer et maître de manége, n'en donna pas moins d'excellents travaux sur les maladies des chevaux. Dans le courant du dix-huitième siècle, les encouragements du gouvernement, le sentiment de l'importance d'une science qui était encore dans l'enfance, et surtout l'apparition du célèbre Bourgelat, successivement avocat et mousquetaire, furent autant de circonstances qui allaient donner un nouvel élan à la médecine vétérinaire. Bientôt, grâce à lui, l'école vétérinaire de Lyon est instituée. Cette école, qui commence une ère nouvelle pour la science, s'ouvrit le 1er janvier 1762; elle avait été fondée en vertu d'un arrêt du conseil du 5 août 1761, qui permettait à Bourgelat de créer un établissement qui devait avoir pour objet la connaissance et le traitement des maladies des chevaux, mulets, etc., etc. Le gouvernement de Louis quinze, voulant favoriser tout ce qui pouvait concourir à l'entretien de cet établissement et au succès d'une entreprise absolument gratuite de la part du fondateur, accorda cinquante mille livres. Ouverte, comme on l'a dit, en 1762, l'école fut bientôt peuplée d'élèves nationaux et même étrangers; trois élèves étaient entretenus par le roi de Danemark, trois par la Suède, trois par l'impératrice Marie-Thérèse, trois par le roi de Prusse, autant par la Sardaigne et dix par les cantons suisses. Les services rendus par l'école vétérinaire de Lyon déterminèrent Louis quinze à lui donner, dès 1764, le titre d'*Ecole royale*

vétérinaire, avec tous les priviléges accordés aux établissements royaux. Bourgelat reçut le brevet de directeur et inspecteur général de l'école royale vétérinaire de Lyon, et de toutes les écoles vétérinaires établies ou à établir dans le royaume. Le gouvernement décida qu'il serait fondé plusieurs autres écoles, une, entre autres, dans les environs de la capitale, et le château d'Alfort parut convenir à ce but. On disposa des logements pour quatre-vingt-dix élèves, des salles d'études, de dissection, etc., etc., et un hôpital pour les animaux. Tout était prêt dans l'année même qui suivit l'acquisition. Il fallait favoriser ensuite la pratique des élèves une fois sortis des établissements. Un arrêt du conseil du 11 août 1765 dit que les élèves des écoles vétérinaires qui, pendant quatre années consécutives, y auront fait leur cours d'études, pourront exercer à l'avenir cet art dans les villes où ils fixeront leur domicile, et partout où ils seront appelés, en vertu d'un brevet de *privilégié du roi en l'art vétérinaire*. Le gouvernement devait faire profiter les corps de troupes à cheval des avantages des nouvelles écoles. En 1769, chaque régiment envoya des sujets, et plus tard vingt élèves entraient chaque année à l'école, d'où ils sortaient, après quatre ans d'études, pour passer maréchaux experts dans les corps (règlement du 12 février 1774). Pour être admis à l'école, il fallait contracter deux engagements, un de quatre ans et l'autre de huit. En entrant au régiment, l'élève avait rang de maréchal des logis. L'enseignement fut établi sur une base large et scientifique. L'uniforme des élèves était composé d'un frac à la polonaise de drap bleu, avec revers, collet, parements et doublure chamois, boutons blancs marqués des lettres E R V (Ecole royale vétérinaire); la veste et la culotte de tricot bleu. Il était de plus fourni à chaque élève une paire de bottes, un bonnet de travail, et un sarrau de tricot bleu avec un collet de drap chamois; le chapeau était bordé de laine ou de fil blanc. La France fut bientôt imitée; l'impulsion qu'elle avait donnée fut suivie par presque tous les Etats de l'Europe, qui, après avoir entretenu des élèves aux écoles de Bourgelat, s'empressèrent d'utiliser chez eux les connaissances qu'ils avaient envoyé puiser chez nous, et fondèrent des établissements semblables; l'Angleterre, le Danemark, l'Allemagne, l'Italie, etc., etc., en possèdent aujourd'hui. Les avantages de ces établissements ne sauraient être contestés. La Vétérinaire n'a réellement commencé qu'à cette époque à devenir une science; cultivée auparavant par des hommes ignorants et qui n'avaient aucune idée des conditions générales de toute science, elle était plutôt un assemblage confus de prescriptions empiriques, de traditions routinières, qu'un art composé de règles et de préceptes qui permissent de prévoir un résultat et d'atteindre un but avec certitude. L'institution des écoles vétérinaires françaises répand bientôt ses bienfaits dans l'armée. Le règlement du 1er juillet 1788 sur le service des troupes à cheval confie exclusivement le soin des chevaux malades à un MARÉCHAL EXPERT (tit. v, art. 21), et une circulaire du ministre de la guerre du 5 janvier 1792 ajoute que les places de maréchaux experts qui viendront à vaquer dans les régiments ne pourront être occupées que par des élèves militaires sortant de l'école. Le titre de maréchal expert est changé, en 1793, en celui de VÉTÉRINAIRE, qui a été maintenu jusqu'en 1813. Un règlement du 15 février, sur l'administration des remontes générales des armées de la république française, leur allouait deux cents livres par mois. Les corps de cavalerie étaient alors dans l'usage de se pourvoir eux-mêmes de Vétérinaires; lorsqu'ils en manquaient, ils en faisaient la demande au ministre, qui leur en accordait toutes les fois qu'il en avait à sa disposition, ce qui n'arrivait pas toujours, car le nombre d'élèves des écoles, successivement réduit à quinze le 20 mai 1794, porté à vingt le 18 avril 1795, et réduit de nouveau le 25 juillet 1802, ne permettait pas de satisfaire à toutes les exigences. Jusque-là, il n'y avait qu'un Vétérinaire par régiment : c'était insuffisant, surtout en temps de guerre; aussi, un décret du 22 avril 1807 ordonna-t-il, pour ces seules circonstances, la création de Vétérinaires en second. Leur traitement fut fixé, le 24 décembre 1812, à six cents francs par an; celui de leur supérieur immédiat était double, et ils eurent rang à la suite des adjudants sous-officiers. Ce rang leur fut conservé dans le décret organique du 15 janvier 1813, qui décida, en outre, que le MARÉCHAL VÉTÉRINAIRE EN PREMIER porterait les galons de MARÉCHAL DES LOGIS CHEF, et le MARÉCHAL VÉTÉRINAIRE EN SECOND ceux de MARÉCHAL DES LOGIS ORDINAIRE. Il créa des inspecteurs vétérinaires, et fixa en même temps l'organisation des ÉCOLES vétérinaires, qui furent élevées à cinq et divisées en deux classes, savoir :

Alfort, seule de 1re classe.

Lyon,
Turin,
Aix-la-Chapelle,
Zutphen,
} de 2e classe.

A la vérité, les deux premières sont les seules qui aient été en exercice; les trois autres n'ont jamais été organisées. Vingt places d'élèves militaires, au compte de l'administration de la guerre, furent réservées dans chacune de ces deux ÉCOLES, et devaient être accordées aux fils des Vétérinaires en activité ou pensionnés, aux fils de cavaliers maréchaux ferrants, aux enfants des corps de troupes à cheval. Ces places n'ont jamais été remplies entièrement, soit par la difficulté de se procurer des sujets, soit à cause des événements de 1813 à 1815. Ces motifs, joints aux économies que réclamait la restauration, déterminèrent le ministre à prendre une décision le 16 novembre 1815, par laquelle l'école de Lyon dut cesser d'entretenir des élèves militaires, et fixa à vingt le nombre de ceux qui seraient entretenus à Alfort. On y était admis de l'âge de seize à vingt-cinq ans. L'enseignement se divisait en deux cours : celui de MARÉCHAL VÉTÉRINAIRE, qui durait trois ans, et celui dit de MÉDECINE VÉTÉRINAIRE, auquel deux autres années étaient consacrées. Le même besoin d'économie avait, dès 1815, fait affecter un seul Vétérinaire à chaque régiment de cavalerie. Vers le commencement de 1817, ces corps furent pourvus successivement de Vétérinaires en second, et enfin, par une autre ordonnance du 13 mai 1818, les régiments à six escadrons pouvaient avoir un Vétérinaire surnuméraire. Au mois de mars 1826, le titre de MARÉCHAL cessa d'être ajouté à celui de Vétérinaire, et au mois de juillet suivant, le ministre de la guerre, d'accord avec le ministre de l'intérieur, voulant combler les vacances d'emploi qui existaient dans les régiments de cavalerie, porta à quarante le nombre des élèves de l'école d'Alfort. Les places devaient être accordées, dans les conditions fixées par le décret de 1813, à des jeunes gens de dix-huit à vingt-cinq ans. Quelques mois auparavant, une ordonnance, rendue sur la proposition de M. le ministre de l'intérieur, ajoutait l'école vétérinaire de Toulouse à celles d'Alfort et de Lyon. L'enseignement reposait sur les mêmes bases, et se divisait en cinq chaires pour l'école d'Alfort, en quatre seulement pour celles de Lyon et de Toulouse. Il y avait alors dans l'armée deux classes de Vétérinaires : les uns, les VÉTÉRINAIRES EN PREMIER, marchant à la suite des adjudants sous-officiers et touchant un traitement de mille quatre cents francs; les autres, les VÉTÉRINAIRES EN SECOND, ayant rang après les maréchaux des logis chefs, et jouissant d'un traitement de mille francs. Leur position était donc déjà améliorée, lorsque l'ordonnance du 26 juin 1831 vint régler la solde des Vétérinaires des dépôts de remonte, et qu'une décision ministérielle du 25 mai 1832 admit les fils de Vétérinaires comme enfants de troupe. Enfin, l'ordonnance du 2 novembre 1833 régla de nouveau le service des Vétérinaires dans les corps de cavalerie. — Les deux classes instituées en 1826 subsistèrent jusqu'à l'ordonnance du 18 mars 1843, provoquée par le maréchal Soult, dont le nom se retrouve dans toutes les améliorations de cette époque, et qui créa quatre classes de Vétérinaires : les VÉTÉRINAIRES PRINCIPAUX, au nombre de six; les VÉTÉRINAIRES EN PREMIER, au nombre de quatre-vingt-dix-huit, porté depuis à cent deux; les AIDES-VÉTÉRINAIRES, au nombre de cent vingt-quatre; les SOUS-AIDES-VÉTÉRINAIRES, au nombre de trente-deux. Les premiers étaient, pour ainsi dire, sous une autre dénomination, les VÉTÉRINAIRES INSPECTEURS du décret impérial de 1813; au lieu de l'habit gris de fer adopté depuis 1818, l'habit en drap bleu de roi, boutonnant droit sur la poitrine, avec collet en velours violet, le pantalon en drap garance, à brayette, le chapeau du modèle général, sans floches ni macarons, composèrent leur uniforme. On leur accorda deux mille cinq cents francs de traitement, et ils prirent rang à la suite du sous-lieutenant. C'était justice, si l'on considère à quelles études le Vétérinaire doit se livrer avant d'obtenir son diplôme, et surtout combien est restreint son avancement. Sous ce rapport, les autres nations se sont montrées plus généreuses encore que la France. Ainsi en Angleterre, tout Vétérinaire, en arrivant au régiment, touche la solde de CORNETTE (sous-lieutenant); après deux ans de service, il a celle de LIEUTENANT; après vingt ans, celle de capitaine, qui est la plus élevée qu'il puisse atteindre. En Belgique, le VÉTÉRINAIRE INSPECTEUR est assimilé, pour la solde, au MAJOR. Les VÉTÉRINAIRES DE PREMIÈRE CLASSE sont assimilés, sous ce rapport, au CAPITAINE; ceux de DEUXIÈME CLASSE au lieutenant; ceux de troisième au sous-lieutenant. En Hollande, le VÉTÉRINAIRE EN PREMIER a aujourd'hui la solde de lieutenant. En Autriche, si les Vétérinaires proprement dits n'ont que le rang de maréchaux des logis chefs, il faut remarquer qu'ils se recrutent parmi les MARÉCHAUX experts, classe de MARÉCHAUX ayant étudié à l'école de Vienne pendant deux ans; c'est, du reste, à des docteurs en médecine qu'appartient le gouvernement supérieur des affaires vétérinaires. L'organisation est à peu près la même en Prusse. En Bavière, le VÉTÉRINAIRE EN CHEF DE L'ARMÉE touche la solde de LIEU-

TENANT-COLONEL; le VÉTÉRINAIRE EN PREMIER celle de CAPITAINE. En Russie, à leur sortie de l'une des trois écoles de Wilna, Moscou et Saint-Pétersbourg, où les études ne durent que trois ans, les Vétérinaires envoyés dans les régiments y arrivent avec le titre d'officier civil, lequel est également donné au médecin militaire. En Égypte enfin, par un firman émané et signé de Méhémet-Ali en 1833, les Vétérinaires sont divisés en trois classes : les SOUS-AIDES, qui sont rétribués comme les sous-lieutenants, les AIDES comme les lieutenants, et les VÉTÉRINAIRES MAJORS comme les capitaines. Ainsi qu'on en peut juger, ces assimilations de solde sont bien souvent supérieures à celles de nos Vétérinaires, dont l'instruction est cependant beaucoup plus étendue; mais on doit ajouter que le dernier mot n'est pas dit sur leur position, et qu'en ce moment même le gouvernement songe à l'améliorer, et à la rendre conforme à l'utilité de leur mission et aux services qu'ils rendent. En effet, l'anatomie et la physiologie, la botanique, la physique et la chimie, la pharmacie, l'hygiène, la pathologie, la jurisprudence commerciale et la police médicale forment aujourd'hui l'enseignement des écoles vétérinaires. On ne doit donc pas s'étonner que les élèves pourvus d'un diplôme qui embrasse ces diverses connaissances, soient classés au-dessus des sous-officiers. Lorsque la médecine vétérinaire ne se composait que de traditions populaires, il eût été ridicule d'accorder une certaine considération aux empiriques qui l'exerçaient; mais depuis qu'elle se lie si étroitement aux sciences médicales et que tant d'hommes éclairés la cultivent, on n'a rien dû négliger pour les mettre à la hauteur de leur mission. Un moment même il a été question de réunir les écoles vétérinaires aux écoles de médecine. C'est un vœu qu'avait déjà émis la société royale de médecine par la bouche de Vicq-d'Azir, son secrétaire, et à l'assemblée constituante, dans un rapport sur l'instruction publique, M. de Talleyrand avait applaudi à ce plan, qui, malheureusement, ne fut point adopté, car la science en attend encore la réalisation. Alfort est éloigné de l'école de médecine, et les élèves restent étrangers aux lumières que l'enseignement de la médecine comparée ne pourrait manquer de faire jaillir dans l'intérêt de notre cavalerie. Quoi qu'il en soit, grâce à l'habileté des disciples de Bourgelat, on peut dire aujourd'hui que la mortalité des chevaux de nos régiments a considérablement diminué. Autrefois, cette mortalité était dans la proportion de cent soixante-treize sur mille, tandis qu'elle n'est à présent que de soixante-trois sur un même nombre. Ce progrès s'est surtout manifesté, il faut le reconnaître, du jour où la fourniture des médicaments a cessé d'être faite directement par les maréchaux-experts. Le système actuellement en vigueur est incontestablement préférable et produit de notables économies. C'est là une considération importante ; car, d'après les appréciations d'un des écrivains militaires les plus distingués de ce temps-ci, les chevaux de l'armée, au nombre de quatre-vingt-dix mille environ en 1836, représentaient, à cette époque, un capital de plus de cinquante-six millions, et coûtaient mensuellement à l'Etat la somme de trois millions, sans compter les pertes, estimées annuellement au capital de deux millions huit cent mille francs. Ce calcul suffit pour prouver combien il importe que le gouvernement s'assure du concours efficace des hommes les plus capables de prévenir les maladies qui peuvent ravager nos quartiers de cavalerie, ou, quand elles surviennent malgré tous les soins, de les rendre moins meurtrières en les combattant avec le plus de discernement. — Les AUTEURS à consulter sont : DE BROUSSONNET, DE CHABERT, HURTREL D'ARBOVAL, *Dictionnaire de médecine vétérinaire* (1837), HUZARD, *Journal militaire, Journal des Sciences militaires* (9e année, p. 87 et 341), LEBAS (1834), LECOUTURIER (1825), LE ROY, MOEBUS, PHOEBUS (Gaston), SAINT-AULAIRE, TARDIF, VATEL (1832), VOGELI (1835).

VÉTÉRINE, subs. fém. (1, F). Science du VÉTÉRINAIRE. L'Allemagne est riche en traités sur cette matière, ainsi que le prouve WALTHER. V. MILICE TURCO-ÉGYPTIENNE N° 5.

VÉTUCIELLER ou VÉTUCILLER, verb. act. V. RAVITAILLER.

VEUE COUPÉE (G, 2). GUILLAUME DU BELLAY, dans son livre de la *Discipline militaire* (liv. 1er), en décrivant l'ARMURE DES CHEVAU-LÉGERS, dit qu'ils doivent avoir une SALADE forte, bien coupée et à VEUE COUPÉE.

VEUGLAIVE, subs. fém. (F), ou VANDEGLAIVE, OU VUGLAIVE, ou VULGAIRE suivant ROQUEFORT. Mots probablement dérivés du vieux adjectif VEUGLE, synonyme d'aveugle, et pouvant signifier machine aveugle. On a appelé VEUGLAIVES, suivant CARPENTIER et ROQUEFORT, les premières armes à feu. BOREL (Pierre) affirme au contraire, que c'était le MARTEAU ou la MASSUE propre à enfoncer les portes d'une ville, et dont VÉGÈCE, ou plutôt JUSTE LIPSE donne le figuré. Ainsi le VEUGLAIVE eût été le bélier caché dans une cage ou TORTUE, c'est-à-dire le bélier aveugle.

FURETIÈRE prétend que c'était une ancienne bouche à feu, dont il ne donne pas la description. MORITZ MEYER l'appelle VOLGAIRE, ou FOLGARE, et dit qu'il était en usage en 1404 et 1439. On pourrait admettre que ce dernier mot FOLGARE vient du latin *fulgur*, qui désigne l'éclair de la foudre ; et cette assertion serait d'autant plus admissible, que M. de Barante, qui l'appelle VEUGLAIRE et non VEUGLAIVE, dit que *c'était un canon léger en usage en* 1453.

VEUVE. V. FEMME DE MILITAIRE. V. MILICE PRUSSIENNE N° 10. V. PENSION DE VEUVE.

VEUVE D'ADJUDANT. V. ADJUDANT D'INFANTERIE FRANÇAISE DE LIGNE N° 14.

VEUVE DE GUERRIER. V. VEUVE DE MILITAIRE.

VEUVE DE MARÉCHAL. V. MARÉCHAL DE FRANCE N° 8. V. MINISTRE DE LA GUERRE (1830, 18 NOVEMBRE).

VEUVE DE MILITAIRE (C, 4). En Grèce, lorsqu'un citoyen tué à la guerre laissait une femme, l'Etat en prenait soin ; elle était placée sous la garde du polémarque avec ses enfants, et ceux-ci étaient élevés aux frais de la république jusqu'à dix-huit ans. (DÉMOSTH. *de Coron. et Contra Leprin*, ŒSCHIN, *de Coron.*) — Avant la révolution de 1789, les pensions de Veuves n'étaient pas de droit absolu, elles dépendaient presque entièrement du domaine des grâces. Ce système offrait cela de bon que, n'étant pas renfermé dans la limite rigoureuse de la légalité, le chef de l'Etat pouvait récompenser les Veuves dont les maris étaient morts avant d'avoir achevé leur carrière militaire. Ces pensions étaient proportionnées au grade, à l'importance et à la durée des services. Sous l'empire de la loi du 22 août 1790, les Veuves des citoyens morts dans un service public pouvaient obtenir une pension alimentaire. Ce principe fut étendu, par la loi du 4 juin 1793, aux Veuves des militaires morts dans les combats ou après de longs services, et le décret du 6 du même mois leur accorda la moitié du traitement de leurs maris. Une autre loi du 29 juillet 1793 établit que leurs pensions ne pourraient excéder 1,000 francs, ni être moindres de 150 francs. La loi du 14 fructidor an six statua en principe que les Veuves des militaires morts sur le champ de bataille ou dans les six mois de leurs blessures, auraient droit à une pension alimentaire en justifiant de leur manque de patrimoine, c'est-à-dire qu'elles ne jouissaient point d'un revenu de 500 francs pour elles-mêmes, et de 50 francs de plus pour chaque enfant. Dans ce cas, la pension des Veuves de sous-officiers et soldats ne pouvait être moindre de 100 francs, ni excéder 200 francs. Les Veuves d'officiers avaient droit, selon le grade du mari, de 200 à 400 francs, et celles des généraux pouvaient obtenir 1,200 à 1,500 francs. La constitution de l'an huit (22 frimaire, art. 86), consacra ce grand principe de morale et d'humanité ; et la loi du 8 floréal an onze porta la quotité des pensions au quart du maximum de la solde de retraite du mari pour les Veuves d'officiers, et au tiers pour les Veuves de sous-officiers et soldats. Après la bataille d'Austerlitz, Napoléon, par un décret du 16 frimaire an quatorze, accorda aux Veuves des généraux tués dans cette bataille une pension de 6,000 francs ; aux Veuves des officiers supérieurs, 2,400 francs ; à celles des capitaines, 1,200 francs ; à celles des lieutenants, 800 francs ; et enfin à celles des soldats, 200 francs. C'était presque le double de la solde de retraite de chaque grade. Louis dix-huit, par une ordonnance du 14 août 1814, étendit les bienfaits de la loi de l'an onze aux Veuves des militaires morts en jouissance de retraite, ou en possession de droit à pension, ou enfin morts après vingt ans de services, et ayant rendu des services éminents à l'Etat. Ces pensions étaient fixées à raison d'un quart du maximum de la solde de retraite du mari. La loi de finance du 17 août 1822 (art. 8 et suivants) accordait des pensions aux Veuves des militaires décédés postérieurement au 14 août 1814, en jouissance de la retraite ou en possession de droits à l'obtenir, pourvu qu'elles justifiassent de cinq années de mariage avant la cessation d'activité, ou qu'elles eussent un ou plusieurs enfants issus de ce mariage. — L'ordonnance du 14 août 1824, en rétablissant les trente années de services pour les droits des Veuves, leur imposa la dure condition de justifier qu'elles n'avaient pas un revenu égal au double de la pension qu'elles réclamaient. — De tous temps les dispositions restrictives dans le droit des Veuves à une pension ont été regardées comme contraires à la morale et à la saine politique. La nouvelle loi du 11 avril 1831, tit. III, sect. 2 et 3, a mieux compris les devoirs de l'Etat. — Ont droit à une pension viagère : 1° les Veuves de militaires tués sur le champ de bataille ou dans un service commandé ; 2° les Veuves de militaires qui ont péri à l'armée ou hors d'Europe, et dont la mort a été causée, soit par des événements de guerre, soit par des maladies contagieuses ou endémiques, aux influences desquelles ils ont été soumis par les obligations de leur service ; 3° les Veuves de militaires morts des suites de blessures reçues, soit sur le champ de bataille, soit dans un service commandé, pourvu que le mariage soit antérieur à ces blessures ; 4° les Veuves de militaires morts en jouissance de la pension de retraite, ou en possession de droits à cette pension, pourvu que le mariage ait été contracté deux ans avant la cessation de l'activité ou du traitement militaire du mari, ou qu'il y ait un ou plusieurs enfants issus du mariage antérieur à cette cessation. — Le mariage contracté par les militaires en activité de service, postérieurement à la promulgation du décret du 16 juin 1808, n'ouvre de droits à pension aux Veuves et aux enfants qu'autant qu'il a été autorisé dans les formes prescrites par ledit décret. — En cas de séparation de corps, la Veuve d'un militaire ne peut prétendre à aucune pension. — La pension des Veuves de militaires est fixée au quart du maximum de la pension d'ancienneté affectée au grade dont le mari était titulaire, quelle que soit la durée de son activité dans ce grade. — Néanmoins, la pension des Veuves des maréchaux de France est fixée à six mille francs. — Celle des Veuves de caporaux, brigadiers, soldats et ouvriers, ne sera pas moindre de cent francs. — L'ordonnance du 2 juillet 1831 explique la marche à suivre pour l'obtention des pensions des Veuves. — Les lois sur la milice anglaise semblent nous avoir donné l'exemple de la réunmération accordée aux Veuves d'officiers : elles ont droit à pension, même quand leur mari meurt en demi-solde. Et lorsqu'il périt sur le champ de bataille il leur est alloué une année entière de la solde du mari. Ces pensions, instituées par la reine Anne (1714), ont été augmentées en 1806 ; mais la loi anglaise a eu l'impardonnable tort d'oublier les Veuves des soldats.

VEUVE d'homme de troupe. V. MILICE RUSSE N° 2.

VEXILLAIRE, subs. masc. (F.). v. CENTURION EN CHEF. V. CENTURION N° 5. V. DRAPEAU. V. DRAPEAU EN CROIX. V. ENSEIGNE D'ÉQUIPEMENT. V. EXPLORATEUR. V. ENSEIGNE-ENSEIGNE. V. VEXILE. — Le mot VEXILLAIRE répond au latin *vexillifer* et à l'italien *vessilifer* PORTE-ÉTENDARD). VELLEIUS parle de *soldats vexillaires ;* c'étaient, suivant son traducteur (1825), des soldats arrivés au terme de leur service, mais non libérés, et formant corps à part *sub vexillo.* C'étaient donc des vétérans continuant momentanément à servir, soit à cause des exigences de la guerre, soit parce que les routes étant interceptées, ils ne pouvaient pas retourner dans leur patrie. Quant aux Vexillaires porte-enseigne des centuries, ils étaient, en ordre de bataille, placés vers le centre de la CENTURIE, et comme masqués et protégés par les rangs de soldats nommés ANTÉSIGNAIRES. Il fut un temps où il y avait, par centurie, deux Vexillaires, afin que, si l'un venait à manquer, l'autre pût encore donner les signes de ralliement à la troupe. Les Vexillaires, différents en cela de nos porte - drapeau, étaient un point de ralliement, mais non un moyen d'alignement.—Ouvrages à consulter : AUDOUIN, *Histoire de l'administration de la guerre*, tom. I, pag. 108 — 149; CARRION (1824), tom. I, pag. 185, 324, et tom. II, pag. 611; *le Parfait capitaine* (1756), pag. 130; TURPIN (1783), tom. I, p. 327.

VEXILLATION, subs. fém. (F). Mot formé de *vexillum*, ÉTENDARD, et signifiant aile ou troupe de cavalerie, agrégation de soldats sous un VEXILLE. V. VEXILLE.

VEXILLE, subs. masc. (F.). V. ANTE-SIGNAIRE. V. CAMP ROMAIN. V. COHORTE DE LÉGION ROMAINE N° 2. V. DRAPEAU. V. DRAPEAU DE COHORTE. V. DRAPEAU DE VEXILLE. V. ENSEIGNE DE COHORTE. V. ENSEIGNE D'ÉQUIPEMENT. V. ENSEIGNE ROMAINE. V. ÉTENDARD. V. LABARUM. V. LÉGION ROMAINE N° 4. V. MILICE ROMAINE N° 4. V. RÉCOMPENSE. — Le terme générique, VEXILLE, qui a la même origine que le précédent, appartient à l'époque où furent sur pied les armées impériales de Rome. Peut-être aussi vient-il du verbe *vehere*, porter, comme on eut dit *objet transporté*. VÉGÈCE prétend qu'il vient de *velum;* c'était un genre de DRAPEAU des temps de la corruption de la milice romaine, et il paraît avoir servi de type primordial aux drapeaux de l'Occident. Jusqu'à l'ère chrétienne, les ENSEIGNES romaines furent des images, des symboles sans draperies, ou une poignée d'herbes attachées à un long bâton, ou les représentations en relief d'une louve, d'un aigle, de divers autres emblèmes qui se fabriquaient en bois ou en airain. Lorsqu'on commença à faire usage des troupes alliées et de la cavalerie à l'orientale, celles-ci marchèrent à l'ombre de hampes à draperies qu'on appela *vexillum*, *vexilla*, *velum* et *vela*. L'ENSEIGNE antique eût été une prérogative nationale que l'orgueil romain aurait refusée aux alliés. Mais quand les armées de Rome et de Bysance ne furent plus composées que d'étrangers et d'hommes à cheval, le VEXILLE fit partout oublier le MANIPULE, et ce qui le prouve, c'est que le premier de ces mots ne se trouve ni dans VIRGILE, ni dans LUCAIN, c'est-à-dire dans les écrits du dernier siècle du paganisme. Il y avait le Vexille d'armée et le Vexille de CENTURIES. Le premier, depuis l'établissement de l'empire bysantin, fut en

forme de BANNIÈRE, c'est-à-dire à hampe croisée, et tels furent les modèles primitifs de nos BANNIÈRES d'église. Les Vexilles conservèrent longtemps la devise : *Senatus populusque Romanus*. Le despotisme des empereurs n'osa pas y toucher; mais CONSTANTIN trouva le moyen ingénieux d'effacer l'inscription qui l'offusquait, en couvrant ce changement du voile de la religion ; il y substitua le monogramme du Christ en 512, époque à laquelle lui apparut une croix lumineuse avec cette inscription : *In hoc signo vinces*, c'est-à-dire au moment de sa conversion au christianisme. JULIEN L'APOSTAT rétablit sur les Vexilles l'ancienne devise qui avait fait le tour de l'univers conquis, mais cette restauration ne se prolongea pas au delà de sa mort. On peut consulter sur ce mot : AUDOUIN, tom. I, p. 98; CARRION (1824), tom. I, p. 177; ENCYCLOPÉDIE, tom. I, p. 534, 2e col. ; LACHESNAIE, au mot *Enseigne*, tom. II, p. 48; MEZERAI (1767), p. 40; REY, *Histoire des marques nationales*.

VEXILLE de CENTURIE (term. sous-gén.) (F). Sorte de Vexille ou de FANION qui, dans les centuries des COHORTES ROMAINES, était d'un ordre inférieur depuis l'établissement de l'empire bysantin. Ce Vexille à hampe croisée avait le numéro de la même couleur que les BOUCLIERS de la CENTURIE.

VEXILLIFER, adj. v. GONFALONIER. V. VEXILLAIRE.

VEY, subs. masc. v. GUÉ.

VEYES. V. NOMS PROPRES.

VIANA. V. NOMS PROPRES.

VIANDE, subs. fém. V. ABATTAGE. V. ALIMENT. V. A LA V... V. BESTIAUX. V. BOEUF. V. BON DE V... V. BOUCHER DE GARNISON. V. BOUILLON D'OS. V. CHAMBRE DE SOLDAT. V. CORPS EN ROUTE. V. CUISINIER. V. DISTRIBUTION DE V... V. EMPLOYÉ DES SERVICES. V. FOURNITURE DE CAMPAGNE. V. FOURNITURE DE V... V. GÉLATINE. V. INFANTERIE FRANÇAISE N° 5. V. LÉGISLATION (1636, 26 MARS. V. MASSE D'ORDINAIRE. V. MILICE ÉGYPTIENNE N° 4. V. MILICE ESPAGNOLE N° 5. V. MILICE POLONAISE N° 4. V. MILICE ROMAINE N° 11. V. MUNITIONNAIRE. V. NOURRITURE. V. PRISE DE V... V. PIED DE GUERRE. V. PESÉE DE V... V. PORTION DE V... V. POUDRE DE V... V. RATION DE V... V. RIZ. V. SOLDE. V. SOUPE. V. TABLEAU DE SOLDE DU SOLDAT DE COMPAGNIE.

VIANDE (term. génér.) (B, 1), du latin barbare *vivanda*, fait de *vivere* (vivre), et que les Italiens ont conservé sans aucun changement. La consommation de la Viande ne devint commune aux armées que lorsque les progrès de la civilisation eurent donné la faculté d'en procurer aux troupes avec assez d'abondance. Dans l'antiquité, le système de la métempsycose en avait rendu l'abstinence toute naturelle, et les règlements de plusieurs cultes étaient d'accord pour l'imposer. Les Hébreux ne pouvaient manger de Viande sans en extraire le sang, et la graisse, et, à l'instar de beaucoup d'autres peuples, ils ne distribuaient que des grains aux soldats. Les Grecs y ajoutèrent la Viande de porc, dont la race était supérieure à celle qu'on a conservée depuis en Europe. Par suite de l'usage des sacrifices, la chair des animaux était considérée comme sacrée ; aussi, presque partout, et plus longtemps dans le Nord, fut-elle exclusivement vendue par des prêtres à la porte des temples. Il y avait même à Rome un collége de bouchers, corporation jouissant des priviléges attachés aux métiers utiles ; ils étaient jugés par leurs pairs, et leur tribunal était présidé par le préfet. Les simples ouvriers se divisaient en *laniores, lanii, carnifices*. Au dessus d'eux était le collége des fournisseurs de Viande, *sudarii* ou *boarii*, suivant qu'ils fournissaient des porcs ou des bœufs. C'est par imitation de cette coutume que les peuples du Nord élevèrent quelquefois les fonctions de ꜰᴏᴜʀɴɪꜱꜱᴇᴜʀ au-dessus des autres fonctions militaires. A l'époque de la décadence de l'empire romain, on ne peut pas dire que les soldats ne mangeaient point de Viande, mais il paraît certain que l'usage d'en fournir à l'armée n'existait pas encore, et qu'il ne s'introduisit que bien des siècles après. Sous Henri quatre, Louis treize et Louis quatorze, ce genre de distribution était inusité ; la paye devait y suffire, ou plutôt l'autorité ne considérait pas la Viande comme un aliment indispensable. En guerre, le pillage y subvenait. Cependant les troupes, qui la recherchaient avec avidité, en consommaient indistinctement tous les jours lorsqu'une ordonnance du 10 octobre 1633 vint leur défendre d'en manger le samedi. C'était une inspiration du cardinal de Richelieu, alors ministre. Servais dit qu'une ordonnance du 1ᵉʳ juin 1668 prescrit de fournir des vaches à l'infanterie toutes les fois qu'il sera possible. En 1690, d'après le même écrivain, on accorde aux ᴛʀᴏᴜᴘᴇꜱ ᴇɴ ᴄᴀᴍᴘᴀɢɴᴇ une demi-livre de Viande par jour, sauf le vendredi, exception que ne justifiait pas moins l'économie que le besoin de pénitence. La retenue s'en opérait sur la solde au prix de deux sous dix deniers la livre. On a peine à s'expliquer cette lésinerie, quand on songe que quinze ans plus tôt la ration était déjà plus abondante : ainsi, une ordonnance du

18 novembre 1674 donne à chaque garde du corps de Sa Majesté, par jour de garde, 5 livres de Viande de bœuf ou de mouton ; celle du 1ᵉʳ novembre 1675 règle la fourniture des vivres en nature, aux troupes en route, par l'étapier, de la manière suivante : Gardes du corps, gendarmes des ordonnances, chevau-légers et mousquetaires, deux livres de chair de bœuf, veau ou mouton ;

Le capitaine d'iceux . . . 6 rations.
Le lieutenant . . . . . 4 —
Le maréchal des logis. . . 2 —
Dans la cavalerie, un cavalier . . . . 2 livres.
Dans l'infanterie, un soldat. . 1 —

C'est également cette dernière quantité que Montecuculi faisait donner par jour à chaque soldat, vers la fin du dix-septième siècle. Sous le ministère Lᴇʙʟᴀɴᴄ (président Fʟᴇᴜʀʏ), on continua d'ajouter à la ꜱᴏʟᴅᴇ des troupes la ʀᴀᴛɪᴏɴ d'une demi-livre de Viande, chaque jour, le vendredi excepté. En 1745, la ʀᴀᴛɪᴏɴ était encore maintenue, mais les os s'y trouvaient compris, et comme la distribution se faisait souvent dans le moment où les bêtes étaient tuées, la Viande étant plus lourde que lorsqu'elle est rassise, cette fraude tournait au profit du boucher et au détriment du soldat. Il est vrai que les trois sous que ce dernier mettait à l'ᴏʀᴅɪɴᴀɪʀᴇ, comme le témoigne Potier, suffisaient par compensation pour qu'il mangeât la soupe deux fois par jour, souvent du lard, et toujours des légumes. Le décret du 24 février 1792 accorda quatre onces de Viande fraîche, par jour, aux sous-officiers et soldats des troupes de ligne et bataillons de gardes nationales sur pied ; mais il fut rapporté deux mois après, pour cause d'*inconvénients* que l'on ne fit point connaître. Néanmoins, tout en remédiant à de graves abus, on sentit la nécessité de ne point porter atteinte à la santé du soldat en modifiant le régime alimentaire qui lui était si nécessaire. Aussi s'empressa-t-on de le rétablir d'abord au profit des officiers. Le 29 juin 1792, des ʀᴀᴛɪᴏɴꜱ d'une livre de Viande sont accordées aux officiers en raison de la perte sur les assignats, indépendamment des autres rations de pain, riz, etc., qui sont fournies en nature. La ʀᴀᴛɪᴏɴ de Viande est fixée à dix sols et retenue sur les appointements, qui sont augmentés à cet effet de cinquante livres en numéraire par an. Cette retenue s'opère en assignats, attendu que les payements se font de cette manière dans l'intérieur. Un autre règlement de la même année rend la Viande aux troupes en route. Il y est dit que la Viande crue est divisée par escouade en morceaux de deux ou trois livres, et répartie à tour de rôle entre les soldats ; ces morceaux sont renfermés dans un mouchoir net, ou dans une pièce de toile pendant sur le sac. Si la Viande est cuite, il en est fait une part pour chaque homme, qui l'enveloppe dans du papier et la place dans le compartiment destiné au pain. D'après le décret du 6 septembre 1793, n'ont pas droit aux rations de Viande les CHARRETIERS et employés des hôpitaux ambulants, d'artillerie, de charrois et de convois militaires. Les secrétaires de place subissent bientôt cette exception, puis les gardes d'artillerie, les adjudants de place, les commandants amovibles des places de guerre et postes militaires (1er fructidor an trois). Le 25 brumaire, les grands approvisionnements de Viandes salées qui se trouvent dans les places, obligent le gouvernement à les écouler en en faisant délivrer deux rations par chaque décade aux troupes de la république ; l'excédant de la Viande fraîche est conservé pour les hôpitaux. Jusque-là l'exiguité de la solde du soldat ne permet pas qu'il mange plus d'un quarteron de Viande, ou au plus un tiers de livre, au lieu d'une demi-livre qu'il devrait manger. Mais une portion si minime semble moins surprenante si l'on songe, d'après l'ouvrage intitulé : *Population et consommation de Paris*, que le total de la Viande qui s'y consomme n'en suppose, par chaque habitant, que quatre onces à peine. Au surplus, si, à cette époque, la quantité de Viande affectée au soldat était fort restreinte, sa qualité était l'objet de la surveillance de la police ; les munitionnaires qui enfreignaient les mesures prescrites à cet égard encouraient des peines très-sévères. Quant aux approvisionnements, ils se faisaient par l'adjudant-major qui passait des marchés avant l'arrivée du corps. Cet état de choses dura longtemps encore. En 1825, le soldat, en guerre, reçoit la ration d'une demi-livre de Viande de bœuf ; les officiers inférieurs ont une ration et demie ; les officiers supérieurs, deux rations. En paix, le soldat achète sa demi-livre de Viande. Le réglement du 1er septembre 1827 (titre v, section III) renferme de longs détails sur l'exécution du service de la Viande, notamment sur les prix, la marque et la reconnaissance des bestiaux, le déchet sur le poids brut, l'étal particulier pour les officiers, les distributions, la pesée, et enfin sur la fourniture spéciale destinée aux hôpitaux. La demi-livre donnée au soldat, et dont il faut défalquer la perte des os et la substance que produit le bouillon, semble au premier abord insuffisante pour des hommes en général dans la vigueur de l'âge ;

et cependant le savant Darcet prouvait, en 1834 (8 septembre), à l'Académie des sciences, que les Français n'ont encore, l'un dans l'autre, que la moitié de la quantité de matière animale qui est accordée au militaire pour sa nourriture. Les os entrent toujours pour un cinquième dans le poids de la Viande. Un kilogramme sans os fait quatre bouillons d'un demi-litre ou deux litres de bouillon ; un kilogramme d'os, sans viande, soumis aux procédés propres à l'extraction de la gélatine et à la confection du bouillon d'os, produit bien plus que la Viande sans os. Il est bon d'ajouter que les parties nutritives de la Viande varient suivant l'âge des animaux. Sur cent parties, le mouton en contient de 31 à 34 ; le veau, de 26 à 28 ; le bœuf, de 32 à 35 ; le porc, de 31 à 32. On a remarqué, du reste, que le soldat français en consommait moins que le soldat anglais, et que cette différence pouvait à peu près s'élever à trois onces et demie par jour. Mais cette observation n'est pas exacte en ce qui touche nos troupes des colonies, dans lesquelles les rations sont augmentées, parce que la nourriture doit y être plus substantielle. Ainsi, à l'île Bourbon, à Madagascar, il est délivré aux soldats de la Viande salée deux fois, et de la Viande fraîche, cinq fois par semaine. De récentes instructions ministérielles ont augmenté la quantité de Viande donnée aux troupes de l'intérieur. Les écrivains qui ont traité ce sujet sous le rapport administratif, sont BERRIAT, tom. III, p. 30 ; ODIER (1824, E, tom. VII, p. 23, 60 et 79) ; POTIER et SERVAIS. — Ce mot se trouve fréquemment allié à des composés, avec lesquels il forme VIANDE AU CAMP, — CRUE, — D'HÔPITAL, — D'ORDINAIRE, — EN CAMPAGNE, — EN ROUTE, — D'ÉTAPE, — FRAICHE, — FUMÉE, — SALÉE.

VIANDE AU CAMP. V. AU CAMP. V. DISTRIBUTION DE V... V. PESÉE DE V...

VIANDE CRUE. V. CORVÉE EN ROUTE.

VIANDE d'HOPITAL. Est délivée par jour, et par malade, à raison de 500 grammes, dont deux tiers de bœuf et un tiers de veau ou de mouton. Elle se subdivise en demi-portion et quart de portion, qu'on distribue suivant le cas, comme les autres aliments. La marmite doit recevoir autant de demi-kilogrammes que l'hôpital contient de malades. La portion étant cuite et sans os doit représenter, après la cuisson, les neuf seizièmes du poids primitif.

VIANDE d'ORDINAIRE. Les deniers de l'ORDINAIRE sont censés pourvoir à cette fourniture à raison d'une demi-livre par homme ; mais la quantité en est presque

toujours moindre, tant à cause de la défal-
cation des os et de la cuisson, que du prix
souvent trop élevé de cette denrée. La réduction totale ne laisse généralement à chaque soldat que trois ou quatre onces. Les
capitaines des compagnies et les officiers de
semaine doivent s'assurer si la quantité de
Viande d'ordinaire est proportionnée au
nombre d'hommes présents. ᴠ. ᴀʟɪᴍᴇɴᴛs
ᴅ'ᴏʀᴅɪɴᴀɪʀᴇ. ᴠ. ʙᴏɴ ᴅᴇ ᴠɪᴀɴᴅᴇ. ᴠ. ʙᴏᴜɪʟʟᴏɴ
ᴅᴇ ᴠɪᴀɴᴅᴇ. ᴠ. ᴅᴇɴɪᴇʀ ᴅ'ᴏʀᴅɪɴᴀɪʀᴇ. ᴠ. ᴅᴇᴛᴇɴᴜ ᴀ
ʟᴀ ꜱᴀʟʟᴇ ᴅᴇ ᴘᴏʟɪᴄᴇ. ᴠ. ᴅɪꜱᴛʀɪʙᴜᴛɪᴏɴ ᴅᴇ ᴠɪᴀɴᴅᴇ
ᴀᴜ ᴄᴀᴍᴘ. ᴠ. ꜰᴏᴜʀɴᴇᴀᴜ ᴅᴇ ᴄᴜɪꜱɪɴᴇ. ᴠ. ᴍᴀʀᴍɪᴛᴇ
ᴅᴇ ᴄᴀꜱᴇʀɴᴇ.

VIANDE ᴇɴ ᴄᴀᴍᴘᴀɢɴᴇ. ᴠ. ʙᴏɴ ᴅᴇ ᴠɪᴀɴᴅᴇ
ᴇɴ ᴄᴀᴍᴘᴀɢɴᴇ. ᴠ. ʙᴏᴜᴄʜᴇʀ ᴍɪʟɪᴛᴀɪʀᴇ.

VIANDE ᴇɴ ʀᴏᴜᴛᴇ. ᴠ. ᴅᴇɴʀᴇᴇ ᴅᴇ ʀᴏᴜᴛᴇ·
ᴠ. ᴇᴛᴀᴘᴇ. ᴠ. ɪɴᴅᴇᴍɴɪᴛᴇ ᴅᴇ ʀᴏᴜᴛᴇ.

VIANDE ᴅ'ᴇᴛᴀᴘᴇ. ᴠ. ᴇᴛᴀᴘᴇ.

VIANDE ꜰʀᴀɪᴄʜᴇ. ᴠ. ʙᴏᴇᴜꜰ ꜱᴀʟᴇ.

VIANDE ꜰᴜᴍᴇᴇ. ᴠ. ꜰᴜᴍᴇ, adj. ᴠ. ᴘᴏᴜᴅʀᴇ
ᴀʟɪᴍᴇɴᴛᴀɪʀᴇ.

VIANDE ꜱᴀʟᴇᴇ. ᴠ. ʙᴏᴇᴜꜰ ꜱᴀʟᴇ. ᴠ. ᴘᴏᴜᴅʀᴇ
ᴀʟɪᴍᴇɴᴛᴀɪʀᴇ. ᴠ. ꜱᴀʟᴇ.

VICAIRE (F). Terme que les traducteurs français ont tiré du mot latin *vicarius*, qualification donnée dans la milice
romaine, sous les empereurs, au lieutenant
du ᴛʀɪʙᴜɴ et aux aspirants au ᴛʀɪʙᴜɴᴀᴛ.
Constantin envoya, dans les diocèses ou provinces, des Vicaires ou préfets du prétoire,
chargés de la levée des troupes, de leur
organisation, du choix des officiers et de
tous les détails du service. Cette nouvelle
dénomination de Vicaire plut aux peuples
d'Occident, qui la prenaient lorsqu'ils se
présentaient en champ clos pour défendre
une femme outragée, pour faire respecter un
vieillard ou prêter assistance au faible. Les
Vicaires succédèrent aux préfets militaires.
— Dans l'ancien droit public d'Allemagne,
on donnait le nom de ᴠɪᴄᴀɪʀᴇ à celui ou à
ceux qui pourvoyaient au gouvernement de
l'empire quand le trône impérial venait à
vaquer, soit par la mort, soit par l'absence,
ou tout autre empêchement de l'empereur.
Le système électif sur lequel reposait la
monarchie, et les interrègnes qui presque
toujours précédaient ou accompagnaient l'é-
lection impériale, avaient, là plus qu'ailleurs,
fait sentir la nécessité d'une autorité spécialement chargée de suppléer le pouvoir suprême dans ses intermittences ; cette autorité était le ᴠɪᴄᴀɪʀᴇ ᴅᴇ ʟ'ᴇᴍᴘɪʀᴇ. La ʙᴜʟʟᴇ
ᴅ'ᴏʀ, cet acte que l'on peut considérer
comme le code de l'ancien droit politique
de l'Allemagne, nous apprend en quoi consistaient les fonctions et les droits dont le

ᴠɪᴄᴀɪʀᴇ ou ᴘʀᴏᴠɪꜱᴇᴜʀ était investi : 1° l'administration de la justice ; 2° la nomination
aux bénéfices ecclésiastiques ; 3° la perception des revenus de l'empire ; 4° l'investiture des fiefs et le droit de recevoir la foi
et hommage de la part et au nom de l'empire, mais à l'exception des ꜰɪᴇꜰꜱ ᴅᴇꜱ ᴘʀɪɴᴄᴇꜱ
et des ꜰɪᴇꜰꜱ ᴅ'ᴇᴛᴇɴᴅᴀʀᴅ, dont l'investiture
était exclusivement réservée à l'empereur.
Telles étaient les attributions du Vicaire ;
mais elles reçurent de l'extension par l'effet
successif des circonstances et des capitula-
tions impériales. Des publicistes sont même
d'avis que ce titre impliquait toutes les
prérogatives du pouvoir impérial, y compris
l'autorité militaire. Après la Bulle d'or, il
paraît que les empereurs usèrent encore
quelquefois de la faculté d'instituer des Vicaires particuliers. On voit en effet que
Cʜᴀʀʟᴇꜱ ǫᴜᴀᴛʀᴇ, l'auteur même de la Bulle
d'or, en reconnaissance de l'accueil qu'il avait
rencontré en France de la part de Charles cinq,
conféra au fils de ce roi la dignité de Vicaire
de l'empire dans tout le royaume d'Arles,
dont le Dauphiné faisait alors partie. Il est
inutile d'ajouter que de nos jours ce mot
n'a point conservé son ancienne acception,
et ne s'emploie guère que dans l'ordre reli-
gieux, si ce n'est cependant en Prusse, où
l'un des princes du sang, dans les récentes
insurrections badoises, conciliait cette dignté
avec le titre de commandant en chef, et
résumait ainsi, au nom du roi, tous les
droits et toute l'autorité de la couronne. ᴠ.
ᴀʟᴅɪᴏɴᴀɪʀᴇ. ᴠ. ᴄʜᴀᴍᴘɪᴏɴ. ᴠ. ᴄᴏᴍᴛᴇ. ᴠ. ʟᴏᴜɪꜱ
ᴏɴᴢᴇ (au mot ᴅᴇꜱᴘᴀɢɴᴇᴛ, 1616). ᴠ. ᴍᴀɪᴛʀᴇ
ᴅᴇ ʟᴀ ᴄᴀᴠᴀʟᴇʀɪᴇ. ᴠ. ᴍɪʟɪᴄᴇ ʀᴏᴍᴀɪɴᴇ ɴ° 2. ᴠ.
ᴘʀᴇꜰᴇᴛ ᴅᴜ ᴘʀᴇᴛᴏɪʀᴇ. ᴠ. ᴠɪᴄᴏᴍᴛᴇ. ᴠ. ᴠɪɢᴜɪᴇʀ.

VICARIAT. ᴠ. ᴀᴜᴛᴇᴜʀꜱ ᴍɪʟɪᴛᴀɪʀᴇꜱ (1616,
B).

VICE-AMIRAL. ᴠ. ᴀᴅᴍɪʀᴀʟ. ᴠ. ᴀᴍɪʀᴀʟ.
ᴠ. ᴠɪꜱ-ᴀᴅᴍɪʀᴀʟ.

VICE-BAILLY. ᴠ. ᴏꜰꜰɪᴄɪᴇʀ ᴅᴇ ʀᴏʙᴇ
ᴄᴏᴜʀᴛᴇ.

VICE-CAPORAL. ᴠ. ᴄᴀᴘᴏʀᴀʟ.

VICE-CONNÉTABLE. Du latin *vicis*,
alternative, substitution ou représentation
de fonctions. ᴠ. ᴄᴏɴɴᴇᴛᴀʙʟᴇ. ᴠ. ᴇᴛᴀᴛ-ᴍᴀᴊᴏʀ
ᴅ'ᴀʀᴍᴇᴇ ɴ° 2. ᴠ. ɢʀᴀᴅᴇ ᴅ'ᴏꜰꜰɪᴄɪᴇʀ. ᴠ. ᴍᴀᴊᴏʀ
ɢᴇɴᴇʀᴀʟ. ᴠ. ᴍɪɴɪꜱᴛʀᴇ ᴅᴇ ʟᴀ ɢᴜᴇʀʀᴇ. ᴠ. ꜱᴏᴜꜱ-
ʟɪᴇᴜᴛᴇɴᴀɴᴛ ɴ° 1.

VICENZO. ᴠ. ɴᴏᴍꜱ ᴘʀᴏᴘʀᴇꜱ.

VICE-ROI (F). Gouverneur d'un royaume,
investi, par délégation, de l'autorité suprême et représentant la personne du souverain. La contrée gouvernée par un Vice-
roi relève ordinairement d'un autre État.
L'Espagne a eu et a même encore des Vice-

rois dans plusieurs des provinces dont elle est formée, et qui étaient autrefois des royaumes. Elle en a eu pour ses possessions d'Amérique, anciens empires, et pour les Etats de Naples et de Sicile, où la cour de Vienne en a envoyé également. En 1526 ce fut le Vice-roi de Naples qui vint demander au roi François premier, de la part de Charles-Quint, la ratification du traité de Madrid. Le gouverneur général de l'Irlande est un Vice-roi. Le titre de Vice-roi était parfois donné à l'abbé Suger, régent de France pendant la croisade de Louis sept. — En 1642 le maréchal de Brézé était Vice-roi de Catalogne pour la France. Quarante-cinq ans plus tard, le comte de Velasco, Vice-roi d'Espagne, se laissait battre sur mer par le maréchal de Noailles. Après avoir érigé l'Italie en royaume, Napoléon, par le statut contitutionnel du 5 juin 1805, décréta qu'un vice-roi l'y représenterait : il investit de cette dignité Eugène de Beauharnais, son fils d'adoption. Lorsque Méhémet-Ali fut parvenu à se rendre à peu près indépendant de la Porte ottomane, on prit l'habitude de lui donner, au lieu de son titre de pacha, celui de Vice-roi d'Egypte, de Nubie et de Dongola. v. auteurs militaires. v. capitaine général. v. comte n° 2. v. connétable. v. Dubellay (1555, A). v. état-major de place. v. forteresse. v. garnison. v. général français n° 1. v. gouverneur. v. grade. v. lieutenant général n° 1. v. milice espagnole n° 8.

VICE - SÉNÉCHAL. v. milice autrichienne n° 2 et 4. v. officier de robe courte.

VICOENS, suivant P. Borel. v. vicomte.

VICOMTE (F), ou vicaire suivant l'Encyclopédie (1751), ou vicoens suivant P. Borel, ou vehier, ou viguier, ou chatelain, du latin vice-comes. On disait aussi, suivant Roquefort, vayer et vehair, ou bien encore vicuens. Suivant Leduchat ce mot ne répond pas toujours au latin vice-comes, mais à l'allemand burg-graf. On ne voit pas que ce titre ait été connu chez les Romains, quoique celui de comte y fût affecté à l'exercice de charges diverses et nombreuses ; on n'en rencontre les premières traces que vers l'époque de Clovis. Dans le chapitre 36 de la loi des Allemands, les Vicomtes sont appelés missi comitum, c'est-à-dire envoyés des comtes. Plus tard les Capitulaires de Charlemagne en font également mention sous la dénomination de vicarii comitum. Quand les comtes du palais, au commencement de la seconde race, désignés parfois pour des missions dans les pro-vinces, ne pouvaient s'y transporter, ils déléguaient des lieutenants qui se nommaient vicomtes du palais. La même qualification était souvent donnée aux comtes provinciaux. Le Vicomte était donc institué par le comte ou le duc de la province à qui il servait de lieutenant et de prévôt, ou directement par le roi lui-même. En 818 ce titre commence à être connu dans la personne de Cixilane, Vicomte de Narbonne, qui jusque-là ne prenait que le titre de vidame, vice-dominus. En 888 il est question de Fulcherius, Vicomte de Limoges. Les Vicomtes étaient gouverneurs des villes subordonnées à une métropole, comme le commandant d'une place est sous les ordres du gouverneur ou commandant de la division territoriale. Suivant la province on employait le titre de Vicomte ou celui de viguier, et vers le dixième siècle, au temps où apparurent de nombreuses sous-inféodations, quantité de comtés se trouvèrent subdivisés en fractions qu'on nomma vicomtés. — A certaines charges de judicature subordonnées à celles des baillis, à certains offices de maire, était attachée la qualification de Vicomte. Elle était donnée aussi à des collecteurs chargés, à titre divers, de la perception des deniers publics. L'extinction du système féodal ne fit plus du titre de Vicomte qu'un simple titre nobiliaire. v. bailli. v. banneret. v. comte n° 1, et 3. v. grade d'officier. v. grand prévôt. v. infanterie communale n° 2 et 4. v. infanterie des communes. v. noble. v. prévôt. v. sergenterie. On peut consulter à cet égard Furetière, Velly (t. iv, p. 382 ; t. x, p. 27) et Ménage.

VICTAILLEMENT. v. avitaillement.

VICTIME, subs. fém. (F). Ce mot, dérivé de victus, vaincu, comme le mot hostia, de hostis, ennemi, rappelle l'usage barbare où étaient les premiers Romains d'immoler à leurs dieux les prisonniers de guerre. Cette coutume fut pendant longtemps commune à tous les peuples païens. Dans les calamités publiques, les Romains et les Grecs, aussi bien que les autres peuples, vouaient aux dieux des victimes humaines, qu'ils appelaient Victimes d'expiation ; et quand les oracles n'en désignaient pas quelques-unes en particulier, on cherchait l'homme le plus difforme ou le plus misérable, qu'on immolait après quelques cérémonies, comme étant la cause ou l'objet spécial de la colère du ciel. Mais c'est surtout en guerre, et pour mériter des destins favorables, que des Victimes étaient offertes aux divinités. L'Iliade en fournit la preuve, et c'est par respect de cette tradition que l'un des poëtes les plus illustres du siècle de Louis quatorze a pu mettre dans la bouche de Calchas ces vers que rappelle le roi de Mycènes :

Vous armez contre Troie une puissance vaine ;
. . . .
Pour obtenir les vents que le ciel vous dénie
Sacrifiez Iphigénie.

D'autres exemples ne manqueraient pas. Ainsi, pendant la première guerre de Messénie (744 av. J.-C.), Aristodème, chef des Messéniens, immole sa fille sur la foi de l'oracle de Delphes, afin d'obtenir la victoire, renouvelant par là le sacrifice de Jephté, et comme si ce n'était déjà trop l'acheter au prix d'une si chère Victime, il ne tarde pas à s'immoler lui-même. Ces sortes de dévouement étaient du reste assez communs dans l'antiquité; mais en agissant sur des esprits superstitieux ils avaient une utilité réelle, car il est évident que lorsque l'oracle avait décerné d'avance la palme du vainqueur à celui qui donnerait volontairement sa vie, l'ennemi cessait de combattre, une fois le sacrifice accompli, convaincu que les dieux lui étaient contraires. On ne saurait s'expliquer autrement l'heureuse influence de la mort de Codrus, et surtout la ruse qu'il avait employée pour tomber plus sûrement sous les coups des Doriens et garantir par là aux siens le succès promis à sa généreuse témérité. L'avénement du christianisme renversa ces idées superstitieuses et fit voir, l'expérience aidant, que le dévouement d'un seul n'entraînait pas infailliblement la défaite d'une armée entière. La guerre ayant mis plus tard en présence des troupes exercées, ce ne fut plus assez d'une Victime, et chaque combattant dut affronter la mort en héros pour mériter l'honneur de la victoire.

VICTOIRE (F). Avantage remporté à la guerre sur les ennemis dans un combat général. Une Victoire est toujours disputée, souvent douteuse, rarement complète. Elle est douteuse ou équivoque lorsque les deux partis se l'attribuent également, mais le temps et les suites font bientôt découvrir quel est celui qui est véritablement victorieux. Chez les Grecs, le succès des batailles n'était pas également incertain. L'armée qui redemandait ses morts était vaincue; alors l'autre avait le droit d'élever un trophée pour servir de monument de sa Victoire. Lorsque la Victoire est acquise, c'est un art de savoir en profiter. Personne n'ignore ces paroles d'un de ses lieutenants à Annibal, voyant que ce grand homme ne marchait point sur Rome après la bataille de

Cannes : « *Vincere scis, Annibal, sed victoria uti nescis.* » On a fait le même reproche à GUSTAVE-ADOLPHE après la bataille de Leipsick, parce que dans l'étonnement où cette Victoire avait jeté la cour impériale il ne s'était pas empressé de marcher sur Vienne. Pour tirer avantage de la Victoire, le général pousse les troupes battues, toujours en corps et en ligne, jusqu'à ce que leur désordre soit complet, après quoi il augmente le nombre des détachés, sans souffrir que personne quitte les drapeaux et étendards sans être commandé. Tel était du moins l'avis de César. Ce grand capitaine pensait encore, à ce que dit Polybe, que la certitude d'une Victoire n'est point une excuse pour hasarder inutilement la vie des soldats. Ainsi, dans la guerre d'Afranius, quoiqu'il fût assuré d'être vainqueur, il ne voulut engager la bataille contre lui, pour épargner ses propres troupes, que lorsqu'il s'aperçut que l'armée ennemie tirait à sa ruine et qu'il lui eut coupé l'eau et les vivres; il la réduisit enfin par ce moyen à mettre bas les armes. Ce qui fait du reste le prix et la gloire d'une Victoire, ce sont les obstacles qu'il a fallu surmonter pour l'obtenir. *Ce ne sont pas toujours*, dit M. de Folard, *les Victoires du plus grand éclat qui produisent les grandes gloires et qui illustrent le plus la réputation des grands capitaines, mais la manière de vaincre,* c'est-à-dire, l'art avec lequel on a fait combattre les troupes, le nombre et la valeur de celles de l'ennemi et les talents du général que l'on a vaincu. Lorsque la Victoire n'est due qu'à la supériorité du nombre et au peu d'art et d'intelligence du général ennemi, elle ne peut produire qu'une gloire médiocre. Il suit de là que toutes les Victoires ne sont pas également glorieuses. Aussi n'est-ce point le gain d'une seule bataille qui fait la réputation des généraux, mais la continuité des succès, parce qu'on doit supposer qu'ils sont le fruit des talents et de la science militaire. Il y a eu des généraux, tels que le fameux amiral de COLIGNY, le prince d'ORANGE et GUILLAUME TROIS, roi d'Angleterre, qui, sans avoir gagné de batailles, n'en ont pas moins été regardés comme de grands capitaines et qui l'étaient effectivement. Un point vulnérable sur la frontière, un faux avis, un ordre mal compris, la mort d'un chef, la prise d'un aide de camp, une panique, sont autant de causes qui peuvent déterminer la Victoire. Les circonstances qui contribuent à la donner ou à la retirer sont tellement imprévues, que les généraux les plus expérimentés se sont quelquefois trouvés vaincus dans des occasions où ils avaient déployé la plus rare habileté. Les dernières campagnes de NAPOLÉON en fourniraient la preuve au besoin, et c'est cette même vérité qui faisait dire, trois siècles auparavant, à CHARLES-QUINT échouant devant les remparts de Metz : « La Victoire est-elle donc une coquette qui n'aime que les jeunes gens! » Tristes paroles qu'aurait pu répéter avec raison le héros vaincu en 1815, et qui ne sembleraient que trop justes, si heureusement depuis cette époque d'illustres généraux français, longuement éprouvés sur les champs de bataille, n'avaient su leur donner un éclatant et honorable démenti. Les auteurs qui ont écrit sur ce sujet sont : FOLARD, FOY, FRÉDÉRIC LE GRAND, NAPOLÉON (*Maximes*), vol. in-32, et VOLTAIRE. On pourrait consulter encore l'ENCYCLOPÉDIE et LACHESNAIE DES BOIS (1751). V. ART MILITAIRE. V. CAVALERIE FRANÇAISE N° 3 et 8. V. CHAMP DE BATAILLE. V. CONSTITUTION. V. GUERRE. V. REMPORTER UNE VICTOIRE. V. RETRAITE STRATEUMATIQUE. V. VICTIME.

VICTOR. V. NOMS PROPRES.

VICTUAILLE, subs. fém. (B, 1). Mot dérivé du substantif latin *victus* (le vivre) ou de l'italien *vettovaglia*, et employé pour désigner des VIVRES ou des munitions de bouche. V. DENRÉE. V. PAYE. V. VITAILLE. V. VITAILLEUR. V. VITUAILLE.

VIDAILLE, subs. fém. V. VENTAIL. V. VISIÈRE.

VIDAME, subs. masc. (F), ou VIDOMNE. Mot dérivé du latin *vice-dominus*, lieutenant ou vicaire du maître. De là les substantifs VIDAME, VIDAMETÉ, VIDAMIE, VIDOMNAT, et le titre de VIDAMESSE donné à des femmes de Vidames. Le Vidame était un avocat, un défenseur, un officier. Ordinairement sa tenure ou tenance féodale était héréditaire. Il était chargé de l'administration de la justice seigneuriale d'un comte ecclésiastique, d'une abbaye, d'un chapitre; il était à l'égard du clergé ce que les baillis, prévôts, sénéchaux, viguiers, étaient à la puissance laïque; et comme la justice, en ce temps-là, se servait du double glaive de Mars et de Thémis, le Vidame était un officier d'épée. Il y eut des Vidames que quelques auteurs mettent au rang des AVOUÉS ou AVOIERS. Ils furent chargés de défendre les fiefs ecclésiastiques, lorsque, sous la troisième race, les exemptions particulières et ensuite l'usage général eurent dispensé les ecclésiastiques fieffés de servir en personne. V. AVOUÉ. V. BAILLI. V. BANNIÈRE DE SAINT-MARTIN. V. FIEF. V. GRADE D'OFFICIER. V. MONTRE ADMINISTRATIVE. V. OFFICIER FRANÇAIS N° 3. V. PRÉVÔT.

VIDE. V. ABDUCTION VIDE. V. BASTION VIDE. V. CARRÉ VIDE. V. CENTRE. V. LIGNE TANT PLEINE QUE VIDE. V. ORDRE VIDE. V. PIVOT VIDE. V. TANT PLEIN QUE VIDE.

VIDE TACTIQUE. V. MILICE ÉGYPTIENNE N° 3. V. ORDRE EN ÉCHIQUIER.

VIDER. V. CHAMP CLOS. V. DÉFI.

VIDER les ARÇONS. V. PAS D'ARMES. V. TOURNOI.

VIE. V. A VIE. V. ATTENTAT A LA VIE. V. DROIT DE VIE ET DE MORT. V. EAU-DE-VIE.

VIE ET BAGUE SAUVES. V. BAGAGE.

VIE SAUVE. V. CAPITULATION DE GUERRE.

VIEIL HABILLEMENT. V. SARRAU.

VIELCASTEL. V. NOMS PROPRES.

VIEILLE GARDE. V. BATAILLON D'INFANTERIE FRANÇAISE DE LIGNE N° 4. V. COMMANDANT DE PLACE DE QUARTIER GÉNÉRAL. V. ÉCOLE DE SOUS-OFFICIERS. V. GENDARMERIE. V. GENDARMERIE DE LA MAISON MILITAIRE. V. QUEUE DE CHEVELURE. V. RÉGIMENT DE VIEILLE GARDE. V. SERGENT D'INFANTERIE FRANÇAISE DE LIGNE N° 8.

VIEILLE GARDE IMPÉRIALE. V. BATAILLON D'INFANTERIE DE LIGNE N° 4. V. CHEVELURE MILITAIRE. V. GARDE IMPÉRIALE N° 2. V. PUPILLE N° 2. V. REMPLAÇANT.

VIEILLEVILLE; VIENNE; VIENNET; VIETH. V. NOMS PROPRES.

VIEILLES BANDES (A, 3). Ce fut en 1535, à ce que rapporte le savant historien de l'ancienne infanterie, commandant SUSANNE (1849), que les bandes françaises de Picardie et de Piémont se donnèrent le titre de Vieilles bandes, à l'imitation des Espagnols, qui, revenant des guerres d'Afrique, se faisaient appeler *soldados viejos*, vieux soldats. Elles voulurent par là se distinguer des nouveaux corps LÉGIONNAIRES qui parurent alors, et se montrèrent plus tard fort jalouses de ce titre. En 1559, à la mort de HENRI DEUX, les Vieilles bandes de Picardie comptaient 20 enseignes, et 24 celles de Champagne. Il y avait encore 5 ou 6 bandes en Ecosse qui revinrent en 1560, plus une compagnie d'archers de la garde, 10 enseignes des bandes de Piémont venues en 1557, 16 de celles rentrées en 1559, 10 des bandes restées en Piémont ; en tout 90 enseignes de Vieilles bandes. Les Vieilles bandes furent enrégimentées une première fois en 1561 ; on fit un second essai d'enrégimentement en 1567. Elles furent définitivement enrégimentées deux ans plus tard et prirent le titre de vieux corps. V. ANCIENNETÉ DE CORPS. V. BANDE AGRÉGATIVE. V. BANDES (COMPAGNIES). V. BANDES NOIRES. V. CAPITAINE D'INFANTERIE FRANÇAISE DE LIGNE N° 4. V. COLONEL GÉNÉRAL D'INFANTERIE N° 4. V. COMMISSAIRE PROVINCIAL. V. COMPAGNIE COLO-

NELLE. V. CONSCRIPTION. V. INFANTERIE FRANÇAISE Nº 2. V. LICENCIEMENT. V. PETITS-VIEUX. V. RÉGIMENT D'INFANTERIE FRANÇAISE Nº 1. V. VIEUX CORPS.

VIEUX. V. PETITS-VIEUX.

VIEUX CORPS (A, 3). Etaient au nombre de six, savoir : les régiments de Picardie, Piémont, Navarre, Champagne, Normandie et la Marine. — Picardie, Piémont et Navarre furent formés en 1562, Champagne en 1575. Ce dernier prétendait cependant être aussi ancien que les premiers, parce que comme eux il avait reçu des vieilles bandes. Cette prétention a produit pendant long-temps de grandes contestations pour le rang entre ces quatre régiments, celui de Navarre voulant d'ailleurs marcher le premier, parce qu'il avait servi de garde à HENRI QUATRE. Mais pour finir ces différends qui mettaient souvent ces corps sur le point de se charger les uns les autres, il fut réglé en 1616 que Picardie marcherait le premier et que les trois autres tireraient au sort. Par ce moyen Navarre eut le second rang, Champagne le troisième, et Piémont le quatrième. Malgré cette décision, ces trois régiments ne laissèrent pas que d'avoir les mêmes démêlés partout où ils se rencontraient, de sorte que pour y mettre un terme le roi ordonna en 1666 qu'ils se précéderaient à tour de rôle par semestre. Normandie, qui prit ce nom en 1616, fut mis au rang des Vieux corps par la protection de M. de Luynes. A l'exemple des quatre premiers régiments, pour avoir l'ancienneté des vieilles bandes de Normandie, il en prit le nom, attendu qu'il avait été levé dans cette province, et ses premières fonctions furent de garder un illustre prisonnier dans le château de Vincennes. La Marine, qui est le sixième des Vieux corps, fut levée sous le règne de LOUIS TREIZE, en 1626, pour servir sur les vaisseaux. Il y fut d'abord employé, et la plus grande partie ayant péri dans un naufrage, le reste serait demeuré dans l'oubli, si le cardinal de Richelieu ne s'en fût servi pour faire la tête d'un régiment qu'il mit sur pied et dont il se fit mestre de camp. On peut consulter DANIEL, *Milice française* (t. II, p. 366), *Ecole de Mars* (t. I, p. 584), D'HÉRICOURT (1756), LACHESNAIE et POTIER.

VIEUX CORPS. V. ARME DÉFENSIVE. V. CORPS RÉGIMENTAIRE Nº 2. V. CORSELET. V. INFANTERIE. V. PRÉVOT DES BANDES. V. RÉGIMENT D'INFANTERIE FRANÇAISE Nº 1, 2, 4, 5. V. SERGENT DE BATAILLE. V. VIEILLES BANDES.

VIEUX EFFETS. V. SARRAU.

VIEUX HABILLEMENTS. V. BONNET DE POLICE D'HOMME DE TROUPE. V. BONNET DE POLICE DE LIGNE.

VIEUX HABITS (B, 1). Le règlement du 2 septembre 1775 voulait qu'il en fût réservé huit par compagnie pour monter la garde l'hiver. Le règlement du 8 floréal an huit maintint cette disposition ainsi que tout ce qui a rapport aux réparations. L'arrêté du 17 frimaire an onze les destinait aux conscrits, au service du corps de garde et de la prison, et aux réparations. Le règlement du 10 février 1806 les affectait seulement aux réparations. Aujourd'hui les Vieux effets hors de service sont également employés aux réparations et, de plus, à l'habillement des enfants de troupe, etc. ; ceux qui ne peuvent être utilisés sont livrés au domaine pour être vendus. Les pantalons seuls, quand ils ont accompli la durée réglementaire, appartiennent aux soldats, qui ne peuvent toutefois s'en défaire qu'avec l'autorisation du capitaine. V. CACHOT. V. HABIT. V. RÉFORME.

VIEUX PAPIERS. V. ACQUIT COMPTABLE. V. BON DE SUBSISTANCE. V. CONSEIL D'ADMINISTRATION Nº 5. V. CONTROLE ANNUEL. V. FEUILLE DE JOURNÉES. V. REVUE ÉCRITE. V. VENTE DE PAPIERS INUTILES.

VIEUX SOLDATS. V. ARMÉE. V. CORPS PRIVILÉGIÉ. V. LAI. V. RECRUTEMENT. V. RENGAGEMENT. V. RÉSERVE CONSCRIPTIVE. V. SERGENT. V. TACTIQUE, subs.

VIF (vive), adj. V. ANGLE VIF. V. ARÊTE VIVE. V. HAIE VIVE. V. PORTE-AIGLE. V. VIVE-ARÊTE.

VIGABOUS; VIGENÈRE. V. NOMS PROPRES.

VIGER. V. VIGUIER.

VIGIER. V. VIGUIER.

VIGNE (cep de) (C, 5). Il était toujours porté par le centurion, qui en châtiait les soldats pour des fautes légères, telles que la paresse, la négligence dans le soin des armes. La sévérité du centurion fixait le nombre des coups de Vigne. Dans la révolte de Pannonie, sous Tibère, les soldats tuèrent le centurion Lucilius qu'ils avaient surnommé *cedo alteram*, parce que lorsqu'il avait brisé sa tige de Vigne sur le dos d'un soldat, il en demandait *une autre*, puis une autre encore (Tacit., *Annal.*, lib. I, cap. 23). Les coups de Vigne, qu'on appelait FUSTIGATION et qu'il ne faut pas confondre avec le FUSTUAIRE (*fustuarium*, COUP DE BATON), n'étaient pas regardés comme déshonorants. Pline dit : *Vitis in delictis pœnam ipsam honorat*. Le soldat qui voulait saisir la Vigne au moment où frappait le centurion, devait changer de milice (Macer., lib. II). Au siège de Numance, Scipion faisait punir les soldats romains hors de leurs rangs, par des coups de Vigne, et les étrangers par le BATON. Si le soldat brisait la Vigne ou s'il portait la main sur le centurion, il était puni de mort (Juste Lipse).

VIGNE OFFENSIVE (H, 1). Ancienne machine de guerre propre à attaquer les murailles ; elle était recouverte de cuir et formait des galeries ou berceaux construits en bois souples et entrelacés, comparables au mode de culture de la vigne en Italie. Ces galeries, qui étaient mobiles, permettaient de s'approcher des remparts d'une ville assiégée. César, Josèphe et Tite Live leur donnent le nom de *vinea*. On peut consulter sur ce mot l'*Aide-mémoire* (à la table), CARRION (1824, t. I, p. 541, et t. II, p. 611), COTTY (1822), *Dictionnaire militaire* (1758, p. 536), VELLY (t. II, p. 164). — V. ARMÉE ASSIÉGEANTE. V. ARTIFICE. V. ASSIÉGEANT. V. BÉLIER OFFENSIF. V. CATTUS. V. CHAT OFFENSIF. V. GALERIE D'APPROCHES. V. LIGNE FORTIFIÉE. V. LANGUE LATINE. V. MANTELET. V. MILICE ROMAINE Nº 7. V. MUSCULE. V. PARALLÈLE. V. PASSE AVANT OU PASSAVANT. V. SAPE. V. TORTUE MÉCANIQUE.

VIGNE POLIORCÉTIQUE. V. PASSAVENT.

VIGNOLLE. V. NOMS PROPRES.

VIGUIER (F), OU VÉHIER, VICAIRE, VIGIER, VIGHIER d'après GANEAU, VIGIER, vient, suivant ROQUEFORT, du latin *vicarius*. Leurs fonctions, dans le Languedoc, répondaient à celles du VICOMTE de Normandie. HALLAM les compare aux BAILLIS, PRÉVOTS et SÉNÉCHAUX, ayant commandement au-dessous des COMTES au temps de la première et de la deuxième race. Il en est question dans la loi salique, dans les lois des Visigoths, des Lombards, dans les capitulaires et les formules de MARCULFE. Suivant ODIER (1824), le Viguier était le vicaire du comte ou du baron ; plus tard ses fonctions devinrent à peu près celles des maires. D'après NICOD, c'était le chef du guet en Languedoc et en Provence. Cet auteur fait venir ce mot de l'italien *vegghia*, qui signifie VEILLE, SENTINELLE, GUET, et répond au terme de marine VIGIE. D'un autre côté, GANEAU et PASQUIER prétendent que ce mot tire son origine de *vicarius*, ce qui semble plus vraisemblable et plus en rapport avec les fonctions du Viguier. Aujourd'hui encore il existe des Viguiers dans la république d'Andorre, qui la gouvernent en vertu des chartes qu'elle a reçues de Louis le Débonnaire, et qui ont malheureusement été brûlées par Mina. V. BAN ET ARRIÈRE-BAN. V. BANNERET Nº 1. V. CAPITAINE D'INFANTERIE FRANÇAISE DE LIGNE Nº 2. V. COMTE Nº 5. V. FIEF. V. GRAND BANNERET. V. GRAND OFFICIER. V. MILICE FRANÇAISE Nº 2. V. MONTRE ADMINISTRATIVE. V. OFFICIER FRANÇAIS Nº 3. V. PRÉVOT. V. SÉNÉCHAL. V. VILAIN.

VILAIN. V. ARMEMENT. V. ARMES LIBRES. V. ARMURE. V. ARMURE A HAUBERT. V. BARON Nº 3. V. CANNE D'ARMES. V. CHEVALERIE D'ACCOLADE. V. CHEVALERIE D'AFFILIATION Nº 3. V CHEVALIER DU MOYEN AGE Nº 4, 6 et 9. V. COMBAT DE JUGEMENT. V. COMBAT SINGULIER. V. CONSCRIPTION. V. DUEL. V. ÉCU. V. ÉPÉE. V. FORTERESSE. V. GENS DE PIED. V. HARASSE. V. HAUBERT. V. INFANTERIE Nº 1. V. LANCE A MAIN. V. NOBLE. V. NOBLESSE. V. ORDALIE. V. ROUSSIN. V. SERF.

VILAIN, subs. masc. (F), ou VILEIN, VILEINS, VILENIAX, VILLAIN. Mot dérivé de *vilis* ou de *villanus*, de *villa* ou *vallum*, d'après Ducange. Nom donné aux hommes de la glèbe, de main-morte, aux roturiers, aux serfs, ou à ceux qui *manent in villâ*, qui restent dans une maison de campagne. De là les substantifs VILAINIE, VILANIE, VILENIE, état ou position du Vilain ; de là encore le verbe VILANER, VILAINER, VILENER, VILENIER, VILLANIER, VILLEGNIER, VILLENER, VILLENIER, c'est-à-dire déshonorer, insulter, et les termes VILENAGE, VILLENAGE, biens non nobles et soumis au cens, aux redevances sans hommages. Du douzième au seizième siècle, cette qualification de Vilain ne se prenait pas positivement en mauvaise part. La vilainie est la souche du tiers état, et ces deux locutions se sont même prises l'une pour l'autre ; il n'y avait réellement que deux grandes catégories politiques, les nobles et les Vilains. Dans la catégorie des Vilains il y avait deux classes, celle des ingénus, ou hommes libres, et celle des serfs. On appelait loi villaine, *lex villana*, celle qui régissait les roturiers. JOINVILLE appelle Vilain à pied un soldat d'infanterie, parce que la noblesse ne servait qu'à cheval. En général étaient regardés comme Vilains les serfs qui avaient quelques portions de terre, à titre de ferme ou de redevance sur les serfs dont l'esclavage était absolu ; ils s'appelaient *mancipia, proprii homines ;* ceux qui étaient assujettis à des corvées se nommaient *litones* ou *liti ;* ceux qui dépendaient d'une culture, d'un territoire, d'une glèbe, s'appelaient *glebœ adscripti.* Childebert évaluait à bas prix leur existence, car, par la règle qu'on appelait *estimatio vitœ,* le rachat d'un meurtre commis sur un homme libre était de cent sous, et pour trente-six sous on pouvait tuer un serf. Le Vilain, ou coutumier, ne pouvait appeler d'un jugement rendu contre lui par son seigneur, conformément à cet adage : « *N'y ha entre seigneur et Vilain autre » juge fors Dieu.* » Le Vilain avait, soit de son chef, soit de concession, soit enfin par amodiation, des terres dont il récoltait des fruits. Le villenage, ou état de cette culture, était l'opposé de la culture des fiefs. A mesure que le désordre féodal se pacifia, que l'autorité royale s'étendit sur les grands pour le bien des petits, le Vilain acquit successivement de nouvelles garanties de liberté, de nouveaux droits de posséder, qui l'ont conduit à un complet affranchissement. — On peut utilement consulter sur ce mot : BOREL, l'ENCYCLOPÉDIE (t. II, p. 152), FURETIÈRE, MÉNAGE, *Panoplie* (p. 184), VELLY (t. x, p. 110), VOLTAIRE (t. XVIII, p. 419, 430).

VILAINER. V. VILAIN.

VILAINIE. V. VILAIN.

VILANER. V. VILAIN.

VILANIE. V. VILAIN.

VILEIN. V. VILAIN.

VILEINS. V. VILAIN.

VILENAGE. V. VILAIN.

VILENER. V. VILAIN.

VILENIAX. V. VILAIN.

VILENIE. V. VILAIN.

VILENIER. V. VILAIN.

VILLAGE. V. ARMÉE FRANÇAISE N° 8. V. ATTAQUE DE V... V. CANTONNEMENT. V. DÉFILÉ. V. EMBUSCADE. V. OBUSIER. V. QUARTIER DE GUERRE.

VILLAIN. V. VILAIN.

VILLANI. V. NOMS PROPRES.

VILLANIER. V. VILAIN.

VILLANTROYS ; VILLARCEAUX ; VILLARÉAL; VILLARET; VILLARS. V. NOMS PROPRES.

VILLE. V. AUTEURS MILITAIRES. V. BOURGEOIS. V. CHAMADE. V. CITADELLE. V. CLOCHE DE FORTERESSE. V. COMMANDEMENT DE VILLE OUVERTE. V. COMPAGNIE FRANCHE. V. DEHORS DE V... V. DE V... V. EN V... V. ÉRYMOMACHIE. V. FORTIFICATION DE V... V. FORTIFIER UNE V... V. GARDE EN GARNISON. V. GARNISON. V. GOUVERNEUR DE PLACE DE GUERRE N° 2. V. GOUVERNEUR DE PROVINCE. V. GOUVERNEUR DE V... V. GOUVERNEMENT. V. GUERRE DE SIÉGE. V. GUET. V. HOTEL DE V... V. INFANTERIE COMMUNALE N° 2, 5, 6. V. LOGEMENT DE MILITAIRE. V. MILICE COMMUNALE. V. NOMS PROPRES. V. PORTE DE V... V. PRISON DE PLACE. V. QUARTIER GÉNÉRAL. V. RÉGIMENT D'INFANTERIE FRANÇAISE N° 3. V. REMPART. V. SAC DE V... V. SERGENT DE V... V. SURPRISE DE V...

VILLE, subs. fém. (term. génér.) (F; H, 1). Mot dérivé, suivant ROQUEFORT, du latin *villa*, signifiant lieu d'habitations ouvertes ou commune sans rempart, par opposition aux châteaux à rempart. PLUTARQUE, STRABON, DENYS D'HALICARNASSE, FESTUS, OVIDE, dans ses *Fastes*, nous ont transmis les cérémonies qui précédaient ou suivaient la *fondation des Villes* chez les anciens. A quelques vérités ils ont mêlé la fable, et il n'est pas d'écolier qui ne connaisse la fondation de Corinthe par les Cyclopes, et qui ne sache que la lyre d'Amphion mettait en mouvement les pierres qui venaient se placer d'elles-mêmes autour de Thèbes. Mais, à travers le récit des historiens et les fables des poëtes, on reconnaît que, dans la fondation de leurs Villes, les anciens faisaient présider la religion pour entretenir l'ordre et l'union entre les citoyens, et pour les mettre en sûreté contre l'envie ou la défiance des peuples voisins. Les fondateurs des Villes jouissaient d'un tel respect, que plusieurs furent mis au rang des dieux. La plupart donnèrent leur nom aux Villes qu'ils élevèrent, témoins TROS et ILUS, SPARTON, ROMULUS, ALEXANDRE, CONSTANTIN, etc., etc. Au moyen âge, les Villes étaient habitées par les vilains non serfs, tandis que les serfs demeuraient à la campagne et la noblesse dans les châteaux. A mesure que le droit des communes s'établit, on appela Villes *baptices*, ou *bateiches*, ou *bâtisses*, celles qui étaient non franches, et Villes de *lay*, ou de *loy*, celles qui se gouvernaient en vertu de coutume ou d'un droit écrit, et qui jouissaient de priviléges, de franchises : le nom de cité leur eût mieux convenu. Lorsque les Villes franches s'entourèrent de remparts, on leur donna le nom de VILLES FORTES, VILLES FORTIFIÉES, ce qui était tout contraire au sens primitif du mot Ville, qui signifiait, comme on l'a dit, lieu ouvert et non défendu. De là vint que des puristes préférèrent employer l'expression PLACE FORTE. Considérées militairement comme localités d'un théâtre de guerre, elles doivent être envisagées, dans les reconnaissances, sous le rapport du gisement, de la situation, de l'aspect, des matériaux, du percement, des abords, de la population; il convient également de s'assurer si elles sont enceintes, ouvertes, littorales, dominées, dominantes, voisines d'alluvions, défendables et salubres. — On trouve ce mot employé, en langage militaire, dans VILLE ASSIÉGÉE, — DÉFENDUE, — DE GARNISON, — DE GITE, — DE GUERRE, — DE PAIX, — FERMÉE, — FORTE, — FORTIFIÉE, — FRONTIÈRE, — OUVERTE, — RENDUE.

VILLE ASSIÉGÉE. Une circulaire de Louis quatorze, du 6 avril 1705, punissait de mort le commandant d'une Ville assiégée qui livrait la place sans avoir forcé l'assiégeant à passer par les travaux lents et successifs d'un siége, et avant d'avoir repoussé au moins un assaut au corps de place sur des brèches praticables. D'après une ordonnance du 1er juillet 1727, quiconque sortait d'une Ville assiégée sans permission de son commandant était pendu et étranglé. La loi du 26 juillet 1792 ne permettait au commandant d'une Ville assiégée de la rendre et de capituler qu'après brèche ouverte, après avoir soutenu un assaut, et du consentement de la commune et des corps administratifs. La peine de mort contre les délinquants fut maintenue par la loi du 21 brumaire an cinq (tit. III, art. 1, n° 8) et par l'arrêté du directoire du 16 messidor an sept, qui assimilent le fait de reddition d'une Ville assiégée à une trahison, et sont encore en vigueur. — Aux termes d'un décret du 16 nivôse an deux, dans une Ville assiégée, bloquée ou cernée par l'ennemi, toutes les matières, marchandises et denrées de tout genre, nécessaires à l'existence des citoyens, doivent être mises en commun. — V. CAPITULATION. V. CHAUFFAGE D'OFFICIER. V. CHAUFFER UNE V... V. CLIDE. V. ESPION D'ARMÉE. V. HÉLÉPOLE. V. HOPITAL MILITAIRE. V. OFFICIER D'ARTILLERIE N° 5. V. REDDITION. V. RETIRADE. V. RICOCHET. V. SAMBUQUE. V. SIÉGE DÉFENSIF. V. TAUDIS. V. TORTUE D'ESCALADE. V. TORTUE MÉCANIQUE. V. TOUR ROULANTE.

VILLE DÉFENDUE. V. CANON D'ARTILLERIE. V. EMPEREUR. V. FORTERESSE. V. HONNEURS DE LA GUERRE. V. PARC. V. SURPRISE DE PLACE. V. SURPRISE DE POSTE.

VILLE de GARNISON. V. COLONISATION. V. ÉTABLISSEMENT MILITAIRE. V. ÉTAT-MAJOR DE PLACE. V. EXERCICE TACTIQUE. V. GARNISON. V. LANGUE FRANÇAISE. V. PLACE A GARNISON. V. POLICE. V. SALUT. V. TRAVAILLEUR.

VILLE de GITE et de PASSAGE. V. COLONNE DE ROUTE.

VILLE de GUERRE. V. BUTIN. V. CAPITULATION. V. CHIEN DE GUERRE. V. CITADELLE. V. ÉCLUSIER. V. FORTERESSE. V. GÉNÉRAL EN CHEF N° 2. V. GUERRE. V. HERSE. V. PLACE D'ARMES DE GUERRE. V. POSTE D'ALARME. V. RECONNAISSANCE DE TROUPES ARRIVANTES. V. REMPART DE FORTERESSE. V. RETRAITE CÉLEUSTIQUE. V. RONDE. V. SENTINELLE.

VILLE de PAIX. Etait celle dont les habitants ne jouissaient pas du droit de guerre et ne pouvaient se venger de leurs ennemis. Paris avait obtenu ce privilége, ainsi que le constate une commission du 26 mai 1374 (*Glossaire* de Laurière); mais il fut souvent violé.

VILLE FERMÉE. Celle qui est entourée de portes ou d'enceintes. Les Babyloniens et les Egyptiens employèrent, pour bâtir les murs de leurs villes, des briques séchées au soleil ou cuites au feu, faites avec le limon de l'Euphrate et du Nil, et portant, chez les premiers, les sceaux des rois, et chez les autres, de courtes inscriptions hiéroglyphiques enfermées dans un parallélogramme. On marquait l'enceinte des Villes avec une terre blanche qu'on considérait comme la plus pure. Strabon nous apprend qu'Alexandre le Grand n'ayant pu se procurer cette terre, traça avec de la farine l'enceinte de la Ville de son nom, qu'il fit bâtir en Egypte. — V. ASSAUT. V. AVANCÉE. V. BRÈCHE PRATICABLE. V. ESPLANADE. V. ÉTABLISSEMENT MILITAIRE. V. INFANTERIE N° 6. V. OFFICIER D'INFANTERIE FRANÇAISE N° 4. V. PÉTARD CATABALISTIQUE. V. SAPEUR. V. VILLE FORTE.

VILLE FORTE. MONTEIL avance que, au quatorzième siècle, le nombre des Villes fortes, en France, montait à dix mille. Autrefois les rues étaient garnies à chaque angle de fortes chaînes que l'on tendait pour empêcher l'ennemi d'y pénétrer. En 1356, lors de l'insurrection des Parisiens contre le dauphin Charles, on tendit pour la première fois les chaînes dans les rues, et, à la même époque, on s'en servit pour fermer le cours de la Seine en amont et en aval. Le duc de Bourgogne les fit enlever le 11 janvier 1382 et transporter à Vincennes. Elles reparurent plus tard, et, à la journée des Barricades (12 mai 1588), les bourgeois les tendirent contre les troupes du roi. Elles figurent de nouveau, en 1648, pendant les troubles de la Fronde, et, au commencement de la révolution de 1789, on en voyait encore dans certains quartiers de la capitale, notamment aux abords du Châtelet. V. BASSECOURT. V. BASTILLE FIXE. V. BRETÈCHE. V. CASERNE. V. CHÂTEAU. V. CHIEN DE GUERRE. V. CITADELLE. V. GLACIS DE FORTIFICATION. V. GRAND MAITRE DES ARBALÉTRIERS. V. MILICE HELLÉNIQUE. V. PARTI DE GUERRE. V. PLAN EN RELIEF. V. RAVELIN. V. SIÉGE. V. SORTIE D'ASSIÉGÉS. V. STRATAGÈME. V. TACTIQUE. V. TOUR DE FORTIFICATION.

VILLE FORTIFIÉE. V. ACONTIUS. V. ARMÉE FRANÇAISE N° 2. V. ASSIÉGEANT. V. CASERNE. V. FORTERESSE. V. LÉGISLATION (1451 [1er DÉCEMBRE]). V. MILICE N° 5 et 6. V. SAPEUR.

VILLE FRONTIÈRE. V. CASERNE. V. GARNISON.

VILLE OUVERTE (C, 1). Lorsqu'il n'y a point d'ÉTAT-MAJOR constitué dans une Ville ouverte, l'officier supérieur des troupes qui s'y trouvent remplit les fonctions de commandant de place, ainsi que le prescrivent les articles 1 et 2 du titre XXXII de l'ordonnance de 1768 (1er janvier); aux termes des articles 4 et 5, ces officiers n'ont aucune autorité sur les habitants; et, d'après les articles 6 et 7, le service doit y être fait comme dans une place de guerre. V. ARRIVÉE DE CORPS

DANS UNE V... V. ATTAQUE DE POSTE. V. CAN-
TINE. V. CHANCELIER. V. COMMANDEMENT D'UNE
V... V. CORPS DE GARDE DE GARNISON. V. EN-
CEINTE DE FORTERESSE. V. OFFICIER D'ÉTAT-MAJOR
DE PLACE. V. OFFICIER D'INFANTERIE FRANÇAISE
N° 4.

VILLE RENDUE. V. CHAMADE. V. FORTE-
RESSE. V. FOSSÉ. V. OFFICIER DE CAVALERIE
N° 6.

VILLEDOMBE; VILLEGAS. V. NOMS
PROPRES.

VILLEGNIER. V. VILAIN.

VILLEHARDOUIN. V. NOMS PROPRES.

VILLENAGE (F). On appelait ainsi la
condition des paysans auxquels l'exercice des
droits civils était refusé. V. FIEF. V. PAGE. V.
VILAIN.

VILLENER. V. VILAIN.

**VILLENEUVE; VILLERMÉ; VIL-
LEROY; VILLERS; VILLIERS; VIL-
LON.** V. NOMS PROPRES.

VILLENIER. V. VILAIN.

VIN. V. APPROVISIONNEMENT. V. A VIN. V.
BOISSON D'APPROVISIONNEMENT EXTRAORDINAIRE.
V. DENRÉE DE FORTERESSE. V. DISTRIBUTION EN
NATURE. V. DISTRIBUTION EXTRAORDINAIRE. V.
ENFANT D'HOMME DE TROUPE N° 5. V. ESPRIT DE
VIN. V. GUERRE DE 1830. V. INDEMNITÉ DE VI-
VRES. V. LIQUIDE. V. MILICE ÉGYPTIENNE N° 4.
V. MILICE ROMAINE N° 11. V. PORTION DE VIN.
V. VIVANDIER.

VIN, subs. masc. (term. génér.) (B, 1).
Cette boisson a été souvent défendue dans
les armées, ou considérée longtemps comme
un secours contre les maladies, mais non
point comme une nécessité dans la guerre.
Les Hébreux, qui en faisaient usage dans les
sacrifices, n'en donnaient point aux soldats.
Il n'en était cependant pas de même dans
les temps héroïques où les hommes vivaient
si frugalement. On voit au contraire, dans
l'*Iliade,* Achille quereller Agamemnon pour
s'être enivré, et le sage Nestor signalé comme
étant fort adonné au Vin. Bien plus, il y
avait des peuples chez qui il était ordonné
de ne pas aller au combat sans en avoir bu
largement, et Pausanias assure que les
Thraces étaient du nombre. VIRGILE, en
parlant de la prise de Troie, raconte que,
lorsque les Grecs sortirent du cheval de bois
qu'ils avaient construit pour s'introduire
dans la ville, ils trouvèrent les gardes plon-
gés dans un sommeil d'ivresse, et firent
ainsi facilement entrer leur armée : *Inva-
dunt urbem somno Vinoque sepultam.*
XÉNOPHON déclare que, au sixième siècle,
c'était un honneur d'en boire beaucoup chez

les Perses, pour qui cet excès semblait un
témoignage de force corporelle, et il ajoute
que Cyrus allégua cette faculté pour obtenir
la considération des Grecs. Du temps de Ly-
CURGUE, les Spartiates faisaient un usage
immodéré du Vin, et il fallut que sa législation le leur interdit. Chez les Athéniens,
au contraire, cette boisson n'était pas en
grand honneur, quoique le médecin HIPPO-
CRATE, depuis l'invasion de la peste qui fon-
dit sur la Grèce, l'eût prescrit comme un
remède certain, et que les Stoïciens, malgré
leur rigidité, l'eussent permis pour guérir
les maladies de l'âme. MILTIADE n'inspirait
à ses troupes d'autre ivresse que celle de
l'amour de la patrie, le désir de la gloire
et la haine de l'étranger. La privation du
Vin n'était cependant pas commandée par la
nécessité, puisque le commerce portait à
Athènes les Vins de Cos, de Lesbos, de
Chypre, de Smyrne, du mont Liban et de
l'Asie. Au commencement du quatrième siècle, le Vin était très-recherché par les soldats
macédoniens. Il est vrai, comme le dit Plutarque, qu'ils ne faisaient que suivre l'exemple de PHILIPPE. On sait en effet que, après
la bataille de Chéronée, ce roi fit paraître
des transports de joie qui allèrent jusqu'à
l'indécence, et que, dans un festin qu'il
donna à l'occasion de sa victoire, il se laissa
aller à de tels excès, que Démarate lui dit :
« *La fortune t'a donné le nom d'Agamemnon, et tu joues le rôle de Thersite.* »
Apostrophe hardie qui fit rougir le monarque auquel elle s'adressait, et n'en valut pas
moins la liberté à Démarate, ainsi que les
meilleurs traitements aux vaincus. Qui ne
sait encore qu'au moment où il sortait d'un
grand repas, une femme s'avança pour lui
demander justice, et comme il ne l'écoutait
pas : J'en appelle à Philippe à jeun, dit-elle.
Le roi, rappelé à la raison, jugea en sa faveur. On voit par là que si le Vin troublait
quelquefois l'esprit de ce prince, il ne lui
retirait pas sa grandeur d'âme. Son fils
ALEXANDRE se livra aux mêmes penchants,
qu'il expia du reste par le meurtre de son
ami Clitus dont il déplora la perte, et surtout à son entrée dans Babylone en vidant
la coupe d'Hercule. Quant aux Romains, ils
commencèrent par substituer au Vin un mélange d'eau et de vinaigre, appelé *posca,* et
il paraît qu'un des motifs qui firent adopter
cette substitution, c'est que le Vin leur semblait aussi propre à allumer les désirs char-
nels que le *posca* était favorable pour les
éteindre. Quoi qu'il en soit, ANNIBAL, dont
les troupes ne faisaient pas usage de Vin,
eut soin de leur représenter l'Italie comme
en produisant beaucoup, afin de leur inspi-

rer le désir de la conquête. Au siècle d'Auguste, si l'on en croit les odes d'Horace, les Romains s'étaient sensiblement modifiés sous ce rapport, car il les dépeint tous comme des ivrognes. Les soldats ne buvaient pas alors, comme on pourrait le penser, ces liqueurs si abondantes et si délicieuses que le poëte a chantées, le Falerne et les Vins d'Albe ou de la Grèce; loin de là, c'était un mélange de jus de raisin avec du sel, de la résine, de la fleur de sureau, des feuilles de pêcher, des plantes aromatiques et de la myrrhe, dont on se servait, comme d'une espèce d'opium, pour enivrer les combattants grièvement blessés, et endormir leurs douleurs. Ils mettaient encore de la neige dans leurs Vins, pendant que les Grecs y mettaient de l'eau de mer. Pour transporter ce liquide en guerre, en employait des cruches de terre vernissées en dedans, et hermétiquement fermées avec de la poix et du plâtre. Le Vin destiné aux troupes était porté dans des outres (Pline, lib. xiv, cap. 4). Il est certain néanmoins qu'il ne leur en était pas toujours donné. C'est alors que les soldats étaient obligés d'avoir recours au *posca*, qu'ils mettaient, comme le représentent les sculptures de la colonne Trajane, dans des bouteilles portées au bout de fourches ou de bâtons auxquels ils attachaient leurs équipages. Pescennius Niger étant en Egypte, ses troupes lui demandèrent du Vin; il leur fit cette réponse : *Nilum habetis et Vinum quæritis?* Chez les Barbares, et même au moyen âge, rien n'indique que la distribution du Vin ait été régulière dans les armées; mais le pillage ou la bonne volonté des habitants des villes y suppléaient le plus souvent. A une époque plus moderne, des vivandiers ou marchands de Vin suivaient les soldats, et se plaçaient à la suite des gros bagages, soit du quartier général, soit des colonnes particulières ; c'était l'affaire du prévôt et du vaguemestre. Le Vin cessa dès lors d'être défendu dans les différentes armées de l'Europe, si ce n'est chez les Turcs, dont la loi en interdit encore l'usage à tout Musulman. Mais cette nation sait composer, des breuvages qui lui en tiennent lieu, avec de l'eau, du miel, du sucre, des fruits, etc., qui forment des boissons non moins agréables que rafraîchissantes. Il en est de même des peuples où le Vin, n'étant pas ordinaire, est forcément remplacé par d'autres liquides : tel est l'hydromel dont les Russes font usage, et qui est, comme son nom l'indique, un composé d'eau et de miel en fermentation ; telle est encore la bière, produit d'orge et de houblon. Montécuculi voulait que chaque soldat eût une mesure de Vin ou

deux de bière par jour ; mais il oubliait qu'il n'était pas possible d'en trouver partout, et il a dû en acquérir la conviction lorsqu'il faisait la guerre aux Turcs. Une circulaire du 14 ventôse an huit portait que le Vin n'étant destiné qu'à l'approvisionnement extraordinaire des places de guerre, il ne pouvait être employé à la consommation journalière des troupes en activité aux armées qu'à défaut et en remplacement d'eau-de-vie. Cette mesure fut confirmée par l'arrêté du 25 fructidor an neuf, qui affecta un quart de litre de Vin par homme. La correspondance de l'empereur NAPOLÉON, en 1805, 1809 et 1812, offre de fréquents exemples de distributions de Vin enlevé dans les pays conquis, faites aux officiers, aux soldats, et particulièrement aux troupes de la garde. Le règlement du 1er septembre 1827, sur le service des subsistances militaires, met le Vin en tête des liquides à distribuer aux troupes, et prescrit de le choisir dans les bonnes qualités du pays, à l'usage des artisans, selon les localités. Il doit être clair, naturel, franc et sans aucune mixtion. Ce règlement ajoute que le Vin destiné à des approvisionnements doit être susceptible de se conserver pendant dix-huit mois au moins, à compter du jour de son entrée dans les magasins, et qu'il ne peut être remplacé par la bière ou le cidre que dans les localités où la classe des paysans n'a pas d'autre boisson. La ration est d'un quart de litre, excepté dans certaines colonies, les Antilles, Cayenne et le Sénégal, où un demi-litre par jour est fourni aux hommes. Aujourd'hui la solde du soldat, si minime qu'elle soit, lui permet encore de boire du Vin plusieurs fois par semaine. En outre, des distributions en sont faites à l'intérieur dans certaines solennités, quelquefois à l'armée ; et souvent, dans les places assiégées, on accorde aux soldats une ration de Vin qui représente à peu près un demi-setier (un quart de litre) pour chaque homme. Les officiers y ont toujours droit en campagne.—Sur ce mot on peut lire avec fruit : *Art de la guerre* (1755), BERRIAT (t. III, p. 125), CARRION (t. II, p. 77), *Dictionnaire Billot* (au mot *Denrées d'approvisionnements*), *Dictionnaire militaire* (1758, t. III, p. 520), ENCYCLOPÉDIE (au mot *Approvisionnement*), *Histoire de l'administration de la guerre* (t. I, p. 43), *Journal militaire* (1821, p. 56, *Mémor. man. d'infanterie*, ODIER (1824, E, t. VII, p. 78), *Recueil des places* (p. 172).

VIN D'ÉTAPE. V. ÉTAPE.

VIN D'HOPITAL. Dans les hôpitaux militaires, certains malades ou convalescents reçoivent du Vin que les officiers de service sont chargés de déguster, ainsi que les autres aliments. La portion ou mesure qui peut être délivrée à un homme est d'un demi-litre ; elle se décompose en demi-portion ou quart de portion suivant les prescriptions des officiers de santé, et est toujours distribuée jour par jour.

VIN ᴇɴ ʀᴏᴜᴛᴇ. ᴠ. ÉTAPE.

VINAIGRE. ᴠ. ʙɪᴅᴏɴ ᴀ ᴠ... ᴠ. ʙᴏɪꜱꜱᴏɴ. ᴠ. ʙᴏɪꜱꜱᴏɴ ᴅ'ᴀᴘᴘʀᴏᴠɪꜱɪᴏɴɴᴇᴍᴇɴᴛ ᴇxᴛʀᴀᴏʀᴅɪɴᴀɪʀᴇ. ᴠ. ᴄʜᴀʀɢᴇ ᴅᴇ ꜱᴏʟᴅᴀᴛ. ᴠ. ᴄᴏᴍᴘᴀɢɴɪᴇ ᴇɴ ʀᴏᴜᴛᴇ. ᴠ. ᴄᴏʀᴠÉᴇ ᴇɴ ʀᴏᴜᴛᴇ. ᴠ. ᴅᴇɴʀÉᴇ ᴅ'ᴀᴘᴘʀᴏᴠɪꜱɪᴏɴɴᴇᴍᴇɴᴛ ᴅᴇ ꜱɪÉɢᴇ. ᴠ. ᴅᴇɴʀÉᴇ ᴅ'ᴀᴘᴘʀᴏᴠɪꜱɪᴏɴɴᴇᴍᴇɴᴛ ᴇxᴛʀᴀᴏʀᴅɪɴᴀɪʀᴇ. ᴠ. ᴅᴇɴʀÉᴇ ᴅᴇ ꜰᴏʀᴛᴇʀᴇꜱꜱᴇ. ᴠ. ᴅɪꜱᴛʀɪʙᴜᴛɪᴏɴ ᴇɴ ɴᴀᴛᴜʀᴇ. ᴠ. ᴅɪꜱᴛʀɪʙᴜᴛɪᴏɴ ᴇxᴛʀᴀᴏʀᴅɪɴᴀɪʀᴇ. ᴠ. ᴇᴀᴜ-ᴅᴇ-ᴠɪᴇ. ᴠ. ᴇɴꜰᴀɴᴛ ᴅ'ʜᴏᴍᴍᴇ ᴅᴇ ᴛʀᴏᴜᴘᴇ ɴ° 5. ᴠ. ꜰᴏᴜʀɴɪᴛᴜʀᴇ ᴅᴇ ᴄᴀᴍᴘᴀɢɴᴇ. ᴠ. ɪɴᴅᴇᴍɴɪᴛÉ ᴅᴇ ᴠɪᴠʀᴇꜱ. ᴠ. ʟɪQᴜɪᴅᴇ. ᴠ. ᴍɪʟɪᴄᴇ ʀᴏᴍᴀɪɴᴇ ɴ° 11. ᴠ. ʀᴀᴛɪᴏɴ ᴅᴇ ᴠɪɴ. ᴠ. ꜱᴇʀɢᴇɴᴛ ᴅ'ɪɴꜰᴀɴᴛᴇʀɪᴇ ꜰʀᴀɴçᴀɪꜱᴇ ᴅᴇ ʟɪɢɴᴇ ɴ° 10. ᴠ. ᴛᴏᴜʀ ʀᴏᴜʟᴀɴᴛᴇ. ᴠ. ᴠɪɴ.

VINAIGRE, subs. masc. (B, 1), ou ᴠɪɴᴀɪɢʀᴇ, comme on l'écrivait autrefois. Se distribuait aux soldats romains, qui l'étendaient d'eau et en faisaient la boisson appelée *posca*, qui avait pour avantage d'ôter à l'eau sa crudité. Mais le grand usage qu'en faisaient les anciens, en le mélangeant avec de l'alun, était d'en imbiber des étoffes, des cuirs, des peaux, des matelassures, des cilices, qui servaient comme de parapets et de mantelets dans les sièges contre les coups d'armes, projectiles ou catabalistiques. Les modernes ont douté de l'utilité de cette préparation, et même de la sincérité des auteurs qui en font mention ; mais ces derniers sont trop unanimes pour que leur assertion puisse être rejetée. Dɪᴏᴅᴏʀᴇ ᴅᴇ Sɪᴄɪʟᴇ cite ce fait, et HÉʀᴏɴ, en parlant des moyens de se garantir des coups qui partaient des tours mobiles, dit qu'on suspendait, sur les lieux de défense, des couvertures dont l'effet était très-favorable, et qu'elles étaient imbibées de Vinaigre (*Hero de machin. bell.*, c. 14). D'autres historiens sont du même a vis, Vɪᴛʀᴜᴠᴇ entre autres et Aᴍᴍɪᴀɴ Mᴀʀᴄᴇʟʟɪɴ, qui rend non-seulement ces rideaux incombustibles avec du Vinaigre et de l'alun, mais les tours mêmes auxquelles ils étaient attachés. Fᴏʟᴀʀᴅ a peut-être mauvaise grâce, après tant de témoignages divers, à prétendre que ce sont des chimères ; tout au plus étaient-ce des préjugés. Quoi qu'il en soit, les Romains avaient toujours du Vinaigre en magasin pour le service des machines. Aɴɴɪʙᴀʟ leur avait donné l'exemple d'en distribuer aux soldats ; car on voit, dans l'histoire, que ce grand capitaine passa les Alpes en employant

le Vinaigre : *Alpes aceto superavit.* A ce propos, il ne faut pas chercher, comme l'ont fait certains commentateurs, quels peuvent avoir été les procédés chimiques par lesquels il serait parvenu à amollir ou à dissoudre les rochers avec du Vinaigre. C'est Cᴏʀɴᴇʟɪᴜꜱ Nᴇᴘᴏꜱ qui, l'un des premiers, a imaginé cette fable, au moins singulière, qu'ont répétée PʟᴜᴛᴀʀQᴜᴇ et Tɪᴛᴇ Lɪᴠᴇ. Pʟɪɴᴇ ne parle point de cette circonstance, quoiqu'il traite spécialement du Vinaigre et rapporte l'événement du passage d'Annibal. — Dans ses satires, Juvénal paraît accueillir la version de Cᴏʀɴᴇʟɪᴜꜱ Nᴇᴘᴏꜱ, et dit :

. . . . *Pyrenæum*
Transilit ; opposuit natura Alpemque nivemque,
Diduxit scopulos et montem rupuit aceto.

Voilà qui ne laisse aucun doute. Néanmoins, quoiqu'on se soit livré, depuis cette époque, à une foule de dissertations sur les propriétés dissolvantes du Vinaigre ; quoique Pline ait avancé que ce liquide a, sous ce rapport, plus d'effet que le feu : *Saxa rumpit in fusum, quæ non ruperit ignis antecedens;* quoiqu'il ait écrit enfin que CʟÉᴏᴘᴀᴛʀᴇ fit dissoudre par ce moyen une pierre précieuse qu'elle voulait avaler, et qu'Horace lui-même ait cité un fait semblable attribué à un certain Clodius, fils d'Esope, on ne doit pas hésiter à rejeter la fable d'Aɴɴɪʙᴀʟ, qui, dans tous les cas, n'aurait certainement pas eu assez de Vinaigre pour réduire les montagnes, et il est plus raisonnable de penser que s'il franchit les Alpes avec ce liquide, ce fut pour en distribuer à ses soldats. En effet, il emmenait avec lui des Africains, que l'eau de neige aurait pu rendre malades, et il prévint ce danger en leur donnant à boire ce que les Romains appelèrent par la suite du *posca* ; c'est ainsi qu'il réussit à sauver la plus grande partie de ses troupes. Ce *posca*, on essaya de le mettre en usage pendant la ɢᴜᴇʀʀᴇ ᴅᴇ 1756 ; mais le Vinaigre se décomposant dans les bidons de fer-blanc, cet essai ne fut pas heureux, et les soldats perdirent leur bidon exprès ou par défaut de soin. Il se distribuait du Vinaigre dans quelques garnisons à cette époque. Des décisions plus récentes ont transformé en indemnité pécuniaire cette fourniture, et souvent, contrairement à l'intention de la loi, les chefs de corps consacrent à la tenue le revenant bon qui devrait tourner au profit de l'ordinaire. L'instruction provisoire du 1ᵉʳ mars 1792, sur le campement, et le règlement de brumaire an douze enjoignirent aux sergents en route de porter de grands bidons de Vinaigre. D'après le règlement du

5 avril suivant, la ration de Vinaigre était d'un vingtième de pinte ; elle ne se distribuait que dans les grandes chaleurs. On peut calculer sur environ soixante rations par homme et par an, lesquelles, évaluées à six deniers chacune, produisaient en l'an sept, sous le ministère Petiet, pour quatre cent mille hommes, une dépense de six cent mille francs. L'arrêté du 22 vendémiaire an quatre dit que, toutes les fois qu'il sera fait une distribution de Vinaigre aux troupes, les officiers présents y auront droit à raison d'un seizième de pinte chacun. En pluviôse an quatre, cette ration est réduite à un vingtième, parce qu'on en distribuait aux sous-officiers et soldats. Le 15 prairial an dix, les abus introduits dans cette distribution et les circonstances de la paix générale déterminèrent le ministre à restreindre considérablement les cas où se fournissait le Vinaigre. Les officiers n'y eurent plus droit à partir du décret du 30 décembre 1810, qui accorda à chaque soldat un vingtième de litre par jour pendant les grandes chaleurs. Une décision de 1826 (13 mars) dispose qu'il cessera d'être fourni du Vinaigre en nature, et que, dans les cas où l'emploi de ce liquide est reconnu nécessaire, les corps seront chargés d'y pourvoir au moyen d'une indemnité payable par avance avec le prêt. Enfin, le règlement du 1er septembre 1827 fixe le mode de distribution du Vinaigre aux troupes, et ajoute que le Vinaigre de vin est le seul admis dans ces distributions : qu'il doit être de bonne qualité, clair, franc, et susceptible, lorsqu'il y a lieu d'en faire approvisionnement, de se conserver dix-huit mois au moins en magasin. Il doit marquer 2°, 2. Le Vinaigre de bière peut aussi être admis sur une autorisation du ministre ou des intendants. Ces dispositions ont été maintenues sans interruption, si ce n'est à l'époque du choléra, où les circulaires des 15 mai 1832 et 10 mai 1833 firent substituer l'eau-de-vie au Vinaigre pendant le temps des plus fortes chaleurs. Le Vinaigre n'en continua pas moins d'être employé à purifier l'air des hôpitaux. — Il est utile de consulter à cet égard : Berriat (t. III, p. 31 et 124), Carrion (1824, t. II, p. 527), *Dictionnaire Billot*, *Dictionnaire militaire* (au mot *Entretien*), Encyclopédie (au mot *Approvisionnement*), *Journal militaire* (1821), Lecouturier (1825), Odier (1824, E, t. VII, p. 78), *Recueil des places*.

VINAIGRE D'HOPITAL. V. ALIMENT D'HOPITAL.

VINAIGRE EN CAMPAGNE. V. GRAND BIDON.

VINCENNES ; VINCENT. V. NOMS PROPRES.

VINGT. V. COULEVRINE. V. PIÈCE DE QUATRE-VINGTS. V. PIÈCE DE QUATRE-VINGT-SEIZE. V. QUATRE-VINGT-DOUZE.

VINGT-CINQ. V. CINQ. V. PIÈCE DE VINGT-CINQ.

VINGT-CINQ RANGS. V. RANG. V. SUR VINGT-CINQ RANGS.

VINGT-HUIT. V. HUIT. V. PIÈCE DE VINGT-HUIT.

VINGT-QUATRE. V. BOULET DE VINGT-QUATRE. V. CANON DE VINGT-QUATRE. V. OBUS DE VINGT-QUATRE. V. OBUSIER DE VINGT-QUATRE. V. QUATRE.

VINGT-QUATRE HEURES. V. ABSENCE DEPUIS VINGT-QUATRE HEURES. V. RAPPORT DES VINGT-QUATRE HEURES.

VINGT RANGS. V. RANG. V. SUR VINGT RANGS.

VIOL, subs. masc. (C, 5). V. CRIME. V. DÉLIT COMMUN. Diminutif de violence. C'est, en effet, à ne considérer que l'étymologie du mot, toute violence faite à la pudeur d'une femme. La loi doit mesurer sa vigilance et sa sévérité sur le danger dans la cause, sur la facilité dans l'exécution, sur les désastres dans le résultat de l'action qu'elle veut prévenir ; à ce triple titre, le Viol a dû, de tout temps, éveiller sa sollicitude. Il faut ajouter que les plus grands événements ont eu pour cause cette nature d'outrage qu'un peuple ne supporte jamais patiemment : l'enlèvement d'une femme met en feu l'Orient ; la puissance des Tarquins et celle des décemvirs tombent par un double attentat à la pudeur, et l'on sait pourquoi la Sicile fut arrosée du sang français. Une action qui trouve dans un sentiment naturel une cause incessante, un crime dont les suites sont irréparables, ne sauraient être conjurés avec trop de soin. Aussi, de tout temps, si le Viol n'a pas été l'objet d'une peine bien déterminée, du moins n'est-il jamais resté impuni. — L'empereur Aurélien ayant appris qu'un de ses soldats avait violé son hôtesse, le fit attacher à deux branches d'arbres qu'on plie jusqu'à terre, en les rapprochant l'une de l'autre, et qu'on laissa ensuite se redresser avec force, de sorte que le coupable fut déchiré en morceaux. Sous l'empereur Macrin, deux soldats convaincus d'avoir violé l'esclave de leur hôte, et qui méritaient la mort simple selon la loi romaine, furent punis d'une façon non moins cruelle que singulière : Macrin fit ouvrir le ventre à deux taureaux dont on avait rompu la tête, et fit coudre intérieurement les deux coupables, leur laissant seulement la tête dehors afin qu'ils pussent se voir et se parler jusqu'à ce qu'ils mourussent de faim et dévorés par la vermine (*Capitolin. in Macrino,* c. xii). Plus tard, la potence remplaça ces barbares supplices. En 510, Clovis écrivit aux évêques pour la protection à accorder aux religieuses et aux veuves contre les violences des soldats. *L'un d'eux* (dit une chronique du quinzième siècle) *ravit et prist à force Jehanne de la Broce, pour lequel faict il a esté noyé.* Un statut d'Augsbourg portait : « *Si quelqu'un, civil ou militaire, fait violence à des jeunes filles ou à des femmes en voyage, et qu'on le surprenne en flagrant délit, qu'on l'enterre tout vif; tel est le droit.* » Si l'attentat s'était consommé loin de tout secours humain, dans la profondeur des forêts ou dans l'immensité des plaines, *in sylvis, in magnis agris,* la femme, lorsqu'elle était de bonne renommée, était écoutée dans sa plainte, et constatait suffisamment le crime par son serment (*in cap.* i, *Extr. de adult.*). Le chevalier de Guignard, dans son *Ecole de Mars* (tom. ii), dit qu'un chef doit empêcher le Viol en pays ennemi, attendu que les chrétiens ne donnent jamais d'ordres pour de tels excès; ceux qui les commettent à la guerre sont passibles des mêmes peines que les autres criminels. Une ordonnance donnée à Blois le 16 juillet 1551, dressée par le seigneur de Chatillon et approuvée par le connétable, porte que celui qui forcera une femme ou une fille sera pendu et étranglé. Elle fut renouvelée en 1753. Une autre ordonnance, signée de Henri quatre et donnée au camp d'Escouy, contient les mêmes dispositions. Charrier et Basset citent un arrêt du 30 août 1636, qui condamna un soldat au supplice de la roue pour avoir violé un enfant de quatre ans et demi. A cette époque, la loi se montrait impitoyable pour le Viol. Si le coupable avait poursuivi la pudeur jusque dans l'intérieur de la famille ou jusque dans l'enceinte du cloître, l'intensité de la peine s'accroissait encore. L'inceste avec violence, c'est-à-dire l'attentat commis envers une parente ou une religieuse professe, était puni du feu. Non-seulement le crime commis envers une personne mariée était puni de mort, mais le coupable ne pouvait chercher ni l'excuse de son action, ni l'atténuation de la peine dans les mauvaises mœurs de celle qui n'avait pas voulu devenir sa complice. La peine de mort, prodiguée par l'ancienne jurisprudence, manquait le but en le dépassant. Le juge, troublé à la vue de l'échafaud, ne voulait pas croire à la résistance continue, et la loi conduisait au déshonneur de la plaignante pour avoir trop voulu la venger. Cette législation fut réformée; l'assemblée constituante mit la peine des fers à la place de la peine capitale. La loi du 21 brumaire an cinq (art. iv, tit. 5) condamna à douze ans de fers pour Viol d'une fille de moins de quatorze ans; à la peine de mort pour Viol suivi de mort, et à huit ans de fers pour Viol simple. Le Viol commis par un militaire en route, quand il suit la même route que son corps, est de la compétence des conseils de guerre. On ne peut s'étonner de la sévérité que la loi apporte dans la répression de ce crime. Chacun comprend combien il importe de refréner et d'enchaîner, par une terreur toujours présente, les passions les plus impétueuses qui soient cachées dans le cœur de l'homme. Ce qui porte les animaux à s'entre-déchirer amènerait, chez des êtres plus intelligents et plus habiles dans l'art de la destruction, une dépopulation rapide, si la loi n'avait pas placé la pudeur des femmes sous son égide.

VIOLATION d'arrêts. v. arrêts. v. destitution. v. milice prussienne nᵒ 9.

VIOLATION de consigne (C, 5). La loi du 21 brumaire an cinq (tit. viii, art. 13) punit de dix ans de fers tout militaire convaincu d'avoir forcé ou violé la consigne générale donnée pour la troupe. La Violation d'une consigne commise par une troupe est considérée comme un acte de désobéissance combinée, et les chefs et instigateurs de ce délit sont également passibles de la peine de dix ans de fers. Si la Violation de la consigne a eu lieu à main armée, elle est punie de mort. v. consigne.

VIOLATION de formes. v. annulation. v. confirmation. v. conseil de révision. v. conseil permanent nᵒ 3. v. forme.

VIOLATION de mot d'ordre. v. crime. v. mot. v. mot d'ordre. v. peine.

VIOLENTE, adj. v. mort violente.

VIOLER la consigne. v. consigne. v. consigne d'injonction. v. violation de consigne.

VIOLER les arrêts. Les enfreindre, s'y soustraire, ne pas les observer. v. arrêts. v. destitution. v. milice prussienne nᵒ 9.

VIOLON disciplinaire. v. établissement militaire. v. prison de corps de garde.

VIOLON instrumental. v. clarinette. v. instrument a cordes. v. ménestrel. v. musique.

VIRATON, subs. masc. v. vireton.

VIRE, subs. fém. (F). Mot qui, suivant

Roquefort, dérive du bas latin *virare,* tourner. On appelait Vire une FLÈCHE ou un TRAIT. V. RONCON. V. FLÈCHE PROJECTILE.

VIRE-FLÈCHE. V. ARME DE DÉCLIC. V. FLÈCHE PROJECTILE.

VIRETON, subs. masc. (F). Corruption du latin *verutum, virutum, viruto, veru,* c'est-à-dire DARD, JAVELOT. Les Italiens disaient *verrettone; c'était un augmentatif de verretta.* Les troupes germaniques au service d'Angleterre en firent usage, au temps de CHARLES SEPT, à un assaut donné à Melun en 1420. C'étaient des flèches qui tournaient ou viraient en l'air, apparemment à l'instar d'une tarière qui agirait horizontalement, ou bien de la ligne que décrit dans son trajet la balle de la carabine. Ce mouvement provenait sans doute de ce que la hampe du Vireton était garnie de plumes disposées en spirales; mais c'est un point mal éclairci. Dans une chronique, Martial d'Auvergne, qui fait le récit du siége de Paris (1429) par Jeanne d'Arc, dit qu'*un Vireton la vint à la jambe assener. —* On doit à Ambroise Paré quelques détails sur la configuration de cette arme, que l'usage de la poudre fit peu à peu abandonner. — Ce sujet se trouve traité dans l'*Aidemémoire,* BOREL, COTTY, DANIEL, ENCYCLOPÉDIE (tom. I, p. 157), *Histoire politique* (1777), MÉNAGE, *Panoplie* (p. 259), *Science de la guerre* (t. III, p. 212). — V. ARBALÈTE. V. ARME DE DÉCLIC. V. ARME OFFENSIVE. V. ÉTENDARD. V. FLÈCHE PROJECTILE.

VIREULLE, subs. fém. v. VIROLE.

VIRE-VOLTE, subs. fém. (F), no VIREVOULTE. Mot composé, suivant Roquefort, de la même racine que le substantif VIRE et du latin *vultus,* visage. Au mot Vire-volte a succédé, dans le langage militaire, le mot VOLTE-FACE.

VIRE-VOUTE, subs. fém. v. VIRE-VOLTE.

VIRGILE; **VIRGIN.** V. NOMS PROPRES.

VIROEULE, subs. fém. v. VIROLE.

VIROLE, subs. fém. (F), ou VIREULLE, ou VIROEULE. Mot dérivé du latin *gyrare* ou *virare,* tourner, qui a produit GIROUETTE et VIROLET, mots de même acception. Une Virole est un objet propre à faire le tour, à entourer. V. GIROUETTE.

VIROLE à ESPADON. V. CUIRASSE DE FER PLEIN. V. ESPADON.

VIROLE de BAGUETTE DE TAMBOUR. V. CORPS DE BAGUETTE DE TAMBOUR. V. FRETTE DE BAGUETTE.

VIROLE de BAIONNETTE. V. COTTY (1822).

VIROLE de CUIRASSE. V. CUIRASSE DE FER PLEIN.

VIROLE de DOUILLE. V. BAGUE. V. BAIONNETTE.

VIROLET, subs. masc. v. GIROUETTE. V. VIROLE.

VERONFOSSE; VIRRIOT. V. NOMS PROPRES.

VIS, subs. fém. V. A VIS. V. CLOU A VIS. V. COLLET DE VIS. V. PAS DE VIS. V. PETITE VIS. V. PORTE-VIS. V. PREMIÈRE VIS. V. TÊTE DE VIS. V. TIGE. V. TIGE DE VIS. V. TOURNEVIS.

VIS, subs. fém. (term. génér.) (G, 2), formé du latin *gyrus,* tour, rond. On appelle Vis un cylindre droit à la surface duquel se trouve creusé un sillon de section habituellement carrée ou triangulaire, qui suit la direction d'une hélice tracée sur le cylindre; les diverses révolutions du sillon laissent entre elles une partie saillante, à section carrée ou triangulaire, qui semble avoir été enroulée suivant une hélice sur le cylindre passant par le fond des gorges; ce dernier cylindre porte le nom de NOYAU, et la partie saillante au noyau se nomme le FILET. Quelquefois on fait des Vis à plusieurs filets égaux et équidistants. L'écartement compris entre chaque révolution de l'hélice, mesuré suivant une génératrice de cylindre, se nomme le PAS de la Vis. Une des extrémités de la Vis est habituellement renflée, et disposée de manière à recevoir l'action de leviers, de clefs ou de tournevis; cette extrémité prend le nom de tête. Pour manœuvrer une Vis on l'introduit dans son écrou, et on lui imprime un mouvement de rotation au moyen d'un levier. Si l'écrou est immobile, la Vis ne peut obéir à l'impulsion qu'elle reçoit qu'en prenant un mouvement dans le sens de son axe et en parcourant un espace proportionnel à l'arc décrit par le levier. — On appelle VIS A DROITE celles qui, étant placées verticalement, présentent leurs filets de manière qu'ils descendent de droite à gauche, et VIS A GAUCHE celles qui présentent leurs filets dans l'autre sens; les premières sont de beaucoup les plus fréquemment employées. On nomme TEMPS PERDU, dans une Vis, l'espace qu'elle parcourt sans CONDUIRE l'écrou, lorsqu'après avoir marché dans un sens on vient à la manœuvrer en sens contraire. Comme il est dit plus haut, pour faire agir une Vis, il faut la faire tourner sur son axe après l'avoir engagée dans son écrou. Tous les cas reviennent à celui-là théoriquement; mais on emploie plusieurs dispositions différentes pour arriver au même but. La condition indispensable est que la Vis ou l'écrou reçoivent un mouvement circulaire, tandis que l'un des deux seulement peut se mouvoir dans le sens de son axe. Dans les Vis à filet carré, on fait habituellement la section des gorges égale à celle des pleins. Lorsque les Vis sont à un filet, la saillie de celui-ci égale la moitié du pas. Les matériaux qu'on emploie ordinairement à la construction des Vis sont le bois, le fer, le bronze, le cuivre jaune, l'acier; quelquefois, mais rarement, on fait des Vis en fonte; on en a des exemples dans les arbres de quelques grands tours en l'air, à l'ajustement de leurs mandrins. Les Vis en bois coûtent beaucoup moins cher que celles en métal, et s'emploient lorsqu'on ne veut obtenir que des pressions moyennes; on les fait presque toutes à FILETS triangulaires; les pressoirs à Vis en offrent de fréquents exemples. Lorsque l'on doit produire de grandes pressions, on se sert de Vis en fer, habituellement à filets carrés. Les ÉCROUS de ces Vis sont ordinairement en bronze ou en laiton. Les Vis de moyenne dimension se font presque toutes en fer, et quelquefois seulement en laiton; elles sont à peu près indistinctement à filets carrés ou triangulaires. Les Vis de petites dimensions se font en fer, acier ou bronze, et sont toujours à filets triangulaires. L'emploi le plus usuel des Vis est celui que l'on en fait constamment dans les machines pour maintenir les joints des différentes pièces. Souvent les pièces à serrer sont prises entre les têtes de Vis et leurs écrous; les Vis prennent, dans ce cas, le nom de BOULONS. Tantôt les joints sont arrêtés, tantôt ils sont variables, comme pour les PRESSE-ÉTOUPES. On évite de faire PRENDRE ÉCROU aux Vis dans des parties de fonte, surtout quand elles peuvent être serrées et desserrées souvent. On se sert quelquefois de Vis pour faire varier les longueurs de certains tirants. On emploie alors deux tiges, terminées, l'une par une Vis à droite, l'autre par une Vis à gauche; un double écrou les engage toutes deux. En tournant l'écrou dans un sens ou dans l'autre, les deux tiges s'écartent ou se rapprochent. Le nouvel Aide-mémoire d'artillerie (1844) distingue dans la Vis : la TÊTE, la FENTE, la TIGE et la PARTIE TARAUDÉE. On ne peut qu'indiquer ici les principales machines qui servent à la fabrication des Vis; ce sont, pour les grandes Vis, les MACHINES dites A FILETER et les TOURS PARALLÈLES A FILETER. Les petites Vis se font sur le tour en l'air, avec des PEIGNES ou bien au moyen de filières. Dans le langage militaire, les Vis prennent des noms particuliers, suivant les usages spéciaux auxquels elles sont employées; c'est ainsi que l'on dit :

VIS . . .
- A BOIS . .
  - A TÊTE RONDE.
  - A TÊTE PLATE.
  - A TÊTE PERCÉE.
  - POUR CAISSES D'ARMES.
  - POUR SOUFFLETS.
- AFFLEURANTE.
- A TÊTE . .
  - FRAISÉE.
  - LARGE.
  - NOYÉE.
  - PERCÉE.
  - PLATE.
- D'ARMURERIE.
- DE BASSINET.
- DE BATTERIE.
- DE BAIONNETTE.
- DE BRIDE.
- DE CALOTTE DE PISTOLET.
- DE CHIEN.
- DE CONTRE PLATINE.
- DE CORPS DE PLATINE.
- DE CULASSE
  - DE CARABINE.
  - DE FUSIL DE REMPART.
  - DE FUSIL PERCUTANT.
  - DE FUSIL D'INFANTERIE.
  - DE MOUSQUETON.
  - DE PISTOLET.
- DE DÉTENTE.
- DE FUSIL.
- DE GACHE.
- DE GACHETTE.
- DE GARNITURE.
- DE GRAND RESSORT.
- DE GRENADIÈRES
  - POUR CARABINE.
  - POUR MOUSQUETON.
- DE MONTE-RESSORT.
- DE MORTAISE.
- DE NOIX.
- DE PLAQUE DE COUCHE.
- DE PLATINE
  - INTÉRIEURES
    - DE GACHETTE.
    - DE RESSORT DE GACHETTE.
    - DE BASSINET.
    - DE BRIDE.
    - DE GRAND RESSORT.
    - DU RESSORT DE BATTERIE.
  - EXTÉRIEURES
    - DE BATTERIE.
    - DU CARRÉ.
    - A TÊTE PERCÉE.
- DE POIGNÉE ET DE PLAQUE.
- DE POINTAGE
  - D'AFFUT
    - DE CAMPAGNE.
    - DE CARONADE.
    - DE MONTAGNE.
    - DE PLACE ET DE CÔTE.
    - DE SIÉGE.
- DE PRESSION.
- DE RESSORT
  - DE BASSINET.
  - DE BATTERIE.
  - DE GACHETTE.
- DE TIRE-BALLES.
- DE TRINGLE DE MOUSQUETON.

VIS à BOIS. Ce sont des Vis à filets triangulaires très-aigus et très-écartés, à noyau conique, et qui prennent écrou dans le bois ; elles présentent une résistance très-grande lorsqu'elles ont une longueur suffisante de filets engagés et qu'elles sont bien posées. Pour les poser, on perce un trou d'un diamètre moindre que celui du noyau, on graisse la Vis et on l'engage dans le trou en la serrant à refus ; la Vis se taraude elle-même son écrou. Ces Vis font partie de la garniture du fusil ; il y en a trois : deux de la plaque de couche et celle de la branche d'écusson. Les sous-gardes des fusils républicains et de la garde impériale en comptent deux. Les fusils modernes de 1840 en ont trois : à TÊTE RONDE, à TÊTE PLATE et à TÊTE PERCÉE. — V. CROSSE DE FUSIL. V. ÉCUSSON DE FUSIL. V. PLAQUE DE COUCHE. V. TÊTE DE VIS. V. TÊTE FRAISÉE. — On emploie aussi des Vis à bois pour les CAISSES D'ARMES et pour les SOUFFLETS.

VIS AFFLEURANTE. V. BRANCHE DE TOURNEVIS.

VIS à TÊTE FRAISÉE. Sa tête, au lieu d'offrir la forme d'une TÊTE DE CLOU, est conique, à peu près comme le gros bout de la BAGUETTE.

VIS à TÊTE LARGE. V. BRANCHE DE TOURNEVIS.

VIS à TÊTE NOYÉE. V. TÊTE NOYÉE.

VIS à TÊTE PERCÉE. Elle diffère des autres par sa TÊTE FORÉE et son COLLET. V. CHIEN DE FUSIL. V. GORGE DE CHIEN DE FUSIL. V. GRANDE VIS DU CHIEN. V. TROU A JOUR.

VIS à TÊTE PLATE. C'est la forme de toutes les Vis, excepté la VIS A BOIS et celle de CULASSE. V. TÊTE DE VIS.

VIS d'ARMURERIE. Celles qui sont à tête plate ont la TIGE cylindrique ; celles dont la tête est fraisée ont la TIGE conique.

VIS de BASSINET. V. QUEUE DE BASSINET. V. VIS DE BATTERIE.

VIS de BATTERIE. C'est celle qui traverse l'OEIL de la BRIDE de BASSINET et le PIED de BATTERIE ; on l'appelle aussi VIS DE BASSINET. V. BASSINET. V. BATTERIE DE PLATINE. V. BRIDE DE BASSINET. V. PIED DE BATTERIE. V. REMPART DE BATTERIE. V. VIS DE PLATINE.

VIS de BAYONNETTE. Appelée autrefois VIS de BAGUE DE BAYONNETTE, et aujourd'hui VIS de la VIROLE DE BAYONNETTE. Elle passe à travers les ROSETTES de la BAGUE OU VIROLE, et prend son écrou dans l'une des deux PATTES.

VIS de BRIDE. V. PIED DE BRIDE.

VIS de CALOTTE DE PISTOLET. V. PIÈCES DE GARNITURE. V. PISTOLET.

VIS de CHIEN. Elle est à tête arrondie, fendue et percée. Deux décisions des 25 juin et 22 décembre 1826 ont substitué, dans les ARMES A FEU PORTATIVES, une Vis de chien en acier étoffe à la Vis de chien en fer ; ces décisions étaient fondées : 1° sur ce que cette pièce exige des remplacements considérables ; 2° sur ce que la Vis de chien en acier est plus résistante, plus élastique et d'un meilleur usage que celle en fer trempé et recuit ; 3° sur ce que des expériences ont fait connaître qu'en abattant le chien sans pierre et la batterie renversée, pour faire éprouver au chien un choc violent, la Vis en acier a parfaitement résisté au tir de cent et même de deux cents coups, tandis que celle en fer trempé en paquet s'est faussée ou brisée après un nombre de coups variable entre dix et vingt-cinq. La Vis du chien en acier étoffe doit être trempée et recuite comme le RESSORT de PLATINE. L'augmentation de dépense pour cette innovation n'est que de 0,05 centimes par platine. Le mode de remplacement des Vis de chien a été fixé par l'instruction du 13 novembre 1827. V. MACHOIRE DE CHIEN.

VIS de CONTRE-PLATINE. Il y en a deux qu'on distingue en grande et petite Vis, ou première et deuxième Vis : l'une a sa BOUTEROLLE vis-à-vis le CHIEN ; l'autre vient s'écrouer à l'extrémité du corps de PLATINE, près du ressort de BATTERIE. V. OEIL. V. PLATINE A BATTERIE. V. SUPPORT DE CULASSE. V. TALON ÉCHANCRÉ.

VIS de CORPS DE PLATINE. V. PLATINE. V. VIS DE PLATINE.

VIS de CULASSE. On distingue les Vis de culasse de CARABINE, de FUSIL DE REMPART, de FUSIL PERCUTANT, de FUSIL D'INFANTERIE, de MOUSQUETON, de PISTOLET. — V. CANON DE FUSIL. V. CULASSE DE FUSIL. V. ÉCUSSON DE FUSIL. V. SUPPORT. V. TÊTE FRAISÉE. — C'est celle qui se visse dans la BOUTEROLLE de l'ÉCUSSON. Dans le modèle du fusil de 1842, elle est fraisée en dessous.

VIS de DÉTENTE. V. DÉTENTE.

VIS de FUSIL. Il y en a de cinq sortes, savoir : de CONTRE-PLATINE, de GARNITURE, de BAGUE, de SUPPORT et de PLATINE. — V. ARÊTE VIVE. V. BRANCHE DE TOURNEVIS. V. FUSIL. V. KOPTIPTEUR.

VIS de GACHE. V. CLEF DE TAMBOUR.

VIS de GACHETTE. V. DEVANT DE GACHETTE. V. GACHETTE. V. RESSORT DE GACHETTE.

VIS de GARNITURE. Ce sont les Vis de CULASSE, de CONTRE-PLATINE, et les VIS A BOIS. Elles sont décrites dans la circulaire du 29 mai 1817.

VIS de GRAND RESSORT. V. GRAND RESSORT.

VIS de GRENADIÈRES pour CARABINE et MOUSQUETON. V. GRENADIÈRES.

VIS de MONTE-RESSORT. V. BRANCHE DE MONTE-RESSORT. V. CLOU DE MONTE-RESSORT. V. CYLINDRE DE MONTE-RESSORT. V. ÉCROU DE MONTE-RESSORT. V. MONTE-RESSORT.

VIS de MORTAISE. CLOU taraudé qui s'écroue dans le crampon du monte-ressort et joue à coulisse dans la MORTAISE du MONTANT.

VIS de NOIX, ou VIS DU CARRÉ DE NOIX. V. CLOU DE CHIEN.

VIS de PLAQUE de COUCHE. V. PLAQUE DE COUCHE.

VIS de PLATINE. Se distinguent en VIS A TÊTE PERCÉE et en VIS A TÊTE PLATE, et sont au nombre de neuf, dont cinq intérieures et quatre extérieures. Les premières se subdivisent en VIS DE GACHETTE, VIS DU RESSORT DE GACHETTE, VIS DE BRIDE, VIS DE BASSINET (elle est à affleurement) et VIS DE GRAND RESSORT; les secondes sont : la VIS DU RESSORT DE BATTERIE, la VIS DE BATTERIE, celle du CARRÉ et la VIS A TÊTE PERCÉE. Leurs prix de réparations ou de remplacement sont tarifés dans le *Journal militaire* de 1817 (p. 253, alin. 8, et p. 299, alin. 6). — V. CLOU DE CHIEN. V. CORPS DE PLATINE DE FUSIL. V. GRANDE VIS. V. PAS DE VIS. V. QUEUE DE VIS. V. RESSORT DE PLATINE. V. TÊTE DE VIS. — Dans le modèle de fusil de 1840, il y a la grande Vis de PLATINE et deux Vis de BRIDE DE NOIX. Le modèle de 1842 présente deux Vis de PLAQUE de COUCHE, une Vis de DÉTENTE et une Vis de SOUS-GARDE. La première et la troisième sont des VIS A BOIS; leur tête est arrondie en goutte de suif et fraisée en dessous, la tige un peu conique et taraudée dans toute sa longueur.

VIS de POIGNÉE et de PLAQUE. V. POIGNÉE. V. PLAQUE.

VIS de POINTAGE. Celle dont l'écrou est pris dans un affût, et dont la tête supporte la CULASSE d'un CANON ou d'un OBUSIER; elle sert à donner, avant le tir, l'inclinaison convenable aux pièces. Elle fut inventée en 1630, ou, suivant LEBOURG, en 1650. GUSTAVE-ADOLPHE passe pour en avoir substitué l'usage à celui du COIN DE MIRE. L'artillerie hessoise et hanovrienne en avait en 1758, ainsi que l'avance Jacobi; mais en France on n'en adopta l'usage qu'en 1764 ou 1765, d'après les conseils de Gribeauval. V. ARTILLERIE STRATOPÉDIQUE. V. COIN DE MIRE. V. MILICE PRUSSIENNE N° 7. — Les Vis de pointage d'ancien modèle se distinguent en Vis de pointage d'affût de siége, d'affût de place et de côte, d'affût de caronades, d'affût de campagne et d'affût de montagne. Aujourd'hui on n'en compte que trois espèces : les Vis de pointage d'affût de place et de côte, celles d'affût de montagne et celles d'affût de campagne.

VIS de PRESSION. On appelle ainsi la Vis dont le jeu consiste à serrer et à desserrer.

VIS de RESSORT DE BASSINET. V. BASSINET.

VIS de RESSORT DE BATTERIE. V. BATTERIE. V. RESSORT DE BATTERIE.

VIS de RESSORT DE GACHETTE. V. GACHETTE.

VIS de TIRE-BALLE. V. BOURRE.

VIS de TRINGLE DE MOUSQUETON. V. MOUSQUETON. V. TRINGLE.

VISA, subs. masc. (B, 1). Ce mot latin, devenu français, désigne un acte qui complète un autre acte, et sans lequel celui-ci n'aurait pas force probante. Le Visa, doit toujours émaner d'un fonctionnaire autre que celui qui fait le premier acte. Dans l'armée, ce fonctionnaire est le plus souvent un membre du corps de l'INTENDANCE ou un officier agissant administrativement. Autant que possible, le Visa doit toujours être accompagné du cachet de l'autorité militaire; c'est sur les pièces de comptabilité, les actes de l'état civil dressés dans l'armée, les congés, les feuilles de route qu'il s'applique le plus fréquemment. V. COMMISSAIRE DES GUERRES. V. PERMIS. V. SOUS-INSPECTEUR. V. SOUS-INTENDANT. V. VISER.

VIS-ADMIRAL, subs. masc. v. ADMIRAL.

VISAGIÈRE. V. ÉCHARPE MILITAIRE. V. MOUCHOIR.

VISANI. V. NOMS PROPRES.

VISCOMTE. V. BARON N° 3. V. VICOMTE.

VISCONTI. V. NOMS PROPRES.

VISE (visée) (G, 3). Ce mot, employé par GUIBERT (1775, t. III, p. 229) et par le *Soldat-citoyen* (1780, p. 303), signifie PORTÉE DE FUSIL. V. BUT. V. BUTE. V. CHASSEUR A PIED. V. COUP PERDU. V. TIR D'INFANTERIE.

VISER (G, 2). MIRER, regarder au but, pour y atteindre avec un projectile quelconque : on employait autrefois l'expression ABUTER, beaucoup plus juste que la locution moderne. Viser s'emploie également pour exprimer l'action de mettre un VU, ou VISA, sur certaines pièces, telles que les congés, les feuilles de route, les comptabilités. V. AJUSTER. V. ARBALÈTE. V. ARTILLERIE STRATOPÉDIQUE. V. BATTERIE FOUDROYANTE. V. BUT. V. PÉTRINAL. V. VISA.

VISIÈRE, subs. fém. v. ALIDADE. V. A VISIÈRE. V. BACINET. V. BOURGUIGNOTE. V. BOUTON. V. CASQUE. V. CASQUE A VISIÈRE. V. CHAPEAU DE FER. V. CHEVALIER DU MOYEN AGE Nº 6. V. ÉCHARPE MILITAIRE. V. ÉCUYER Nº 4. V. EMBOUCHOIR DE FUSIL. V. EN VISIÈRE. V. GRILLE. V. HEAUME. V. MENTONNIÈRE DE CASQUE. V. MOUCHOIR. V. NASAL. V. POINT DE MIRE. V. ROMPRE EN VISIÈRE. V. SANS VISIÈRE. V. TIR D'INFANTERIE.

VISIÈRE, subs. fém. (F, G, 1). Mot qui désigne une partie du casque ancien ou de la coiffure moderne, ainsi que le BOUTON placé sur le CANON DU FUSIL. Ce mot demande à être distingué en VISIÈRE D'ARBALÈTE, — DE BONNET DE POLICE, — DE BOURGUIGNOTE, — DE CARABINE, — DE CASQUE, — DE COLBACK, — DE FUSIL, — DE FUSIL DE REMPART, — DE HEAUME, — DE MASQUE, — MOBILE. — DE SALADE, — DE SCHAKO.

VISIÈRE d'ARBALÈTE. V. FRONTEAU D'ARBALÈTE. V. GRAIN DE MIRE D'ARBALÈTE.

VISIÈRE de BONNET DE POLICE. V. BONNET DE POLICE. V. ORDONNANCE D'UNIFORME.

VISIÈRE de BOURGUIGNOTE. V. BOURGUIGNOTE.

VISIÈRE de CARABINE. Partie mobile en métal sur le dessus du TONNERRE.

VISIÈRE de CASQUE. Partie d'un CASQUE ou d'un HEAUME qui répondait aux yeux du guerrier; mais ce qu'il faut surtout appeler Visière est la partie susceptible de se lever ou de s'abaisser. Si la Visière ne faisait qu'un avec le reste du masque, on appelait VUE ou VEUE la claire-voie à travers laquelle le guerrier regardait. Plusieurs CASQUES n'avaient pour toute Visière qu'une ouverture oblongue répondant à l'œil droit. On pourrait croire qu'ils n'appartenaient qu'à des borgnes; mais comme il en existait un grand nombre, cette supposition n'est pas permise. L'usage des Visières appartient surtout aux casques portés de 1190 à 1550. C'est ce que Guillaume le Breton appelait les OCULAIRES, ou suivant Fauchet, les OEILLÈRES. Le passage où en parle Guillaume est celui où il dit : *Fenestras per galeæ medias, quibus est ocularia nomen.* Les Visières étaient quelquefois fermées par des grillages à demeure, quelquefois par des grillages, ou des plaques percées, susceptibles de s'ouvrir sur des charnières. Elles se mouvaient indépendamment du nazal et de la mentonnière, ou bien se retiraient et s'abaissaient en même temps au moyen de pivots fixés de chaque côté des tempes. V. HACHE D'ARMEMENT. V. MASQUE. V. MENTONNIÈRE. V. ROMPRE EN VISIÈRE. V. SALADE.

VISIÈRE de COLBACK. V. COLBACK.

VISIÈRE de FUSIL. V. GRAIN DE MIRE DE FUSIL. V. GUIDON DE FUSIL. V. MIRE. V. POINT DE MIRE.

VISIÈRE de FUSIL DE REMPART, ou demi-anneau inférieur de l'embouchoir ; il s'appelle aussi GRAIN, parce qu'il est en forme de grain d'orge. V. BUT EN BLANC.

VISIÈRE de HEAUME. V. HEAUME.

VISIÈRE de MASQUE. V. BOURGUIGNOTE.

VISIÈRE MOBILE. V. BOURGUIGNOTE.

VISIÈRE de SALADE. V. INFANTERIE Nº 5. V. SALADE.

VISIÈRE de SCHAKO D'INFANTERIE. V. BONNET A POIL. V. BOURGUIGNOTE. V. CABASSET. V. COUVRE-NUQUE. V. COUVRE-SCHAKO. V. SCHAKO D'INFANTERIE.

VISIGOTHS. V. NOMS PROPRES.

VISIR, ou VIZIR suivant DUANE (1810, E). V. COMMANDEMENT D'ARMÉE. V. GÉNÉRAL D'ARMÉE. V. GRAND-VISIR. V. MILICE TURQUE Nº 1, 2, 4. V. PRÉFET DU PRÉTOIRE.

VISIR. V. AUTORITÉ. V. CAPITAINE DE VISITE. V. CHEF DE DÉTACHEMENT Nº 2. V. COLONEL, DROITS Nº 14, PRÉROGATIVES Nº 20. V. COMMANDANT DE PLACE Nº 8. V. CONTRE-VISITE. V. CORPS D'OFFICIERS. V. DÉTACHEMENT. V. FEUILLE DE VISITE. V. OFFICIER DE VISITE.

VISITE, subs. f. (term. génér.) (D, 2, 3; E, 5, 5), du mot latin *aditus*. Action d'aller voir, par civilité ou par devoir. Dans l'un ou l'autre cas, ce mot allié à d'autres mots forme, dans la langue militaire, les locutions suivantes : VISITE A L'HOPITAL, — AU QUARTIER, — AUX AUTORITÉS, — AUX HOPITAUX, — D'ARME D'UNIFORME, — D'ARMEMENT, — DE BOULANGERIE, — DE CASERNE, — DE CHAMBRE DE CASERNE, — DE CHAMBRÉE, — DE CHEF DE DÉTACHEMENT EN ROUTE, — DE CHIRURGIEN, — DE CHIRURGIEN EN ROUTE, — DE CHIRURGIEN-MAJOR, — D'ÉCLOPPÉS EN ROUTE, — DE CONSCRIT, — DE CORPS, — DE CORPS DE GARDE, — DE CORPS EN ROUTE, — DE DIMANCHE, — D'EFFETS DE PETIT ÉQUIPEMENT, — DE HAVRE-SAC, — DE LINGE ET CHAUSSURE, — DE LOGEMENT EN ROUTE, — DE MAGASIN, — DE MALADE, — DE MALADE EN ROUTE, — DE MALADE OU ÉCLOPPÉ, — D'ENROLÉ, — DE PETIT ÉQUIPEMENT, — DE POSTE, — DE PRISON, — DE PRISON DE PLACE, — D'ÉQUIPAGES EN ROUTE, — D'ÉQUIPEMENT, — DE RECRUES, — DE RÉFORME, — DE SAC, — DE SALLE DE DISCIPLINE, — DE SANTÉ, — D'ESCOUADE, — DE SENTINELLES, — D'ÉTABLISSEMENT MILITAIRE, — DE TENTE, — DE TRANCHÉE, — D'HOPITAL, — D'INFIRMERIE, — D'OFFICIER, — D'OFFICIER AU QUARTIER, — D'OFFICIER DE SANTÉ,

— D'OFFICIER DE SECTION, — D'OFFICIER DE SEMAINE, — D'OFFICIER-MAJOR, — D'OFFICIER SUPÉRIEUR AU QUARTIER, — D'OFFICIER SUPÉRIEUR DANS LES CHAMBRES, — DOMINICALE, — DU DIMANCHE, — EN GRANDE TENUE, — EN ROUTE, — EXTRAORDINAIRE, — GÉNÉRALE, — GÉNÉRALE D'ÉCLOPPÉS, — GÉNÉRALE DE QUARTIERS, — GÉNÉRALE DE SANTÉ, — GÉNÉRALE EN GARNISON, — SANITAIRE, — SANITAIRE DE CASERNE, — SANITAIRE DE PRISON, — SANITAIRE GÉNÉRALE.

VISITE A L'HOPITAL, par les officiers de santé. Les Visites du matin se font à six heures depuis le mois d'avril jusqu'au mois d'octobre, et à sept heures le reste de l'année ; elles peuvent commencer plus tôt si le nombre des malades l'exige. — Le sous-officier de planton ou le commandant de la garde de l'hôpital assiste exactement aux Visites, afin de faire observer le silence et l'ordre. — Réglement du 1ᵉʳ avril 1831, articles 775 et 776.

VISITE au QUARTIER. L'instruction du 24 septembre 1808 prescrit aux sous-inspecteurs aux revues de faire des Visites aux quartiers pour constater l'existence des hommes désignés sur les feuilles d'appel. Ils pouvaient exiger que pendant ces Visites les corps restassent sous les armes.

VISITE aux AUTORITÉS. V. COLONEL EN ROUTE.

VISITE aux HOPITAUX. L'instruction du 25 germinal an treize, voulait qu'elle fût faite par les sous-inspecteurs aux revues pour constater la présence des soldats désignés sur les feuilles d'appel comme malades à l'hôpital. Le décret du 13 avril 1809, prescrivait aux centeniers et sous-centeniers des compagnies d'infirmiers de visiter souvent les hôpitaux, et de s'assurer auprès du directeur et des malades si les infirmiers se comportaient bien.

VISITE d'ARME D'UNIFORME. V. CONTROLEUR DE MANUFACTURE D'ARMES.

VISITE d'ARMEMENT. Elle a lieu d'une manière générale, deux fois par an, conformément au réglement de 1826. Les OFFICIERS D'ARMEMENT et le MAITRE ARMURIER y assistent; les armes en magasin y sont examinées. La voie de l'ordre du jour fait connaître les époques des Visites d'armement. V. ADJOINT D'OFFICIER D'ARMEMENT. V. ARMURIER DE CORPS N° 3. V. FUSIL D'INFANTERIE. V. NUMÉRO DE FUSIL. V. OFFICIER D'ARMEMENT. V. OFFICIER D'ARTILLERIE N° 5. V. PROCÈS-VERBAL DE VISITE D'ARMEMENT.

VISITE de BOULANGERIE. V. BOULANGERIE. V. LÉGISLATION, ORDONNANCE DE 1833 (21

NOVEMBRE, art. 47). V. OFFICIER DE VISITE.

VISITE de CASERNE et PAVILLON. L'ordonnance de 1768 (tit. III, art. 8) voulait qu'à l'arrivée d'une troupe, la caserne fût visitée par un capitaine appelé à cet effet CAPITAINE DE VISITE. L'ordonnance de 1788 (1ᵉʳ juillet) prescrivait au capitaine de police de visiter les corridors du quartier, une heure après le roulement, pour faire éteindre les feux, et au commandant de la garde de police de visiter la caserne à différentes heures de la nuit. V. AIDE-MAJOR ACTUEL N° 2. V. CAPITAINE DE VISITE. V. CONSIGNE A LA CASERNE. V. INSPECTEUR GÉNÉRAL D'INFANTERIE N° 4.

VISITE de CHAMBRE de CASERNE. V. CAPITAINE DE SEMAINE. V. CAPORAL D'ESCOUADE N° 6. V. LÉGISLATION. D'après l'ordonnance de 1853 (2 novembre, art. 101), l'officier de semaine passe chaque jour dans les chambres, et de préférence aux heures des repas; il s'assure qu'elles sont tenues avec propreté, et que les effets sont placés selon l'ordre prescrit; il accompagne le chef de bataillon de semaine lorsque celui-ci visite les chambres de la compagnie.

VISITE de CHAMBRÉE. L'ordonnance de 1768 (titre XXI, art. 74) prescrivait à l'officier de semaine de la faire chaque jour à dix heures. L'article 75 du titre XXI, ordonnait de la faire à l'heure du souper, les jours d'exercice. Le règlement sur le casernement du 30 thermidor an II, titre 5, sect. 1, art. 2, voulait que la Visite de l'officier de compagnie dans chaque chambrée eût lieu une heure après le lever. D'après le règlement de 1824, sur le même service, elle avait lieu deux fois par jour, savoir : une heure après le lever, et le soir vers quatre heures. V. VISITE DE CHAMBRE DE CASERNE.

VISITE de CHEF DE DÉTACHEMENT EN ROUTE. V. COMMANDANT DE PLACE N° 8.

VISITE de CHIRURGIEN. V. CHIRURGIEN DE CORPS. V. CHIRURGIEN DE VISITE. V. CONGÉDIÉ. V. LÉGISLATION, ORDONNANCE DE 1830 (2 NOVEMBRE, art. 143). V. PARTANT.

VISITE de CHIRURGIEN EN ROUTE. V. CAPORAL EN ROUTE. V. ÉCLOPPÉ.

VISITE de CHIRURGIEN-MAJOR. V. AIDE-CHIRURGIEN. V. CONGÉDIÉ. V. RECRUE.

VISITE d'ÉCLOPPÉS. V. ÉCLOPPÉS EN ROUTE. V. ARRIVÉE D'ÉQUIPAGES. V. CAPITAINE EN ROUTE. V. CHEF DE BATAILLON DE SEMAINE EN ROUTE. V. CHIRURGIEN EN ROUTE. V. ÉCLOPPÉ. V. LIEUTENANT-COLONEL D'INFANTERIE FRANÇAISE DE LIGNE N° 9. L'ordonnance de 1833 (2 novembre, art. 366) enjoint au chirurgien-major, à l'arrivée au gîte, de visiter au corps de garde les malades et les écloppés en présence des officiers et sergents de semaine. Il visite également dans leurs logements ceux qui n'ont pu se rendre à la revue.

VISITE de conscrit ou de jeune soldat. Elle doit avoir lieu à *huis-clos*, ainsi que le prescrivent les instructions du 17 février 1829, 12 mai 1833 et 25 juin 1834. Cette mesure a pour double but de mettre les jeunes gens à l'abri d'une curiosité indiscrète, et en cas d'infirmités, de ménager la susceptibilité des familles.

VISITE de corps. L'ordonnance du 1er mars 1768 ne fait aucune mention de ces Visites, qui étaient réglées arbitrairement suivant les circonstances, et dans lesquelles il s'était introduit de nombreux abus. On distinguait généralement trois classes de Visites de corps : 1º Visites générales ; 2º Visites par grande députation, composées d'un bataillon ; 3º Visites par petite députation, composées d'un demi-bataillon. Dans chaque classe on distinguait la Visite avec HAUSSE-COL, BAUDRIER et GUÊTRES, la Visite avec le BAUDRIER seul, et la Visite sans aucune marque militaire. La première catégorie était réservée au roi, la seconde aux princes du sang, et la troisième aux simples devoirs de politesse et de courtoisie. Le décret du 24 messidor an douze en distingue de deux sortes : Visites en grande tenue, Visites non en grande tenue. Les premières se rendent en BAUDRIER, HAUSSE-COL et BOTTES ; les secondes se rendent sans HAUSSE-COL. Il était fait des Visites en grande tenue à l'empereur, aux princes, aux grands dignitaires, aux ministres, aux grands officiers de l'empire, aux généraux en chef, aux quatre aides de camp de service de sa majesté, aux généraux de division employés, aux généraux de division inspecteurs, aux généraux de brigade commandant un département, aux colonels lors de leur arrivée au régiment. — Il était fait des Visites de corps aux sénateurs faisant leur entrée d'honneur, aux grands officiers de la Légion d'honneur, chefs de cohorte, se rendant pour la première fois au chef-lieu de leur cohorte, aux généraux de brigade employés, aux préfets de département, aux commandants d'armes par les troupes arrivantes ou de passage, aux archevêques et évêques, aux inspecteurs en chef aux revues, aux commissaires généraux et ordonnateurs des guerres. L'ordonnance de police et de discipline de 1818 veut que les Visites de corps soient faites en grande tenue aux GÉNÉRAUX COMMANDANTS. L'ordonnance de 1833 (2 novembre, art. 100) dit qu'il est fait des Visites de corps aux personnes qui y ont droit aux termes du règle-

ment sur les honneurs et préséances. Elles ne sont faites en grande tenue de service qu'aux princes du sang, aux ministres, aux maréchaux de France, aux lieutenants généraux et aux maréchaux de camp, dans l'étendue de leur commandement ou dans leur arrondissement d'inspection, au commandant de la place dans sa place, à l'intendant militaire dans sa résidence, et enfin au colonel lorsqu'il vient prendre le commandement du régiment. — Les officiers supérieurs et les capitaines ont également droit à une Visite en grande tenue de la part des officiers qui sont sous leurs ordres immédiats, le jour où ils sont reçus dans leur emploi. V. ARCHEVÊQUE. V. ENTRÉE D'HONNEUR. V. MARÉCHAL DE FRANCE Nº 8. V. OFFICIER D'ADMINISTRATION.

VISITE de corps de garde. V. CORPS DE GARDE DE GARNISON.

VISITE de corps en route. V. ARRIVÉE DE CORPS EN ROUTE. L'ordonnance de 1833 (2 novembre, art. 565) veut que les Visites de corps en route aient lieu seulement pendant les séjours ; elles sont bornées à l'officier général le plus élevé en grade, et, à défaut d'officier général, au commandant de la place. — Lorsqu'il n'y a pas séjour, le commandant du corps, accompagné par un officier, se présente chez l'officier général ou chez le commandant de la place.

VISITE de dimanche. L'ordonnance de 1776 (25 mars) voulait que tous les dimanches, hormis le premier de chaque mois consacré à la visite de linge et chaussure, les officiers se rendissent chez leur capitaine qui les conduisait chez le major. Ils se rendaient de là chez le lieutenant-colonel et chez le colonel en second qui les conduisait chez le colonel. — Aux termes de l'ordonnance de 1788 (1er juillet), les officiers de compagnie se rendaient chaque dimanche chez leur capitaine, qui les conduisait chez le colonel où se trouvaient réunis les officiers supérieurs. Le colonel se faisait représenter quand il le jugeait à propos les livres des compagnies et les divers registres. — Aux termes de l'ordonnance de 1833 (2 novembre, art. 200), le corps d'officiers se rend le dimanche chez le commandant du régiment, à moins que celui-ci n'en ordonne autrement. Le lieutenant et le sous-lieutenant de la compagnie se rendent chez le capitaine qui, à son tour, se rend avec eux chez le chef de leur bataillon ; l'adjudant-major s'y rend aussi. Le chef de bataillon les conduit chez le colonel. Le major, les officiers comptables, le porte-drapeau et les chirurgiens se réunissent chez le lieutenant-colonel qui les conduit chez le colonel. Toutes les fois que les localités ou le service rendent difficile l'ordre hiérarchique dans les Visites, le colonel en dispense plus ou moins. Lorsqu'il ne peut recevoir le corps d'officiers, il peut ordonner que chaque chef de bataillon reçoive les officiers de son bataillon. v. COLONEL (AUTORITÉ). v. LIEUTE-NANT-COLONEL Nº 10. v. ORDONNANCE DE 1818 (15 MAI, art. 10). v. PORTE-DRAPEAU.

VISITE d'EFFETS de PETIT ÉQUIPEMENT. v. EFFETS DE PETIT ÉQUIPEMENT.

VISITE de HAVRE-SAC. L'ordonnance de 1768 (21 mars, titre XXI, art. 141) prescrivait au commandant du régiment de faire tous les mois une Visite générale des havre-sacs. A cet effet, il faisait rassembler le régiment à l'improviste et sans bruit de caisse ou de trompette ; chaque bas officier, soldat, cavalier ou dragon apportait et déployait devant lui son havre-sac ou porte-manteau, et le commandant du régiment visitait les effets qui y étaient contenus, partageant une partie des bataillons ou escadrons entre les officiers supérieurs, afin d'employer moins de temps à faire cette Visite. Si dans cette Visite on découvrait que le soldat avait perdu ou vendu quelqu'un des objets fournis par le corps, il était mis au piquet et tenu de remplacer les effets sur les fonds de sa masse. Aux termes de la même ordonnance (titre III, art. 11), à l'arrivée d'une troupe dans une place, les commis des fermes devaient, pendant la halte, fouiller les soldats : à cet effet on ouvrait les rangs, on posait les armes à terre, et chaque bas officier et soldat ouvrait son havre-sac devant soi. Alors trois commis des fermes passaient en même temps, un devant chaque rang, accompagnés de l'officier-major du régiment, et visitaient successivement les havre-sacs, et même les habits quand ils supposaient que les soldats eussent de la contrebande sur eux. Il était procédé de même à l'égard des cavaliers et dragons, qui mettaient pied à terre et ouvraient leurs porte-manteaux. v. CAPORAL D'ESCOUADE Nº 1 et 8. HAVRE-SAC. v. MARCHE. v. OFFICIER DE SEMAINE. v. ROUTE.

VISITE de LINGE ET CHAUSSURE. Prescrite par l'ordonnance de 1776 (25 mars) pour le premier dimanche de chaque mois, en même temps que la visite d'habillement, d'équipement et d'armement. L'ordonnance de 1788 (1er juillet) voulait que chaque commandant de compagnie la fît tous les deux mois, et que le commandant du régiment la passât tous les quatre mois. Plus tard les soldats désignèrent cette Visite sous

le nom de REVUE DE BUTIN, et cette définition, encore qu'elle laisse à désirer une expression plus correcte, est néanmoins plus exacte que la première (car dans cette Visite le commandant doit examiner non-seulement le LINGE et la CHAUSSURE, mais encore l'HABIL-LEMENT, l'ÉQUIPEMENT, l'ARMEMENT, les menus objets et la petite MONTURE), à moins qu'on ne préjuge que la Visite de linge et chaussure doit avoir lieu par mesure d'administration, et que la revue du surplus des effets doit être inspectée par mesure de police ; c'est ce que les réglements ne donnent point droit de supposer. La revue de linge et chaussure a lieu tous les mois après une inspection du dimanche. Un relevé du résultat de cette Visite est inscrit sur le livre de détail et sert à passer la Visite du mois suivant. Elle a pour objet de constater la présence et l'état de conservation ou de vétusté des objets dont se compose le sac, et de reconnaître l'exact numérotage de toutes les pièces d'habillement, armement et équipement ; le soldat tient son livret à la main ; c'est après l'examen de ce livret que le renouvellement des objets est ordonné. Elle doit être passée alors par le commandant du corps. Le décompte n'est soldé qu'après cette revue.

VISITE de LOGEMENT EN ROUTE. v. CA-PORAL EN ROUTE.

VISITE de MAGASIN. v. REGISTRE DE VI-SITE DE MAGASIN.

VISITE de MALADE. v. BILLET D'ENTRÉE A L'HOPITAL.

VISITE de MALADE EN ROUTE. L'aide-chirurgien y assiste ou la fait. v. ARRIVÉE AU GITE. v. ARRIVÉE DES ÉQUIPAGES. v. CAPITAINE EN ROUTE. v. ORDONNANCE DE 1833 (2 NO-VEMBRE, art. 366).

VISITE de MALADE OU ÉCLOPPÉ. v. ARRI-VÉE AU GITE.

VISITE d'ENROLÉ. v. MAIRE DE COMMUNE. v. ENROLÉ.

VISITE de PETIT ÉQUIPEMENT. v. HAVRE-SAC. v. TOURNEVIS. v. VISITE D'EFFETS DE PETIT ÉQUIPEMENT.

VISITE de POSTE. Aux termes de l'ordonnance de 1768 (1er mars, tit. XV, art. 31), les officiers supérieurs faisant la Visite des postes pendant la nuit, étaient escortés par un caporal et quatre fusiliers de la garde de la place d'armes et par un soldat portant un falot : cette escorte était relevée successivement de poste en poste. — La Visite de poste était faite aux heures indiquées par le commandant de la place (tit. XVI, art. 5). Ces Visites sont encore aujourd'hui faites par des officiers supérieurs, qui en rendent compte au commandant de place. En campagne l'officier supérieur qui visite les postes extérieurs doit être accompagné d'un adjudant-major. V. ADJUDANT-MAJOR EN CAMPAGNE. V. ALERTE DE POSTE. V. BONJOUAN. V. CORNICULAIRE. V. MOT. V. POSTE D'HOMMES DE GARDE. V. SERVICE DE JOUR. V. SERVICE JOURNALIER.

VISITE de PRISON. V. CAPITAINE DE DISTRIBUTION. V. CAPITAINE DE VISITE D'HOPITAL. V. CAPITAINE DE SEMAINE. V. COMMANDANT DE PLACE N° 5. Le réglement de police de 1818 a prescrit la forme de cette Visite.

VISITE de PRISON DE PLACE. L'ordonnance de 1768 (1er mars, titre xxv, art. 17) veut qu'il soit nommé tous les jours à l'ordre général un capitaine, à tour de rôle sur toute la garnison, pour faire la Visite de la prison, vérifier si la police y est exercée, si le geôlier exécute ce qui lui est ordonné, s'il n'y a pas de soldats malades, et en rendre compte ensuite au commandant de la place.

VISITE d'ÉQUIPAGES EN ROUTE. V. ÉQUIPAGES DE CORPS EN ROUTE. L'ORDONNANCE DE 1768 (1er MARS, titre iii, art. 11) voulait que les équipages des troupes fussent visités par les commis des fermes pour prévenir la contrebande. V. VISITE DE HAVRE-SAC.

VISITE d'ÉQUIPEMENT. V. ÉQUIPEMENT D'HOMME DE TROUPE.

VISITE de RECRUES. V. ENROLEMENT VOLONTAIRE. V. RECRUE.

VISITE de RÉFORME. L'instruction du 5 octobre 1808 voulait que les conseils d'administrations assistassent en corps à la Visite des militaires proposés pour la réforme ou pour les récompenses.

VISITE de SAC. L'ordonnance de 1833 (2 novembre, art. 162), veut que quand le sergent soupçonne qu'un homme a vendu ses effets ou en recèle de perdus ou de volés, il prévienne le sergent-major, ou à son défaut le sergent de semaine, qui visite aussitôt le sac de cet homme en présence du caporal et d'un soldat. On en agit de même à l'égard des hommes qui, ayant manqué à l'appel du soir, ne sont pas rentrés le matin.

VISITE de SALLE DE DISCIPLINE. L'ordonnance de 1768 (1er mars, titre xxi, art. 23) voulait qu'elle fût faite tous les matins par un officier-major qui veillait à ce que les prisonniers fussent dans une tenue et une propreté convenables.

VISITE de SANTÉ. V. CHEF DE BATAILLON DE SEMAINE N° 2.

VISITE d'ESCOUADE. L'officier de semaine la fait une heure après le lever.

VISITE de SENTINELLES. V. GARDE DE LA PLACE.

VISITE d'ÉTABLISSEMENT MILITAIRE. V. CORPS D'INTENDANCE N° 7.

VISITE de TENTE. V. TENTE.

VISITE de TRANCHÉE. V. TRANCHÉE.

VISITE d'HOPITAL. V. CAPITAINE DE DISTRIBUTION. V. CAPITAINE DE VISITE D'HOPITAUX. V. CHIRURGIEN-MAJOR N° 12. V. CHIRURGIEN-MAJOR D'INFANTERIE FRANÇAISE DE LIGNE N° 8. V. COLONEL, DROITS N° 14. V. COMMANDANT DE PLACE N° 5. V. HOMME A L'HOPITAL. V. MAJOR DE PLACE N° 3. V. OFFICIER DE CAVALERIE N° 5. V. OFFICIER DE VISITE D'HOPITAL. V. OFFICIER DU GÉNIE N° 7. V. PORTE-DRAPEAU N° 6. L'ordonnance de 1768 (1er mars, titre xiii, article 12) prescrit au major de la place de nommer chaque jour les officiers de Visite d'hôpital. Le titre xxiv, art. 2, veut qu'il y ait deux Visites par jour; que l'officier examine si les malades sont tenus proprement, s'ils n'ont aucun sujet de plainte, et il en rend compte au commandant de la place et au commissaire des guerres. Tous les mois les commandants de place étaient tenus eux-mêmes de faire cette Visite, et d'examiner si tout y est en ordre. Ils ne pouvaient rien y ordonner, mais ils devaient rendre compte au secrétaire d'État de la guerre des abus qui pouvaient s'y commettre. Au départ d'un régiment, le chirurgien de ce corps devait faire une Visite à l'hôpital, pour s'assurer de l'état des malades qu'il y laissait. L'officier de Visite d'hôpital doit s'assurer de quelle manière est tenu le soldat, tant pour la propreté que pour la nourriture et les remèdes, s'informer si les infirmiers sont exacts dans leur service, goûter le bouillon, le pain et le vin, faire peser sous ses yeux les portions de pain et de viande, et rendre compte du tout au commandant de la place.

VISITE d'INFIRMERIE. V. CAPITAINE DE DISTRIBUTION. V. INFIRMERIE.

VISITE d'OFFICIER. En vertu du règlement de 1816 (24 juillet), tout officier rentrant après une absence de plus de huit jours, devait une Visite aux officiers supérieurs. V. SABRE D'HOMME DE TROUPE.

VISITE d'OFFICIER AU QUARTIER. V. QUARTIER.

VISITE d'OFFICIER DE SANTÉ. V. BILLET DE MALADIE. V. CONSEIL DE RECRUTEMENT.

VISITE d'OFFICIER DE SECTION. V. OFFICIER DE SECTION ADMINISTRATIVE.

VISITE d'OFFICIER DE SEMAINE. V. CAPORAL DE SEMAINE N° 1.

VISITE d'OFFICIER-MAJOR. V. BARRIÈRE DE FORTERESSE.

VISITE d'OFFICIER SUPÉRIEUR AU QUARTIER. V. A VOS RANGS. V. CAPORAL D'ESCOUADE N° 1. V. OFFICIER DE RONDE. V. OFFICIER SUPÉRIEUR DE VISITE.

VISITE d'OFFICIER SUPÉRIEUR DANS LES CHAMBRES. Les soldats la reçoivent en se rangeant au pied de leur lit, au commandement A VOS RANGS.

VISITE DOMINICALE. V. COLONEL (AUTORITÉ). V. ORDONNANCE DE POLICE DE 1818 (15 MAI, art. 10). V. VISITE DE DIMANCHE.

VISITE du DIMANCHE. V. LIEUTENANT-COLONEL D'INFANTERIE FRANÇAISE DE LIGNE N° 10. V. ORDONNANCE DE 1833 (2 NOVEMBRE, art. 200). V. VISITE DE DIMANCHE.

VISITE EN GRANDE TENUE OU NON EN GRANDE TENUE. V. GRANDE TENUE.

VISITE EN ROUTE. V. COLONEL EN ROUTE.

VISITE EXTRAORDINAIRE. V. CONTRE-APPEL DE POLICE.

VISITE GÉNÉRALE. V. CAPITAINE N° 21. V. CHIRURGIEN-MAJOR DE CORPS N° 16. V. CHIRURGIEN-MAJOR D'INFANTERIE FRANÇAISE DE LIGNE N° 14. V. RÈGLEMENT DE POLICE DE 1818, p. 20, art. 51 ; p. 30, art. 77.

VISITE GÉNÉRALE D'ÉCLOPPÉS EN ROUTE. Le chirurgien-major la passe étant arrivé au séjour. V. CHIRURGIEN-MAJOR DE CORPS EN ROUTE. V. VISITE D'ÉCLOPPÉS. V. VISITE DE MALADES.

VISITE GÉNÉRALE DE QUARTIER. V. QUARTIER.

VISITE GÉNÉRALE DE SANTÉ. L'ordonnance de police de 1818 (art. 84) veut qu'elle se fasse individuellement, afin de découvrir les maladies de peau.

VISITE GÉNÉRALE EN GARNISON. Elle a lieu le dimanche. L'adjudant-major s'y trouve. V. ADJUDANT-MAJOR N° 13. V. VISITE DE DIMANCHE.

VISITE SANITAIRE. Sorte de visite passée par des médecins et des chirurgiens militaires, et à laquelle sont soumis les officiers et hommes de troupes qui, à la suite d'infirmités ou de blessures, réclament, soit leur admission à l'hôpital, soit leur envoi aux eaux, leur envoi ou leur maintien en congé, ou bien encore leur mise en non-activité, en réforme ou à la retraite, ou enfin leur admission aux vétérans ou aux invalides. La Visite pour l'admission à l'hôpital a lieu dans l'intérieur du corps. Les Visites collectives ont lieu à l'état-major de la place ; elles sont passées, par l'ordre de l'inspecteur général ou du général commandant,

par un chirurgien-major et un aide-major choisis à tour de rôle dans tous les corps de la garnison. Ils ne jugent que les maladies ou infirmités manifestées par des signes extérieurs. — L'état nominal de la Visite est signé par les docteurs visitants et contre-signé par l'autorité militaire supérieure. V. AIDE-CHIRURGIEN. V. CHIRURGIEN-MAJOR D'INFANTERIE FRANÇAISE DE LIGNE N° 6, 8, 12, 16. V. MAJOR CHEF DE BATAILLON N° 4.

VISITE SANITAIRE DE CASERNE. V. CHIRURGIEN-MAJOR DE CORPS N° 6, 12. V. CONTRE-VISITE.

VISITE SANITAIRE DE PRISON. V. CHIRURGIEN-MAJOR DE CORPS N° 6.

VISITE SANITAIRE GÉNÉRALE. V. CHIRURGIEN-MAJOR DE CORPS N° 12.

VISITEUR de l'ARTILLERIE. V. GRAND MAITRE DE L'ARTILLERIE.

VISQUENS OU VISQUEUX (F). Mot qui a produit l'adjectif VICONTIER, VICONTIÈRE, et les substantifs VICONTAGE, VICONTAIGE, VICONTÉ ; justice ou seigneurerie de vicomte, droit dû au vicomte. On a également appelé VICUENTES les VICOMTESSES. V. NOBLESSE.

VISTULE. V. LÉGION DE LA VISTULE. V. NOMS PROPRES.

VISUEL. V. COMMANDEMENT VISUEL. V. COTÉ VISUEL. V. SIGNAL VISUEL.

VITAILLE, subs. fém. V. AUTEURS MILITAIRES (1514). V. AVITAILLEMENT. V. VICTUAILLE.

VITAILLEMENT. V. AUTEURS MILITAIRES (1514). V. AVITAILLEMENT.

VITAL. V. AIR VITAL.

VITALIER, verb. act. V. AVITAILLER.

VITESSE. V. CAVALERIE FRANÇAISE N° 7.

VITESSE de CHEMINEMENT ÉQUESTRE. V. CHEMINEMENT ÉQUESTRE.

VITESSE de CHEMINEMENT PÉDESTRE. V. CHEMINEMENT PÉDESTRE. V. INFANTERIE FRANÇAISE N° 8.

VITESSE de PAS. V. AIR DE TAMBOUR. V. BATTERIE DE CAISSE. V. CADENCE. V. CONVERSION A PIVOT FIXE. V. EXERCICE D'INFANTERIE. V. INFANTERIE FRANÇAISE N° 8. V. INSTRUMENT DE MUSIQUE. V. PAS ACCÉLÉRÉ. V. PAS ALLONGÉ. V. PAS CADENCÉ. V. PAS DE CHARGE. V. PAS D'ÉCOLE. V. PAS DE ROUTE. On peut consulter aussi les *Institutions militaires* (1775, t. II, p. 19) et les *Pensées sur la tactique* (1768, p. 84).

VITESSE de PAS DE ROUTE. V. ASSEMBLÉE CÉLEUSTIQUE. V. BATTERIE DE CAISSE. V. CHARGE CÉLEUSTIQUE. V. DÉPLOIEMENT. V. GÉNÉRALE. V.

PAS DE ROUTE. V. PAS GYMNASTIQUE. V. PAS OBLIQUE. V. PAS ORDINAIRE. V. PAS REDOUBLÉ. V. PAS TACTIQUE. V. PAS UNIQUE.

VITESSE de PROJECTILE. V. PORTÉE. V. PROJECTILE.

VITON, V. NOMS PROPRES.

VITRES. V. ADJUDANT N° 17. V. ADJUDANT EN GARNISON.

VITRES de CHAMBRE DE CASERNE. V. CAPORAL D'ESCOUADE N° 5.

VITRES de CHAMBRE DE QUARTIER. Le règlement de CASERNEMENT du 30 thermidor an deux, titre IV, section II, art. 14, § 1er, prescrit au caporal de faire nettoyer les Vitres, en dedans et en dehors, le premier jour de chaque mois. Le règlement de police du 24 juin 1792 charge l'adjudant de surveiller cette opération.

VITRES d'ESCALIER DE CASERNE. V. CAPORAL D'ESCOUADE N° 5.

VITRUVE. V. NOMS PROPRES.

VITUAILLE. V. VICTUAILLE.

VITUAILLEMENT, subs. masc. V. AVITAILLEMENT.

VIVANDIER. V. ADMINISTRATION D'ARMÉE. V. BARAQUE DE VIVANDIER. V. CANONNIÈRE DE V... V. CANTINE DE V... V. CAPORAL EN ROUTE. V. CARTE DE V... V. CHEVAL DE V... V. CONSEIL PERMANENT. V. CRI DE GUERRE. V. CUISINIER. V. ÉQUIPAGES. V. INFANTERIE FRANÇAISE N° 5. V. HOPITAL MILITAIRE. V. JANISSAIRE. V. JOURNÉE D'HOPITAL. V. LÉGISLATION (1590, 5 DÉCEMBRE) et (1653, 28 AVRIL). V. MARAUDAGE. V. PATENTE DE V... V. PRÉVÔT DE CONNÉTABLIE. V. PRÉVÔT DE CORPS.

VIVANDIER, subs. masc. (E, 1, 2, 4, 5). On donne ce nom aux marchands qui suivent l'armée pour y vendre des VIVRES et autres objets de nécessité : *præbitor annonarius*. Les Vivandiers, suivant l'ENCYCLOPÉDIE (1785), doivent camper à la queue des troupes auxquelles ils sont attachés et immédiatement avant les officiers. Aujourd'hui on distingue le VIVANDIER qui est à l'armée, au quartier général, du CANTINIER qui est à la caserne ou au corps. Si l'on recherche l'époque à laquelle on en vit pour la première fois, il faut remonter à la naissance des armées régulières. C'est alors qu'on crut pouvoir nourrir les troupes en campagne en appelant des Vivandiers à leur suite. L'impuissance de ce moyen se trahit bientôt, et le pillage seul y suppléa en Italie, lors des conquêtes de Charles huit et de François premier. Une ordonnance du 5 décembre 1590, rendue au camp de Breteuil, porte qu'il est expressément défendu aux Vivandiers suivant l'armée, de marcher devant l'artillerie, de prendre fourrages ou autre chose dans les villages où ils passeront ; d'acheter les vivres pour les revendre plus cher, de vendre leur vin à plus haut prix que le taux, sous peine de confiscation et de punition corporelle. Celle du 28 avril 1653 dit que S. M. veut que les Vivandiers soient enrôlés, non comme soldats, et qu'ils devront tirer certificat de cet enrôlement, soit du mestre de camp, soit du capitaine, puis le faire viser par le prévôt de l'armée. Il y est dit encore qu'il ne peut y avoir plus de quatre Vivandiers par régiment de dix compagnies, et douze à chaque régiment de trente compagnies, un enfin à chaque régiment de cavalerie ; que les Vivandiers à la suite du quartier général sont également enrôlés par l'un des commissaires ; le tout à peine de la vie pour les Vivandiers trouvés dans l'armée, débitant des vivres sans certificat d'enrôlement. Les armées étrangères avaient les leurs. Montécuculi dit que de son temps on accordait quatre chariots et un Vivandier par compagnie. D'après le traité d'échange du 27 août 1675, un Vivandier prisonnier de guerre payait sa rançon sur le pied du nombre de chevaux qu'il avait dans son équipage, à raison de huit livres par cheval ; et pour être reçu à preuve du nombre de chevaux qu'il possédait, il fournissait un certificat du prévôt général de l'armée. Ceux qui n'avaient pas de chevaux payaient la rançon du soldat. L'ordonnance du 25 mars 1690 donne à un Vivandier, par bataillon, une charrette ou un chariot, pourvu qu'ils soient attelés de quatre bons chevaux, et par régiment de cavalerie ou de dragons, un Vivandier, qui pourra camper avec lui et aura les mêmes moyens de transport. Tous les autres Vivandiers ayant des voitures à roues seront tenus d'aller camper au quartier du roi, ou à celui des officiers généraux, ou aux endroits marqués par le prévôt de l'armée, quel que soit d'ailleurs leur nombre, pourvu que chaque voiture ait quatre bons chevaux. Le lieu où s'établissent les Vivandiers à la suite de chaque régiment, est appelé PARC DES VIVRES ou quartier des vivres par Guillet (1686). Le règlement du 8 décembre 1696, relatif aux GARDES FRANÇAISES, à Versailles, dispose qu'il ne sera souffert aucun Vivandier dans les corps de garde. Dans le règlement de la marche des bagages du 5 mai 1692, il est parlé des Vivandiers du quartier du roi et autres marchands suivant l'armée. L'ordonnance du 25 avril 1717 défend aux soldats, cavaliers et dragons, de se dire Vivandiers et d'en faire les fonctions, sous peine de punition corporelle et de confiscation des vivres, boissons et ustensiles. A cette époque, les troupes suisses avaient leurs Vivandiers particuliers, ainsi qu'il avait été réglé par le traité d'alliance du 9 mai 1715 (art. 7). Un règlement de 1715 sur le service en campagne (art. 59) place les tentes des Vivandiers à dix pas des cuisines, recommande aux majors de ne souffrir dans les camps que ceux de leur régiment, et au prévôt de les inscrire tous sur son état. En 1758 intervient une ordonnance qui prescrit de ne leur faire aucun dommage ; celle du 1er mars 1768 dit qu'aucune troupe ne pourra avoir de Vivandiers à sa suite dans les garnisons, à l'exception du régiment des gardes françaises, de celui des gardes suisses, et des régiments suisses et grisons. L'ordonnance sur le service de campagne, de juin 1778, en permet un pour deux bataillons, avec un chariot attelé de quatre chevaux. Quant aux autres Vivandiers, ils n'avaient que des chevaux de bât. L'instruction du 1er mars 1792, sur le campement de l'infanterie, affecte dix tentes aux Vivandiers principaux, à raison d'une par bataillon. D'après la loi du 13 brumaire an cinq (art. 10) les Vivandiers sont réputés attachés à l'armée, et comme tels justiciables des conseils de guerre. Une autre loi du 21 brumaire suivant (titre v, art. 8) dit que tout Vivandier attaché à l'armée qui aura acheté ou recélé, ou qui sera de toute autre manière détenteur de la dépouille enlevée à un homme tué sur le champ de bataille, ou seulement hors de combat, mais encore vivant, est chassé de l'armée, camp ou cantonnement ; tous ses effets, marchandises et argent sont saisis et vendus à l'encan ; le produit du tout appliqué au profit des hôpitaux et ambulances de l'armée. L'art. 9 ajoute qu'on vend et saisit également tous les effets du Vivandier condamné pour pillage, dévastation, incendie ou spoliation. Un décret de 1810 porte que s'ils sont reçus à l'hôpital, des feuilles d'hôpital par journée de traitement sont adressées au corps, qui en doit le remboursement. Enfin, conformément à l'ordonnance du 5 mai 1832 sur le service en campagne, les voitures des Vivandiers doivent avoir une plaque (art. 62) ; les Vivandiers des quartiers généraux ont des patentes délivrées par les prévôts, sous l'approbation du chef d'état-major (art. 174). La plaque des Vivandiers porte l'exergue VIVANDIERS et le numéro de leur patente ; elle doit toujours être ostensible ; celle de leur voiture porte leur nom, le numéro de leur patente, l'indication du quartier général auquel ils appartiennent. Le chef d'état-

major et la gendarmerie exigent que les comestibles et liquides que vendent les Vivandiers soient toujours de bonne qualité, en quantité suffisante et au moindre prix possible, suivant les localités. On fait souvent des perquisitions dans les voitures pour empêcher qu'elles ne transportent d'autres objets que ceux qu'elles doivent contenir. Les diverses dispositions qui précèdent sont d'un intérêt trop reconnu pour n'être pas restées en vigueur ; aussi n'ont-elles été qu'insensiblement modifiées depuis cette époque. On peut consulter au sujet des Vivandiers, BONJOUAN, CARRION-NISAS, t. II, p. 79 ; le *Cours de la Science militaire* (1740, t. II, p. 49), les *Devoirs de l'infanterie* (1675, p. 115), l'ENCYCLOPÉDIE, t. III, p. 410 et 748 ; FRÉDÉRIX DEUX (1761, G), FURETIÈRE, l'*Infanterie prussienne* (1757, t. II, p. 66), POTIER, général PRÉVAL (1827), le *Règlement de tactique de* 1770, t. II, p. 37.

VIVANDIÈRE. v. CANONNIÈRE DE V...
v. CARTE DE V... v. COMMANDANT DE PLACE DE QUARTIER. v. FEMME A LA SUITE DES CORPS. v. JUSTICE MILITAIRE. v. PATENTE DE V...

VIVANDIÈRE, subs. fém. (E, 1, 2, 4, 5). Femme autorisée à suivre un corps de troupe pour y exercer, en détail, le même métier que le vivandier. Dans les anciennes guerres, c'étaient des hommes, des entrepreneurs militaires, des *brandeviniers*, comme on les appelait, qui s'attachaient aux régiments et marchaient avec eux. Sans doute des femmes de soldats ont de tout temps vendu des vivres, mais ce n'était pas, dans le principe, une profession avouée, soumise à des règles, comme l'est devenue l'institution des CANTINIÈRES et VIVANDIÈRES. L'ordonnance du 12 mai 1714 défendait aux femmes de vivandiers de faire commerce d'aucune toile peinte ou étoffe venant des Indes et de la Chine ou du Levant, ou faite à l'imitation de ces fabriques étrangères ; elle leur défendait également de s'en vêtir, sous peine de confiscation et amende d'un tiers de la valeur des objets ; celle du 25 avril 1717 ajoute que les Vivandières convaincues de fraude à cet égard seront condamnées au fouet. Il paraît que ce n'était pas encore assez, et que quelques-unes avaient bravement affronté la peine, car l'ordonnance du 1er mars 1768 ne permit plus aux corps de conserver dans leurs garnisons les Vivandières. Cette décision tenait peut-être aussi à ce qu'il y avait dans les places fortes des cantines autorisées, jouissant de certains privilèges, soumises à certains droits au profit des officiers de place ; cette concurrence de Vivandières particulières eût fait tort aux cantines stables, et eût été d'ailleurs un moyen de contrebande. Avec la révolution, les Vivandières perdirent en quelque sorte leur nom, parce que la loi ou les décisions ministérielles ne voulaient plus les considérer que comme blanchisseuses ; c'était à ce titre qu'elles avaient brevet, qu'elles portaient médailles, qu'elles jouissaient de certaines faveurs, telles que le logement dans les casernes, la fourniture de pain, la fourniture de fourrages, parce que la possession d'un cheval leur était permise. Le décret du 30 avril 1793, qui congédia des armées les femmes inutiles, en excepta les Vivandières, qui devaient recevoir une marque distinctive ; mais si elles ne faisaient aucun commerce de vivres ou de boissons, elles étaient congédiées, leur marque retirée et remise au général divisionnaire. Un arrêté du 7 thermidor an huit fixe le choix des Vivandières et leur nombre à quatre par bataillon, deux par escadron, mais il peut y en avoir à la suite du quartier général de chaque division autant qu'il y a de corps dans cette division. Elles n'ont droit à aucune solde ni distribution ; cependant les inspecteurs aux revues n'en doivent pas moins se faire présenter un état indicatif de leur âge, profession et signalement. On leur délivre une carte de sûreté pour circuler dans l'étendue de l'armée ou de la division. D'après le décret du 28 messidor an douze, les Vivandières ne sont admises dans les hôpitaux qu'en temps de guerre. L'ordonnance du 2 novembre 1833 a réglé leur service et leurs devoirs, comme celle du 18 avril de l'année précédente fixa le nombre qui devait en être affecté à chaque corps. Il fut décidé, le 10 septembre 1839, qu'aucune femme de sous-officier ne pourrait désormais exercer la profession de Vivandière dans le corps dont son mari ferait partie. Il y avait en effet, sous le rapport de la discipline, plus d'un inconvénient à ce qu'un sergent servît à boire aux soldats. Aujourd'hui l'institution des Vivandières est fixe et régulière ; aux haillons, au costume bigarré des vieilles femmes de troupe, a généralement succédé un vêtement coquet : un pantalon rouge, un caraco bleu, un jupon court, un baril d'uniforme, des bottines et un petit chapeau ciré à la marinière. — Les auteurs qui donnent quelques détails sur ce sujet sont : FURETIÈRE, le général LECOUTURIER (1825) et le général PRÉVAL (1827).

VIVE FORCE. V. SIÉGE OFFENSIF.

VIVE PRISON. V. GAGE DE BATAILLE. V. PRISON.

VIVRES à DISCRÉTION (F). Cette locution a pris naissance dans nos anciennes guerres

d'Italie. V. EXÉCUTION MILITAIRE. V. ADMINISTRATION D'ARMÉE.

VIVRES. V. ADMINISTRATION D'ARMÉE. V. ADMINISTRATION DES VIVRES. V. ADMINISTRATION MILITAIRE. V. AFFAMER. V. APPROVISIONNEMENT. V. AUTORITÉS LOCALES. V. AUX VIVRES. V. BASTINGUÉ. V. BATAILLON D'INFANTERIE FRANÇAISE DE LIGNE N° 4. V. BÊTE DE SOMME. V. BON DE VIVRES. V. CAÏSSON DE VIVRES. V. CAMP DE GUERRE. V. CAPITAINE (ALLOCATION). V. CAPITAINE GÉNÉRAL. V. CAPITULATION DE POSTE. V. CHOUCROUTE. V. CLERC DES VIVRES. V. COMMANDANT DE PLACE ASSIÉGÉE. V. COMMIS AUX VIVRES. V. COMMIS DES VIVRES. V. COMMISSAIRE DES VIVRES. V. COMMISSAIRE GÉNÉRAL DES VIVRES. V. COMMISSAIRE PARTICULIER DES VIVRES. V. CONNÉTABLE N° 4. V. CONSEILLER. V. CORPS D'INTENDANCE N° 10. V. COUPER LES VIVRES. V. COURROIE LONGUE. V. COURSE. V. DIRECTEUR GÉNÉRAL DES VIVRES. V. DIRECTION DES VIVRES. V. DISTRIBUTION DES VIVRES. V. ENTREPRENEUR DE VIVRES. V. ENTREPRISE. V. ÉQUIPAGE DE VIVRES. V. ÉTABLISSEMENT MILITAIRE. V. FOURNISSEUR DE VIVRES. V. FOURNITURE DE VIVRES. V. GENDARME DU MOYEN AGE N° 5. V. GÉNÉRAL DES VIVRES. V. GUERRE DE 1823. V. INDEMNITÉ DE VIVRES. V. INTENDANT DES VIVRES. V. JETER DES VIVRES. V. LÉGION ROMAINE N° 7. V. LÉGISLATION (1548, 7 AVRIL). V. MAGASIN DE VIVRES. V. MANOEUVRE. V. MARAUDAGE. V. MARCHÉ DE VIVRES. V. MARÉCHAL DE L'OST. V. MILICE ROMAINE N° 11. V. MILICE TURQUE N° 5. V. MILICE WURTEMBERGEOISE N° 4. V. MINISTRE DE LA GUERRE N° 8. V. OFFICIER DES VIVRES. V. PARC DE VIVRES. V. PILLAGE. V. PLACE DE VIVRES. V. PRÉPOSÉ AUX VIVRES. V. PRESTATION DE VIVRES. V. RAVITAILLER. V. RÉGIE DES VIVRES. V. SERVICE DES VIVRES. V. STATISTIQUE. V. SUBSISTANCE. V. SURINTENDANT DES VIVRES. V. TRAITÉ DE VIVRES. V. TRÉSORIER DES VIVRES.

VIVRES, subs. masc. (B, 1). Sous ce terme générique on entend, dans le langage militaire, les FARINES, le PAIN MANUTENTIONNÉ, le BISCUIT, les VIANDES sur pied ou abattues, les SALAISONS, le RIZ, les LÉGUMES SECS, le SEL, le VIN et l'EAU-DE-VIE. On doit y ajouter le café, dont l'essai a été fait en Afrique avec beaucoup de succès, et qui récemment encore, lors du siége de Rome, a été régulièrement donné aux soldats pendant les mois des plus grandes chaleurs. Les chefs de corps et le conseil de santé ont été unanimes pour constater les heureux résultats qu'on en a obtenus durant toute la campagne. — Les anciens entendaient par Vivres tout ce qui sert à la NOURRITURE d'une armée ; on comprend dès lors qu'un général y apporte toute son attention ; car, si la maxime de Caton : *La guerre nourrit la guerre,* est admissible dans certains pays fertiles et quand il s'agit de petites armées, celle des Grecs, *la guerre ne fournit pas de Vivres à point nommé*, est plus juste encore. C'est donc avec raison que Cambyse conseillait à Cyrus de ne s'engager dans aucune expédition, sans avoir vu par lui-même si l'on avait pourvu à ce premier besoin de la guerre; que Paul-Emile ne voulut point partir pour la Macédoine avant d'être assuré du transport des Vivres. Si le successeur de Cyrus et Darius Ier (522 av. J.-C.) eussent pris le même soin, ils ne se seraient point exposés à faire périr leur armée, le premier dans les sables de l'Ethiopie, le second dans les déserts de la Scythie. Non-seulement le manque de Vivres est souvent cause de mille maux, mais les séditions, les révoltes, la désertion et les maladies en sont presque toujours la suite inévitable; un moment arrive où le courage s'éteint avec les forces des troupes, qui ne peuvent plus supporter la fatigue ni braver le danger. Dans ces tristes extrémités, on s'est vu quelquefois obligé, pour nourrir les soldats, d'avoir recours à des aliments qui auraient dû ne leur inspirer que du dégoût ou de l'horreur, tels que des insectes, des herbes, des racines, des animaux immondes et jusqu'à des cadavres. Hérodote fournit un exemple de soldats qui se mangèrent les uns les autres dans cette même expédition de Cambyse, contre les Ethiopiens, dont il est parlé plus haut: *Avant la cinquième marche*, dit-il, *les Vivres manquèrent; on eut d'abord recours aux bêtes de somme, puis aux plantes et aux racines tant que les troupes purent en trouver dans la terre; mais lorsqu'on fut entré dans des pays de sable, les soldats tirèrent entre eux au sort et mangèrent un des leurs sur dix.* Lucain cite également ce trait, et Juvénal en rapporte un semblable, qu'il attribue aux Cantabres assiégés par Métellus. De son côté, Valère Maxime affirme que les Numantins, bloqués par Scipion (133 av. J.-C.), furent réduits à dévorer leurs blessés et leurs morts. Un plus grand nombre d'exemples ne ferait pas ressortir davantage les malheurs qu'entraîne souvent après soi le défaut d'Approvisionnements. On voit combien il est important que les chefs s'attachent à les prévenir. Aussi, les généraux les plus habiles de l'antiquité ont-ils toujours eu la prévoyance de s'assurer des Vivres de toute espèce, et d'établir des magasins près de leur camp. Cet usage existait dans les temps les plus reculés; on lit dans les livres saints que les Israélites avaient soin de se munir de provisions pour la guerre : *Que l'on choi-*

sisse, dit le peuple, *dix hommes sur cent par tribu, cent sur mille, et mille sur dix mille pour porter les Vivres de l'armée, afin que nous puissions infliger à la ville de Gabaa la peine due à son crime.* Plus tard ils eurent des préfets des Vivres; chaque quartier de Jérusalem eut le sien. Ces fonctionnaires étaient à la fois administrateurs des approvisionnements du peuple et de l'armée, et juges des différends que faisaient naître les achats ou les distributions. Chez les Perses, la négligence de Cambyse et de Darius ne fut pas imitée par Xerxès, dont l'armée s'élevait, en comptant tout l'attirail qui la suivait, à plus de cinq millions d'hommes, pour la nourriture desquels il fallait, au dire d'Hérodote, plus de six cent mille boisseaux de blé par jour. Faut-il s'étonner après cela que, malgré toutes les prévisions, les Vivres n'aient pas été en assez grande quantité, et que, comme le raconte Justin, ces bataillons aient été réduits par la famine? L'usage des approvisionnements n'en continua pas moins, et Plutarque dit que l'armée de Darius III (354) eût été affamée s'il avait suivi les avis de Memnon de Rhodes, le plus expérimenté de ses généraux, qui voulait que, pour nourrir les troupes, on ravageât dans l'Asie-Mineure une certaine étendue de pays où ce prince devait passer. — Les Grecs s'occupèrent peu de l'approvisionnement des Vivres pour les armées; les fonctions des intendants des Vivres, qui existaient cependant à Athènes, consistaient à emmagasiner les grains, à les fournir aux soldats et à en vendre au peuple en cas de disette. Les généraux ou stratéges réunirent longtemps le commandement et l'administration; on les divisa plus tard en stratéges militaires, généraux d'armées, et en stratéges questeurs ou ordonnateurs. La première et la seconde guerre punique montrent que les Carthaginois ne se mettaient pas en campagne avant d'être abondamment approvisionnés. Annibal savait tellement combien il importe de ne faire combattre les troupes que lorsqu'elles ont pris de la nourriture, qu'à la Trébia (218 av. J.-C.) il ne voulut pas laisser aux Romains le temps de manger, afin d'être plus sûr de les vaincre. Il fit passer la rivière à sa cavalerie numide qui, allant jusqu'au camp des ennemis, les inquiétait et les provoquait au combat, et pendant ce temps il fit distribuer des provisions à ses soldats et donna l'ordre à ses généraux de se tenir prêts pour la bataille. C'est ainsi que fut battu Sempronius. Cet exemple prouve, du reste, que les Romains ne manquaient pas de provisions. Chez eux, comme à Athènes, le soin de pourvoir à la nourriture des troupes était confié à des questeurs. La ration de blé qu'on donnait à chaque soldat était un *chœnix*, ou la huitième partie d'un boisseau. Le soldat d'infanterie romaine recevait donc quatre boisseaux de blé pour un mois ; c'est ce qui s'appelait *menstruum*, équivalant à trente-deux chœnix. L'infanterie des alliés en avait autant. Le cavalier romain recevait douze boisseaux, parce qu'il avait deux domestiques ; il recevait en outre quarante-deux boisseaux d'orge pour ses deux chevaux. Le cavalier des alliés recevait huit boisseaux de blé, plus trente boisseaux d'orge. La quantité de blé augmentait pour les officiers en proportion de leur paye. Les fantassins portaient sur leurs épaules la portion qu'on leur distribuait pour un certain temps, ce qui diminuait d'autant l'attirail des bagages. Dans certaines occasions on donnait du pain cuit aux soldats ; cela avait principalement lieu quand on s'embarquait, parce qu'on avait moins de facilités que sur terre pour cuire le pain. Cependant, la plupart du temps c'était le soldat qui était chargé de moudre son blé, au moyen de petits moulins qu'il portait avec lui, ou sur des pierres, et de cuire le pain, non dans des fours, mais sur des charbons ou sous la cendre.—Rollin, qui sur les questions militaires n'est pas exempt d'erreurs, dit qu'on ne voit pas que les Romains plus que les Grecs prissent le soin d'établir des magasins de Vivres et de fourrages, d'avoir un munitionnaire en titre, et de se faire suivre en campagne d'un grand nombre de caissons. Qu'était-ce donc cependant que le questeur à l'armée? sinon le munitionnaire en chef. N'était-il pas chargé, en même temps que de la garde du trésor, de l'administration des Vivres et des moyens de transport de tous les APPROVISIONNEMENTS ? Les légions romaines n'étaient-elles pas, la plupart du temps, suivies de navires, de chariots ou de bêtes de somme qui portaient les Vivres jusque sur le théâtre de la guerre ? Polybe parle des magasins de toute espèce que les consuls L. Posthumius et Q. Emilius avaient formés à Erbesse pour être en mesure de combattre les Carthaginois, et qu'Hannon leur enleva, ce qui réduisit les Romains à la famine. L'historien français a pu supposer que les armées romaines étaient dispensées d'avoir des magasins parce que, en général, elles étaient peu nombreuses, et en outre accoutumées à une vie sobre ; qu'elles ne s'éloignaient pas beaucoup et rentraient presque tous les hivers. Ces considérations serviraient, tout au plus, à expliquer l'exiguïté des provisions qu'emportaient les soldats, mais elles ne prouvent pas qu'il n'existait point de magasins d'où provinssent les Vivres. Appien montre Cassius animant ses légions en leur dépeignant l'embarras d'Antoine et d'Octave, qui ne peuvent tirer leurs ressources alimentaires que du fond de la Macédoine, *pays montagneux, et toujours par charrois, ce qui rend la difficulté extrême* : « *Regione montaná, idque terrestri sub* » *vectione, cum labore maximo* » ; tandis qu'il fait venir promptement les siennes par mer. Il suit de là qu'il y avait nécessairement des magasins, car il fallait bien mettre en dépôt ces provisions qui arrivaient en quantité considérable. Tout ce qu'on pourrait admettre pour la justification de Rollin, c'est qu'il n'en existait que lorsque la guerre en faisait sentir le besoin, quoique Végèce, qui en parle assez longuement, regarde comme un point essentiel *de n'en être jamais dépourvu*. Cet écrivain cite à l'appui de son opinion l'exemple de Cesar, qui eût infailliblement péri avant la bataille de Pharsale, faute de Vivres, si Pompée avait su gagner du temps. Végèce va plus loin encore ; il entre dans de curieux détails d'économie sur les Vivres et la police des magasins. Spartian, dans la vie d'Adrien, dit que cet empereur regardait les entrepôts de Vivres comme l'une des précautions les plus importantes dans la guerre. Enfin, Lampride dit aussi qu'Alexandre Sévère (222 de l'ère chrétienne), avait formé des magasins dans toutes les villes considérables des frontières de l'empire, et que ces magasins auraient pu fournir à une armée complète pendant un an ; il ajoute qu'on les appelait *condita* et *conditaria*. Au démembrement de l'empire romain, les princes qui se le partagèrent souffrirent quelque temps que leurs peuples suivissent les anciennes coutumes relatives à la fourniture des Vivres aux armées, mais ces coutumes se perdirent insensiblement et firent place à de nouvelles. Les Français furent les premiers à les changer, et ils se virent bientôt contraints de fournir des Vivres aux armées qui marchaient contre l'ennemi. La première fourniture réglée fut faite par les COMMIS DES ROIS, sous Philippe le Bel, en 1311. En 1470, Louis onze créa deux commis généraux des Vivres. Le 12 novembre 1549, la solde et les gages de la gendarmerie des ordonnances, des chevau-légers et des gens de pied, ayant été augmentés, le peuple cessa d'être tenu aux fournitures de Vivres. L'obligation du service militaire, et ensuite la solde accordée comme prix de ce service ou comme indemnité, emportèrent dès lors pour les troupes l'obligation de se pourvoir elles-mêmes. Le gouvernement ne concourait à leur nourriture qu'en veillant à ce que les lieux qu'elles occupaient ou qu'elles traversaient fussent convenablement approvisionnés, et les autorités locales, quelquefois surveillées par des commissaires royaux, étaient chargées de procurer ces approvisionnements. Cette action trop indirecte du gouvernement devint bientôt insuffisante. Henri deux établit, sous le titre de commissaires des Vivres, des officiers chargés spécialement de veiller aux approvisionnements et aux distributions. Jusque-là les TRÉSORIERS de l'EXTRAORDINAIRE DES GUERRES étaient comptables de tous les Vivres qui se consommaient par les troupes, tant dans les armées que dans les garnisons; mais ne pouvant vaquer à tant d'affaires à la fois, ils obtinrent de Henri deux la décharge du compte des Vivres, et ce fut par un règlement fait à Saint-Germain, le 22 décembre 1557 (art. 55), que ceux qui distribuaient ces Vivres se trouvèrent chargés d'en présenter les comptes à la chambre. — Depuis ce temps, non-seulement les COMMISSAIRES GÉNÉRAUX DES VIVRES furent obligés de rendre compte de leur gestion à la chambre, mais tous les COMMIS AUX VIVRES devinrent aussi comptables, chacun en leur particulier, de tout ce qu'ils avaient distribués aux troupes. — Il y avait deux sortes de ces COMMIS : les uns étaient des hommes connus et capables, que les lieutenants généraux ou les gouverneurs des provinces établissaient dans les lieux de passage des troupes. Ils y formaient des magasins de blé, de vins et autres denrées qu'on fournissait alors, taxaient à cet effet les villes, bourgs et villages, et contraignaient les habitants à obéir à leurs réquisitions. — Les autres COMMIS étaient choisis par le roi lui-même, eu égard à l'importance d'avoir des gens d'honneur et d'expérience. Quelquefois le prince en laissait le choix aux commissaires généraux des Vivres. — Ces COMMIS disposaient des deniers royaux et faisaient les achats tant pour approvisionner les places frontières que pour faire subsister les troupes en campagne. L'article 55 du règlement qui vient d'être cité veut qu'ils soient *gens sans reproche*, et prescrit les qualités qu'ils doivent avoir. — Les habitants fournissaient par réquisition les voitures pour le transport des Vivres, et ce fut encore HENRI DEUX qui, pour soulager le peuple, déchargea de ces corvées tous les contribuables payant la taille. Il créa pour cela vingt offices de CAPITAINES DE CHARROIS pour lever quatre mille chevaux de trait avec leurs harnais, mille charretiers et six cents charrettes; il leur attribua

des gages et priviléges considérables, avec ordre de faire construire toutes les voitures, tant d'artillerie que de Vivres, partout où il serait nécessaire pour le service de l'Etat. — Dès que la guerre finissait et que les troupes étaient licenciées, chaque commis dressait un état au vrai de la recette et de la dépense des Vivres dont il avait eu la gestion, et, après que ce compte était arrêté, ce qui restait en magasin était distribué également aux populations avec toute l'équité possible. — Cette restitution fut ordonnée par HENRI TROIS, aux états de Blois, en 1579; car avant lui les rois avaient pour coutume de donner le reste des Vivres qui se trouvaient dans les magasins à des personnes qu'ils voulaient gratifier. C'est aussi de cette époque que date le premier et le plus ancien traité des Vivres et fourrages aux troupes du roi; il fut fait au camp de Lusignan. Le maréchal de Montpensier, assiégeant cette place, et fatigué des obstacles qu'il trouvait dans l'incertitude des approvisionnements de ses troupes, traita avec un riche bourgeois de Niort, nommé Amaury, pour la fourniture du pain, et ce marché fut ratifié par le gouvernement. Cette invention dut paraître trop commode aux généraux pour que l'exemple du maréchal de Montpensier ne fût pas imité; sans doute aussi elle devint trop coûteuse ou trop fertile en abus, car SULLY en revint à l'action et à la surveillance du gouvernement. — Sous LOUIS TREIZE, la gestion des Vivres aux armées eut besoin d'une plus grande quantité d'officiers, à cause des troupes nombreuses qu'on avait à faire subsister en France et au delà des Alpes; c'est pourquoi ce prince érigea en titre d'office quatre COMMISSAIRES GÉNÉRAUX, qu'il nomma CONSEILLERS SURINTENDANTS DES VIVRES, pour joindre à deux charges semblables créées depuis longtemps; ces charges étaient exercées pendant trois ans. Les COMMISSAIRES GÉNÉRAUX avaient la direction de toutes les ÉTAPES et fournitures particulières de Vivres qui se faisaient aux gens de guerre dans toute l'étendue des provinces du royaume. Leurs appointements montaient à trois mille francs; ils percevaient un droit de quatre pour cent sur la fourniture qui se faisait dans les armées, et droit de charroi de deux journées pour montre (revue) de tous les équipages des Vivres. — Le roi voulant témoigner l'estime qu'il faisait de ces nouveaux intendants des Vivres, leur permit encore l'entrée dans ses conseils pour y proposer tout ce qu'ils trouveraient à propos de soumettre au sujet de leurs charges. Il les exempta aussi de toutes recherches et compositions de chambres de justice pour ce qui regardait la qualité de leurs offices, et leur accorda en outre plusieurs droits et priviléges concédés précédemment aux deux anciens COMMISSAIRES GÉNÉRAUX. LOUIS TREIZE ériga aussi, par un autre édit du même jour, six TRÉSORIERS DES VIVRES en titre d'office, pour servir également en deçà et au-delà des monts. Ils faisaient le payement de tout ce qui pouvait concerner les Vivres, chacun en son département, dans l'année de son exercice, tant pour le pain de munition que pour toutes les autres dépenses y relatives. — C'est ainsi qu'en avaient usé précédemment les TRÉSORIERS GÉNÉRAUX de l'EXTRAORDINAIRE DES GUERRES, avec lesquels ils devaient néanmoins compter de clerc à maître. Pour sécurité de leur gestion, l'édit les obligeait d'élire domicile à Paris, et de fournir un cautionnement de la somme de six mille livres, par devant le prévôt de la ville ou son lieutenant civil. — En 1651, le même roi créa encore un troisième office de CONSEILLER-COMMISSAIRE PARTICULIER DES VIVRES en chaque élection du royaume, avec augmentation des droits qui étaient attachés à deux anciens offices déjà établis en 1622. Avec le siècle de LOUIS QUATORZE, et sous le ministère de LOUVOIS, s'étendit et se consolida le règne des fournisseurs. On n'appliqua d'abord ce mode de gestion qu'au service des armées en campagne; mais lorsque LOUIS QUATORZE eut couvert de places fortes ses nouvelles frontières du nord et de l'est, cette ligne de défense devint une espèce de camp permanent, et le mode adopté pour l'armée mobile parut justement applicable à l'armée sédentaire. On traita donc avec des entrepreneurs pour les fournitures aux troupes cantonnées dans ces places, et ce service fut appelé le SERVICE DES GARNISONS; les troupes répandues dans le centre et dans le midi du royaume restèrent livrées aux anciens usages, c'est-à-dire à leurs propres soins ou à ceux des autorités locales. Quelque bornée que fût alors la fourniture aux troupes en garnison, elle était cependant partagée entre plusieurs compagnies, dont la concurrence dans les achats avait des inconvénients sur les marchés, en même temps que la division du service nuisait à son uniformité. Dans les traités les prix n'étaient stipulés que pour un an. On n'imaginait pas alors que des hommes sages pussent garantir un prix immuable pendant cinq ou sept années, sans se réserver de très-grands avantages. Toutes les dépenses éventuelles ou étrangères à la panification et à la distribution restaient à la charge du gouvernement, ainsi que certaines dépenses d'administration qu'il n'était ni de l'intérêt de

l'Etat, ni de celui des consommateurs, de livrer aux calculs de la spéculation. Dès le milieu du dix-huitième siècle, des approvisionnements faits avec les fonds du roi, et dont l'entreprise n'était que conservatrice, mettaient le service et le trésor à l'abri d'une mauvaise récolte. Enfin, les payements étaient stipulés et effectués de la manière la plus favorable au succès des opérations des munitionnaires; il n'y avait donc, en quelque sorte, rien de donné au hasard, et l'on traitait, d'un côté avec confiance, de l'autre avec parfaite connaissance de cause. Aux armées, le GÉNÉRAL DES VIVRES communiquait avec le général en chef, et ne recevait d'ordres que de l'intendant général. Dans l'intérieur, il avait accès immédiat auprès du ministre; il était l'homme du ministère autant que celui de l'entreprise; en un mot, ces compagnies ne différaient des véritables régies que par l'espèce d'abonnement annuel du prix de la ration, qui faisait la base du traité, et par des bénéfices dont elle ne devait compte à personne. — Ces bénéfices parurent assez importants au duc de CHOISEUL pour mériter d'être épargnés. Ce ministre, qui méditait une organisation militaire plus forte et moins dispendieuse, crut pouvoir commencer par la plus raisonnable et la plus facile, celle des économies. Il mit le service des Vivres en régie. Voici comment il s'explique lui-même sur ce changement, dans un rapport au roi (*Mémoires*, t. I, p. 150) : « *J'ai entendu dire qu'il serait plus utile d'avoir une entreprise qu'une régie, en temps de paix. Cette opinion est une grande erreur: je prouverai, quand on voudra, que la régie économise au roi cinq cent mille livres par année. Sans entrer dans un grand détail sur cette partie qui est très-susceptible et qui demande de l'étude pour l'entendre, je dirai simplement que quand j'ai changé l'entreprise en régie, j'ai pris au compte du roi, d'après la direction et le conseil de M. Bourgade, tous les employés que l'entreprise avait dans les différentes parties du royaume. Je ne les ai pas plus payés que l'entreprise ne les payait. Les fournitures en grains ont été faites par la voie des intendants des provinces, qui ont servi Votre Majesté avec beaucoup de zèle et d'intelligence dans cette partie. Les grains n'ont sûrement pas plus coûté qu'ils n'auraient coûté aux entrepreneurs. La main-d'œuvre était au même prix, et exécutée par les mêmes personnes. Votre Majesté a gagné le bénéfice qu'aurait fait la compagnie des entrepreneurs;*

» *cela est évident. Je n'ai fait de tort* » *qu'au ministre de la guerre, à qui j'ai* » *ôté, dans toutes les parties, les moyens* » *de placer ses protégés.* » — Le duc de Choiseul quitta le ministère en 1771, et quelques difficultés survenues de la part de l'abbé Terray, alors contrôleur des finances, déterminèrent M. de Monteynard à rappeler les compagnies. — Le comte de Saint-Germain les écarta de nouveau en 1776, et rétablit la régie, qui se maintint sous le prince de Montbarey, son successeur en 1778. Cette régie dura jusqu'en 1784. Dans cette année le maréchal de Ségur la transforma en entreprise, et réunit dans un seul traité les deux grandes divisions du nord et du midi, qui, avant 1765, avaient été confiées à deux compagnies distinctes ; la durée du traité fut fixée à quatre années, mais avec la condition accoutumée du règlement annuel des prix. — En 1788, les idées nouvelles qui depuis longtemps germaient de toutes parts commencèrent à éclater. Des militaires distingués, à ce titre et comme écrivains, avaient développé dans divers ouvrages l'opinion que tout ce qui se rapporte à l'existence du soldat, et particulièrement à sa subsistance, peut et doit être exécuté par lui. Cette opinion toute militaire devait plaire à l'armée, et l'on eût représenté vainement que l'un des premiers auteurs de cette doctrine, le comte de Saint-Germain, y avait renoncé lorsqu'il s'était trouvé à portée d'en faire l'application, et qu'il avouait dans ses mémoires que ses essais lui en avaient démontré la difficulté et le danger. Le ministère de l'archevêque de Sens Loménie de Brienne (1788), entraîné soit par la nouvelle impulsion, soit par des vues politiques, remit aux régiments le soin d'acheter et de manutentionner des grains sous la surveillance du directoire de la guerre. On reconnut bientôt les inconvénients de ce nouveau système, au besoin toujours renaissant d'instructions et de décisions, à l'embarras des comptes, à la diminution rapide de l'approvisionnement du roi, et au refus de plusieurs corps de rester chargés de ces détails commerciaux et manutentionnaires. Dès le mois d'avril 1790, le ministre de la guerre rappela les munitionnaires des Vivres et des fourrages. Mais à cette époque, de grands débats étaient ouverts sur les finances, et parmi les économies que le zèle ou l'esprit de révolution s'empressait de recommander à l'autorité, on n'avait pas manqué d'indiquer l'adjudication au rabais des travaux et des fournitures publiques, et particulièrement des fournitures militaires. Cette proposition fut discutée, en ce qui con-

cernait le service des Vivres, dans un mémoire plein de raison et de modération, publié par M. de Dampierre, dans lequel cet ancien munitionnaire général, après avoir réfuté les reproches vagues ou directs qu'on avait adressés à l'établissement des munitionnaires généraux, démontra que l'adjudication au rabais, utile dans quelques cas, était inapplicable aux grands services de la guerre. — Ces observations ne furent point vaines ; l'assemblée constituante, éclairée peut-être par ce mémoire, ou, ce qui est plus probable, par le ministère lui-même, décréta, le 7 septembre 1791, que les fournitures militaires seraient adjugées au rabais, à l'exception de celles des *Vivres et des fourrages*, pour lesquelles le ministre fut autorisé à traiter de gré à gré avec des compagnies de son choix, sous la condition de régler le prix de la fourniture sur celui des denrées pendant les mois de *novembre, décembre, janvier, février* et *mars*. En exécution de cette loi, le ministre de la guerre Duportail appela les principaux membres des anciennes compagnies des Vivres, en forma une seule, qu'il divisa en deux sections solidaires pour les finances, mais indépendantes pour l'administration et la responsabilité, et passa avec cette compagnie un traité qui ne reçut pas d'exécution à cause des troubles qui agitaient alors le pays. La nouvelle compagnie géra par économie et pour le compte de l'Etat. A la fin de 1792, les hommes qui la composaient furent éloignés et dispersés, et le nouveau ministère, soit pour remédier à l'inexpérience de la plupart des nouveaux administrateurs, soit par préférence pour un autre système, sépara les achats de la manutention, et établit un directoire d'achats, composé de deux négociants, et une régie manutentionnaire. Cet essai eut assez de durée pour faire ressortir les inconvénients de cette séparation, et trop peu pour éclairer parfaitement sur la possibilité de la maintenir. En février 1793, l'ancienne administration des Vivres, privée toutefois de ses principaux chefs, reprit la direction de tout le service, et dès lors commença une régie simple, qui fut continuée en 1794 et 1795, à travers toutes les modifications dans le personnel et dans les moyens d'exécution que devaient produire l'emploi d'un numéraire fictif, la loi du maximum, les bouleversements journaliers et le désordre des administrations. En 1796, quand la sécurité commença à renaître, le numéraire fictif disparut, et les spéculateurs se rejetèrent aussitôt sur les services militaires. Ce fut avec tant d'empressement et de succès, que l'on compte dans cette année, pour

les Vivres seulement, cinq ou six entreprises à la ration, une vingtaine de grands marchés pour la fourniture des grains, des administrations locales dans divers départements, et un traité général pour la manutention. Ce chaos se débrouilla un peu en 1797 par la formation de quatre grandes compagnies auxquelles on distribua l'intérieur et les armées voisines des frontières. En 1798, on fit un second pas vers la centralisation, en réunissant dans une seule administration ces quatre compagnies, et une cinquième qui était chargée des ÉTAPES et CONVOIS MILITAIRES. Mais cet assemblage de compagnies accolées malgré elles ne pouvait avoir ni durée, ni heureux résultat. Au bout de six mois il fut détruit, et une seule entreprise accapara tous les services. Ici commence enfin une époque de réorganisation; mais cette réorganisation s'opère sous l'influence de mauvaises habitudes et de préventions injustes. On débuta par une régie intéressée, qui donna des résultats peu satisfaisants, et de ses ruines sortit, en mars 1801, une entreprise générale, la compagnie Maurin. Si jamais on fut autorisé à croire au crédit que promettent les entreprises, ce fut sans doute lorsqu'on vit celle dont il s'agit, créancière, après quelques années, de sommes immenses, et cependant soutenant, sans apparence de gêne, les divers services dont elle était chargée Mais aussi il n'y eut jamais d'exemple d'une illusion plus dangereuse, et pour le gouvernement qui s'y livre, et pour les hommes qui s'efforcent de l'entretenir. L'issue inévitable des opérations financières qui soutenaient ce crédit trompeur, compromit les intérêts du trésor, la fortune et le repos des munitionnaires, et amena avec la chute de l'entreprise un changement de système. Au mois d'octobre 1807 commença une régie dirigée par le comte MARET, conseiller d'Etat. Ce qu'avait fait le ministre de la guerre en 1765, le DIRECTEUR GÉNÉRAL DES VIVRES le fit en 1807 par les mêmes motifs. Il prit la machine administrative et manutentionnaire telle qu'elle se trouvait, et la fit mouvoir au profit de l'Etat. Comme cette gestion embrasse des temps de paix et de guerre, de trouble et d'ordre, d'abondance et de disette, et qu'ainsi toutes les données du problème dont la solution a été tant de fois cherchée s'y trouvent réunies, il est bon d'en faire connaître le résultat. — Le prix du traité Maurin, dont la durée devait être de sept ans à commencer de 1801, était de. . . . . . . 21 c. 70, la ration.
— A quoi il faut ajouter les dépenses dites additionnelles, qui,

suivant l'ancien usage, étaient restées à la charge du gouvernement, et qui s'élevaient à . . . . 0 2980 la ration,
— Le prix total de la ration fut donc de . 21 9960 —
— La direction générale entra en exercice le 1er octobre 1807. Le prix moyen de sa gestion, pendant ce trimestre, dépenses additionnelles comprises, s'éleva à 17 c. 44
— Celui de 1808, fut de . . . 17, 70
— Celui de 1809 de 16, 65
— En 1810, la récolte fut mauvaise dans le midi, et le prix des grains s'éleva subitement dès le mois d'août. La direction générale, par des raisons très-indépendantes de la volonté de son chef, était faiblement approvisionnée; elle se ressentit donc de ce renchérissement, et le prix de la ration monta à . . . . 20 c. 56.
— Le mal s'accrut en 1811, année vraiment calamiteuse; le prix moyen de la ration ne s'éleva pourtant qu'à . . . . 25 c. 15; mais tout le poids de la cherté retomba sur l'exercice de 1812, et le prix fut de 32, 12.
— En 1813, il retomba à . . . 22, 81.
— Et en 1814, à . . . . . 18, 62.
— Le prix moyen de ces huit exercices est de 21 centimes 38 centièmes. Ainsi, la direction générale, supportant deux années de cherté, une de disette et une d'invasion, procura une économie d'environ deux tiers de centime par ration, comparativement à l'entreprise précédente, laquelle n'avait essuyé que le renchérissement de 1802; renchérissement qui, sous le rapport de l'universalité et de la durée, ne peut être comparé à celui de 1810 et 1811. — L'entreprise DOUMERC, qui lui succéda en septembre 1814, cessa son service en mai 1817, après la mauvaise récolte de l'année précédente. On revint alors à une direction générale. Au moment d'entrer en campagne en 1823, les Vivres ne parurent pas suffisamment assurés; les marchés OUVRARD, de scandaleuse mémoire, furent passés. La direction générale ne se releva pas de ce cruel échec, et sa suppression fut décidée. Mais le service des Vivres était alors si étroitement lié à celui des subsistances qu'il avait fini par en prendre la dénomination, et ce changement de nom fut confirmé par le règlement du 1er septembre 1827. (Cette partie de l'administration ayant été traitée en son lieu dans ce même *Dictionnaire*, on ne peut que renvoyer au mot *Subsistance*.) Après l'affaire OUVRARD, le département de la guerre dut se résoudre à faire gérer directement le service des Vivres par des agents

de son choix. Ce mode prévalut longtemps, malgré les nombreuses malversations qu'on eut à déplorer, et il a été remplacé par le système actuel, qui n'est pas sans analogie avec celui qu'on avait adopté en 1788. Les régiments sont aujourd'hui chargés de se pourvoir eux-mêmes de pain chez les boulangers civils, et reçoivent à cet effet la somme de seize centimes par homme et par jour. La suspension de quarante-deux manutentions, à partir du 1er juillet 1850, a été l'un des premiers résultats de cette nouvelle mesure. — On peut consulter utilement sur la question des Vivres les ouvrages suivants : *De l'Administration des subsistances militaires dans l'intérieur*, par R.-A. P. (1818. *De la Direction générale des Subsistances sous le ministère de Bellune*, par le comte ANDREOSSY (1824). *Mémoires sur les Subsistances des armées*, dans le *Végèce français*, par ANDREU DE BILISTEN (1762). AUDOUIN, t. 1er, p. 27; t. II, p. 59, 143, 207 ; t. III, p. 17-75. BERRIAT, CANCRIN, *Devoirs de l'homme de guerre* (1695), p. 127-129. *Détails militaires* (1750), t. VI, p. 279. *Dictionnaire des antiquités*, au mot Annona. *Dictionnaire militaire* (1758), t. III, p. 524. Le *Traité général des Subsistances*, par DUPRÉ D'AULNAY. L'ENCYCLOPÉDIE, t. III, p. 743. *L'Encyclopédie méthodique*, au mot *Approvisionnements. Études sur les Subsistances militaires, ou Le mal et le remède* (1850). *Examen de diverses questions sur l'administration des Subsistances militaires* (1817). FRÉDÉRIC DEUX (1761, G). GUIGNARD, *École de Mars*, t. I, p. 296. *Instructions sur les moulins à bras de Durand* (1793). *Journal militaire*. LACHESNAIE. *Lettre au maréchal Gouvion-Saint-Cyr sur les Subsistances*, par FLANDIN (1819). LECOUTURIER (1825). LEGRAND (1837, A). *Médecine militaire* (1772), t. II, p. 352. *Mémoire sur les Subsistances*, par THOMAS et WITTERSHEIM (1818). Le *Munitionnaire des armées*, par NADOT (sans date). ODIER (1824, E, t. III). PONDIUS, POTIER, *Mémoires de Saint-Germain* (1779), p. 184. *Science de la guerre* (1751), t. III, p. 258. VAUDONCOURT (1825, D). WARNISON.

VIVRES D'ARMÉES. V. ACTUAIRE. V. AVITAILLEMENT. V. BUDGET. V. CAISSON DE CAMP. V. COMMISSAIRE DES GUERRES N° 7. V. DÉCOMPTE. V. GUERRE DE 1833. V. LÉGISLATION (AN CINQ [29 FRUCTIDOR]). V. MARAUDAGE. V. MARCHÉ ADMINISTRATIF. V. MARCHÉ EN ROUTE. V. MASSE COMPTABILIAIRE. V. MILICE FRANÇAISE N° 8. V. MOULIN A BRAS. V. MUNITIONNAIRE GÉNÉRAL. V. PAIN. V. PAYE. V. PRÉVÔT DE CONNÉTA-

BLIE. V. TRAITEMENT. V. TRANSPORTS. V. VIVRES.

VIVRES de CAMPAGNE. V. BISCUIT. V. CHOUCROUTE. V. DISTRIBUTION DE RATIONS. V. FRUMENTAIRE. V. GARDE-MAGASIN. V. GUERRE D'INVASION. V. INDEMNITÉ DE V... V. PAYE. V. PRESTATION EN CAMPAGNE. V. TRAITEMENT DE GUERRE. V. VIVRES.

VIVRES de CORPS. V. FEUILLE DE JOURNÉES DE COMPAGNIE. V. QUARTIER-MAITRE N° 2.

VIVRES de GARNISON. V. SURPRISE DE PLACE.

VIVRES de POSTE FERMÉ. V. CHEF DE POSTE FERMÉ.

VIVRES de SIÉGE. V. SIÉGE. V. SIÉGE OFFENSIF.

VIVRES d'ESCORTE. V. LÉGISLATION (ARRÊTÉ DU 25 FRUCTIDOR AN NEUF). V. ORDINAIRE DE SOLDATS.

VIVRES d'ÉTAPE. V. ÉTAPE.

VIVRES d'OFFICIER. V. CAPITAINE D'INFANTERIE FRANÇAISE DE LIGNE N° 10.

VIVRES EN CAMPAGNE. V. EXÉCUTION MILITAIRE. V. MILICE POLONAISE N° 6. V. MINISTRE DE LA GUERRE N° 8. V. ORDONNANCE DE 1823 (19 MARS) et 1827 (1er SEPTEMBRE). V. VIVRES.

VIVRES EN GARNISON. V. COMMANDANT DE PLACE N° 5.

VIVRES EN ROUTE. Ceux que fournit l'Etat ne consistent qu'en pain de munition. Quant aux autres ALIMENTS, ils rentrent dans la catégorie des ALIMENTS ORDINAIRES, et les hommes de troupe se les procurent à l'aide des deniers improprement appelés SUPPLÉMENT D'ÉTAPE. En temps de paix, les Vivres en route étaient assurés autrefois par les soins de l'adjudant-major précédant le corps. — Depuis le règlement de 1833 (2 novembre) sur le service intérieur, c'est l'adjoint au Trésorier qui est chargé de ce soin. V. CANTONNEMENT. V. CORPS EN ROUTE. V. DISTRIBUTION EN ROUTE. V. ÉTAPE. V. ÉTAPIER. V. FOURNITURE DE CORPS EN ROUTE. V. LÉGISLATION (1355 [DÉCEMBRE]). V. MARCHÉ DE VIVRES.

VIVRES-PAIN. V. CAISSON DE VIVRES. V. LÉGISLATION, ORDONNANCE DE 1827 (1er SEPTEMBRE).

VIVRES-VIANDE. V. ABATTAGE. V. ADMINISTRATION DE LA GUERRE. V. EMPLOYÉ DES SERVICES.

VIVRIER, subs. masc. (B, 1). Employé dans les vivres. DUPRÉ D'AULNAY (1740) proposait d'instituer et de tenir toujours sur pied un corps de Vivriers dans lequel auraient été compris des ʙᴏᴜʟᴀɴɢᴇʀs et des préposés aux fourrages. ᴠ. ʙᴜᴄᴄᴇʟʟᴀɪʀᴇ. ᴠ. ᴍɪʟɪᴄᴇ ғʀᴀɴᴄ̧ᴀɪsᴇ ɴ° 8. ᴠ. ᴍɪʟɪᴄᴇ sɪᴋᴇ ɴ° 2.

VOAZON, subs. masc. ᴠ. ɢᴀᴢᴏɴ.

VOCABULAIRE. ᴠ. ᴅɪᴄᴛɪᴏɴɴᴀɪʀᴇ ᴇɴᴄʏ-ᴄʟᴏᴘᴇ́ᴅɪϙᴜᴇ.

VOCABULAIRE sᴏᴍᴍᴀɪʀᴇ. ᴠ. ʜɪsᴛᴏʀɪ-ϙᴜᴇ ᴍɪʟɪᴛᴀɪʀᴇ. *Voyez* le ᴠᴏᴄᴀʙᴜʟᴀɪʀᴇ qui termine le présent ouvrage.

VOCAL. ᴠ. ᴄᴏᴍᴍᴀɴᴅᴇᴍᴇɴᴛ ᴠ... ᴠ. ᴅᴇᴍɪ-ᴠ... ᴠ. ᴘʜᴛʜᴇɢᴍᴀᴛɪϙᴜᴇ. ᴠ. sɪɢɴᴀʟ ᴠ...

VOCH; VOET. ᴠ. ɴᴏᴍs ᴘʀᴏᴘʀᴇs.

VŒU (F). L'usage des Vœux chez les anciens remonte à la plus haute antiquité, puisque Hᴏᴍᴇ̀ʀᴇ en parle à propos du défi que Hector porte aux Grecs de combattre le plus vaillant d'entre eux. « *Si je suis triomphant*, dit-il, *je ne veux pour trophée que les armes du vaincu que je consacrerai à Apollon.* » En entrant en campagne, les généraux faisaient souvent des Vœux avec une grande solennité; ils promettaient d'offrir aux dieux les dépouilles qu'ils enlèveraient aux ennemis, leurs armes, leurs machines de guerre, leurs chars, leurs vaisseaux. Ils faisaient un grand monceau de ces trophées après la victoire; puis, en présence du peuple et de l'armée rangée en bataille, ils y mettaient le feu. — A Rome, l'usage était de faire le Vœu du *printemps sacré*, appelé *ver sacrum.* Il consistait à immoler tout le bétail qui viendrait à naître dans le printemps prochain. Après la défaite des Romains au lac de Trasimène par Annibal, les décemvirs, à qui il fut ordonné de consulter le livre des Sybilles, rapportèrent qu'il fallait faire le Vœu du *printemps sacré* si l'issue de la guerre était heureuse. Ce Vœu ne pouvait être fait sans le consentement du peuple, et Tite Live dit comment les magistrats le lui demandaient : « *Citoyens, voulez-* » *vous ordonner que si, pendant les cinq* » *années prochaines, les affaires de la ré-* » *publique sont toujours prospères, si les* » *guerres contre les Carthaginois et les* » *Gaulois tournent à son avantage, ainsi* » *que je le souhaite et désire, que le peu-* » *ple romain offre aux dieux ce qui naî-* » *tra au premier printemps.* » Un usage plus commun encore consistait à vouer la dîme du butin pris à l'ennemi. Camille, s'apprêtant à assiéger Véies, s'écrie : « *O Apol-* » *lon Pythien, guidé par ta grâce et sou-* » *tenu par ton divin secours, je marche* » *pour détruire Véies, et je fais Vœu de* » *t'offrir la dîme des dépouilles que j'en* » *rapporterai.* » Un autre Vœu qui fait honneur à la simplicité et à la frugalité romaine,

est celui du consul Lucius Papirius, qui promit à Jupiter de lui consacrer un coup d'hydromel s'il lui accordait la victoire sur les Samnites. Ces Vœux étaient obligatoires, et on était coupable envers la religion en ne les accomplissant pas. La principale formule en les exprimant était de dire *voveo.* C'est celle dont se servit Rᴏᴍᴜʟᴜs en promettant un temple à Jupiter, qui fut depuis appelé *Stator,* lorsque, emporté par les siens qui fuyaient devant les Sabins, il s'arrêta sur le mont Palatin, et dit : « *Père des dieux et* » *des hommes, chasse les ennemis de ce* » *lieu et suspends cette fuite honteuse, et* » *je fais Vœu* (voveo) *de bâtir un temple* » *en ton honneur pour reconnaître la fa-* » *veur que j'implore.* » Notre histoire fait aussi mention de Vœux dans la chevalerie. Dᴜɢᴜᴇsᴄʟɪɴ, étant devant la place de Moncontour, que Clisson assiégeait depuis longtemps sans pouvoir la forcer, jura de ne point manger de viande et de ne pas se déshabiller qu'il ne l'eût prise. La valeur, ou plutôt la témérité, faisait faire encore aux anciens chevaliers des Vœux singuliers, tels que d'être le premier à planter son pennon sur les murs ou sur la plus haute tour de la place dont on voulait se rendre maître, de se jeter au milieu des ennemis, de leur porter le premier coup. Mais le Vœu le plus authentique de tous ceux que faisaient les chevaliers, lorsqu'ils s'apprêtaient à prendre quelque engagement avant une expédition, était le ᴠœᴜ ᴅᴜ ᴘᴀᴏɴ et du ғᴀɪsᴀɴ, ainsi appelé parce qu'il se jurait sur ces deux animaux. Un mémoire fort curieux de Sᴀɪɴᴛᴇ-Pᴀʟᴀʏᴇ rapporte un exemple de cette cérémonie pratiquée à Lille, le 9 février 1454, à la cour de Pʜɪʟɪᴘᴘᴇ ʟᴇ Bᴏɴ, duc de Bᴏᴜʀ-ɢᴏɢɴᴇ, à l'occasion d'une croisade projetée contre les Turcs, qui venaient de s'emparer de Constantinople. L'exemple des Vœux a été imité presque de nos jours : Cᴀᴍʙʀᴏɴɴᴇ, capitaine de grenadiers dans la 46ᵉ demi-brigade avec Latour d'Auvergne, et devenu depuis général, fit Vœu de s'abstenir de vin pendant toute la campagne d'Helvétie (1800); et il tint rigoureusement sa promesse, dont l'accomplissement avait à ses yeux presque le caractère d'un sacrifice.

VŒUGE, subs. fém. ᴠ. ᴠᴏᴜɢᴇ.

VOGE, subs. fém. ᴠ. ᴠᴏᴜɢᴇ.

VOGEL. ᴠ. ɴᴏᴍs ᴘʀᴏᴘʀᴇs.

VOGELI. ᴠ. ɴᴏᴍs ᴘʀᴏᴘʀᴇs.

VOGELIUS. ᴠ. ɴᴏᴍs ᴘʀᴏᴘʀᴇs.

VOGT. ᴠ. ɴᴏᴍs ᴘʀᴏᴘʀᴇs.

VOIE DE FAIT, subs. fém., ᴠɪᴏʟᴇɴᴄᴇ (C, 5). Dans les armées romaines, celui qui portait la main sur un chef était puni de mort; mais le crime d'insulte était aggravé par la dignité du supérieur. L'ordonnance du 1er juillet 1727 portait que tout soldat qui mettrait l'épée à la main contre des officiers, ou qui les frapperait de quelque manière que ce fût, ou les menacerait, soit en portant la main à la garde de l'épée, ou en faisant mine de mettre le fusil en joue, quand même il aurait été maltraité, aurait le poing coupé et serait ensuite pendu et étranglé. Le soldat qui frappait un sous-officier ou un sergent était condamné aux galères perpétuelles. Celui qui frappait un caporal ou un brigadier subissait la même peine. D'après la loi du 12 mai 1793 (section IV, art. 11), le militaire convaincu de Voie de fait envers son supérieur était puni de mort; celui qui avait frappé son subordonné subissait une peine de trois années de prison, et était déclaré incapable de servir dans les armées de la république. Il était excusé si cet acte de violence avait eu pour but de maintenir dans les rangs ceux qui fuyaient devant l'ennemi. Ces dispositions furent abolies par la loi du 21 brumaire an cinq (tit. VIII, art. 15 et 16), qui maintint la peine de mort contre le militaire qui se permettrait des Voies de fait envers son supérieur. Celui qui, hors le cas de défense naturelle et ceux de ralliement des fuyards devant l'ennemi, ou de dépouillement des morts ou des blessés sur le champ de bataille, est convaincu d'avoir frappé son subordonné, est destitué de son grade, puni d'un an de prison, et déclaré incapable d'occuper aucun grade dans les armées de la république. Si la mort s'est ensuivie des mauvais traitements, le coupable est puni de mort. Cette loi est encore en vigueur; mais il ne paraît pas qu'elle ait été appliquée.

VOILE, subs. fém. v. HABIT. v. TREF.

VOILE des ARMES. V. APPEL. V. PROVOCATION.

VOIR. V. COMMANDER.

VOIR DE REVERS. V. DE REVERS. V. POSITION STRATEUMATIQUE. V. REVERS.

VOIR EN CHEMIN COUVERT. V. AVOIR DES VUES.

VOIR le FEU. V. FEU.

VOISIN. V. NOMS PROPRES.

VOITURE. V. ABANDON DE V... V. ARRIÈRE-GARDE. V. ARTILLERIE D'INFANTERIE. V. BAGAGE. V. BAGAGE DE CORPS EN ROUTE. V. CAISSE DE RÉGIMENT. V. CHARGE DE V... V. CHARROI. V. CHEMINEMENT SKEUOPHORIQUE. V. CHEVAL. V. CHIRURGIEN EN ROUTE. V. COLLIER SKEUOPHORIQUE. V. COLONNE DE CONVOI. V. COLONNE DE V... V. COLONNE SKEUOPHORIQUE. V. COMPAGNIE EN ROUTE. V. CONVALESCENT ABSENT. V. CONVOI A LA SUITE. V. CONVOI PAR TERRE. V. CORPS D'INTENDANCE N° 8. V. CORVÉE EN ROUTE. V. ESCORTE DE CONVOI. V. HAVRE-SAC. V. PARC DE V... V. RÉQUISITION DE V... V. TRAIN.

VOITURE, subs. fém. (B; G). C'est seulement depuis l'ordonnance du 15 juillet 1718 que l'Etat se chargea de la dépense du prix des Voitures commandées pour le transport des BAGAGES, des malades et des convalescents des différentes troupes dans l'intérieur du royaume. Il était accordé trois CHARIOTS OU CHARRETTES, chacune attelée de quatre chevaux, à chaque bataillon, et un chariot par escadron. Si les lieux d'étapes n'en pouvaient fournir une quantité suffisante, il était pourvu au service à l'aide de réquisitions frappées dans les villages par les intendants des provinces et leurs subdélégués, et on allouait vingt sous par cheval et par jour. De nombreux abus signalèrent les premiers essais de ce service : on transportait à la suite des corps des marchandises et des denrées; les chevaux servaient souvent à traîner les Voitures de luxe des officiers; et cela se passait malgré les nombreuses ordonnances prohibitives rendues sur cette matière, de 1718 à 1766. Celle du 1er juillet 1768 réglementa de nouveau le service des Voitures qui devaient être fournies aux troupes pendant leurs marches. Le règlement du 22 mars 1793 sur le service des convois, n'accordait que deux Voitures à chaque bataillon ou régiment de troupes à cheval pendant leur marche, et une Voiture par détachement de cinquante hommes et au-dessous; il prescrivait d'en fournir aux militaires blessés et malades. Une instruction de ventôse, faisant suite au décret de l'an trois (28 nivôse), avait supputé qu'il fallait, tant en caissons qu'en Voitures, à une armée de trente mille hommes, savoir :

Caissons de vivres.	540
Caissons de corps à 4 par bataillon pour le transport de campement.	240
Caissons d'hôpitaux à 4,200 malades.	42
Canons et caissons, environ.	1,500
Voitures de parc.	400
Total	2,722

On a calculé également qu'une Voiture occupe quatorze mètres, et que mille Voitures, marchant à la suite l'une de l'autre, s'étendent par une ligne de trois lieues. NAPOLÉON, dans le *Mémorial de Sainte-Hélène* (t. II, p. 279), porte à cinq cents le nombre de Voitures nécessaires à une armée de quarante mille hommes, dont moitié de réquisition. Cette évaluation semble trop faible ; car, dans nos dernières grandes guerres, le nombre des Voitures ne s'élevait pas à moins de dix-huit cents pour cinquante mille hommes. C'est la proportion qui existait également, au dix-huitième siècle, dans les armées de Frédéric deux. Le règlement de l'an onze (16 pluviôse) apporta de grandes améliorations dans le service des Voitures à fournir dans les convois ; néanmoins plusieurs abus graves continuèrent. Un nouveau règlement du 9 décembre 1805 (18 frimaire an quatorze), engageant la responsabilité de tous les fonctionnaires civils et militaires, fut ponctuellement suivi, sauf les exceptions d'urgence nécessitées par les circonstances dans les derniers temps de l'empire. En 1815, les abus se renouvelèrent, et nécessitèrent une foule d'instructions ministérielles et de nouveaux traités jusqu'au jour où on sentit le besoin de revenir aux véritables principes, et de les consigner dans un nouveau règlement du 31 décembre 1823, encore en vigueur aujourd'hui. Aux termes de ce règlement, il est fourni des Voitures à un, deux, trois ou quatre colliers pour le transport de la caisse des corps, des papiers et des effets d'un usage journalier, et, s'il y a lieu, des militaires et des enfants de troupe. Elle a réglé en même temps les cas dans lesquels les Voitures de convoi peuvent être accordées. Le cahier des charges du 30 septembre 1838 a fixé de la manière suivante le poids et le nombre d'hommes à porter sur chaque Voiture :

Voiture à 1 collier, 250 k., ou de 1 à 4 homm.
— à 2 — 450 k., ou de 5 à 7 h.
— à 3 — 600 k., ou de 8 à 9 h.
— à 4 — 750 k., ou de 10 à 12 h.

Les officiers voyageant en troupe ou isolément, ne peuvent exiger ni chevaux ni Voitures ; ils traitent de gré à gré avec l'entrepreneur. — Le prix du loyer de chaque Voiture est réglé par chaque distance d'étape de la manière suivante :

Voiture à 4 colliers. 20 fr.
Voiture à 3 colliers. 17 fr.
Voiture à 2 colliers. 10 fr.
Voiture à bœuf par homme. 2 fr.

Pendant longtemps on a trouvé que les Voitures françaises étaient lourdes (Ballyet, 1817, D), et n'offraient qu'une solidité apparente. Mais, en 1825, une commission fut nommée pour discuter le système complet des Voitures servant aux différents transports de l'armée : et de ce concours de lumières est sorti le règlement du 18 juin 1826, qui fixe encore aujourd'hui le mode de construction. L'ordonnance du 3 mai 1832, sur le service des troupes en campagne, attribue aux Vaguemestres le soin de la police des Voitures des corps et des quartiers généraux. Il les fait numéroter, empêche qu'on ne détourne des soldats pour leur conduite, et ne permet jamais que les Voitures d'artillerie soient chargées d'effets étrangers à leur destination. — Dans les différentes branches du matériel le mot Voiture présente les subdivisions suivantes : voiture cellulaire, — couverte, — d'artillerie, — d'eau, — de bagages, — de convoi, — de convoi a la suite, — de corps, — de corps en marche, — de corps en route, — de militaire isolé, — de parc, — de rechange, — de régiment, — de réquisition, — de route, — de train, — de transport, — de vivandier, — d'équipages d'armée, — d'évacuation, — d'hôpital, — d'officier.

VOITURE cellulaire (C, 5). L'ordonnance du 2 mars 1845 porte que dorénavant la translation des prévenus et accusés dans les maisons d'arrêt et de justice aura lieu par Voiture cellulaire. Elle règle les dispositions d'exécution à cet égard, et l'indemnité à accorder aux gendarmes qui escorteront ces Voitures.

VOITURE couverte. L'ordonnance de 1768 (1er mars, tit. III, art. 88) a prévu le cas où elles sont visitées par le portier-consigne d'une place de guerre. v. consigne de sentinelle d'avancée. v. dépot d'ambulance.

VOITURE d'artillerie (G, 2). Les Voitures d'artillerie qui composent le système actuel ont été toutes établies depuis 1825. Le caisson, le chariot de batterie et la forge composent avec l'affut la partie roulante du matériel de campagne depuis 1827. Un nouveau système de chariot de batterie a remplacé le premier en 1833. Le chariot-porte-corps et la charrette du modèle de 1825 appartiennent aux pièces de siége. — Le chariot de parc a été reconstruit sur un nouveau modèle en 1827 ; le triqueballe à treuil date de 1830 ; le tombereau à bascule, pour le service des établissements, a été refait en 1834 ; le haquet à bateau, en 1829 ; et le haquet à ponton, en 1839. v. arme a vapeur. v. artillerie de campagne. v. artillerie d'infanterie. v. milice prussienne n° 8. v. officier d'artillerie n° 8. v. pièce de campagne. — Consulter Piobert (1837).

VOITURE d'eau. v. coupon de convois.

VOITURE de bagages de corps en route. v. tambour instrumental d'infanterie.

VOITURE de CONVOI. V. CHEF D'ESCORTE DE CONVOI. V. CONVOI A LA SUITE. V. CONVOI MILITAIRE. V. CONVOI POLÉMONOMIQUE. V. CORPS DE CENTRE. V. CORPS RÉGIMENTAIRE N° 1. V. COUPON. V. DÉFENSE DE CONVOI.

VOITURE de CONVOI A LA SUITE. V. CONVOI A LA SUITE.

VOITURE de CORPS. V. CAISSE N° 5. V. CASERNE D'INFANTERIE. V. CHEVAL DE COMPAGNIE. V. CONVOI A LA SUITE.

VOITURE de CORPS EN MARCHE. V. FEMMES A LA SUITE DES CORPS.

VOITURE de CORPS EN ROUTE. D'après l'ordonnance de 1833 (2 novembre), l'ADJUDANT-MAJOR s'assure dans chaque corps de celles qui sont nécessaires au transport des BAGAGES. V. ARRIÈRE-GARDE DE CORPS SUR PIED DE PAIX. V. BILLET DE LOGEMENT. V. ÉCLOPPÉS. V. ENFANT D'HOMME DE TROUPE. V. GARDE D'ÉQUIPAGES. V. MARCHE EN POSTE.

VOITURE de MILITAIRE ISOLÉ. V. FEUILLE DE ROUTE DE CORPS. V. FEUILLE DE ROUTE DE MILITAIRE ISOLÉ.

VOITURE de PARC. V. ATTAQUE DE CONVOI. V. BLESSÉ. V. FOURRAGÈRE.

VOITURE de RECHANGE. V. CONVOI POLÉMONOMIQUE.

VOITURE de RÉGIMENT. V. ARMES PERDUES. V. FOURNITURE DE CAMPAGNE.

VOITURE de RÉQUISITION. V. RÉQUISITION. V. TRANSPORT AUXILIAIRE.

VOITURE de ROUTE. V. CAPORAL D'ÉQUIPAGES. V. CAPORAL EN ROUTE.

VOITURE de TRAIN. V. TRAIN.

VOITURE de TRANSPORT. V. INDEMNITÉ DE ROUTE D'HOMME DE TROUPE. V. PRÉFET DE DÉPARTEMENT. V. SERVICE DE ROUTE. V. TRANSPORT.

VOITURE de VIVANDIER. V. VIVANDIER.

VOITURE d'ÉQUIPAGES D'ARMÉE. V. CHARGE DE V...

VOITURE d'ÉVACUATION. V. CORPS D'INTENDANCE N° 8. V. ÉVACUATION.

VOITURE d'HOPITAL. V. HOPITAL.

VOITURE d'OFFICIER. V. ÉQUIPAGES.

VOITURIER (C, 5). La loi du 13 brumaire an cinq (art. 10) les rend justiciables des conseils de guerre.

VOIX. V. COLONEL (DROITS). V. COLONEL D'INFANTERIE FRANÇAISE N° 11. V. MAJORITÉ DES V... V. PARTAGE DE V... V. PASSAGE DE LA V... V. PASSER LA V... V. RÉVISION JUDICIAIRE.

VOIX, subs. fém. (C, 5), du latin *vox*. Son de la bouche qui exprime la pensée. Dans la langue judiciaire, on appelle Voix l'expression monosyllabique oui ou non de l'opinion

des juges. D'après l'ordonnance de 1768 (1er mars), l'accusé étant sorti, le président recueillait les Voix pour le jugement. Les officiers de cavalerie et de dragons opinaient les premiers, s'il s'agissait de juger un fantassin ; si au contraire on jugeait un cavalier ou dragon, on recueillait d'abord les Voix des officiers d'infanterie. Le juge ôtait son chapeau, et disait à Voix haute que, trouvant l'accusé convaincu, il le condamnait à telle peine, ou qu'il était innocent. L'avis le plus doux prévalait dans les jugements si le plus sévère ne l'emportait que de deux Voix, et l'avis du président n'était compté que pour une Voix comme celui des autres juges. — D'après la loi du 13 brumaire an cinq, le président d'un conseil de guerre, après avoir posé la question ainsi : N., accusé d'avoir commis tel délit, est-il coupable ? recueille les Voix, en commençant par le grade inférieur ; il émet son opinion le dernier. La culpabilité n'est établie qu'à une majorité de cinq Voix, et l'application de la peine exige la même majorité.

VOIX CONSULTATIVE (B, 1). Une ordonnance du 20 janvier 1815 porte que le QUARTIER-MAITRE TRÉSORIER continuera de remplir les fonctions de secrétaire du conseil, et d'avoir Voix consultative seulement.

VOIX DÉLIBÉRATIVE. V. COMMISSAIRE DES GUERRES N° 4. V. CONSEIL D'ADMINISTRATION N° 1. V. DROITS.

VOIX JUDICIAIRE. V. MAJORITÉ. V. SENTENCE.

VOL. V. CAPORAL D'ESCOUADE N° 1 et 6. V. CRIME. V. DISCIPLINE MILITAIRE. V. FOURRAGE DE DISTRIBUTION. V. LARCIN. V. MILICE ROMAINE N° 9. V. PEINE.

VOL, subs. masc. (C, 5). Délit qui consiste à s'approprier illégalement le bien d'autrui. Il est distingué en VOL A FORCE OUVERTE, — AU PRÉJUDICE D'UN CAMARADE, — AVEC ATTROUPEMENT, — AVEC EFFRACTION, — AVEC VIOLENCE, — CHEZ L'HABITANT, — CHEZ SON HOTE, — DANS LE CAMP, — DE FOURNITURES DE CASERNEMENT, — DE LA SOLDE, — DE MUNITIONS DE GUERRE, — D'EFFETS DE CAMPEMENT, — DES ARMES, — DES DENIERS DE L'ORDINAIRE, — EN AUGMENTANT L'EFFECTIF, — SUR LES GRANDES ROUTES.

VOL A FORCE OUVERTE. Sur les routes et voies publiques, était, d'après la loi du 29 nivôse an six, justiciable des conseils de guerre et puni de mort. Cette législation exceptionnelle avait été promulguée pendant la guerre de Vendée, pour protéger le service des voitures publiques, des courriers et de la poste.

VOL AU PRÉJUDICE D'UN CAMARADE. V. CAMARADE. V. DÉLIT COMMUN.

VOL AVEC ATTROUPEMENT. Était réputé tel par la loi militaire du 2ᵉ complémentaire an trois, lorsqu'il était commis par plus de deux individus réunis.

VOL AVEC EFFRACTION. Les tribunaux spéciaux créés par la loi du 18 pluviôse an neuf, et composés en partie de juges militaires, connaissaient des Vols avec effraction faite aux murs de clôture, au toit des maisons, aux portes et fenêtres.

VOL AVEC VIOLENCE. La loi militaire de l'an trois (2ᵉ complémentaire) attribuait la connaissance de ce crime aux tribunaux militaires spéciaux.

VOL CHEZ L'HABITANT. V. DÉLIT COMMUN.

VOL CHEZ SON HOTE. Aux termes de la loi du 12 mai 1793 (sect. III, art. 16), le militaire convaincu d'avoir volé les personnes chez lesquelles il aurait logé est puni de dix ans de fers.

VOL dans le CAMP. Dans les armées romaines, suivant Polybe (liv. VI, chap. 55), ce délit entraînait la peine de la bastonnade.

VOL de FOURNITURES DE CASERNES. Puni de trois ans de fers par la loi du 12 mai 1793.

VOL de la SOLDE. Est puni de la réclusion par la loi du 15 juillet 1829, à moins qu'il n'existe des circonstances atténuantes qui permettent de réduire la peine à l'emprisonnement.

VOL de MUNITIONS DE GUERRE APPARTENANT A L'ETAT. Lorsqu'il est commis par un militaire comptable, il est puni des travaux forcés à temps, d'après la loi du 15 juillet 1829.

VOL d'EFFETS DE CAMPEMENT. Puni de trois ans de fers par la loi du 12 mai 1793.

VOL des ARMES. La loi du 15 juillet 1829 n'a prévu ce genre de Vol qu'accompagné de la circonstance aggravante de désertion : alors le coupable est puni de la réclusion. A Rome, le soldat qui avait dérobé l'arme de son camarade était chassé de son rang dans la milice, c'est-à-dire expulsé de l'armée (Schisterman, *de Pœn. mil. rom.*).

VOL des DENIERS DE L'ORDINAIRE. La loi du 12 mai 1793 punissait ce crime de six ans de fers. Cette législation a été abrogée par celle du 15 juillet 1829, qui dit (art. I) que le Vol de l'argent de l'ordinaire sera puni des travaux forcés à temps, et que, en cas de circonstances atténuantes, la peine pourra être réduite à la réclusion, et même à un emprisonnement de trois à cinq ans.

VOL EN AUGMENTANT L'EFFECTIF. La loi du 21 brumaire an cinq porte que le militaire

qui, pour faire payer à sa troupe ce que la loi lui accorde, porte son état de situation au-dessus de l'effectif réel des présents, sera puni de trois ans de fers, et condamné à restituer ce qu'il aura trop perçu. Le commissaire des guerres, convaincu de connivence, doit subir la peine de cinq ans de fers. V. ÉTAT DE SITUATION.

VOL SUR LES GRANDES ROUTES. Ce crime était de la compétence des tribunaux spéciaux militaires institués par la loi du 18 pluviôse an neuf.

VOL (F). Terme HÉRALDIQUE employé pour désigner une paire d'ailes. On disait, par exemple, *porter d'or, à Vol de sable.* Le *Dictionnaire de l'Académie* entend par DEMI-VOL une seule aile. V. BLASON. V. CHEVALIER A LA PROIE. V. CIMIER.

VOLANT (volante). V. AMBULANCE V... V. ARTILLERIE V... V. ATTAQUE V... V. BATTERIE V... V. CAMP V... V. CONTRE-MINE V... V. COURRIER V... V. DRAGON V... V. ENGIN V... V. FEU V... V. FUSÉE V... V. MINE V... V. PASSE-V... V. PONT V... V. RONDE V... V. SAPE V... V. SENTINELLE V...

VOLANT de CHAPEAU. V. BORD DE CHAPEAU. V. CHAPEAU. V. HOMME DE TROUPE Nᵒ 4. V. MARÉCHAL DE FRANCE Nᵒ 4.

VOLATERRANUS. V. NOMS PROPRES.

VOLCMAR. V. NOMS PROPRES.

VOLÉE, subs. fém. (G, 5). On appelle ainsi la partie du canon comprise entre les TOURILLONS, depuis le second renfort, et la BOUCHE. On appelle aussi Volée de canons une décharge de plusieurs pièces faite en même temps. Tirer à toute Volée se dit lorsqu'on pointe une pièce sous le plus grand angle qu'on puisse lui donner. — Dans les voitures, la Volée est une pièce de bois qu'on attache au bout des TIMONS, ou qu'on fixe sur le devant des AVANT-TRAINS, et aux extrémités de laquelle on attache les PALONNIERS. On se sert aussi de ce mot pour exprimer le nombre de coups que les PONTONNIERS frappent de suite avec la SONNETTE, sur des PILOTS destinés à la construction des PONTS MILITAIRES. Chaque pilot est ordinairement frappé jusqu'à refus du MOUTON. V. A TOUTE V... V. CÉRÉMONIAL. V. COULEVRINE. V. COUP DE CANON. V. DÉCHARGE D'ARME PYROBALISTIQUE. V. GENOUILLÈRE DE BATTERIE. V. GRAND MAITRE DE L'ARTILLERIE. V. HONNEURS MILITAIRES. V. PORTÉE DE CANON. V. TOUTE V...

VOLET, du latin *volatilis.* V. FLÈCHE. V. JAVELOT. V. TRAIT D'ARBALÈTE.

VOLET de CASQUE. V. BOURGUIGNOTE. V. CASEMATE. V. CASQUE. V. CASQUE FERMÉ. V. LAMBREQUIN.

VOLET d'embrasure. v. batterie d'épaulement. v. embrasure.

VOLÈTE, subs. masc. v. flèche. v. javelot. v. trait d'arbalète.

VOLEUR de grand chemin. v. grand chemin. v. prévot des maréchaux.

VOLGAIRE (F). Ce mot se trouve dans Meyer (Moritz) et le *Journal des Sciences militaires* (1855, n° 54, p. 47) comme synonyme de veuglaive ou vulgaire.

VOLKIER. v. noms propres.

VOLLAND. v. noms propres.

VOLNEY. v. noms propres.

VOLON, subs. masc. v. volontaire.

VOLONES (F). Ce fut le nom donné aux esclaves que la république romaine acheta aux particuliers après la bataille de Cannes, et qu'elle rendit à la liberté. Elle les admit ensuite dans les rangs des soldats pour n'être pas obligée de racheter les prisonniers qu'avaient faits les Carthaginois.

VOLONTAIRE. v. antrustion. v. arme de trait. v. armée française n° 2. v. armoiries. v. artillerie idioplique. v. avancement. v. aventurier. v. bande. v. bataillon de v... v. bénéficiaire. v. blanc de cible. v. cadet. v. cartel de guerre. v. charge hiérarchique. v. compagnie de gentilshommes. v. compagnie d'ordonnance n° 5. v. corps de v... v. coupable. v. croisade. v. désertion d'officier. v. enfant perdu. v. engagé v... v. engagement v... v. enrolé v... v. estafier. v. étendard général. v. gendarme du moyen age n° 4. v. gendarmerie v... v. grenadier v... v. infanterie n° 2. v. infanterie française n° 2. v. ligne idioplique. v. membre d'un conseil d'administration. v. milice prussienne n° 2. v. milice turque n° 1. v. ministre de la guerre (1761). v. mutation v... v. noblesse. v. nom de guerre. v. officier de v... v. pandour. v. parti de guerre. v. parti v... v. paye. v. recrue. v. recrutement. v. régiment d'infanterie française n° 2. v. remplaçant. v. remplaçant d'enrolé. v. roturier. v. sapeur v... v. satellite. v. service. v. singulaire. v. soldat. v. sous-aide-major.

VOLONTAIRE, subs. masc. (A, 1, 2, 5; F), ou volon suivant Roquefort. Mot qui vient du latin *voluntarius*. On disait *voluntarius miles;* mais c'était une qualification, et non un grade, car ils ne formaient point de corps dans la milice romaine. Louis onze en réunit, en 1479, un corps qu'il maintint sur pied et solda jusqu'en 1485. Ce titre de volontaires ne s'applique là qu'aux Français; celui d'aventuriels servait alors à désigner les Volontaires étrangers. — Plus tard, sous François premier,

lorsque l'usage d'enrôler les soldats à prix d'argent fut devenu général, on réserva le titre de Volontaires aux hommes de qualité qui, sans avoir ni emploi fixe, ni grade, ni solde, ni habillement dans les troupes, s'associaient à des expéditions périlleuses où les appelaient, tantôt la gloire, tantôt le désir de s'instruire. Ainsi le jour où devait se livrer la bataille de Cérisoles ayant été connu d'avance à la cour, plusieurs gentilshommes se rendirent en poste à l'armée pour y combattre comme Volontaires. — C'est dans les Volontaires que Condé, Turenne, Vendôme et Villars firent leur apprentissage. — Les Volontaires gentilshommes étaient nombreux au temps des guerres de Louis Quatorze, et l'on voit, dans l'ordonnance du 5 mai 1692, un paragraphe régler la place de leurs bagages au dix-huitième rang, c'est-à-dire à l'avant-dernier, dans la marche des troupes en campagne. — Au dix-huitième siècle, l'apparition de nombreux corps de troupes légères dans les armées allemandes et autrichiennes, détermina la France à en créer de semblables qui prirent souvent le titre de partisans ou de volontaires. Ainsi il y avait les Volontaires étrangers de Clermont-Prince, créés en 1758, qui devinrent légion de Condé en 1759; ceux de Flandre ou de Lamorlière, levés en 1749, et devenus légion de Flandre; ceux de Hainaut, mis sur pied en 1757; les Volontaires liégeois, créés en 1756, et réformés en 1762; les Volontaires de Saxe, formés en 1743, qui prirent rang dans les dragons en 1762; ceux de Soubise, levés dans la campagne de 1761; et ceux de Nassau, devenus hussards pendant la guerre de 1758. — Quelquefois on donnait encore le nom de Volontaires à certains partisans tirés de différents corps de l'armée qui se présentaient pour attaquer les convois ou les fourrages de l'ennemi, à condition d'avoir un bénéfice dans leurs prises. — La guerre de l'indépendance américaine attira dans le nouveau monde un grand nombre de jeunes officiers Volontaires à la suite du marquis de la Fayette. — Dans les temps plus modernes, on a qualifié de Volontaires ceux auxquels les lois sur la réquisition, la conscription n'imposaient aucune obligation de service, et qui s'engageaient à servir pendant un certain nombre d'années aux mêmes conditions que les autres soldats, et quelquefois moyennant une prime d'engagement. Le titre d'engagé Volontaire est encore donné aujourd'hui, par la loi du 21 mars 1832, à ceux qui ne sont ni jeunes soldats ni remplaçants. — On distingue différentes sortes de Volontaires, savoir: anglais, — anglo-américain, — autrichien,

— DE LA CHARTE, — ESPAGNOL, — FRAN-
ÇAIS, — NATIONAL, — ROMAIN, — ROYAL, —
SYKE, — TURC. — On peut consulter tou-
chant les Volontaires : l'*Art de l'homme
d'épée* (1686), BRANTOME (1590), CARRION-
NISAS (1825), le *Dictionnaire militaire*
(1758), *Fantaisies militaires*, FURETIÈRE,
MÉNAGE, *Traité de tactique* (1767), VELLY.

VOLONTAIRE ANGLAIS. V. ANGLAIS. V.
MILICE ANGLAISE N° 2 et 5.

VOLONTAIRE ANGLO-AMÉRICAIN. V. AN-
GLO-AMÉRICAIN. V. MILICE ANGLO-AMÉRICAINE
N° 1.

VOLONTAIRE AUTRICHIEN. V. AUTRI-
CHIEN. V. MILICE AUTRICHIENNE N° 2. V. RÉGI-
MENT FRONTIÈRE.

VOLONTAIRE de la CHARTE (A, 1 ; F).
Les Volontaires de la Charte, réunis à Paris
après la révolution de juillet 1850, formèrent ensuite, à Rueil et à Courbevoie, un
dépôt qui ne reçut d'abord que des allocations en nature au compte de l'administration municipale. — Le 25 août, on en forma
un premier régiment à trois bataillons, qui
fut dissous le 11 septembre, et incorporé
dans les dix-septième, dix-neuvième et
vingtième légers. — Un deuxième régiment
essaya de se former à la caserne Picpus, le
25 août, à l'aide d'un dépôt de Volontaires
caserné à l'Arsenal ; mais il fut bientôt dissous le 6 septembre, et versé dans le neuvième léger.

VOLONTAIRE ESPAGNOL. V. TERZE.

VOLONTAIRE FRANÇAIS. V. ÉCOLE DE
MARS.

VOLONTAIRE NATIONAL (A, 1, 2, 3).
Les Volontaires nationaux furent dans l'origine de véritables gardes nationales actives,
mises en réquisition d'abord pour un temps
limité, mais constituées ensuite sur le pied
de troupes permanentes. On doit donc avec
raison, ne fût-ce qu'à cause de la différence
de dénomination, distinguer les Volontaires
nationaux des gardes nationales actives, et
les étudier séparément. — Plusieurs circonstances contribuèrent à la supériorité de leur
composition : l'enthousiasme de la nation,
l'amour de la patrie et de la liberté arrachè-
rent de ses foyers cette jeunesse honnête et
instruite, si longtemps éloignée des drapeaux
par les lois exclusives de l'ancien régime.
Les troubles intérieurs, les séditions, les
excès de la populace poussèrent aux frontières tous ces hommes pleins de courage et
de générosité, et jamais le soldat français
ne montra plus d'intelligence, plus d'éclat,
plus de ressources en tous genres. — Depuis
l'établissement des milices bourgeoises na-

tionales, qui remonte au 15 juillet 1789, le
premier acte législatif où il soit fait mention
des Volontaires, est le décret du 16 mars
1791, qui les appelle à la prestation du
serment civique. Dans la loi du 15 juin
1791 il est dit qu'il sera fait incessamment
dans chaque département, une conscription
libre de gardes nationales de bonne volonté,
dans la proportion de un sur vingt, qui ne
pourront toutefois se rassembler que lorsque les besoins de l'État l'exigeront, et d'a-
près les ordres du roi. — Un autre décret
du 20 juin 1791 mit en activité, selon la
population, les gardes nationales du Nord,
du Pas-de-Calais, de l'Aisne, de la Moselle, de la Meuse, de la Meurthe, du
Haut et Bas-Rhin, de la Haute-Saône, du
Doubs, du Jura et du Var. Les autres départements fournirent seulement des con-
tingents de deux à trois mille hommes ; et
tous les Volontaires furent organisés en
bataillons de dix compagnies à cinquante
hommes, qui furent soldés comme les troupes de ligne, du jour de leur rassemblement. Ces bataillons vinrent, à titre d'auxiliaires, renforcer les corps d'armées qu'on
organisait aux frontières. — Aux vingt-six
mille Volontaires levés le 22 juin 1791 pour
la défense de la frontière du Nord, on en
ajouta soixante et onze mille le 29 juillet de
la même année. Ce total de quatre-vingt-
dix-sept mille hommes fut distribué de la
manière suivante : — 1re division, de Dun-
kerque à Givet, huit mille hommes, fournis
par la Somme, l'Oise, l'Aisne, le Pas-de-
Calais et le Nord. — 2e division, de Givet
à Bitche, dix mille hommes, levés dans la
Marne, les Ardennes, la Meuse, la Meurthe
et la Moselle. — 5e division, de Bitche à
Huningue et Belfort, huit mille hommes, du
Haut et Bas-Rhin. — 4e division, de Belfort à Belley, dix mille hommes, tirés des
Vosges, de la Haute-Saône, du Doubs, du
Jura et de l'Ain. — 5e division, de Belley à
Entrevaux, sur le Var, huit mille hommes,
de l'Isère, du Var, des Hautes et Basses-
Alpes et de la Drôme. — 6e division, de la
Méditerranée, depuis l'embouchure du Var
jusqu'à celle du Rhône, quatre mille hommes, du Var et des Bouches-du-Rhône. —
7e division, de l'embouchure du Rhône jusqu'à l'étang de Leucate, trois mille hommes,
tirés du Gard, de l'Hérault et de l'Aude. —
8e division, de Perpignan à Bayonne, dix
mille hommes, des Pyrénées (Hautes, Basses
et Orientales), de l'Ariége et de la Haute-
Garonne. — 9e division, de l'Océan, depuis
Bayonne jusqu'à l'embouchure de la Gironde, quatre mille hommes, des Landes
et de la Gironde. — 10e division, de l'em-

bouchure de la Gironde à celle de la Loire, trois mille hommes, de la Charente-Inférieure, de la Vendée, de la Loire-Inférieure, des Deux-Sèvres et de Maine-et-Loire. — 11ᵉ division, de l'embouchure de la Loire à Saint-Malo, cinq mille hommes, du Morbihan, du Finistère et des Côtes-du-Nord. — 12ᵉ division, de Saint-Malo au Grand-Vay, trois mille hommes, des départements d'Ille-et-Vilaine, de la Manche et de la Mayenne. — 13ᵉ division, du Grand-Vay à l'embouchure de la Somme, quatre mille hommes, du Calvados, de la Seine-Inférieure et de l'Eure. — 14ᵉ division, deux mille hommes en Corse. — 15ᵉ division, une réserve de quinze mille hommes, placée sur Senlis, Soissons et lieux circonvoisins, et fournie par les départements de Paris, de Seine-et-Oise, de Seine-et-Marne, de l'Aube, de l'Yonne, du Loiret, d'Eure-et-Loir, de l'Orne, de la Sarthe, de Loir-et-Cher, de la Nièvre, du Cher, de la Côte-d'Or, de la Haute-Marne, d'Indre-et-Loire et de l'Indre. — Pour mieux établir l'unité de principe et d'action dans le service de tous ces Volontaires, un décret du 12 août 1791 régla leur organisation en bataillons de cinq cent soixante-huit hommes, chacun de ces bataillons ayant huit compagnies. La loi organique du 14 octobre suivant consacra le principe déjà existant, qu'en cas d'invasion du territoire le roi avait le droit de disposer activement de toutes les gardes nationales, et que, marchant en corps, elles ne pourraient être *individuellement* incorporées dans les troupes de ligne. C'est de ce moment que les gardes nationales actives prirent généralement le titre de VOLONTAIRES NATIONAUX, pour n'être pas confondues avec les Volontaires des troupes de ligne. La loi du 5 février 1792, en les appelant GARDES VOLONTAIRES NATIONAUX, régla leur organisation et leur solde. Chaque bataillon avait deux lieutenants-colonels, l'un commandant en premier, l'autre en second. Tous les grades étaient à l'élection, et, à dater de cette époque, les officiers de la ligne employés provisoirement dans les bataillons durent retourner à leurs corps respectifs. Il était fourni par l'Etat aux Volontaires un fusil et un sabre, et ils avaient droit à toutes les allocations faites à la troupe. L'habillement national, à fond bleu tranché des couleurs rouge et blanc, ainsi que l'équipement, étaient aux frais des Volontaires. Toutes les fois qu'ils se trouvaient réunis à des troupes de ligne, l'honneur du rang leur était réservé; mais, à grade égal, le commandement général restait déféré aux officiers ou sous-officiers de ces dernières. Si

l'officier de Volontaires occupait un grade plus élevé, l'autorité supérieure lui appartenait de droit. — En mars 1792, on recourut à un nouvel appel de Volontaires pour maintenir la tranquillité dans les départements du Midi. A la même époque, chaque bataillon obtint deux pièces de canon, dont le service fut confié à une compagnie de canonniers Volontaires organisée à cet effet. Plusieurs bataillons de l'Est s'embarquèrent pour aller renforcer les garnisons des colonies. — Le 6 mai, l'assemblée décréta la levée de trente et un nouveaux bataillons, et le 18 leur nombre total fut élevé de deux cents à deux cent quatorze; l'effectif de chacun avait été porté à huit cents hommes. — Ces forces s'accrurent de vingt mille FÉDÉRÉS NATIONAUX, arrivés à Paris pour la fédération du 14 juillet 1792. Une loi du 2 leur prescrivait, après avoir assisté au serment fédératif, de se rendre au camp de Soissons pour y renforcer l'armée de réserve; mais plusieurs d'entre eux, les Marseillais par exemple, méconnurent ces ordres, et se trouvaient encore à Paris aux journées des 10 août et 2 septembre. L'assemblée avait décrété que les départements qui, indépendamment du contingent appelé par le sort, fourniraient un détachement de Volontaires armés et équipés, auraient bien mérité de la patrie. Ce fut le département des Vosges qui obtint le premier ce témoignage de la reconnaissance du pays. — Après la déclaration du danger de la patrie, l'assemblée ordonna, le 22 juillet, que l'armée de ligne fût complétée, et prescrivit la levée de trente-trois mille gardes nationaux, destinés à former quarante-deux nouveaux bataillons de Volontaires. Cet appel portait le nombre des bataillons à deux cent cinquante-sept. De nouveaux corps de Volontaires s'organisèrent sur les différentes frontières, à la simple réquisition des généraux en chef. Le 28, on décréta la formation des chasseurs volontaires nationaux, pour faire le service des troupes légères aux avant-postes des armées. — A partir de cette époque, les bataillons sur pied furent complétés avec une grande activité; ceux de nouvelle création s'organisèrent dans l'intervalle d'août à octobre, et presque tous avaient rejoint les armées à la fin de 1792; un très-petit nombre fut organisé dans les premiers mois de 1793. — Afin de maintenir la bonne harmonie, l'unité et la force de l'armée, on avait cru utile, dans le principe, de déclarer que, sous aucun prétexte, l'armée de ligne ne pourrait se recruter dans les bataillons de Volontaires; mais au commencement de 1793, lorsque les hostilités devinrent générales, l'armée s'épuisant chaque jour davantage par l'abandon ou l'éloignement des chefs et par l'indiscipline des soldats, les Volontaires acquirent une importance immense et méritée. On reconnut alors qu'au lieu de leur laisser une administration séparée et des chefs particuliers trop isolés dans la hiérarchie du commandement, il y aurait un double avantage, au point de vue de la politique et du succès des opérations, de les reconstituer sur de plus larges bases. Aussi, dès le 21 février, en décidant qu'il n'y aurait aucune différence de régime entre les corps de la ligne et les Volontaires nationaux, la Convention régla-t-elle que toute l'infanterie serait réorganisée. Pour l'opération de l'amalgame, l'unité de forces fut celle de l'ancien bataillon, d'environ sept cents hommes; mais au lieu de former des régiments de deux bataillons, on prit un bataillon d'ancien régiment et deux bataillons de Volontaires, pour les placer, avec le titre de demi-brigade, sous le commandement d'un chef généralement choisi parmi les lieutenants colonels des Volontaires, et qui remplaça l'ancien colonel avec le titre de chef de brigade. Ainsi, soit à dessein, soit par la seule force des choses, ce ne furent point les Volontaires nationaux qui renforcèrent l'armée de ligne, mais bien l'armée qui fut fondue dans les Volontaires. Et ce qui confirme ce fait, c'est que les troupes de ligne abandonnèrent l'habit blanc pour prendre l'uniforme national de leurs camarades. A l'époque où cette fusion fut ordonnée, il existait trois cent quatre-vingt-douze bataillons de Volontaires nationaux proprement dits, plus trois cent vingt-huit autres corps uniquement composés de Volontaires connus sous différentes dénominations particulières; ce qui portait leur nombre total à sept cent vingt. — Les Volontaires nationaux, arrivés à l'armée dans un moment de crise qui menaçait de lui être fatal, y rétablirent l'esprit d'ordre et de discipline, un instant compromis, et, joignant à leur patriotisme sincère l'instruction solide des troupes de ligne, ils constituérent cette nouvelle armée qui est restée un modèle unique dans l'histoire des nations modernes comme dans les annales de l'histoire militaire, et de leurs rangs sortirent les gloires les moins contestées de la république et de l'empire. — L'amalgame, décrété en principe par la convention le 25 février, ne put toutefois s'effectuer qu'à la fin de l'année, en vertu des instructions du 12 août. La nomenclature qui suit fait connaître le nombre de bataillons de Volontaires fournis par chaque département de 1791 à 1793, la plupart des noms de leurs chefs, et les demi-brigades à la formation desquelles ils ont concouru. Généralement ils entrèrent dans la composition des demi-brigades d'infanterie et de troupes légères de première formation. Quelques-uns, en raison des événements de la guerre ou de leur éloignement, ne furent embrigadés qu'à l'opération du second amalgame des demi-brigades d'infanterie de bataille et d'infanterie légère.

AIN.

1er bataillon,	21 septembre 1791. Argoud,		5e de ligne.
2e	—	1er décembre 1791. Sédillot,	10e —
5e	—	12 décembre 1791. Bérard,	51e —
4e	—	9 août 1792. Duport,	5e légère.
5e	—	15 août 1792. Verchère,	21e de ligne.
6e	—	22 août 1792. Lorrin,	18e —
8e	—	4 septembre 1792. Rouville,	100e —
8e	—	bis ou 5e des Sèvres, 26 août 1793. Baudin,	97e —
9e	—	ou 1er de Châtillon, 28 brumaire an deux. De Franc,	26e légère.
10e	—		59e de ligne.
11e	—	ou 1er de la montagne, 22 septembre 1793. Vincent,	22e légère.

AISNE.

1er bataillon, dit de Vervins, 26 août 1792. Lormier, tué au camp de la lune en 1792,			21e de ligne.
2e	—	27 août 1791. Frenel,	aux colonies.
5e	—	28 août 1791. Armspach,	86e de ligne.
4e	—	ou 1er du district de Vervins, 18 août 1792. Pecheux,	41e —
5e	—	dit 2e de Château-Thierry, 19 août 1792. Anglebert,	8e —

ALLIER.

1er bataillon,	7 octobre 1791. Trochereau,		27e de ligne.
2e	—	17 septembre 1792. Party,	26e légère.
3e	—	12 mai 1793. Delacodre,	27e de ligne.

ALPES (HAUTES-).

1er bataillon,	14 octobre 1791. Tholozan (Jacques),		18e de ligne.
2e	—	23 novembre 1791. Saint-Martin (Alexis),	94e —
3e	—	de Briançon,	63e —
4e	—	1er de chasseurs,	11e légère..
5e	—	2e de chasseurs,	63e de ligne.
Chasseurs des Hautes-Alpes,			11e légère.

ALPES (BASSES-).

1er bataillon,			18e de ligne.
2e	—	8 octobre 1791. Constantin,	21e —
3e	—	Mouret,	69e —
4e	—	31 janvier 1793. Sisterony,	39e —
5e	—	octobre 1792. Arnaud,	22e —
Bataillon de grenadiers,			18e —
Bataillon de Montferme,	1er vendémiaire an deux. Magnin,		45e —

ALPES MARITIMES.

1er bataillon,	11e de ligne.
Compagnie de guides,	7e légère.

ARDÈCHE.

1er bataillon,	1er juillet 1792. Massol,		75e de ligne.
2e	—	1er juillet 1792. Murol,	4e —
3e	—	dit des grenadiers, 15 janvier 1793. Scellier,	5e légère.
4e	—		18e de ligne.
5e	—		18e —
6e	—		11e —
1er	—	de grenadiers, 12 octobre 1792. Voutier,	28e légère.

ARDENNES.

1er bataillon,	20 septembre 1791. Moreaux (René),		106e de ligne.
2e	—	12 septembre 1791. Richoux (J.),	48e —
3e	—	26 septembre 1791. Rouveyre, tué à Aix-la-Chapelle en 1793,	24e légère.
4e	—	21 septembre 1791. Bruyère,	64e de ligne.
5e	—		30e légère.
Chasseurs des Ardennes,	12 août 1792. D'Hédouville,		

ARIÉGE.

1er bataillon,	15 janvier 1792. Kayrol-Baliadel,		25e de ligne.
2e	—		85e —
3e	—	27 janvier 1792. Dalom,	57e —
4e	—		27e légère.
5e	—	7 août 1793. Soulé,	27e —

AUBE.

1er bataillon,	50 septembre 1791,		10e légère.
2e	—	20 août 1792. Peuchot,	100e de ligne.
5e	—	26 août 1792. Dussaussay,	21e —
4e	—	13 juin 1793,	6e —
5e	—	n'existe pas.	
6e	—	rentré dans ses foyers.	

AUDE.

1er bataillon,	10 novembre 1791. Barthe,	57e de ligne.
2e	—	
5	—	
4e	—	7 mars 1793. Viennet,
5e	—	
6e	—	27 mars 1793. Dejean (Antoine),
7e	—	
8e	—	14 avril 1793. Ribes.
9e	—	

} 4e de ligne.

AVEYRON.

1er bataillon,	4 juillet 1792. Aliès,		22e légère.
2e	—		85e de ligne.

BOUCHES-DU-RHONE.

1er bataillon,	27 octobre 1791,		48e de ligne.
2e	—	1er décembre 1791. Sinety,	27e légère.
5e	—	10 mai 1792,	25e de ligne.
4e	—	dit de Marseille, 10 mai 1792,	51e —
5e	—	4 août 1792,	4e légère.
6e	—	21 octobre 1792,	25e de ligne.
7e	—	26 septembre 1792,	45e —
9e	—	1er de Luberon, 27 septembre 1792. Vallon,	51e —
9e	—	autre, 2e de Luberon, avril 1793,	11e —
Bataillon de Martigues, septembre 1792,			63e —
1er bataillon de Marseille, 23 novembre 1792,			11e —
2e — de Marseille, octobre 1792,			63e —
Bataillon de Tarascon, 24 octobre 1792. Peyron,			45e —
— de l'Union, 29 septembre 1792,			59e —
— d'Apt, 1er août 1793,			29e légère.
Fédérés de Marseille, 1792 (la 1re compagnie a été réduite à 20 hommes dans la journée du 10 août 1792),			7e —
1er de grenadiers,			35e de ligne.
2e de grenadiers,			57e —
Fédérés d'Aix, 24 septembre 1792,			45e —

CALVADOS.

1er bataillon,	17 octobre 1791. Préval (J.-H.-J.-L.),	48e de ligne.
2e	—	novembre 1791,	73e —
3e	—	20 janvier 1792,	67e —
4e	—	8 septembre 1792,	70e —
5e	—	8 septembre 1792. Combe, artillerie de marine à Brest.	
6e	—	dit de Falaise, 14 octobre 1792. Fournaux, assassiné en Vendée en l'an trois,	10e —
	—	30 octobre 1792. Clouart,	86e —

8ᵉ	—	novembre 1792,	29ᵉ légère.
10ᵉ	—	21 janvier 1793. Watel,	14ᵉ de ligne.

CANTAL.

1ᵉʳ bataillon,		10 juillet 1792. Vergnes,	4e légére.
2ᵉ	—	7 septembre 1792. Lespinats,	25ᵉ de ligne.
5ᵉ	—	29 novembre 1792. Miquel,	26ᵉ —

CHARENTE.

1ᵉʳ bataillon,		octobre 1791. Léchelle (J.-B.),	4ᵉ légére.
2ᵉ	—	aux colonies.	
5ᵉ	—	ou 7ᵉ des réserves, 14 septembre 1792. Laurent,	70ᵉ de ligne.
4ᵉ	—	ou 11ᵉ des réserves, 14 septembre 1792. Laplante,	72ᵉ —
4ᵉ	—	*bis*, novembre 1792,	10ᵉ légére.
5ᵉ	—	ou 19ᵉ des réserves,	13ᵉ de ligne.
14ᵉ	—	ou 14ᵉ des réserves, 17 septembre 1792. Simmer, tué en Vendée en 1793,	64ᵉ —
24ᵉ	—	19 mai 1793, chasseurs réunis.	
Bataillon de Barbezieux, 8 octobre 1793. Malye,			89ᵉ —
Chasseurs, 1ᵉʳ décembre 1792,			6ᵉ légére.

. CHARENTE-INFÉRIEURE.

1ᵉʳ bataillon,		22 octobre 1791. Lombard,	41ᵉ de ligne.
2ᵉ	—	13 mai 1792. Barron,	109ᵉ —
5ᵉ	—	dit de Saint-Jean-d'Angely, 20 septembre 1792. Faure,	30ᵉ légére.
4ᵉ	—	4 avril 1793,	86ᵉ de ligne.
5ᵉ	—	avril 1793,	28ᵉ légére.
6ᵉ	—	19 mai 1793. Sagot,	64ᵉ de ligne.
7ᵉ	—	15 mars 1793,	79ᵉ —
Bataillon de l'Egalité,			6ᵉ —

CHER.

1ᵉʳ bataillon,		12 octobre 1791,	2ᵉ de ligne.
2ᵉ	—	25 août 1792. Huet, a défendu seul la place de Bitche en brumaire an deux,	108ᵉ —
5ᵉ	—	18 octobre 1792,	21ᵉ légére.

CORRÈZE.

1ᵉʳ bataillon,		10 octobre 1791. Delmas,	3ᵉ légére.
2ᵉ	—	ou 29ᵉ des réserves, 16 août 1792. Souham,	22ᵉ de ligne.
5ᵉ	—	12 août 1792,	38ᵉ —
4ᵉ	—	ou 9ᵉ de la Montagne, 18 août 1792,	11ᵉ —
5ᵉ	—		18ᵉ —

CORSE.

1ᵉʳ bataillon,		1ᵉʳ janvier 1792. Napoléon Bonaparte, second lieutenant-colonel,	85ᵉ de ligne.

COTE-D'OR.

1ᵉʳ bataillon,		août 1791. Pilles (L.-A.).	5ᵉ de ligne.
2	—	1ᵉʳ septembre 1791. Delaborde,	75ᵉ —
5	—	25 août 1792. Petitot,	78ᵉ —
4	—	14 août 1792. Coste,	10 —

5ᵉ bataillon,	ou 18ᵉ des réserves, 16 septembre 1792. Bourguignon, mort en 1792,		8ᵉ de ligne.
6ᵉ	— 24 octobre 1792. Chapignac,		15ᵉ légère.
6ᵃ	— autre, ou 1ᵉʳ grenadiers, 14 septembre 1792. Boilaud (I.),		18ᵉ —
8ᵉ	— 28 juillet 1793. Masson,		12ᵉ de ligne.
9ᵉ	— de Dijon, 20 vendémiaire an deux,		97ᵉ —
10ᵉ	— 19 septembre 1793,		95ᵉ —
10ᵉ	— bis, 9 septembre 1793,		51ᵉ —
11ᵉ	— de Semur, 12 vendémiaire an deux. Champenoit,		21ᵉ légère.
17ᵉ	— 9 brumaire an deux. Blandin,		56ᵉ de ligne.

COTES-DU-NORD.

1ᵉʳ bataillon, 22 septembre 1791. Geslin,			60ᵉ de ligne.
2ᵉ	— 12 avril 1792. Négrié,		68ᵉ —
3ᵒ	— 18 septembre 1792. Glezen,		18ᵉ —
4ᵉ	— 25 septembre 1792. Bonami,		26ᵉ —
Compagnie franche de grenadiers, 1ᵉʳ août 1792,			6ᵉ légère.

CREUSE.

1ᵉʳ bataillon, 13 octobre 1791. Nalèche (G.-J.),			21ᵉ légère.
2ᵉ	— 21 septembre 1792. Gudin (C.-L.),		62ᵉ de ligne.

DORDOGNE.

1ᵉʳ bataillon, 6 juillet 1792,			21ᵉ légère.
2ᵉ	— 7 juillet 1792,		3ᵉ de ligne.
3ᵉ	— 21 septembre 1792,		30ᵉ —
4ᵉ	— dit 4ᵉ de la République, 12 octobre 1792. Boutin,		28ᵉ —
4ᵉ	— bis, de l'Egalité, 5 avril 1793,		50ᵉ —
5ᵉ	— 1ᵉʳ juin 1793. Lapouyllade,		70ᵉ —
6ᵃ	— ou 3ᵉ de la Montagne,		39ᵉ —
9	— mars 1793,		35ᵉ —

DOUBS.

1ᵉʳ bataillon, 21 août 1791. Courcelle, tué à Lauterbourg, en 1793,			24ᵉ de ligne.
2ᵉ	— 9 octobre 1791. Michaud,		93ᵉ de ligne.
3ᵃ	— 5 août 1792. Blanc,		62ᵉ
4ᵉ	— 5 août 1792. Sénot,		50ᵉ —
5ᵉ	— 5 août 1792,		10ᵉ légère.
6ᵉ	— 5 août 1792. Champereux,		23ᵉ —
7ᵉ	— 9 août 1792. Morand,		88ᵉ de ligne.
8ᵉ	— 5 août 1792. Méquillet,		97ᵉ —
9ᵉ	— 9 août 1791. Blondeau,		96ᵉ —
10ᵉ	— 5 septembre 1792. Clerc,		93ᵉ —
11ᵉ	— 10 août 1792. Pergaud, mort en 1793,		10ᵉ légère.
12ᵉ	— 5 septembre 1793. Quevremont, dit Sans Peur,		50ᵉ de ligne.

DROME.

1ᵉʳ bataillon, 8 octobre 1791. Bon,			85ᵉ de ligne.
2ᵉ	— 12 octobre 1791. Borthon,		32ᵉ —
3ᵉ	— 12 octobre 1791. Belgrand-Vaubois,		18ᵉ —
4ᵉ	— 8 octobre 1791,		57ᵉ —
5ᵉ	— 5 août 1792,		106ᵉ —
6ᵒ	— 5 août 1792. Championnet (J.-E.),		10ᵉ légère.
7ᵉ	— 5 août 1792. Faure,		100ᵉ de ligne.
8ᵉ	— 5 août 1792,		3ᵉ légère.

9e bataillon, 1er janvier 1795. Bon,   25e de ligne.
Bataillon de Nyons, 9 vendémiaire an deux. Craponne,   4e légère.

EURE.

1er bataillon, 12 septembre 1791. De Bugles,   96e de ligne.
2e — 12 septembre 1791. Delanney,   40e —
5e — ou 30e des réserves, 7 septembre 1792. Tureau,   7e —
4e — ou 26e des réserves, 9 octobre 1792,   93e —
5e — octobre 1792,   17e —
Chasseurs d'Evreux, 15 août 1792. Heron,   6e légère.

EURE-ET-LOIR.

1er bataillon, 1er novembre 1791. Huet (L.-P.),   29e de ligne.
2e — 1er décembre 1792. Sevin,   44e —
5e — dit 1er de Chartres, 6 septembre 1795. Maugars,   6e —

FINISTÈRE.

1er bataillon, 25 octobre 1791,   66e de ligne.
2e — 25 octobre 1791,   105e —
5e — 25 octobre 1791. Kerguelin, aux colonies.

GARD.

1er bataillon, 5 septembre 1791. Galissard,   63e de ligne.
2e — 5 septembre 1791. Voulland,   41e —
2e — autre,   63e —
5e — 2 septembre 1791. Pichegru (J.-C.),   79e —
4e — 8 novembre 1792. Pralong,   22e légère.
5e — 26 avril 1795,   25e —
5e — *bis* ou 2e de grenadiers d'Uzès,   65e de ligne.

GARONNE (HAUTE-).

1er bataillon, 11 décembre 1791. Vicose,   52e de ligne.
2e — 24 janvier 1792,   57e —
5e — 12 février 1792,   57e —
4e — 8 mars 1792. Guiringaud,   4e —
5e — 10 mars 1792. Lichagne,   4e —
6e — 27 mars 1792. Duperron,   17e —
7e — 15 avril 1792. Saint-Faust,   25e —
8e — ou 5e de la Montagne,   18e —
9e —   7e légère.
10e — 20 septembre 1795, Barrié,   7e légère.

GERS.

1er bataillon, 20 juin 1792,   51e de ligne.
2e — 20 juin 1792. Laterrade,   51e —
5e — 1er décembre 1792. Barbazan,
4e — 11 juillet 1795. Castex (J.-J.),
5e — 21 septembre 1795,   } 28e légère.
6e — 20 juin 1795,
7e — 8 octobre 1795. Gros (F.),
Bataillon de Mirande, pluviôse an deux.

GIRONDE OU BEC D'AMBÈS.

1er bataillon, 18 septembre 1791. Labonne, 27e de ligne.
2e — 18 septembre 1791. Favereau (D.-J.) 30e —
3e — 25 septembre 1791. Girard, dit Vieux, 68e —
4e — 25 septembre 1791. Lataste, 58e —
5e — 27 septembre 1791, 80e —
6e — 29 septembre 1791. Belloc, 80e —
7e — de Bordeaux, 9 août 1792. Labadie, 34e —
8e — 14 octobre 1792. Gardera, 17e légère.
9e — 15 novembre 1792. Praëfke (J.-A.), 28e —
10° — de Libourne, 14 mai 1793, 35e de ligne.
10e — autre, octobre 1792, 28e légère.
11e — 17 juin 1793. Robert, 34e de ligne.
12e — 1er juillet 1793. Lacourt, 106e —
13e — incorporé.
14e — 8 vendémiaire an deux, 35e —
16e — 20 brumaire an deux. Petit (H.), 28° légère.
Piquiers de la Réole, 23 vendémiaire an deux. Berger, 7e —

HÉRAULT.

1er bataillon, 2 octobre 1791. Tisson, 52e de ligne.
2e — 1er août 1792, 52e —
3e — 23 août 1793. Salson, 7e légère.
4e — 25 février 1793, 23e —
5e — 5 mai, 18e —
5e — autre, 19 mai 1793, 11e de ligne.
6e — 19 mai 1793. Alingry, 18e légère.
7e — de Montpellier, 19 mai 1793. Deltenre, 18e —
Bataillon de Béziers, 63e de ligne.

ILLE-ET-VILAINE.

1er bataillon, 10 septembre 1791. Moreau (Jean-Victor), 42e de ligne.
2e — 10 septembre 1791, 42e —
3e — 25 septembre 1792. Grosbon, 52e —

INDRE.

1er bataillon, 26 octobre 1791. Crublier, 89e de ligne.
2e — 26 octobre 1791, 46e —

INDRE-ET-LOIRE.

1er bataillon, 6 octobre 1791. Isambert, 33e de ligne.
2e — 10 août 1791. Allemain, 33e —
3e — 26 septembre 1792. Robert, 21e —
4e — 5 mars 1793. Du Camus, 27e —
Bataillon de Chinon, 28 septembre 1793. Salesse, 28e légère.

ISÈRE.

1er bataillon, 6 novembre 1791. Isoard, 85e de ligne.
2e — 13 novembre 1791. Bizanet, 57e —
3e — 24 novembre 1791. Ravier (A.), 32e —
4e — 13 novembre 1791. Fiorella (A.), 39e —
5e — 20 novembre 1791. Bonnin, 4e légère.
6e — 6 octobre 1792, 39e de ligne.

6	bataillon	de grenadiers et chasseurs, 17 janvier 1793,	11ᵉ de ligne.
8ᵉ	—	de Belley,	22ᵉ légère.
8ᵉ	—	autre, de Vienne, 28 brumaire an deux,	5ᵉ —
9ᵉ	—	19 germinal an deux. Brun,	12ᵉ —
10ᵉ	—	25 germinal an deux. Bozonnier-Lespinasse,	57ᵉ de ligne.

JURA.

1ᵉʳ	bataillon,	6 octobre 1791. Sibaud (J.-F.),	3ᵉ de ligne.
2ᵉ	—	6 octobre 1791. Travot,	7ᵉ légère.
5ᵉ	—	6 octobre 1791. Belon,	18ᵉ —
4ᵉ	—	6 octobre 1791. Charpy,	20ᵉ de ligne.
5ᵉ	—	24 novembre 1791. Billot,	5ᵉ légère.
6ᵉ	—	14 novembre 1791,	50ᵉ de ligne.
7ᵉ	—	24 novembre 1791. Lecourbe,	94ᵉ —
8ᵉ	—	25 août 1792,	109ᵉ —
9ᵉ	—	26 août 1792. Guguemin,	7ᵉ légère.
10ᵉ	—	5 août 1792,	26ᵉ de ligne.
11ᵉ	—	7 août 1792,	62ᵉ —
12ᵉ	—	12 août 1792,	10ᵉ —

LANDES.

1ᵉʳ	bataillon,	novembre 1791,	75ᵉ de ligne.
2ᵉ	—	19 octobre 1791. Labeyrie,	68ᵉ —
5ᵉ	—	15 janvier 1793,	27ᵉ —
4ᵉ	—	27 avril 1793. Digonnet,	35ᵉ —
5ᵉ	—	6 mai 1793. Duperron,	17ᵉ —
6ᵉ	—	21 septembre 1793. Laurantes,	85ᵉ —

LOIR-ET-CHER.

1ᵉʳ	bataillon,	50 septembre 1791. Leconte,	57ᵉ de ligne.
2ᵉ	—	19 août 1792,	15ᵉ —
5ᵉ	—	25 septembre 1792. Petit Demange,	52ᵉ —
4ᵉ	—	de Blois, 18 mars 1793. Leduc,	70ᵉ —

LOIRE (HAUTE-).

1ᵉʳ	bataillon,	22 juin 1792. Chambarlhac (J.-V.),	75ᵉ de ligne.
2ᵉ	—	19 octobre 1792. Rome,	18ᵉ —
5ᵉ	—		5ᵉ légère.

LOIRE-INFÉRIEURE.

1ᵉʳ	bataillon,	juillet 1792, à Saint-Domingue.	
2ᵉ	—	ou 1ᵉʳ de Nantes, 50 juillet 1792,	64 de ligne.
5ᵉ	—	janvier 1793. Martin,	5ᵉ —
4ᵉ	—	13 mars 1793. Marnet, tué en Vendée en l'an trois,	64ᵉ —

LOIRET.

1ᵉʳ	bataillon,	12 octobre 1791. Gudin (E.),	84ᵉ de ligne.
2ᵉ	—	9 août 1792. Prévost,	78ᵉ —
5ᵉ	—	21 octobre 1792,	51ᵉ —
4ᵉ	—	5 mai 1793. Lorrelut,	52ᵉ —

Chasseurs du Loiret, 14 mars 1793. Dubois.

LOT.

1er bataillon,	1er juillet 1792. Bessières (F.),		21e de ligne.
2	—	1er juillet 1792. Ambert (J.-J.),	21e —
5e	—	ou 20e des réserves,	54e —
4e	—	1er novembre 1792. Doucet,	11e —
5e	—	4 mars 1793. Soulage,	18e —
6e	—	de l'Egalité, juillet 1793,	28e légère.
7e	—	16 juin 1793. Mourlé,	35e de ligne.
8e	—	1er juillet 1793. Detours,	35e —
9e	—	de la Montagne,	63e —

LOT-ET-GARONNE.

1er bataillon,	18 juin 1792. Delar-Campagnol,		84e de ligne.
2e	—	21 juin 1792. Labruyère (E.),	16e légère.
2e	—	autre, 30 mars 1793. Larigaudèle,	19e de ligne.
3e	—	ou 24e des réserves, 1er octobre 1792. Danglade,	30e légère.
4e	—	18 octobre 1792. Coudroy,	28e —
5e	—	10 juin 1793. David,	28e —
5e	—	autre, 27 mars 1793. Duminy,	70e de ligne.
6e	—	20 juin 1793. Modeste,	85e —
7e	—	1er juillet 1793. Villeneur,	68e —
9e	—	6 brumaire an deux,	30e légère.

LOZÈRE.

1er bataillon,	8 août 1792. Cestin,		19e de ligne.
2e	—	août 1792,	11e —

MANCHE.

1er bataillon,	22 octobre 1791. Doyennet,		28e de ligne.
2e	—	7 octobre 1791,	27e —
3e	—	12 septembre 1792. Jaunet,	38e —
4e	—	septembre 1792,	108e —
5e	—	14 août 1792,	109e —
6e	—	1er avril 1793,	40e —
7e	—	16 juin 1793,	6e légère.
8e	—	14 juin 1793,	76e de ligne.
9e	—	21 mars 1793. Bouté,	81e —
10e	—	16 juin 1793. Legendre (F.-M.-G.),	40e —
11e	—	29 août 1793. Cartier,	58e —
12e	—	1er frimaire an deux. Crousnier,	81e —
Bataillon de chasseurs,			3e légère.

MARNE.

1er bataillon,	4 septembre 1791. Bruyant,		66e de ligne.
2e	—	7 septembre 1791. Masson Bergères,	94e —
3e	—	4 septembre 1791. Baussancourt (F.),	66e —
4e	—	8 septembre 1791. Duverger de Quy,	99e —
5e	—	20 août 1792. Ramond,	52e —
6e	—	20 août 1792,	99e —
7e	—	7 juillet 1793,	75e —
Bataillon de grenadiers et chasseurs de Reims, 1er avril 1793,			25e légère.

MARNE (HAUTE-).

1er bataillon, 17 septembre 1791. Brouville,		54e de ligne.
2e —	8 août 1792. Delapaix, tué en 1793,	26e —
5e —	18 octobre 1792,	5e —
4e —	1er de Chaumont, 1er septembre 1793. Girardon (A.),	26e —

MAYENNE.

1er bataillon, 18 septembre 1791, Leforestier,	73e de ligne.
2e —	ou 27e des réserves,	40e —
5e —	26 avril 1793. Cloutier,	89e —

MAYENNE-ET-LOIRE.

1re bataillon, 15 septembre 1791. Son chef Beaurepaire (Nicolas), commandant la place de Verdun assiégée par les Prussiens, aima mieux se donner la mort que de capituler. Un décret ordonna la translation de son corps au Panthéon.   85e de ligne.

1er —	autre,	100e —
2e —	août 1792. Desjardins,	75e —
3e —	19 septembre 1792. Guynut,	68e —
4e —	septembre 1793. Lemoine,	28e légère.
4e —	autre,	89e de ligne.
5e —	24 vendémiaire an deux,	56e —
Bataillon de Marat ou des Amis de l'honneur français, 14 brumaire an deux,	95e —

MEURTHE.

1er bataillon, 19 août 1791. Collency,	79e de ligne.
2e —	17 août 1791. Thouvenin,	57e —
3e —	18 août 1791. Tricotel,	106e —
4e —	18 août 1791. Poincaré,	74e —
5e —	1er octobre 1791. Després,	106e —
6e —	22 juillet 1792,	16e —
7e —	9 août 1792,	16e —
8e —	19 août 1792. Paticier,	29e —
9e —	16 août 1792. Thiery.	
10e —	19 août 1792. Jordy,	68e —
11e —	1er septembre 1793. Charles,	38e —

MEUSE.

1er bataillon, 1er août 1791. Guyot,	24e de ligne.
2e —	28 août 1791. Cauche,	92e —
5e —	6 septembre 1791. Oudinot (N.-Ch.),	43e —
4e —	23 septembre 1791. Leroy (prisonnier à Landrecy),	28e —
5e —	12 octobre 1792. Vaugien,	108e —
6e —	18 août 1793. Burnet,	74e —
Bataillon d'éclaireurs du mont d'Haure, 8 février 1793,	9e légère.
Bataillon de chasseurs de Bar-sur-Ornain, 1er janvier 1793,	26e —

MONT-BLANC.

1er bataillon, janvier 1793. Causse,	18e de ligne.
2e —	mars 1793. Point,	69e —
3e —	15 mai 1793,	29e légère.
4e —	8 juin 1793. Belly,	11e de ligne.
5e —		11e —

MONT-TERRIBLE.

1er bataillon, 10 août 1793,   68e de ligne.

MORBIHAN.

1er bataillon,	1er octobre 1791,	76e de ligne.
2e —	1er janvier 1792. Guillardet,	6e légère.
3e —	1er juin 1793. Dubreuil,	41e de ligne.
4e —	19 floréal an deux,	36e de ligne.

MOSELLE.

1er bataillon,	14 août 1791. Nayraud (H.),	55e de ligne.
2e —	18 août 1791. Neuhauss-Maisonneuve,	84e —
3e —	18 août 1791. Duprat,	10e —
4e —	25 août 1791. Delaunay (C.-R.),	43e —
5e —	ou chasseurs de Kellermann, 1er août 1792,	37e —

NIÈVRE.

1er bataillon,	11 octobre 1791. Baille,	85e de ligne.
2e —	ou 5e des réserves, 8 septembre 1792. Mariet,	17e —
3e —	30 octobre 1792. Gouy,	30e légère.

NORD.

1er bataillon,	1er septembre 1791. Desenfans,	30e légère.
2e —	1er septembre 1791. Lepoutre,	48e de ligne.
3e —	20 août 1791. Cardon,	105e —
4e —	de Lille, 24 octobre 1792. Debachy,	33e —
4e —	autre, de Berghes et Dunkerque, 7 octobre 1793. Cattoir,	13e —
5e —	17 octobre 1792. Roy,	23e —
6 —	28 septembre 1792,	17e —
6e —	autre, de chasseurs, 6 février 1793. Deschamps,	26e légère.
6e —	autre, 1er de Cambrai, 6 février 1793. Goris,	30e —
7e —	autre, 2e de Cambrai, 6 octobre 1792. Mallet,	67e de ligne.
8e —	autre, 3e de Cambrai, 25 octobre 1792. Moreau,	97e —
9e —	ou de Douai, 24 octobre 1792. Gaspart,	73e —
—	1er de Valenciennes, 16 septembre 1792,	10e légère.
—	2e de Valenciennes, 26 mai 1793. Falcy,	20e de ligne.
—	1er de Saint-Amand, 8 septembre 1792. Dengreaux,	7e légère.
—	2e de Saint-Amand, 20 juin 1793. Thierri,	28e —
—	chasseurs du Mont-des-Chats, 29 pluviôse an deux. Derycke,	24e —
—	chasseurs du Hainaut, 15 janvier 1793. Duhesme,	17e —
—	chasseurs de Mont-Cassel, 14 septembre 1793. Lauvray,	1re —
9e —	du district de Lille, septembre 1793,	27e —
—	de Dunkerque ou de la marine. Bischopp, capitaine, 7e d'artillerie de marine.	

OISE.

1er bataillon,	septembre 1791,	28e de ligne.
2e —	18 septembre 1791. Langlois,	26e —
3e —	18 septembre 1791. Ferraud,	70e —
4e —	8 septembre 1792. Leborgne,	97e —
5e —	octobre 1792. Horoy, dit Montagne,	13e —
6e —	ou de Compiègne, 20 septembre 1792. Cartier,	7e —
7e —	6 juillet 1793,	20e —
—	de Senlis,	53e —

Bataillon de Beauvais,
Chasseurs bons tireurs, 1ᵉʳ octobre 1792. Maumené.   13ᵉ de ligne.

ORNE.

1ᵉʳ bataillon,	20 septembre 1791. Barthel,	37ᵉ de ligne.
2ᵉ —	20 septembre 1791. Roulland (A.),	47ᵉ —
3ᵉ —	14 septembre 1792,	86ᵉ —
4ᵉ —	9 septembre 1792. Blin,	64ᵉ —
5 —	27 septembre 1792,	105ᵉ —

PARIS.

Première formation.

1ᵉʳ bataillon,	18 novembre 1791. Perrin,	106ᵉ de ligne.
2ᵉ —	20 juillet 1791. Haquin,	58ᵃ —
3ᵉ —	11 juillet 1791. Prudhon,	7ᵉ —
4ᵉ —	des Sections réunies,	102ᵉ —
5ᵉ —	20 septembre 1792. Grandjean,	9ᵉ —
6ᵉ —	12 septembre 1792. Duclos,	20ᵉ —
6ᵉ —	de Mauconseil, et ensuite de Bon conseil, 21 septembre 1792. Sabot,	47ᵉ —
7ᵉ —	Théâtre-Français, 20 septembre 1792. Hardy,	41ᵉ —
7ᵉ —	bis, 3 septembre 1792. Dejardin,	7ᵉ —
8ᵉ —	Sainte-Marguerite, 5 septembre 1792. Bekers,	1ᵉʳ —
9ᵉ —	Saint-Laurent ou Martin, 14 septembre 1792,	6ᵉ légère.
9ᵉ —	de l'Arsenal. Friant,	78ᵉ de ligne.
10ᵃ —	des Amis de la patrie, 23 septembre 1792. Maillet, tué en Vendée,	79ᵉ —
11ᵉ —	ou 11ᵉ de la république, 20 octobre 1792. Boussard,	6ᵉ légère.
12ᵉ —	ou 12ᵉ de la république, 1ᵉʳ septembre 1792, à l'Ile de France.	
—	de la butte des Moulins, 5 septembre 1792,	31ᵉ de ligne.
14ᵉ —	ou 14ᵉ de la république, des piques ou des piquiers,	6ᵉ —
—	de Molière, 24 septembre 1792. Lefebvre,	9ᵉ —
—	1ᵉʳ républicain, 21 septembre 1792,	10ᵉ légère.
—	1ᵉʳ des Gravilliers, 4 septembre 1792. Commaire,	80ᵉ de ligne.
—	1ᵉʳ des Lombards, 5 septembre 1792. Lavalette (L.-J.-B.),	72ᵉ —
19ᵉ —	du Pont Neuf, 22 septembre 1792. Fleury,	103ᵉ —
—	de la Commune et des Arcis, 13 septembre 1792. Dumoulin,	103ᵉ —
—	de Popincourt, 5 septembre 1792,	20ᵉ —
—	de Saint-Denis ou Franciade, 7 septembre 1792. Marais,	25ᵉ légère.
—	des Amis de la république, 27 septembre 1792. Roche,	64ᵉ de ligne.
—	1ᵉʳ de la république, 1ᵉʳ septembre 1793. Baron,	74ᵉ —
—	2ᵉ de la république, 4 novembre 1792. Bosson, tué à Quiberon,	64ᵉ —
—	3ᵉ de la république, 17 octobre 1792. Richard (J.-L.),	89ᵉ —
—	1ᵉʳ de la Réunion, aux colonies.	
—	de grenadiers, 22 mars 1792. Leval,	18ᵉ —
—	chasseurs républicains des Quatre-Nations, 1ᵉʳ septembre 1792. Audebert,	6ᵉ légère.

Compagnie franche du Mail, octobre 1792.
Chasseurs des Pyrénées levés dans la section des Tuileries, mai 1793.
Chasseurs du Louvre et sans-culottes du Louvre.

Deuxième formation pour l'expédition de la Vendée.

1ᵉʳ bataillon,	13 mai 1793. Royer,	28ᵉ légère.
2ᵉ —	du Panthéon, 14 mai 1793. Nicolas,	7ᵉ —
3ᵉ —	19 mai 1793. Bonnetête,	6ᵉ de ligne.

4ᵉ	bataillon	ou 2ᵉ des Gravilliers, 22 mai 1793. Commaire,	13ᵉ légère.
5ᵉ	—	de l'Unité, 16 mai 1793. Moreaux,	13ᵉ —
6ᵉ	—	du Luxembourg, 17 mai 1793. Ronbac, tué en Vendée,	6ᵉ —
7ᵉ	—	28 mai 1793. Loutil,	6ᵉ de ligne.
7ᵉ	—	autre, des Cinq Sections, 15 mai 1793. Cartery,	56ᵉ —
8ᵉ	—	ou 2ᵉ des Lombards, 1ᵉʳ juin 1793. Deslondes,	13ᵉ légère.
8ᵉ	—	autre, du faubourg Antoine, 14 mai 1793. Foin, aux colonies.	
9ᵉ	—	ou 2ᵉ de la Réunion, 21 mai 1793. Richard,	64ᵉ de ligne.
10ᵉ	—	du Muséum, mai 1793,	6ᵉ —

Troisième formation contre les fédéralistes de l'Eure.

1ᵉʳ	bataillon, juillet 1793, licencié.		
2ᵉ	—	18 juillet 1793. Rétiau,	34ᵉ de ligne.

PAS-DE-CALAIS.

1ᵉʳ	bataillon, 25 septembre 1791,		23ᵉ de ligne.
2ᵉ	—	25 septembre 1791. Bastoul,	67ᵉ —
3ᵉ	—	25 septembre 1791, aux colonies.	
4ᵉ	—	28 janvier 1792,	21ᵉ —
5ᵉ	—	13 septembre 1792,	36ᵉ —
6ᵉ	—	21 octobre 1792. Godroit,	79ᵉ —
7ᵉ	—	25 octobre 1792. Parant,	27ᵉ —
8ᵉ	—	4 novembre 1792. Trébout,	79ᵉ —
9ᵉ	—	2 novembre 1792,	40ᵉ —
10ᵉ	—	26 janvier 1793. Petrinck,	14ᵉ —
	—	3ᵉ d'Arras, 1ᵉʳ vendémiaire an deux. Dubois,	54ᵉ —
	—	2ᵉ de Saint-Pol, 13 septembre 1793. Delnove,	86ᵉ —

PUY-DE-DOME.

1ᵉʳ	bataillon, 18 septembre 1791. Chazot,		89ᵉ de ligne.
2ᵉ	—	15 août 1792. Schreiber,	53ᵉ —
3ᵉ	—	novembre 1792,	103ᵉ —
4ᵉ	—	14 mai 1793,	6ᵉ —

PYRÉNÉES (HAUTES-).

1ᵉʳ	bataillon, 12 février 1792. Darnaud (J.-B.),		68ᵉ de ligne.
2ᵉ	—	octobre 1792,	4ᵉ —
3ᵉ	—	novembre 1792,	27ᵉ —
4ᵉ	—	21 octobre 1793,	7ᵉ légère.
	—	2ᵉ d'Argelez, 6 ventôse an deux,	5ᵉ —

PYRÉNÉES (BASSES-).

1ᵉʳ	bataillon, 17 octobre 1791,		4ᵉ de ligne.
2ᵉ	—	17 octobre 1791. Noguez,	4ᵉ —
3ᵉ	—	octobre 1791,	70ᵉ —
4ᵉ	—	25 novembre 1792,	70ᵉ —
5ᵉ	—	20 ventôse an deux. Guypony,	7ᵉ légère.
	—	de Bayonne et de J.-J. Rousseau, 14 brumaire an deux. Monroux,	28ᵉ —
1ᵉʳ	de chasseurs basques, bataillon de chasseurs basques.		
2ᵉ	—	—	
3ᵉ	—	—	
4ᵉ	—	—	

PYRÉNÉES-ORIENTALES.

1er bataillon, 4 janvier 1792,   24e légère.
2e   —   5 octobre 1792. Martin,   57e de ligne.
3e   —   4 novembre 1792. Legrand,   57e   —
4e   —   8 mai 1793. Gironne,   27e légère.

RHIN (HAUT-).

1er bataillon, 3 octobre 1791,   102e de ligne.
2e   —   5 octobre 1791,   3e   —
3e   —   24 septembre 1791. Sautter (F.-J.),   83e   —
4e   —   5 octobre 1791. Guittard,   94n   —
5e   —   5 octobre 1791. Gasser,   34e   —
6e   —   21 septembre 1792. Marquais,   49e   —
Chasseurs du Rhin,   16e   légère.

RHIN (BAS-).

1er bataillon, 1er octobre 1791. Missire,   10e de ligne.
2e   —   5 octobre 1791. Demars-Lœlliot.   44e   —
3e   —   1er août 1792,   102e   —
4e   —   11 août 1792. Ortelieb,   50e   —
5e   —   12 août 1792. Gulden,   94e   —
6e   —   16 août 1792. Offenstein,   75e   —
7e   —   15 août 1792,   68e   —
8e   —   21 mai 1793,   20e   —
    —   de l'Union, 21 mai 1793. Muscar, aux colonies.
    —   des Amis, 6 novembre 1793. Duru,   38e   —
    —   chasseurs du Rhin, août 1792,   26e légère.

RHONE-ET-LOIRE.

1er bataillon, 11 août 1791. Seriziat (Ch.),   78e de ligne.
2e   —   5 octobre 1791,   44e   —
3e   —   3 décembre 1791. Dupleix,   109e   —
4e   —   15 décembre 1791,   25e   —
5e   —   ou 12 des réserves, 21 septembre 1792. Dubot,   22e   —
5e   —   bis, 1er septembre 1792,   31e   —
5e   —   ter, 22 septembre 1792,   5e légère.
6n   —   de grenadiers, 5 septembre 1792. Astier,   13e de ligne.
6e   —   autre, 25 septembre 1792. Bizallon,   53e   —
7e   —   5 octobre 1792,   102e   —
    —   1er du Rhône, 10 septembre 1793. Tabard,   21e légère.
    —   2e du Rhône, 21 brumaire an deux. Dubost,   56e de ligne.
    —   de Villefranche, 28 septembre 1793. Boiron,   21e légère.

SAONE (HAUTE-).

1er bataillon, 15 octobre 1791. Buretel,   85e de ligne.
2e   —   18 février 1791. Tonnot,   30e légère.
3e   —   21 octobre 1791. Girardot,   16e   —
4e   —   18 octobre 1791. Tugnot,   89e de ligne.
5e   —   1er août 1792. Marchal,   44e   —
6e   —   5 août 1792. Berdot,   105e   —
7e   —   15 août 1792. Lecocq,   19e   —
8e   —   13 août 1792. Beau fils,   62e   —
9e   —   13 août 1792. Moussard,   29e légère.
10e   —   29 juillet 1792. Faivre,   29e   —

11ᵉ bataillon, 16 août 1792. Verbois,   20ᵉ de ligne.
12ᵉ   —   15 août 1792. Populus,   28ᵉ légère.

SAONE-ET-LOIRE.

1ᵉʳ bataillon, 10 septembre 1791. Lhuillier,   2ᵉ de ligne.
2ᵉ   —   28 septembre 1791. Chazeaude,   58ᵉ   —
3ᵉ   —   7 août 1792,   79ᵉ   —
4ᵉ   —   14 août 1792. Chatagner,   5ᵉ légère.
5ᵉ   —   12 septembre 1792, n'existe pas.
6ᵉ   —   1ᵉʳ de grenadiers, 12 septembre 1792,   24ᵉ   —
7   —   juin 1793,   29ᵉ   —
8ᵉ   —   dit de Louhans, 10 septembre 1793,   85ᵉ de ligne.
   —   chasseurs, 12 septembre 1792. Durand, tué à Mayence.   6ᵉ légère.

SARTHE.

1ᵉʳ bataillon, 2 septembre 1791. Lenoir,   75ᵉ de ligne.
2ᵉ   —   18 juillet 1792,   7ᵉ légère.
4ᵉ   —   25 septembre 1792, Cohendet,   14ᵉ de ligne.
4ᵉ   —   *bis*, 3 septembre 1793. Houdiard,   6ᵉ   —
5ᵉ   —   avril 1793,   33ᵉ   —
7ᵉ   —   47ᵉ   —
8ᵉ   —   27 février 1793. Gabeau,   30ᵉ légère.

SEINE-ET-OISE.

1ᵉʳ bataillon, 4 octobre 1791. Lapoype.   86ᵉ de ligne.
2ᵉ   —   19 octobre 1791,   23ᵉ légère.
3ᵉ   —   19 octobre 1791. Hildiberaud,   34ᵉ de ligne.
4ᵉ   —   19 octobre 1791. La Harpe,   54ᵉ   —
5ᵉ   —   10 septembre 1792. Jacob,   109ᵉ   —
6ᵉ   —   10 septembre 1792,   55ᵉ   —
7ᵉ   —   14 septembre 1792,   31ᵉ   —
8ᵉ   —   13 septembre 1792,   86ᵉ   —
9ᵉ   —   14 septembre 1792,   108ᵉ   —
10ᵉ   —   3 septembre 1792. Lacoste,   17ᵉ   —
12ᵉ   —   13ᵉ   —
13ᵉ   —   juin 1793,   86ᵉ   —
14ᵉ   —   25 août 1793,   86ᵉ   —

SEINE-INFÉRIEURE.

1ᵉʳ bataillon, 12 janvier 1792. Beauregard,   81ᵉ de ligne.
2ᵉ   —   12 janvier 1782,   58ᵉ   —
3ᵉ   —   février 1792,   46ᵉ   —
4ᵉ   —   18 septembre 1792,   24ᵉ   —
6ᵉ   —   25 septembre 1792. Meslin,   70ᵉ   —
7ᵉ   —   8 octobre 1792,   17ᵉ   —
8ᵉ   —   de Dieppe, 25 septembre 1792,   64ᵉ   —
9ᵉ   —   26 septembre 1792,   14ᵉ   —
10ᵉ   —   octobre 1792,   76ᵉ   —
11ᵉ   —   de l'Egalité, 14 juillet 1793,   8ᵉ légère.
13ᵉ   —   ou 2ᵉ de réquisition, 26 frimaire an deux, incorporé.
14ᵉ   —   ou 3ᵉ de Rouen, 9 frimaire an deux,   40ᵉ de ligne.

SEINE-ET-MARNE.

1ᵉʳ bataillon, 25 août 1791. Cordélier Delanoue,   49ᵉ   —
2ᵉ   —   23 septembre 1791,   51ᵉ   —

3ᵉ bataillon, ou 6ᵉ de l'Oise. Voir ce dernier corps.

4ᵒ	—	28 septembre 1792,	6ᵉ de ligne.
5ᵉ	—	23 octobre 1792,	21ᵉ —
	—	de Melun,	64ᵉ —

SÈVRES (DEUX-).

1ᵉʳ	bataillon,	16 août 1792. Lafosse,	63ᵉ de ligne.
2ᵉ	—	ou 22ᵉ des réserves, 26 septembre 1792,	88ᵉ —
3ᵉ	—	18 août 1792,	63ᵉ —
4ᵉ	—	28 février 1793,	97ᵉ —
5ᵉ	—	février 1793,	97ᵉ —
	—	1ᵉʳ de Parthenay, 19 mai 1793,	109ᵉ —

SOMME.

1ᵉʳ	bataillon,	septembre 1791,	21ᵉ de ligne.
2ᵉ	—	6 septembre 1791,	99ᵃ —
3ᵉ	—	2 septembre 1791,	61ᵉ —
4ᵉ	—	6 septembre 1791. Compère,	9ᵉ —
5ᵉ	—	6 octobre 1792,	84ᵉ —
6ᵉ	—	13 octobre 1792. Bisson,	68ᵉ —
7ᵉ	—	15 octobre 1792,	58ᵉ —
8ᵉ	—	1ᵉʳ mai 1793,	30ᵉ légère.

Chasseurs bons tireurs de la Somme, capitaine Sagnier.

TARN.

1ᵉʳ	bataillon,	6 juillet 1792. Bethencourt,	11ᵉ de ligne.
2ᵉ	—	6 juillet 1792. Castelpers.	63ᵉ —
3ᵉ	—	26 septembre 1792,	11ᵉ —
4ᵉ	—	de chasseurs,	18ᵉ —

VAUCLUSE.

1ᵉʳ	bataillon de chasseurs, 5 mars 1793,		23ᵉ légère.
2ᵉ	—	25 septembre 1792,	4ᵃ —
3ᵉ	—	d'Apt, 15 avril 1793,	29ᵉ —
4ᵉ	—	12 septembre 1793,	35ᵉ de ligne.
5ᵉ	—	Bertrand,	27ᵉ légère.

VAR.

1ᵉʳ	bataillon,	16 septembre 1791,	45ᵉ de ligne.
2ᵉ	—	17 septembre 1791. Masséna,	32ᵉ —
3ᵉ	—		69ᵉ —
4ᵉ	—	10 août 1792,	96ᵉ —
5ᵉ	—	septembre 1792,	69ᵉ —
6ᵉ	—	septembre 1792. Cadar,	69ᵇ —
7ᵉ	—	22 septembre 1792,	39ᵉ —
8ᵉ	—	grenadiers,	11ᵉ légère.
9ᵉ	—		69ᵇ de ligne.
10ᵉ	—		30ᵉ —

VENDÉE.

1ᵉʳ	bataillon, 5 décembre 1791. Graton,		79ᵉ de ligne.
2ᵉ	—	des Vengeurs,	10ᵉ —
Compagnies franches,			104ᵉ —

VIENNE.

1er bataillon,	21 novembre 1791,		99e de ligne.
2e	— 5 septembre 1792. Jourdan,		61e —
3e	— Le Vengeur, 3 mai 1793,		24e —
4e	— juillet 1793,		6e —
5e	— 10 septembre 1793,		30e légère.

VIENNE (HAUTE-).

1er bataillon,	1er octobre 1791. Dalesme,		49e de ligne.
2e	— 25 octobre 1791. Begrand (Martial),		55e —
3e	— 18 octobre 1791,		4e —
5e	— 12 septembre 1793,		63e —

VOSGES.

1er bataillon,	29 août 1791. Haxo. S'est fait sauter la cervelle au combat de la Roche-sur-Yon, en l'an deux, pour ne pas tomber vivant entre les mains de l'ennemi,		56e de ligne.
2e	— 27 août 1791. Lebon,		94e —
3e	— 29 août 1792,		30e légère.
4e	— 28 août 1792,		3e —
5e	— juin 1793. Duband,		61e de ligne.
6e	— 4 août 1792. Gérard,		37e —
7e	— 5 août 1792,		13e légère.
8e	— 5 août 1792,		6e —
9e	— 8 août 1792,		24e de ligne.
10e	— 6 août 1792,		100e —
11e	— 4 août 1792. Marchal,		23e —
12e	— 4 août 1792,		74e —
13e	— 2 août 1792. Humbert,		70e —
14e	— 11 septembre 1792,		93e —
15e	— des Vosges et Meurthe,		4e —

YONNE.

1er bataillon,	22 septembre 1791,		5e de ligne.
2e	— 22 septembre 1791. Ferrand,		16e —
3e	— 23 septembre 1791,		46e —
4e	— ou 20e des réserves, 1er septembre 1792,		46e —
5e	— 22 octobre 1792,		2e —
6e	— octobre 1792,		49e —
7e	— 21 juillet 1793,		7e —

FÉDÉRÉS NATIONAUX.

Bataillon des 83 départements, 15 juillet 1792,			13e de ligne.
1er bataillon,	25 juillet 1792. Delessart,		100e —
2e	— 25 juillet 1792. Pelletier,		13e légère.
3e	— 26 juillet 1792. Gaudard,		13e —
4e	— 28 juillet 1792. Soyer,		20e de ligne.
5e	— 29 juillet 1792. Noël,		76e —
6e	— 29 juillet 1792,		60e —
7e	— 29 juillet 1792,		41e —
8e	— 31 juillet 1792,		33e —
9e	— 1er août 1792,		76e —
10e	— 3 août 1792,		2e légère.
11e	— 3 août 1792,		23e de ligne.

12ᵉ bataillon	5 août 1792,	97ᵉde ligne.
15ᵉ —	3 août 1792. Jacob,	92ᵉ —
14ᵉ —	5 août 1792,	14ᵉ —
15ᵉ —	6 août 1792,	20ᵉ —
16ᵉ —	10 août 1792,	7ᵉ —
17ᵉ —	28 août 1792,	2ᵉ légère.

BATAILLONS DES RÉSERVES DU CAMP DE SOISSONS.

1ᵉʳ bataillon,	27 août 1792,	64ᵉ de ligne.
2ᵉ —	50 août 1792,	55ᵉ —
5ᵉ —	1ᵉʳ septembre 1792,	28ᵉ —
4ᵉ —	6 septembre 1792. Huché,	60ᵉ —
5ᵉ —	ou 2ᵉ de la Nièvre, voir ce dernier corps.	
6ᵉ —	8 septembre 1792. Hamby,	28ᵉ —
7ᵉ —	ou 5ᵉ de la Charente, voir ce dernier corps.	
8ᵉ —	septembre 1792. Laporte,	8ᵉ légère.
9ᵉ —	12 septembre 1792,	28ᵉ de ligne.
10ᵉ —	15 septembre 1792. Sissone,	61ᵉ —
11ᵉ —	ou 4ᵉ de la Charente, voir ce dernier corps.	
12ᵉ —	ou 5ᵉ de Rhône-et-Loire, idem.	
15ᵉ —	15 septembre 1792,	15ᵉ —
14ᵉ —	ou 14ᵉ de Charente, voir ce dernier corps.	
15ᵉ —	17 septembre 1792,	56ᵉ —
16ᵉ —	14 septembre 1792,	72ᵉ —
17ᵉ —	septembre 1792. Ganivet Desgraviers,	1ᵉʳ —
18ᵉ —	ou 5ᵉ de la Côte-d'Or, voir ce dernier corps.	
19ᵉ —	18 septembre 1792,	15ᵉ —
20ᵉ —	ou 5ᵉ du Lot, voir ce dernier corps.	
21ᵉ —	21 septembre 1792. Charbonnier,	67ᵉ —
22ᵉ —	ou 2ᵉ des Deux-Sèvres, voir ce dernier corps.	
25ᵉ —	1ᵉʳ octobre 1792,	56ᵉ —
24ᵉ —	ou 5ᵉ de Lot-et-Garonne, voir ce dernier corps.	
25ᵉ —	4 octobre 1792. Fouquet, tué au camp de Fontaine en 1795,	68ᵉ —
26ᵉ —	ou 4ᵉ de l'Eure, voir ce dernier corps.	
27ᵉ —	ou 2ᵉ de la Mayenne, idem.	
28ᵉ —	ou 4ᵉ de l'Yonne, idem.	
29ᵉ —	ou 2ᵉ de la Corrèze, idem.	
30ᵉ —	ou 5ᵉ de l'Eure, idem.	
51ᵉ —	28 octobre 1792,	28ᵉ légère.

BATAILLONS DES COTES MARITIMES.

Formés à Grenoble de l'excédant du contingent des 300,000 hommes.

1ᵉʳ bataillon,	2 mai 1795,	51ᵉ de ligne.
2ᵉ —	27 mai 1795,	4ᵉ —
5ᵉ —	1ᵉʳ juin 1795,	54ᵉ —
4ᵉ —	4 juin 1795,	4ᵉ —
5ᵉ —	11 juin 1795,	25ᵉ légère.
6ᵉ —	19 juin 1795,	51ᵉ de ligne.
7ᵉ —	22 juin 1795,	4ᵉ —

BATAILLONS DE LA FORMATION D'ORLÉANS.

Volontaires appelés des armées du Nord et des Ardennes pour aller combattre en Vendée.

1ᵉʳ bataillon,	17 mars 1795,	6ᵉ de ligne.
2ᵉ —	19 mai 1795. Chabot,	15ᵉ —

DICTIONNAIRE DE L'ARMÉE. 17ᵉ PARTIE.

5e bataillon,	28 mai 1795,	13e légère.
4e —	Delehelle,	10e de ligne.
-5e —	20 mai 1795. Nion,	6e légère.
6e —	23 mai 1795. Mesnage,	84e de ligne.
7e —	28 mai 1795,	52e —
8e —	26 mai 1795,	64e —
9e —	23 mai 1795,	53e —
10e —	24 mai 1795,	52e —

BATAILLONS D'INFANTERIE LÉGÈRE,

Formés dans la division de l'Ouest.

1er bataillon,	25 brumaire an deux,	28e légère.
2e —	25 brumaire an deux,	28e —

BATAILLONS DE CHASSEURS FRANCS DU NORD.

1er bataillon,	avril 1792,	24e légère.
2e —	15 septembre 1792,	24e —
3e —	dit du Petit-Capucin, 15 septembre 1792,	15e —
4e —	14 novembre 1792,	17e —
5e —	18 avril 1795,	15e —

BATAILLONS FRANCS.

1er bataillon de l'armée de la Moselle, 22 ventôse an deux,		10e légère.
2e — —		53e de ligne.
1er — franc de la république, 15 avril 1793,		12e légère.
Chasseurs francs de Cassel, formés à Mayence, le 7 septembre 1793,		24e —
Compagnie franche des Antilles, aux colonies.		
1er bataillon de chasseurs réunis des divisions de l'Ouest, 15 mars 1795,		3e légère.
2e — — — —		6e —
1er — de chasseurs éclaireurs sans-culottes des Pyrénées occidentales,		24e —
2e — — — — —		24e —
Bataillon de chasseurs du Midi, formé à Paris,		7e —
5e bataillon de l'armée du Nord, 20 août 1792,		10e —
16e — formé des compagnies sédanoises, 22 mai 1795,		16e —
17e — de chasseurs ou chasseurs de la Haute-Garonne,		15e —
25e — ou compagnie franche de Bardon, 12 août 1795,		13e —
1er — de la Neste, 4 brumaire an deux,		5e —
5e — de la Neste, 22 septembre 1795,		7e —
Bataillon des Aurois, 20 vendémiaire an deux,		7e —
— des Révolutionnaires, août 1795,		11e —
5e bataillon de la Montagne,		35e de ligne.
4e — —		27e légère.
Braconniers montagnards,		65e de ligne.

BATAILLONS DE TIRAILLEURS.

1er bataillon,		8e légère.
2e —		13e —
3e —		15e —
4e —		15e —
5e —		1er —
1er — de la frontière des Alpes, 19 mai 1795,		27e —
2e — de la frontière des Alpes, 1er brumaire an deux,		53e de ligne.
1er — Le Vengeur des Deux-Sèvres et Charente, mars 1795. Lecomte.		

A une autre époque, on vit se lever encore, pleins d'élan et d'intrépidité, de jeunes Volontaires qui répondirent à l'appel de la patrie. La république venait d'être proclamée en France pour la seconde fois. Redoutant peut-être de ne pouvoir garder sans danger au sein de la capitale ces enfants de Paris qui venaient de briser un trône en se jouant, et dont le sang bouillonnait encore sous l'influence de l'esprit révolutionnaire, le gouvernement provisoire pensa que le seul moyen de les contenir était de leur parler d'honneur et de discipline militaire. En conséquence, le 25 février 1848, parut un décret qui prescrivit la levée de vingt-quatre bataillons de Volontaires sous le nom de GARDE NATIONALE MOBILE. Le commandement en fut confié au général de brigade Duvivier, et sur sa proposition furent bientôt arrêtées diverses dispositions concernant la formation, la composition, la solde, l'habillement, l'équipement, l'armement, le service, la discipline, l'engagement et l'état-major général de ces bataillons. Ce document est assez intéressant pour être donné ici presque tout entier : « FORMATION. — Ces bataillons correspondront deux par deux à chacun des douze arrondissements de Paris ; chaque bataillon sera de huit compagnies, et chaque compagnie formée de cent trente et un hommes. COMPOSITION. — Les gardes nationaux seront pris dans les Volontaires de seize à trente ans ; les tambours seront pris dans les mêmes Volontaires ; au début, les caporaux et les sergents seront pour moitié pris dans la ligne, dont ils seront momentanément détachés, afin d'organiser l'instruction ; l'autre moitié sera prise parmi les Volontaires ; les sergents-fourriers seront pris parmi les Volontaires sachant bien écrire et calculer. Les sergents-majors seront pris provisoirement dans les sergents-majors ou fourriers de la ligne, dont ils seront momentanément détachés pour instruire administrativement les fourriers Volontaires destinés à les remplacer ; les sous-officiers et caporaux Volontaires seront élus par les Volontaires dans chaque compagnie. On procédera à l'élection dès que la compagnie présentera un effectif d'au moins soixante hommes. Les capitaines, les lieutenants et les sous-lieutenants seront pris parmi les citoyens Volontaires ; cette élection aura lieu dans chaque bataillon, par les Volontaires qui le composent, sous la présidence du maire de l'arrondissement du bataillon, conformément à la loi réglant les élections dans la garde nationale fixe. Le capitaine adjudant-major et le capitaine-major seront empruntés provisoirement aux lieutenants de la ligne. Le lieutenant officier payeur sera emprunté momentanément aux sous-lieutenants de la ligne. L'adjudant sous-officier, pivot du service du bataillon, sera provisoirement emprunté à la ligne. Le sergent-vaguemestre sera élu par la compagnie. Les chefs de bataillon seront pris parmi les citoyens Volontaires, et nommés par eux, en se conformant à la loi relative aux élections dans la garde nationale fixe. — SOLDE. — La solde journalière d'un simple Volontaire est fixée à un franc cinquante centimes ; cette solde sera la même pour les caporaux et sous-officiers, vu qu'elle est une indemnité et non le payement d'un emploi. A chaque Volontaire non gradé ou gradé sera allouée une indemnité de première mise de vingt francs, tenue en réserve à sa masse de linge et chaussure. Les tambours recevront, en outre, l'indemnité journalière affectée dans la ligne à l'entretien de leur caisse. La solde des officiers sera celle allouée par les lois et ordonnances concernant l'infanterie de ligne, au grade dont ils exerceront les fonctions dans les bataillons de la garde nationale mobile. — HABILLEMENT. — ÉQUIPEMENT. — ARMEMENT. — L'habillement sera celui de la garde nationale fixe (1). L'armement sera celui de la ligne. L'uniforme des officiers sera celui de la garde nationale sédentaire. — SERVICE. — La garde mobile étend son service journalier jusqu'à mille mètres au delà des forts détachés. Elle ne pourrait être portée au delà de cette limite que par une décision du gouvernement. — DISCIPLINE. — Il y aura dans chaque compagnie un conseil de discipline composé de cinq membres, et un autre composé de sept membres par bataillon. — ENGAGEMENT. — Les Volontaires seront tenus de servir pendant un an et un jour. — ÉTAT-MAJOR GÉNÉRAL. — Il centralisera toutes les dispositions de service relatives aux bataillons et sera composé de un chef d'escadron d'état-major, chef ; quatre officiers d'état-major, ou plus s'il est nécessaire. » Par suite de ces dispositions eurent lieu la formation des vingt-quatre bataillons et la nomination des

(1) Cette disposition ne fut pas suivie rigoureusement. Les Volontaires portèrent bien la tunique et le pantalon en drap bleu ; mais ils eurent des épaulettes vertes avec des dessus rouges, le képi rouge et les guêtres blanches.

chefs. Le premier compta 620 hommes.
Le second 630.
Le troisième 500.
Le quatrième 489.
Le cinquième 511.
Le sixième 485.
Le septième 600.
Le huitième 577.
Le neuvième 896.
Le dixième 785.
Le onzième 700.
Le douzième 800.
Le treizième 635.
Le quatorzième 601.
Le quinzième 800.
Le seizième 653.
Le dix-septième 536.
Le dix-huitième 448.
Le dix-neuvième 480.
Le vingtième 546.
Le vingt et unième 261.
Le vingt-deuxième 240.
Le vingt-troisième 611.
Le vingt-quatrième 650.

A ces bataillons vint s'ajouter, le 17 avril 1848, celui de garde marine, qui prit le n° 25, et dont l'effectif s'éleva à six cent quarante Volontaires chargés plus particulièrement de la garde des ports. Pendant ce temps d'autres bataillons s'étaient formés dans différentes villes de France. Celui de Rouen fut versé dans le vingt-cinquième de Paris, et celui du Lyonnais, s'élevant à environ sept cents hommes, fut réuni, le 24 avril, aux quinze cents hommes d'infanterie de la garde républicaine. Dès le lendemain, il ne fut plus reçu d'enrôlement dans les mairies ; mais le 20 mai suivant, le besoin de régulariser le service d'estafettes et d'ordonnances dans les divers ministères et à l'Hôtel-de-Ville, fit créer trois escadrons de garde mobile à cheval, composés de cent six chevaux et de cent vingt hommes chaque. Tel fut l'effectif de ces corps jusqu'au mois de juin 1848, c'est-à-dire jusqu'à ces jours de lutte et de guerre civile, pendant lesquels la garde mobile, digne émule de l'armée, écrivit avec son sang la page la plus glorieuse qui ait marqué ses deux années d'existence. Chose admirable ! quelques mois à peine avaient suffi à ces jeunes Volontaires pour apprendre à combattre comme de vieux soldats, et ce qui peut seul expliquer un tel prodige, c'est que dans ce court espace de temps, les généraux Duvivier, Bedeau, Tempoure, Damesme, et le colonel Lafont de Villiers, avaient été leurs maîtres. Mais la mort avait sensiblement éclairci leurs rangs ; d'autres se trou-

vaient désormais hors d'état de servir par suite de blessures. L'admission de ces derniers aux Invalides fut votée sur le rapport de M. le général Oudinot et sous l'administration de M. le général Cavaignac. Après le décret de l'assemblée nationale en date du 29 juillet, portant fixation des dépenses de la garde mobile, un autre décret autorisa de nouveaux enrôlements à partir du 5 septembre, dans le but d'atteindre l'effectif de six cent cinquante hommes par bataillon. Un arrêté du même jour fit subir quelques modifications au décret d'organisation du 25 février ; les Volontaires furent divisés en gardes de première classe et gardes de deuxième classe, ceux-ci recevant un franc vingt-cinq centimes de solde par jour, ceux-là un franc cinquante centimes, comme par le passé. Quant à ce qui restait de Volontaires de garde mobile dans les départements, ils disparaissaient peu à peu ; ceux de Lyon étaient licenciés depuis le 17 août. L'effectif du corps était alors de quinze mille hommes. Le 24 janvier 1849, les vingt-cinq bataillons furent réduits à douze. Les chefs de bataillon durent être choisis parmi les capitaines d'infanterie de l'armée portés sur le tableau d'avancement ; néanmoins un sixième des emplois de ce grade fut réservé aux titulaires étrangers à l'armée. Enfin par décrets du 28 mars et du 19 mai, ces douze bataillons furent réduits à six dont l'effectif ne forma plus qu'un chiffre de trois mille six cents hommes. L'arrêté du 24 janvier, en prescrivant une réduction du nombre des bataillons, avait décidé que la durée des engagements dans la garde mobile expirerait au 1er décembre 1840. En effet, le décret du 12 décembre licencia les six bataillons à dater du 31 du même mois et alloua, à titre d'indemnité de licenciement : 1° aux officiers, une gratification d'un mois de solde de leur grade dans la garde mobile, sans accessoire ; 2° aux sous-officiers, caporaux et gardes, un mois de solde de leur grade. Mais l'assemblée nationale ayant à cette époque discuté divers projets de loi relatifs à ce corps, la dissolution des six bataillons fut prorogée d'un mois. Parmi ces projets, les uns avaient pour objet la création d'un quatrième bataillon dans le premier régiment de la légion étrangère, pour y recevoir une partie des Volontaires licenciés ; les autres, présentés par plusieurs généraux, réclamaient, dans le même but, la création d'un corps spécial auquel on eût donné le nom de CHASSEURS DE PARIS. Aucun de ces projets ne fut adopté. Peut-être eût-il été à désirer que le dernier fût accueilli par l'assemblée nationale, qui, tout en reconnaissant les services rendus à la cause de l'ordre par cette jeune et courageuse milice, a dû néanmoins, en présence de la loi du 21 mars 1832, respecter les droits constitutifs et sacrés de l'armée. Le tableau synoptique suivant indique la date de formation de chacun des bataillons, leur emplacement et les différentes organisations qu'ils ont subies jusqu'à l'époque du licenciement (31 janvier 1850).

PREMIÈRE FORMATION A PARIS DU 28 FÉVRIER 1848.	DEUXIÈME FORMATION A PARIS DU 1ᵉʳ FÉVRIER 1849.	TROISIÈME FORMATION 1849.
1ᵉʳ bataillon.		
6ᵉ bataillon.	1ᵉʳ bataillon.	
		1ᵉʳ bataillon. 1ᵉʳ juin à Bayonne.
12ᵉ bataillon.		
17ᵉ bataillon.	12ᵉ bataillon.	
2ᵃ bataillon.		
10ᵉ bataillon.	2ᵉ bataillon.	
		2ᵉ bataillon. 1ᵉʳ avril à Paris, envoyé à Givet.
3ᵉ bataillon.		
16ᵉ bataillon.	3ᵉ bataillon.	
9ᵉ bataillon.		
15ᵉ bataillon.	9ᵉ bataillon.	
		3ᵉ bataillon. 1ᵉʳ juin à la Rochelle.
11ᵉ bataillon.		
14ᵉ bataillon.	11ᵉ bataillon.	
4ᵉ bataillon.		
21ᵉ bataillon.	4ᵉ bataillon.	
		4ᵉ bataillon. 1ᵉʳ avril à Paris, envoyé à Ajaccio.
13ᵉ bataillon.		
23ᵉ bataillon.	10ᵉ bataillon.	
5ᵉ bataillon.		
22ᵉ bataillon.	5ᵉ bataillon.	
		5ᵉ bataillon. 1ᵉʳ juin à Rennes.
8ᵉ bataillon.		
18ᵉ bataillon.	8ᵉ bataillon.	
20ᵉ bataillon.		
24ᵉ bataillon.	6ᵉ bataillon.	
		6ᵉ bataillon. 1ᵉʳ avril à Paris, envoyé à Bastia.
7ᵉ bataillon.		
19ᵉ bataillon.	7ᵉ bataillon.	

VOLONTAIRE ROMAIN. V. SERMENT.

VOLONTAIRE ROYAL (volontaires royaux) (A, 1, 2, 3). Dénomination donnée aux Volontaires levés en vertu de l'ordonnance du 16 mars 1815. On en organisa d'abord, à Vincennes, quatre bataillons composés de quelques élèves des écoles de droit et de médecine, qui suivirent le roi à Gand, et furent licenciés à Vincennes le 15 septembre 1815. A la fin de juin 1815, on vit se former un grand nombre de corps sous le titre de Volontaires royaux, tels que ceux de Normandie, de Bretagne, de l'Est et du Midi. On distinguait parmi eux les deux légions de Marie-Thérèse, formées à Bordeaux et à Toulouse, le régiment royal Louis formé à Marseille, celui de la Couronne organisé à Cambrai, les miquelets royaux du Gard, la légion royale de Seine-et-Oise ou de Champeaux, et les chasseurs royaux de Henri quatre. Une ordonnance du 5 août 1815 prononça le licenciement de tous ces corps, dont les débris connus sous le nom de verdets inquiétèrent pendant quelque temps les régions méridionales de la France.

VOLONTAIRE SYKE. V. MILICE SYKE N° 2. V. SYKE.

VOLONTAIRE TURC. V. MILICE TURQUE N° 1 et 2.

VOLONTÉ. V. ARME A V... V. BONNE V... V. CHARGE A V... V. CHARGER A V...

VOLS. V. NOMS PROPRES.

VOLTAIRE. V. NOMS PROPRES.

VOLTE, subs. fém. (G, 6), du latin *vultus*, visage, dont on a fait l'italien *volta*, *voltare*, et le français VOLTE, VOLTER. Action de se retourner en présentant le visage. Les escrimeurs italiens et les cavaliers espagnols se sont servi les premiers du mot *volta*, qui n'est passé dans le langage militaire en France qu'au seizième siècle. Ce mot désigne encore la marche du cheval et son mouvement lorsqu'il décrit un cercle; en terme d'escrime il désigne l'action de se tourner sur le pied gauche pour éviter le coup. V. COUP DE LANCE. V. MÉTABOLE. V. QUADRILLE.

VOLTE de CAVALERIE. V. RANGS DE CAVALERIE.

VOLTE-FACE, subs. fém. (G, 6). Action de tourner le visage à l'ennemi qui poursuit. Ainsi on dit qu'une troupe en retraite fait Volte-face : c'est un pléonasme qui signifie *faire face en présentant le visage.* V. DÉFILÉ. V. ÉPÉE. V. FAIRE VOLTE-FACE. V. FEU DE RANGS. V. FEU EN RETRAITE. V. INFLEXION. V. INVERSION. V. MILICE GRECQUE N° 7. V. PASSE D'ARMES. V. RETRAITE STRATEGMATIQUE. V. VIREVOLTE. V. VOLTE.

VOLTE PARATAXIQUE. V. FEU EN ARRIÈRE EN BATAILLE.

VOLTE TACTIQUE. V. CHANGEMENT DE FRONT. V. CONTRE-VOLTE.

VOLTER (G, 6). FAIRE DEMI-TOUR A DROITE. V. CHARGE DE CAVALERIE. V. CONTRE-VOLTER. V. LIGNE DE BATAILLE. V. MÉTABOLE. V. RENVERSER.

VOLTIGE, subs. fém. V. COMPAGNIE DE VOLTIGEURS N° 2. V. GYMNASTIQUE.

VOLTIGER, verb. act. V. ATTAQUE DE CONVOI. V. CAVALERIE. V. ESCADRONNER. V. LANCE FOURNIE. V. REITRE. Un auteur italien, Dingolo, a traité de cet art.

VOLTIGEUR. V. AIGRETTE. V. ARCHER A PIED. V. ARME DE V... V. ARMEMENT DE V... V. ART MILITAIRE DE TERRE. V. BRIQUET DE V... V. CANON DE FUSIL. V. CAPITAINE DE V... V. CAPORAL DE V... V. CHARGE DE SOLDAT. V. CHASSEUR A PIED. V. CHEVALIER DU MOYEN AGE. V. COLONEL (DROITS N° 12). V. COMPAGNIE DE V... V. COMPAGNIE D'ÉLITE N° 2 et 3. V. COMPAGNIE DE FLANC. F. COMPAGNIE DE VOLTIGEURS N° 1, 2, 4. V. CORNET DE V... V. CORNET IDIOPLIQUE N° 1 et 5. V. DÉNOMINATION DE V... V. DIVISION DE BATAILLON. V. ÉCOLE TACTIQUE. V. ÉPAULETTE DE V... V. ÉVOLUTION DE V... V. FEU D'INFANTERIE. V. FORMATION TACTIQUE. V. FOURRIER DE V... V. FRONT DE BATAILLON. V. FUSIL DE V... V. FUSIL D'INFANTERIE. V. FUSILIER. V. GARDE DE DRAPEAU. V. GARNITURE DE FUSIL DE V... V. GRENADIER D'INFANTERIE FRANÇAISE N° 2. V. GRENADIÈRE D'ARMEMENT. V. GRENADIERS RÉUNIS. V. GUERRE DE 1832. V. HABIT DE V... V. HAUTE PAYE DE V... V. HOMME DE TROUPE N° 1. V. INFANTERIE FRANÇAISE DE LIGNE N° 2. V. INSTRUMENT DE V... V. LANGUE FRANÇAISE. V. LÉGION ROMAINE N° 5. V. LÉGISLATION, ORDONNANCE DE 1833 (2 NOVEMBRE). V. MANIPULE N° 1. V. MILICE BAVAROISE N° 1. V. MILICE WURTEMBERGEOISE N° 1. V. MINISTÈRE DE LA GUERRE. V. MOUSTACHE. V. OFFICIER DE V... V. ORDONNANCE D'EXERCICE D'INFANTERIE. V. PAYE DE V... V. PELOTON DE V... V. PISTOLIER. V. POMPON DE V... V. PRINCE DE LÉGION. V. RÉGIMENT DE V... V. SABRE DE V... V. SCHAKO DE V... V. SERGENT DE V... V. SOLDAT. V. SONNERIE D'INFANTERIE. V. SOUS-OFFICIER DE V... V. TAILLE DE V... V. TENTE DE V...

VOLTIGEUR, subs. masc. (term. génér.) (A, 1, 2, 3). Ce nom a été donné à des soldats d'infanterie destinés à faire en campagne le service de tirailleurs. Les GRENADIERS et les CARABINIERS furent longtemps les seules TROUPES D'ÉLITE de l'infanterie de ligne et de l'infanterie légère. Lorsqu'en 1776 on réforma une partie des régiments, et que l'on ne conserva qu'une seule compagnie de GRENADIERS par régiment, on créa, pour remplacer les autres, une compagnie de chasseurs. Les GRENADIERS occupaient la droite du premier bataillon, les CHASSEURS la gauche du second. Ces compagnies disparurent lors de l'organisation de 1791, et les soldats du centre des régiments d'infanterie légère furent les seuls qui conservèrent le nom de CHASSEURS. Depuis cette époque jusqu'en 1804, les hommes de petite taille furent souvent dans l'armée en butte aux railleries et aux plaisanteries de leurs camarades. Napoléon mit un terme à cette disposition malveillante; il modifia l'ancien usage qui n'admettait au service que des hommes de cinq pieds un pouce au moins, et en reçut de quatre pieds neuf pouces; enfin pour stimuler l'amour-propre de ces soldats de petite taille, il voulut créer des compagnies d'élite qui fussent pour eux ce que celles de grenadiers étaient pour les hommes de haute taille. Cette mesure augmenta l'effectif des troupes de 40,000 hommes, et récompensa en outre un grand nombre de valeureux soldats qui par défaut de taille ne pouvaient entrer dans les compagnies de grenadiers. Ce fut un puissant moyen d'émulation que cette rivalité qui s'établit entre les GRENADIERS et les VOLTIGEURS, entre les hommes de grande et de petite taille. La première fois que ceux-ci combattirent en ligne, ce fut en Italie, au passage de l'Adige. Le son de leurs cornets fit prendre le change aux Autrichiens, qui crurent que c'était la cavalerie qui les attaquait. Le décret du 13 mars 1804 avait institué d'abord des compagnies de Voltigeurs dans chaque bataillon d'infanterie légère, et celui du 24 septembre suivant en avait placé également une dans chaque bataillon d'infanterie de ligne. D'après ces deux décrets constitutifs, la compagnie de Voltigeurs devait être la troisième du bataillon et prendre rang après celles de grenadiers ou de carabiniers. Le décret du 18 février 1808 fit prendre aux Voltigeurs la gauche du bataillon, place qu'ils occupent encore dans l'organisation actuelle. Dans l'origine, les Voltigeurs furent spécialement destinés à être transportés rapidement, par les troupes à cheval, sur les points où leur présence pouvait être nécessaire, à peu près comme les VÉLITES ROMAINS. En conséquence ils furent exercés à monter lestement, et d'un saut, sur la croupe des chevaux, à en descendre avec légèreté, à se former rapidement, et à suivre, à pied, un cavalier marchant au trot, *quasi volitantes*; de là sans doute l'origine de leur nom. A cet effet, les compagnies de Voltigeurs, formées d'hom-

mes bien constitués, vigoureux, lestes, mais de la plus petite taille (4 pieds 11 pouces), furent armés de fusils très-légers et d'un sabre-briquet, et on leur donna pour instrument militaire, au lieu de tambours, de petits cors de chasse appelés CORNETS. Pendant longtemps les Voltigeurs n'eurent que la paye des soldats du centre; mais enfin leur bravoure et leurs bons services leur firent donner la haute paye de cinq centimes par jour. Ils jouissent maintenant des mêmes prérogatives que les compagnies de grenadiers et de carabiniers, et partagent avec elles la garde du drapeau et les gardes d'honneur. Les Voltigeurs sont aussi en usage dans les armées étrangères. La milice byzantine en compte aujourd'hui sous le nom de DIOGMITES. Dans la milice autrichienne ils composent un tiers de l'infanterie, dans la milice danoise un dixième, dans la milice prussienne près de la moitié, dans la milice russe un quart, et dans la milice suédoise un sixième. Chez les Anglais le nom de tirailleurs est donné aux troupes qui ont le plus d'analogie avec les Voltigeurs quant à la nature de leurs services. On peut consulter sur ce sujet : *Annal. milit.* (1819), BERRIAT, t. II, CARRION (1823), FORESTIER, LECOUTURIER (1825), LELIEURE (1827, B), LEMIERRE (1822, D), ROGNIAT (1816, B).

VOLTIGEUR A CHEVAL. V. A CHEVAL. V. CAVALERIE. V. MILICE WURTEMBERGEOISE Nº 1. V. REITRE. V. SONNERIE DE CAVALERIE.

VOLTIGEUR ALGÉRIEN (A, 1). Un décret du 1er octobre 1849 a prescrit l'organisation de deux compagnies d'infanterie, destinées spécialement à servir en Algérie comme auxiliaires de la GENDARMERIE D'AFRIQUE, et qui ont pris le nom de VOLTIGEURS ALGÉRIENS. Composées des militaires ou citoyens qui faisaient partie du corps des montagnards ou de la première garde républicaine, et qui ne purent être conservés dans ce corps par suite de son assimilation à la gendarmerie, ces compagnies ne se recrutent pas. Leur UNIFORME consiste en une TUNIQUE et CABAN en drap bleu foncé, VESTE de petite tenue en drap bleu foncé; PANTALON de cuir de laine gris bleu, PANTALON de coutil bleu; SCHAKO bleu et GALON de même couleur; BONNET DE POLICE en drap bleu foncé; BRODEQUINS de cuir noir lacés sur le cou-de-pied; CARTOUCHIÈRE en cuir noir. — ARMEMENT : FUSIL de dragon à percussion avec BAIONNETTE, SABRE d'infanterie.

VOLTIGEUR ANGLO-AMÉRICAIN. V. MILICE ANGLO-AMÉRICAINE Nº 4.

VOLTIGEUR BADOIS. V. BADOIS. V. MILICE BADOISE.

VOLTIGEUR BELGE. V. BELGE. V. MILICE BELGE.

VOLTIGEUR CORSE. Une ordonnance royale du 6 novembre 1822 forma, dans la dix-septième division militaire (la Corse), un bataillon qui prit la dénomination de *bataillon de Voltigeurs corses.* Ce corps fut spécialement destiné à servir comme auxiliaire de la GENDARMERIE dans cette division. Il fut réorganisé le 17 juin 1845 et atteignit alors un effectif de 412 hommes, recrutés parmi les militaires ayant au moins deux ans de service et désignés à l'époque des inspections générales, ou parmi ceux qui, libérés du service, avaient été admis en vertu d'engagements volontaires et avec l'autorisation du général commandant la division. L'uniforme du bataillon fut ainsi fixé : TUNIQUE et CABAN en drap bleu de roi (fond et passe-poil), ÉPAULETTES en laine verte; PANTALON de drap bleu, SCHAKO bleu et galon de même couleur; bonnet de police en drap bleu; BRODEQUINS de cuir noir lacés sur le cou-de-pied ; cartouchière en cuir noir ; fusil double à percussion et sabre d'infanterie (ancien modèle). Ce bataillon a été supprimé par décret du 23 avril 1850 et remplacé par un bataillon de gendarmerie mobile.

VOLTIGEUR de GARDE IMPÉRIALE. V. GARDE IMPÉRIALE Nº 2. V. PUPILLE Nº 2.

VOLTIGEUR de GARDE ROYALE. V. BONNET A POIL. V. BONNET DE V... V. GARDE ROYALE.

VOLTIGEUR d'INFANTERIE. V. BATTERIE DE CAISSE.

VOLTIGEUR d'INFANTERIE FRANÇAISE DE LIGNE. V. CAPITAINE DE V... V. ENDIVISIONNEMENT. V. FUSIL DE DRAGON.

VOLTIGEUR d'INFANTERIE FRANCO-SUISSE. V. COMPAGNIE DE V...

VOLTIGEUR FRANÇAIS. V. FRANÇAIS. V. SURPRISE DE PLACE.

VOLTIGEURS, interj. V. COMMANDEMENT D'AVERTISSEMENT.

VOLUTE, subs. fém. V. ÉVOLUTIONS.

VOLZ ; VON-MILLER. V. NOMS PROPRES.

VOOUGE, subs. fém. v. VOUGE.

VORNEHM. V. NOMS PROPRES.

VOS ARMES A TERRE (G, 6). Locution impérative, commandement qui équivaut à cette phrase : DÉPOSEZ A TERRE VOS FUSILS PERPENDICULAIREMENT A LA LIGNE DE BATAILLE. Dans l'école du soldat, ce maniement d'armes forme un temps décomposé en deux mouvements. V. COMMANDEMENT MIXTE.

VOS ARMES BASSES. Ce commandement,

consacré par les ordonnances d'exercice de 1775 et 1776, a été remplacé, dans l'ordonnance du 1ᵉʳ août 1791, par DESCENDEZ VOS ARMES. C'est encore la locution employée dans le règlement du 4 mars 1831, *Ecole du Soldat,* 2ᵉ partie, art. 154. V. ARMES BAS. V. DESCENDEZ VOS ARMES.

VOSS ; VOSSIUS. V. NOMS PROPRES.

VOTIF (votive), adj. v. BOUCLIER V....

VOUGE, subs. fém. F. G, 1). Appelée, suivant les époques et les différents auteurs, VOUGE, VOFUGE, VOGE, VOOUGE, VOULGE, VOULGI ou VOULGUE. On ne rencontre dans les différents auteurs que des contradictions sur la forme et l'usage de cette arme d'hast. ROQUEFORT prétend que c'était un épieu à fer large et pointu, dont les FRANCS ARCHERS se servaient au temps de Louis onze. JABRO (1777, G) dit qu'ils le lançaient comme le trait romain nommé *pilum.* Suivant LACURNE, c'était une HALLEBARDE en usage à la chasse. MÉNAGE avance que c'était une SERPE A MANCHE ou CROISSANT à long manche, en usage dans le Maine et l'Anjou. Philippe de Comines parle de Vouges, et Froissart dit qu'il y avait des *valets à Vouges* et *bastons d'armes.* De ce mot on a fait le substantif VOUGIER ou VOULGIER, pour désigner le soldat armé d'une Vouge. Il y a lieu de croire que la Vouge était un instrument d'agriculture ou d'horticulture comme la serpe et la FAUX, dont on fit usage dans les guerres privées à défaut d'armes d'hast. Ce fait s'est présenté dans les guerres de l'indépendance polonaise, où on voyait des corps entiers de paysans armés de FAUX. V. ARME DE LONGUEUR. V. ARME OFFENSIVE. V. DARD. V. ÉPIEU. V. FAUCHON A GARDE. V. GARDE NATIONALE. V. GUISARME. V. PIQUE. On peut consulter à cet égard DELANOQUE (1676), la *Milice française,* par Daniel, et l'*Encyclopédie du dix-neuvième siècle* (au mot *Arme*).

VOUGIER, subs. masc. v. SOLDAT. V. VOUGE.

VOULGE, subs. fém. v. INFANTERIE FRANÇAISE Nº 2 et 5.

VOULGIER, subs. masc. v. VOUGE.

VOULGUE, subs. fém. v. VOUGE.

VOUS, pronom. v. A VOUS. V. GARDE A VOUS.

VOUTE d'ENTRÉE DE PLACE. V. HERSE.

VOYAGE de SUPPLICIÉ. V. CHARGE SÉMANTIQUE.

VOYE, subs. fém. v. BALLE DE FUSIL. V. VENT DE BOULET.

VRILLIÈRE. V. NOMS PROPRES.

VUE. V. AVOIR DES VUES. V. COMMANDE-
MENT DOMINANT. V. POINT DE VUE.

VUE COUPÉE. V. A VUE COUPÉE. V. CASQUE
A V... V. CASQUE OUVERT.

VUE de CASQUE. V. CASQUE FERMÉ. V. GUI-
SARME. V. HEAUME. V. MEZAIL.

VUE d'EFFECTIF. V. CONTROLE.

VUE HUMAINE. V. HUMAIN. V. INVALIDE.
V. RECRUTEMENT. V. RÉVISION.

VUI, subs. masc. v. GUÉ.

VULGAIRE, subs. fém. v. VEUGLAIVE.

VUORGE, subs. masc. v. FAUCHON A
GARDE.

Les chiffres entre parenthèses, qu'on rencontre dans le cours du texte, indiquent le millésime de l'année à laquelle appartiennent la citation ou l'événement.

Les abréviations entre parenthèses, qui sont en tête des articles, sont une concordance du tableau synop-tique (*Disc. prélim.*, p. 10) et du vocabulaire sommaire (*Disc. prélim.*, p. 36-37). Ces abréviations donnent le moyen de remonter des conséquences aux principes.

D'autres abréviations indiquent le genre grammatical.

Les caractères italiques dénotent des phrases empruntées.

Les mots en petites capitales sont ainsi configurés comme réclames, comme preuve qu'on peut chercher à sa place générale alphabétique le mot représenté en lettres capitales.

WAAGNAGE, subs. masc. v. GAIN.

WAAGNAIGE, subs. masc. v. GAIN.

WAAGNER, verb. v. GAIN.

WAAGNERIE, subs. fém. v. GAIN.

WAANGNAIGE, subs. fém. v. GAIN.

WAAIGER, v. ACT. V. GAIN.

**WACE; WACHTENDOOCK; WACH-
TER.** V. NOMS PROPRES.

WAGERIE, subs. fém. v. GAGE.

WAGNAIGE, subs. masc. v. GAIN.

WAGIÈRE, subs. masc. v. GAGE.

WAGNER. V. GAIN. V. NOMS PROPRES.

WAGRAM. V. NOMS PROPRES.

WAGUEMESTRE, subs. masc. v. VA-
GUEMESTRE.

WAHIN, subs. masc. v. GAGE.

WAIDE, subs. masc. v. GUÉ.

WAIGE, subs. masc. v. GAGE. V. RÉ-
COMPENSE. V. SOLDE.

WAIGIER, verb. neut. v. GAIN.

WAIGNER, verb. neut. v. GAIN.

WAIGNIAIGE, subs. masc. v. GAIN.

WAIGNIER, verb. act. et neut. v.
GAIN.

WAILLY. V. NOMS PROPRES.

WAIN, subs. masc. v. GAIN.

WAING, subs. masc. v. GAIN.

WAIRENTIR, verb. act. et neut. v.
GARANTIR.

WAIRIER, verb. neut. v. GUERRE.

WAISON, subs. masc. v. GAZON.

WAITAGE, subs. masc. v. GUET.

WAITE, subs. fém. v. GUET. V. SENTI-
NELLE.

WAITER, verb. neut. v. GUET.

WAITIER, verb. neut. v. GUET.

WALDINUZZI. V. NOMS PROPRES.

WALHAUSEN. V. NOMS PROPRES.

WALKER. V. NOMS PROPRES.

WALLENSTEIN. V. NOMS PROPRES.

WALLERIE. V. GALERIE.

WALLON (wallonne), adj. v. GARDES
WALLONNES. V. RÉGIMENT WALLON.

WALSH. V. NOMS PROPRES.

WALSINGHAM. V. NOMS PROPRES.

WALTER-SCOTT. V. NOMS PROPRES.

WALTHER. V. NOMS PROPRES.

WALTSGOTT. V. NOMS PROPRES.

WAMBAIS, subs. masc. v. GAMBESON.

WAMBEISON. V. GAMBESON.

WAN, subs. masc. Mot dérivé de *vagina*.
V. GAMBESON. V. GANT.

WANBEIS, subs. masc. v. GAMBESON.

WANGGO. V. NOMS PROPRES.

WANRE, subs. fém. v. GUERRE.

WANS, subs. masc. v. GAIN. V. GANT.

WANT, subs. masc. v. GAMBESON. V.
GANT.

WAQUIER. V. NOMS PROPRES.

WARD. V. NOMS PROPRES.

WARD, subs. fém. v. GARDE. V. SENTI-
NELLE.

WARDE-CORS. V. GARDES DU CORPS.

WARDEIR, verb. act. et neut. v. GARDE
ARMÉE.

WARDER, verb. act. et neut. v. GARDE
ARMÉE.

WARE, interj. v. GARDE ARMÉE.

WARINGE, subs. masc. v. VARANGE.

WARNERY. v. NOMS PROPRES.

WARNESTURE, subs. fém. v. FORTI-FICATION. V. GARNISON.

WARNIR, verb. act. v. APPROVISIONNE-MENT. V. FORTIFIER. V. GARNISON.

WARNISON, subs. fém. v. GARNISON.

WAROQUIER. v. NOMS PROPRES.

WARRIER, verb. neut. v. GUERRE.

WLSER. v. NOMS PROPRES.

WASHINGTON. v. NOMS PROPRES.

WASON, subs. masc. v. GAZON.

WASSEBOURG. v. NOMS PROPRES.

WASTADOUR, subs. masc. v. GASTA-DOUR.

WASTEIR, verb. act. et neut. v. GAS-TADOUR.

WASTER, verb. act. et neut. v. GASTA-DOUR.

WATERLOO. v. NOMS PROPRES.

WATTEL. v. NOMS PROPRES.

WAURDE, subs. fém. v. GARDE ARMÉE.

WAZON, subs. masc. v. GAZON.

WEIKRATH. v. NOMS PROPRES.

WEINMANN. v. NOMS PROPRES.

WEISCHNER. v. NOMS PROPRES.

WEISE. v. NOMS PROPRES.

WEISSE. v. NOMS PROPRES.

WELLINGTON. v. NOMS PROPRES.

WELSH. v. NOMS PROPRES.

WENZEL. v. NOMS PROPRES.

WENZELL. v. NOMS PROPRES.

WERCKNER. v. NOMS PROPRES.

WERKAMP. v. NOMS PROPRES.

WERKLEIN. v. NOMS PROPRES.

WERNER. v. NOMS PROPRES.

WERTHER. v. NOMS PROPRES.

WERTHMUELLER. v. NOMS PROPRES.

WESTPHALIE. v. NOMS PROPRES.

WEYMAR. v. NOMS PROPRES.

WHITMORE. v. NOMS PROPRES.

WICKRATH. v. NOMS PROPRES.

WIDEBURG. v. NOMS PROPRES.

WIEDEBURG. v. NOMS PROPRES.

WIELAND. v. NOMS PROPRES.

WILEUS. v. NOMS PROPRES.

WILKINSON. v. NOMS PROPRES.

WILLEMIN. v. NOMS PROPRES

WILLIAMS. v. NOMS PROPRES.

WILLIAMSON. v. NOMS PROPRES.

WILLIUS. v. NOMS PROPRES.

WILSON. v. NOMS PROPRES.

WIMPFEN. v. NOMS PROPRES.

WIN. v. GAIN.

WINKER. v. NOMS PROPRES.

WINSTRUP. v. NOMS PROPRES.

WINTER. v. NOMS PROPRES.

WINZENBERGER. v. NOMS PROPRES.

WIRTEMBERGEOIS. v. NOMS PRO-PRES.

WIS, subs. masc. v. HUISSIER.

WISARME, subs. fém. v. GUISARME.

WISSEL. v. NOMS PROPRES.

WITTINGHAM. v. NOMS PROPRES.

WOAITER, verb. neut. v. GUET.

WOLCMAR. v. NOMS PROPRES.

WOLF. v. NOMS PROPRES.

WOLFAND. v. NOMS PROPRES.

WOLFETONE. v. NOMS PROPRES.

WOLTEMAT. v. NOMS PROPRES.

WOLTER. v. NOMS PROPRES.

WOOLWICH. v. NOMS PROPRES.

WORMBSER. v. NOMS PROPRES.

WOUÉ, subs. masc. v. GUÉ.

WREDE. v. NOMS PROPRES.

WREDEN. v. NOMS PROPRES.

WUASON. v. GAZON.

WULSON. v. NOMS PROPRES.

WURST, subs. masc., ou WURSTZ, ou VOURSTE (G, 2). D'après l'ENCYCLOPÉDIE (1751, C), cette voiture n'était pas encore en usage au commencement du dix-huitième siècle. On donnait alors ce nom à un long boudin de cuir porté sur quatre roues et faisant partie des équipages de chasse des seigneurs d'Allemagne. Plus tard, on appela ainsi un caisson plus petit et plus léger que le caisson à munitions ordinaire destiné à transporter l'approvisionnement des bouches à feu et les canonniers nécessaires au service de ces pièces. Le corps du Wurst était suspendu pour ne pas secouer les munitions et éviter leur dégradation ; le dessus était arrondi et couvert de cuir pour y placer huit hommes ; deux tablettes de chaque côté, de la longueur du Wurst, leur servaient d'étriers. Ce caisson fut abandonné lors de la création de l'artillerie à cheval en 1792. Dans le système d'artillerie de campagne des Anglais, une pièce et son caisson portent huit hommes sur des Wursts : deux sont placés sur l'avant-train de la pièce, quatre sur le caisson proprement dit, et les deux autres sur l'avant-train de ce caisson. Les écrivains militaires ont généralement condamné l'usage du Wurst, à cause de la fatigue insupportable que ce moyen de transport occasionne aux hommes. v. ARTILLERIE A CHEVAL. V. CAISSON. V. MILICE ANGLAISE N° 7. v. MILICE AUTRICHIENNE N° 7.

WURTEMBERG. v. NOMS PROPRES.

WURTEMBERGEOIS. Pendant la guerre de sept ans, LOUIS QUINZE en solda 8,600, de 1760 à 1762. V. ADJUDANT W... V. AIDE DE CAMP W... V. ARMÉE W... V. ARTIL-LERIE W... V. BATAILLON W... V. BRIGADE W... V. CAPITAINE W... V. CAPORAL W... V. CAVALERIE W... V. CAVALIER W... V. CHARPENTIER W... V. CHASSEUR W... V. CHIRURGIEN W... V. COMPAGNIE W... V. CONSEIL W... V. CORPS W... V. ÉCOLE W... V. ESCADRON W... V. ESCOUADE W... V. ÉTAT-MAJOR W... V. FOURRIER W... V. FUSILIER W... V. GENDARMERIE W... V. GÉNÉRAL W... V. GÉNIE W... V. GUIDE W... V. INFANTERIE W... V. INVALIDE W... V. JUSTICE W... V. LANGUE W... V. LIEUTENANT-COLONEL W... V. MAJOR W... V. MILICE W... V. MILITAIRE W... V. MINISTRE W... V. MUSICIEN W... V. OFFICIER W... V. PIONNIER W... V. PONTONNIER W... V. PRÉVOT W... V. RECRUTEMENT W... V. RÉSERVE W... V. SERGENT W... V. SERVICE W... V. SOLDAT W... V. SOUS-OFFICIER W... V. SOUS-LIEUTENANT W... V. TAMBOUR W... V. TAMBOUR-MAJOR W... V. TIRAILLEUR W... V. TRAIN W... V. TRIBUNAL W... V. TROUPE W... V. VÉTÉRAN W...

WUST. V. NOMS PROPRES.

Les chiffres entre parenthèses, qu'on rencontre dans le cours du texte, indiquent le millésime de l'année à laquelle appartiennent la citation ou l'événement.

Les abréviations entre parenthèses, qui sont en tête des articles, sont une concordance du tableau synoptique (*Disc. prélim.*, p. 10) et du vocabulaire sommaire (*Disc. prélim.*, p. 36-37). Ces abréviations donnent le moyen de remonter des conséquences aux principes.

D'autres abréviations indiquent le genre grammatical.

Les caractères italiques dénotent des phrases empruntées.

Les mots en petites capitales sont ainsi configurés comme réclames, comme preuve qu'on peut chercher à sa place générale alphabétique le mot représenté en lettres capitales.

XAINTURE, subs. fém. V. CEINTURE.

XAVIER. V. NOMS PROPRES.

XEA. V. NOMS PROPRES.

XENAGE. V. MILICE GRECQUE N° 6. V. OFFICIER N° 2.

XÉNAGIE, subs. fém. (F), ou SÉNAGIE, OU KENAGIE, OU FOENAGIE. Mot que certains auteurs croient dérivé du grec *xenos*, étranger, et *ageïn*, conduire, parce que dans le principe on donnait chez les Crétois le nom de Xénagie à une troupe d'étrangers. Quelques commentateurs le tirent des mots *koinos*, commun, et *ageïn*, conduire. Il exprime une AGRÉGATION TACTIQUE, qui dans la milice grecque se composait de deux PSILAGIES , et contenait trente-deux rangs et deux cent cinquante-six hommes armés à la légère. En d'autres termes, c'était une partie de la phalange, formée en carré de seize sur seize et occupant un carré de 248 pieds ou 83 mètres. Ce corps n'était ordinairement séparé sur le terrain par aucun intervalle ; il avait un drapeau et pouvait toutefois se subdiviser en deux PENTACOSIARCHIES, JABRO dit que la Xénagie était la même chose que la syntagme. La *Milice des Grecs*, par ROHAN (1757), le colonel CARRION-NISAS (1825), et la *Bibliothèque historique militaire*, donnent des renseignements intéressants sur la composition de la Xénagie. V. ÉPAGOGUE. V. ÉPHIPPARCHIE. V. ÉPIXÉNAGIE. V. MILICE GRECQUE N° 2. V. OPLITE. V. PELTASTE. V. PSILAGIE. V. RANGS D'INFANTERIE. V. SUBDIVISION GRECQUE. V. SYNTAGME. V. TARENTINARCHIE.

XÉNAGUE, subs. masc. (F). Chef de la XÉNAGIE, suivant DOLLON, et que ROHAN (1757) appelle SÉNAGUE. V. CATAPHRACTE.

XÉNOPHON. V. NOMS PROPRES.

XILANDER. V. NOMS PROPRES.

XISTE, subs. masc. V. SALLE D'EXERCICE.

Les chiffres entre parenthèses, qu'on rencontre dans le cours du texte, indiquent le millésime de l'année à laquelle appartiennent la citation ou l'événement.

Les abréviations entre parenthèses, qui sont en tête des articles, sont une concordance du tableau synoptique (*Disc. prélim.*, p. 10) et du vocabulaire sommaire (*Disc. prélim.*, p. 36-37). Ces abréviations donnent le moyen de remonter des conséquences aux principes.

D'autres abréviations indiquent le genre grammatical.

Les caractères italiques dénotent des phrases empruntées.

Les mots en petites capitales sont ainsi configurés comme réclames, comme preuve qu'on peut chercher à sa place générale alphabétique le mot représenté en lettres capitales.

YATAGAN, subs. masc. (G, 2). Sorte de SABRE en usage dans presque toutes les armées mahométanes, et dont la lame, longue d'environ cinq décimètres, décrit une ligne légèrement recourbée. La poignée est d'ébène, de corne, d'ivoire ou d'argent. Ceux des chefs ont généralement des fourreaux de velours et d'argent ciselé, tandis que les fourreaux des armes communes se composent de deux lames de bois, recouvertes tantôt de bandes de toile cirée, tantôt de peau, et sont terminés par une plaque ou virole de cuivre ou un dé à coudre de fabrique européenne. Le Yatagan, chez les Arabes, est privé de BÉLIÈRES et se porte diagonalement passé dans la ceinture du côté gauche. C'est moins une arme de combat qu'un instrument dont se servent les guerriers pour couper la tête de leurs ennemis lorsqu'ils sont à terre, et que le *djellad*, l'exécuteur des hautes œuvres, emploie avec une rare adresse dans les exécutions capitales. Des raies ou des entailles pratiquées sur la lame témoignent du nombre de têtes tombées sous ses coups. Cet usage existait aussi en Allemagne, où l'on voit encore, dans les arsenaux et les musées, des coutelas d'exécuteurs des hautes œuvres, percés de petits trous dans la même intention. Chez les kébaïles ou montagnards de l'Atlas, on porte une espèce de Yatagan droit terminé en pointe fort aiguë et qui prend le nom de *Flissa,* de la ville où on les fabrique. Ceux-ci sont renfermés dans un fourreau de bois artistement travaillé, sur lequel on ménage deux anneaux qui permettent de suspendre l'arme à l'épaule. v. MAMELOUCK. v. POIGNARD.

YBANES. v. NOMS PROPRES.

YBELIN. v. NOMS PROPRES.

YEOMANRY (A, 1; F). MILICE ANGLAISE. Sorte de GARDE NATIONALE A CHEVAL, composée de propriétaires, et chargée de la police locale. Elle a été réorganisée en 1831 (1ᵉʳ janvier). Ses compagnies (*troops*) sont de 40 à 100 hommes : deux compagnies forment un escadron ; trois à quatre compagnies composent une division, et la réunion de cinq à douze compagnies constitue un régiment. Le ministre de l'intérieur anglais a cette troupe sous ses ordres ; mais pour l'instruction, la solde et les prestations, elle dépend du ministère de la guerre. Les exercices sont de quatorze jours consécutifs par an, et la troupe est payée à cette époque. En 1835, la Yeomanry était distribuée en 346 détachements, formant un ensemble de 18,459 hommes, y compris 1,159 officiers. Neuf contrées seulement en Écosse fournissaient des détachements de cette garde, qui avait coûté l'année précédente à l'État 76,150 livres sterling. On trouve des détails à ce sujet dans le *Journal des Sciences militaires*, 1831, p. 57. v. MILICE. v. MILICE ANGLAISE Nᵒ 2 et 3. v. MILICE PROVINCIALE.

YEUX. v. ŒIL.

YMBERT. v. NOMS PROPRES.

YORCK. v. NOMS PROPRES.

YOUNG. v. NOMS PROPRES.

YPHICRATE. v. NOMS PROPRES.

YPOCLASTE ou YPPOCLASTE. v. TROU DE LOUP.

YRAULT (yraulx). v. HÉRAUT.

YRONDE. v. ARONDE. v. ARONDELLE. v. CONTREQUEUE D'YRONDE. v. IRONDE. v. QUEUE D'IRONDE.

YSSE. v. GÈSE. v. MILICE GRECQUE Nᵒ 4.

Les chiffres entre parenthèses, qu'on rencontre dans le cours du texte, indiquent le millésime de l'année à laquelle appartiennent la citation ou l'événement.

Les abréviations entre parenthèses, qui sont en tête des articles, sont une concordance du tableau synoptique (*Disc. prélim.*, p. 10) et du vocabulaire sommaire (*Disc. prélim.*, p. 36-37). Ces abréviations donnent le moyen de remonter des conséquences aux principes.

D'autres abréviations indiquent le genre grammatical.

Les caractères italiques dénotent des phrases empruntées.

Les mots en petites capitales sont ainsi configurés comme réclames, comme preuve qu'on peut chercher à sa place générale alphabétique le mot représenté en lettres capitales.

ZACH. V. NOMS PROPRES.

ZADERN. V. NOMS PROPRES.

ZAGAIE ou ZAGAYE, subs. fém. (G, 2), en espagnol *azagaya*, et en italien *zagaglia* ou *zagaglietta;* arme d'hast de demi-longueur, espèce de JAVELOT en usage parmi les cavaliers maures qui l'avaient inventée. BRANTOME, en parlant de Borgia, bâtard d'Alexandre six, dit qu'il fut tué d'une ZAGAIE au camp de Viane, en Navarre. V. ARME PERSONNELLE N° 2. V. ARZEGAIE. V. CARROUSEL. V. CAVALERIE FRANÇAISE N° 1. V. CORSEQUE. V. DARD A MAIN. V. GENÉTAIRE. V. GENETTE. V. JOUTE.

ZAGONARA. V. NOMS PROPRES.

ZAGUAIE. V. ARZEGAIE. V. FLÈCHE PROJECTILE. V. MILICE ESPAGNOLE N° 8. V. ZAGAIE.

ZAIM ou ZAYM (F). Les ZAIMS étaient des cavaliers turcs ayant des bénéfices, et que l'ENCYCLOPÉDIE de 1751 (C) compare aux chevaliers féodaux de l'Occident. Leurs commanderies (*ziamets*) différaient de celles des TIMARIOTS, en ce qu'elles étaient plus lucratives et rendaient de vingt à cent mille aspres. Au-dessus de cent mille aspres commençait le revenu des PACHAS. V. MILICE TURQUE N° 1, 2, 3.

ZAIN (B, 5), adj. Se dit d'un cheval dont la robe, toute d'une même couleur, n'est semée d'aucune tache ni d'aucun mélange de poils.

ZAMA. V. NOMS PROPRES.

ZANCHI. V. NOMS PROPRES.

ZANINI. V. NOMS PROPRES.

ZANTHIER. V. NOMS PROPRES.

ZARA. V. NOMS PROPRES.

ZARAGOZZA. V. NOMS PROPRES.

ZEDLITZ. V. NOMS PROPRES.

ZELARAY. V. NOMS PROPRES.

ZELLER. V. NOMS PROPRES.

ZEMINDARIS, ou ZEMANDARI, ou ZEE-MENDARY. V. BÉNÉFICE. V. MILICE PERSANE N° 1. V. RECRUTEMENT.

ZENI. V. NOMS PROPRES.

ZENNER. V. NOMS PROPRES.

ZEPEDE. V. NOMS PROPRES.

ZESCHAU. V. NOMS PROPRES.

ZEUGMEISTER (F). Mot allemand qui littéralement signifie DIRECTEUR D'ARSENAL.

ZIAMET. V. TIMAR. V. ZAIM.

ZIEHEN; ZIETEN. V. NOMS PROPRES.

ZIGABCHIE, subs. fém. V. CHAR DE GUERRE.

ZIGESAR. V. NOMS PROPRES.

ZIGZAG, subs. masc. (H). Forme tortueuse et serpentante des rameaux et des communications de la TRANCHÉE, ou CHEMINEMENT BRISÉ, employé pour la première fois au siège de Candie par les Turcs, sous la direction d'un ingénieur italien. Dans la langue italienne, on l'appelle *svolta* ou *svotta*, détour ou retour au crochet. Jusqu'en 1673, on donnait à ce genre d'ouvrage le nom d'ATTAQUE, et comme il avait d'autant plus à craindre les sorties qu'il était proche de l'enceinte, on y remédia par l'invention des parallèles. — Le Zigzag n'a d'autre objet que de sauver l'enfilade du projectile de l'ennemi; le meilleur est donc celui qui arrive, par le chemin le plus court, au pied de la FORTIFICATION attaquée, sans rencontrer en face la ligne du boulet. Une fois venus à ce point, les Zigzags se divisent en petites PLACES D'ARMES, sur le parapet desquelles on élève une TERRASSE, ou CAVALIER DE TRANCHÉE, qui défend le fond du chemin couvert. C'est par ce moyen qu'on fait les approches ou retours de tranchées.

— V. APPROCHES. V. BOYAU DE SIÈGE. V. BRANCHE DE ZIGZAG. V. BRISURE DE ZIGZAG. V. CAPITALE DE FORTIFICATION. V. CHEMINEMENT POLIORCÉTIQUE. V. DEMI-PARALLÈLE. V. PARALLÈLE. V. PARAPET. V. PAVESADE. V. SIÉGE OFFENSIF. V. TRANCHÉE.

ZIGZAG de MINE. V. MINE. V. MINE A FEU.

ZIMMERMAN. V. NOMS PROPRES.

ZINUZZI. V. NOMS PROPRES.

ZIRARME, subs. fém. v. GUISARME.

ZISCA. V. NOMS PROPRES.

ZOARCHIE. V. ÉLÉPHANT.

ZOARQUE, subs. masc. (F), de zoon, animal. C'était le cornac de l'ÉLÉPHANT de guerre, le commandant de sa garnison. — V. ÉLÉPHANT.

ZOAVE. V. ZOUAVE.

ZOELLNER. V. NOMS PROPRES.

ZONE, subs. fém. (G). Du grec zonè, qui signifie CEINTURE, en latin pomœrium. C'est la partie du terrain qui entoure une FORTIFICATION, et qui, par cette raison, est soumise à des servitudes envers l'Etat. Elle comprend trois délimitations : la première embrasse le terrain compris entre le pied de l'ESCARPE de l'ENCEINTE et un polygone qui s'étend à deux cent cinquante mètres, depuis la queue des glacis ou des principaux saillants; la seconde zone s'étend jusqu'à un second polygone tracé à quatre cent quatre-vingt-sept mètres du même point de départ; enfin, la troizième zone s'étend jusqu'à une distance totale de neuf cent soixante-quatorze mètres du pied de l'ESCARPE. Chacune d'elles se trouve limitée par des bornes en pierre, et les réglements qui fixent les servitudes sont d'autant moins rigoureux que la zone est plus extérieure. — V. COURTINE DE FORTERESSE. V. CRÊTE DE CHEMIN COUVERT. V. FORTERESSE. V. GUERRE MÉTHODIQUE. V. LIGNE DE FORTERESSE. V. REMPART DE FORTERESSE. V. SERVITUDE FORTIFICATOIRE. V. TERRAIN FORTIFICATOIRE DE FORTERESSE.

ZOUAVES, subs. masc. (A, 1, 2, 3). Les Zouaves formaient un peuple belliqueux qui habitait des contrées montagneuses situées entre Alger et Tunis, et qui n'avait jamais été soumis à aucune puissance. Ils étaient dans l'usage de vendre leurs services aux régences barbaresques, et les soldats qu'ils fournissaient étaient renommés pour leur fidélité. Leurs habitudes les rendaient surtout propres au métier d'éclaireurs ; les deys d'Alger et les beys de Tunis en entretinrent constamment à leur solde un certain nombre qu'ils employèrent utilement à contenir ou à réduire les tribus insoumises et à faire rentrer les impôts. — Ces considérations ont déterminé, après la conquête de l'Algérie par la France, la formation du premier bataillon des Zouaves, qui, recruté à Alger, n'a jamais renfermé qu'un très-petit nombre de soldats du pays dont il porte le nom. Formé, dans le courant de septembre 1830, de compagnies isolées et lancées successivement hors d'Alger, il n'a eu des Français à sa tête que le 3 octobre suivant, et ne reçut une véritable organisation que le 16 du même mois, en vertu d'un arrêté du général Clauzel. Une ordonnance du roi du 21 mars 1831, en confirmant cet arrêté dans son ensemble, y apporta quelques modifications. Le bataillon semblait alors destiné à faire uniquement le service de troupes légères, et on dut s'occuper de donner aux soldats les seuls éléments d'instruction militaire compatibles avec leurs habitudes antérieures et avec la vie active qu'ils menaient. Quelques avantages offerts aux officiers, sous-officiers et soldats de l'armée permirent d'apporter tout le choix désirable dans la formation du cadre du bataillon, dont une faible partie fut composée d'officiers et de sous-officiers indigènes. — Un second bataillon avait été formé le 22 décembre 1830 ; la même ordonnance du 21 mars en régla l'organisation. Enfin l'ordonnance du 20 mars 1837 prescrivit l'organisation d'un troisième bataillon de Zouaves. — La même année, le 11 novembre, fut décidée la réunion en un seul corps, sous le commandement d'un colonel, des trois bataillons successivement organisés ; ceux-ci furent réduits à deux bataillons par décision du 21 décembre 1838, portant que le corps pourrait être reconstitué en trois bataillons, lorsque son recrutement en soldats indigènes nécessiterait cette augmentation de cadre. — Aujourd'hui le régiment de Zouaves se compose de trois bataillons; chaque bataillon a neuf compagnies, dont une de dépôt. L'ordonnance du 8 septembre 1841 l'autorise à recevoir des indigènes, qui, au lieu de former comme dans l'origine, trois compagnies isolées et distinctes, sont reparties dans toutes les compagnies. L'effectif de ce corps, qui peut, au besoin, être augmenté de deux compagnies par bataillon, se compose de deux mille à deux mille quatre cents hommes, officiers compris. — L'UNIFORME des Zouaves consiste en une veste à manches et un gilet fermé par devant, sans manches, en drap bleu ; pantalon maure en drap garance ; veste à manches ; gilet ; culotte en toile de coton ; ceinture en toile de coton bleu; capote en drap brun ; turban et calotte rouge ; souliers, guêtres en peau, havre-sac, giberne turque. — Les marques distinctives des officiers et des sous-officiers sont les mêmes que dans l'arme des hussards. V. ARMÉE FRANÇAISE Nº 2 (tableau). V. GUERRE DE 1830. V.

LANGUE ARABE. V. LÉGION ÉTRANGÈRE. V. LÉ-
GISLATION. V. MINISTRE DE LA GUERRE EN 1830.
V. SOLDAT.

ZUEBLER. V. NOMS PROPRES.

ZURLAUBEN. V. NOMS PROPRES.

ZYGARQUE, subs. masc. (F). Etait le
lieutenant ou le second de l'ILARQUE d'un escadron de cavalerie dans la MILICE GRECQUE.

VOCABULAIRE SOMMAIRE.

Il est fait mention de ce vocabulaire aux pages 1, 6, 9, 10. 18, 25, 34 et 36 du discours préliminaire, qui renferment également l'explication des colonnes, des lettres majuscules et des chiffres. — Les astérisques indiquent que le renvoi n'a pas lieu sur les chiffres, mais sur la lettre seulement. — Les mots du dictionnaire qui ne comportent pas de texte ne sont pas mentionnés ici

RELEVÉ DE TOUS LES ARTICLES DU PRÉSENT DICTIONNAIRE.	TERMES GÉNÉRIQUES.	MOTS A TABLEAUX.	PARTIE LÉGALE.					PARTIE TRANSCENDANTE.		
			A	B	C	D	E	F	G	H
A										
A DROITE A LIGNÉMENT							✶			
A LA GARDE							1			
A L'ORDRE	✶	✶			5					
A PLATE COUTURE								✶		
A VAU DE ROUTE								✶		
A VOS RANGS					3				6	
ABANDON	✶	✶			5					
ABANDONNEMENT								✶		
ABATAGE				1	5				1	
ABATIS				1	5				4	✶
ABDUCTION	✶	✶							6	
ABOIS								✶		
A BON COMPTE				1						
ABONNEMENT	✶	✶		1	3		5			
ABORD										1
ABORDAGE										1
ABORDER										✶
ABRI									4	2
ABRIVENT					2				4	
ABSENCE		✶		1	3,5					
ABSENT				1	5		✶			
ABSOLUTION					5					
ABSOUS					5					
ABUTER								✶	5	
ACADÉMIE								✶		
ACCABLER										✶
ACCÉLÉRÉ									6	
ACCENSE								✶		
ACCEPTER								✶		✶
ACCIDENT									6	✶
ACCIDENTÉ										✶
ACCOLADE							32	✶		
ACCOUDEMENT									6	
ACCULER										✶
ACCUSATEUR								✶		
ACCUSATION					5					
ACCUSÉ					5					
ACHAT	✶	✶		1	5					
A CHEVAL			1						6	✶

RELEVÉ DE TOUS LES ARTICLES DU PRÉSENT DICTIONNAIRE.	TERMES-GÉNÉRIQUES.	MOTS A TABLEAUX.	PARTIE LÉGALE.					PARTIE TRANSCENDANTE.		
			A	B	C	D	E	F	G	H
ACIER.								...	1'	...
ACINACE.								✶		...
ACOMPTE.				1				...		...
ACONTISMOLOGIE.					,			✶		...
A COUP.								...	6	...
ACQUÉRAUX.								✶		...
ACQUIT.				1				...		...
ACQUITTÉ.				1	5			...		...
ACQUITTEMENT.				1,3	5			...		...
ACROBALISTE.								✶		...
ACTE.		✶	2	1,3	5			...		✶
ACTION.		✶		3	4,5			...		✶
ACTIVITÉ.				1	4		✶	...		...
ACTUAIRE.								✶		...
ADARGUE.								✶		...
ADDIT.								✶		...
ADJOINT.			1					...		...
ADJUDANT.		✶	1		3		✶	✶		...
ADMINISTRATEUR.			1	1				...		...
ADMINISTRATION.		✶		1	3			✶		...
ADMISSION.	✶				4			...		...
ADOPTION.								✶		...
ADOSSER.								...		2
ADOUCISSEMENT.								...	1	...
ADRESSE.					3			...		...
A DROITE.								...	6	✶
ADOUBER.								✶		...
AÉROSTAT.								✶		...
AFFAIRE.		✶			5			...		✶
AFFAMER.								...		✶
AFFICHE.		✶		1,3	3,5		3	...		...
AFFILIATION.								✶		...
AFFLUENT.								...	7	...
AFFRONTER.								...		✶
AFFUT.				1				...		...
AGE.		✶	1,2				✶	✶		...
AGEMA.								✶		...
AGENCE.				1				...		...
AGENT.				1				...		...
AGEM-CLICH.								✶		...
AGIR.								...		✶
AGRAFE.		✶		1				...		...
AGRÉGATION.			1	1				...	6	...
AGRÉMENT.				1				✶		...
AGRESSEUR.								...		✶
AGRESSION.								...		✶
AGUERRIR.								...		✶
AGUET.								✶		...
AIDE.		✶	1			1,2		✶		...
AIGLE.								✶		...
AIGRETTE.				1				...		...
AIGUILLE.				1		1,2		...	2,6,7	...
AIGUILLETTE.								✶		...

RELEVÉ DE TOUS LES ARTICLES DU PRÉSENT DICTIONNAIRE.	TERMES GÉNÉRIQUES.	MOTS A TABLEAUX.	PARTIE LÉGALE.					PARTIE TRANSCENDANTE.		
			A	B	C	D	E	F	G	H
AILE.		*		1				*	4,6	*
AILÈTE.				1						
AILETTE.								*		
AIR.					3		*		6	
AJUSTAGE.									1	
AJUSTER.									1,3,6	
ALARE.								*		
ALARME.								*		*
ALBANAIS.								*		
ALBÉSIE.								*		
ALDIONNAIRE.								*		
ALÈNE.				1				*		
ALERTE.		*					*			
ALFIER.								*		
ALGARADE.								*		
ALIGNEMENT.		*		1				*	4,6	2
ALIGNEZ-VOUS.								*		
ALIMENTS.				1	3	2				
ALLEMAND.								*		
ALLER, ETC.							*		5	*
ALLIANCE.										*
ALLIÉ.										*
ALLOCATION.				1						
ALLOCUTION.								*		
ALLONGE, ETC.				1						
ALLONGER.									5	
ALLONGEZ.								*		
ALLOUER.				1						
ALLUMELLE.								*		
ALLUMER, ETC.										*
ALTE.								*		
ALTÉRATION, ETC.					5					
AMALGAME.			3	1						
AMAS, ETC.										1
AMBACTES.								*		
AMBASSADEUR.							2			
AMBLYOPIE.						5				
AMBULANCE.				1		1,2				2
AME.		*		1						
AMENDE.				1	3,5			*		
AMEUBLEMENT.				1	2,3			*		
AMINCISSEMENT.									6	
AMIRAL.										
AMNISTIE.				5				*		
AMOGABARE.								*		
AMONT.									4	
AMORCE.								*	3	
AMORCER.									3,6	
AMORCEZ.									6	
AMPLITUDE.									2,3	
AMPOULETTE.									2,3	
AMPUTATION.						1,5				
AMUSETTE.								*		

RELEVÉ DE TOUS LES ARTICLES DU PRÉSENT DICTIONNAIRE.	TERMES GÉNÉRIQUES.	MOTS A TABLEAUX.	PARTIE LÉGALE.					PARTIE TRANSCENDANTE.		
			A	B	C	D	E	F	G	H
ANCHE									6	
ANCIEN				1	1,4,5		*			
ANCIENNETÉ		*	1,2		1,4,5		*	*	6	
ANCILE								*		
ANCONE								*		
ANÉVRISME						5				
ANGE									2,3	
ANGIGNOUR								*		
ANGINGNIER								*		
ANGLE		*		1				*	1,3,4,6	
ANGON								*		
ANIME								*		
ANISOCYCLE								*		
ANKILOSE						5				
ANNEAU		*		1					1	
ANNÉE		*			1,4		1			
ANNULATION					5					
ANSE									2,3	
ANSPESSADE								*		
ANTÉSIGNAIRE								*		
ANTESTATURE								*		
ANTISTROPHE								*	6	
ANTRUSTION								*		
AOUT									6	
APERTISE								*		
APHONIE							7			
A PIED			1							
APLOMB									6	
APOGOGE								*		
APOMAQUE								*		
APOMÉCOMÉTRIE									6	
APPAREIL, ETC.				1		1				*
APPARTEMENT					5					
APPEL		*	2	1,3	1,3,5		*	*	5,6	
APPELÉ			2	1	5					
APPELER, ETC.							*	*	1,6	
APPLICATION				3	5					
APPOINTÉ			1					*		
APPOINTEMENT				1,3	5		c			
APPOINTER					5,5		*	*		
APPORTER, ETC.							*			
APPOSITION, ETC.				1,3						
APPRÊTEZ, ETC.									6	
APPROCHES									4	1
APPROVISIONNEMENT		*		1					2,4	*
APPUI										2
APPUYER									6	*
APUREMENT				1						
AQUILIFÈRE								*		
ARAIGNÉE									2,4	1
ARBALÈTE								*		
ARBALÉTRIER								*		
ARBORER										*

RELEVÉ DE TOUS LES ARTICLES DU PRÉSENT DICTIONNAIRE.	TERMES GÉNÉRIQUES.	MOTS A TABLEAUX.	PARTIE LÉGALE.					PARTIE TRANSCENDANTE.		
			A	B	C	D	E	F	G	H
ARBRE, ETC.								...	1,4	...
ARBRIER, ETC.								✶		...
ARC.								✶		...
ARCANGELET.								✶		
ARCHER.		✶						✶		
ARCHEVÊQUE.							3,2	...		
ARCHIÈRE.								✶		...
ARCHITECTURE, ETC.								...	4	...
ARCHIVES.				1	3,5			...		...
ARDILLON.		✶		1				...		...
ARÊTE.								,...	1,4,7	...
ARGANÈTE.								✶		...
ARGENT.		✶		1,3	3					
ARGOULET.								✶		
ARGYRASPIDE.								✶		
ARIGOT.								✶		...
ARITHMÉTIQUE.								...	5	
ARLAN.								✶		
ARMAGNAC.								✶		...
ARMATURE.								✶		...
ARME.		✶	1	1,3	3,5		✶	✶	1,2,3,4,5,6	✶
ARMÉE.		✶	1					✶		✶
ARMEMENT.		✶		1				✶		✶
ARMER.			2					...	1,6	
ARMES.				3	5		✶	✶		✶
ARMÉS.								✶	4,6	✶
ARMET.								✶		...
ARMILUSTRE.								✶		....
ARMISTICE.								...		✶
ARMOIRE.				1				...		...
ARMOIRIES.				1				...		...
ARMURE.								✶		...
ARMURERIE.								...	1	...
ARMURIER.			1					...		...
ARQUEBUSE.		✶						✶		...
ARQUEBUSER.								✶		...
ARQUEBUSIER.								✶		...
ARRANGEMENT.								...	6	...
ARRESTATION.					3,5			...		
ARRÊT.								✶		
ARRÊTE.							3	...		
ARRÊTÉ.		✶		1,3	5			...		
ARRÊTER.								...	6	
ARRÊTOIR.								...	1	...
ARRÊTS.		✶			3,5			...		
ARRIÈRE.		✶			3		4	✶	5,6	✶
ARRIVÉE.		✶		1	2,3,5		1,3,4	...		
ARRONDISSEMENT.				1	3			...		
ARROSOIR.				1	3		3			...
ARROY.							3	✶		...
ARSENAL.							3	...	2	...
ART.		✶						...		
ARTICLE.				1	3			...		...

RELEVÉ DE TOUS LES ARTICLES DU PRÉSENT DICTIONNAIRE.	TERMES GÉNÉRIQUES.	MOTS A TABLEAUX.	PARTIE LÉGALE.					PARTIE TRANSCENDANTE.		
			A	B	C	D	E	F	G	H
ARTIFICE.									2	
ARTIFICIER.			1							
ARTILLER.								*		
ARTILLERIE.		*	1,2	1				*	2	*
ARTILLEUR.			1							
ARZEGAIE.								*		
AS-HEAUME.								*		
ASCENDANT.				5						
ASPECT.									6	*
ASPIC.								*		
ASSAILLANT.								*		1
ASSAILLIR.										*
ASSASSIN.				5	5					
ASSASSINAT.				5	5					
ASSAUT.		*							4	1
ASSEMBLÉE.		*		1	5		*		6	
ASSENER.								*		
ASSEOIR.									5	2
ASSIÉGÉ.										1
ASSIÉGEANT.										1
ASSIETTE.					2,3				5	*
ASSIGNATION.				5	5					
ASSISTANT.								*		
ASSURER.										*
ASTHME.						5				
ASTIC.				1	3					
ASTIOCHE.								*		
ASTRAGALE.				1					1	
ATEGAR.								*		
ATELIER, ETC.				1	3,5			*		
ATHANATE.								*		
ATROPHIE.						5				
ATTABALLE.								*		
ATTACHE.		*		1				*		
ATTACHEMENT.									5	1
ATTACHER.			5	1				*		
ATTAQUANT.										*
ATTAQUE.		*							4	1,2
ATTAQUÉ.										*
ATTAQUER.									6	*
ATTENTAT.				5	5					
ATTENTION.									6	
ATTESTATION.				1	5					
ATTRIBUT.		*		1						
ATTRIBUTION.					1					
ATTROUPEMENT.				5	3,5					
AU FEU.							*			
AU LARGE.							*			
AU PAS.									6	
AUBADE.							2		6	
AUBERGE.					5					
AUBETTE.							5			
AUDITEUR.								*		

RELEVÉ DE TOUS LES ARTICLES DU PRÉSENT DICTIONNAIRE.	TERMES GÉNÉRIQUES.	MOTS A TABLEAUX.	PARTIE LÉGALE.						PARTIE TRANSCENDANTE.	
			A	B	C	D	E	F	G	H
AUDITION.				3	5					
AUDITOIRE.					5					
AUGE.				1						
AUGMENTATION.			1,5	1						
AUGUSTALE.								*		
AUMONIER.			1	2						
AURORE.				1						
AUTEL.				2			2			
AUTEUR.				5	5			*	*	
AUTORISATION.			2	1,3	5,5					
AUTORITÉ.		*		1,5	1,5,5		*			*
AUX ARMES.							*			
AUX CHAMPS.									6	
AUX DRAPEAUX.									6	
AUXILIAIRE.							1	*		*
AVAL.									5	1
AVANCE.		*		1			*			
AVANCÉE.							5		5	
AVANCEMENT.		*			4					
AVANCEZ.								*		
AVANT.		*			5		*	*	5	*
AVANTAGE.										*
AVARIE.				1						
AVENTURIER.								*		
AVERTISSEMENT.				5	5				6	
AVIS.				5	5,5					
AVITAILLEMENT.				1						
AVITAILLER.				1						*
AVOINE.				1						
AVOIR.				1				*	5	
AVOUÉ.								*		
B										
BA.									6	
BACÈLE.										
BACHELIER.								*		
BACINET.								*		
BAGAGE.		*		1	5		4			2
BAGUE.				1					1	
BAGUÉ.									1	
BAGUETTE.		*		1				*	1	
BAILLE.								*		
BAILLI.								*		
BAIN.					5					
BAIONNETTE.		*	1	1				*	1,6	
BAIONNIER.								*		
BALAFRE.								*		
BALANCE.				1						
BALAYAGE.		*			5		1,5			
BALIAIRE.								*		
BALISTE.								*		
BALISTIQUE.									5	*
BALLE.		*		1				*	2,3,6	*

RELEVÉ DE TOUS LES ARTICLES DU PRÉSENT DICTIONNAIRE.	TERMES GÉNÉRIQUES.	MOTS A TABLEAUX.	PARTIE LÉGALE.					PARTIE TRANSCENDANTE.		
			A	B	C	D	E	F	G	H
BALLON.									2,5	...
BALLOT.				1	3			...		
BAN.		★		1	3,5		★	★	. . . .	...
BANC.				1	3		3	...	. . . .	...
BANDAGE. . . .				1		1,2				...
BANDE.		★		1		1,2		★	. . . .	...
BANDÉ.								...	1,6	...
BANDEAU. . . .				1				...		...
BANDER. . . .								...		...
BANDEREAU. . .								★		...
BANDEROLE. . .		★		1				★		...
BANDIÈRE. . .								...	4	2
BANDIT. . . .								★		...
BANDON. . . .								★		...
BANDOULIÈRE. . .								★		...
BANLIEUE. . . .								★		...
BANNERET. . .								★		...
BANNIÈRE. . .								★		...
BANQUE. . . .								...	4	...
BANQUETTE. . .		★						...	4	★
BAQUET.				1	3			★	. . . .	...
BARAQUE. . . .								...	4	...
BARAQUEMENT. . .					2			...	4	★
BARBACANE. . .								★	. . . .	...
BARBARICAIRE. . .								★		...
BARBE.					3	2		★		...
BARBIER. . . .					3					...
BARBOLE. . . .								★		...
BARBUTE. . . .								★		...
BARCE. . . .								★		...
BARDARIOTE. . .								★		...
BARDE.								★		...
BARDOCUCULLE. . .								★		...
BARIL.								★	2	1
BARON.								★	. . . .	...
BARRE.				1				...	1	...
BARREAU. . . .								...	5	1
BARRER. . . .								...	. . . .	1
BARRICADE. . .								...	5	★
BARRIÈRE. . .		★					3	★	5	...
BARRIQUE. . . .								★		...
BAS.								★		...
BAS-OFFICIER. . .								★		...
BASCULE. . . .								...	5	...
BASE.								...	6	★
BASILIC. . . .								★		...
BASQUE.		★		1						...
BASSE.								...	4	...
BASSE COURT. . .								★		
BASSIN. . . .				1				...	7	...
BASSINET. . . .				1					1	...
BASSON. . . .								★	6	...
BASTAGAIRE. . .								★		...

RELEVÉ DE TOUS LES ARTICLES DU PRÉSENT DICTIONNAIRE.	TERMES GÉNÉRIQUES	MOTS A TABLEAUX	PARTIE LÉGALE.					PARTIE TRANSCENDANTE.		
			A	B	C	D	E	F	G	H
BASTILLE.								*		...
BASTINGUE.								*		...
BASTION.		*							5	...
BASTON.								*		...
BASTONNADE.								*		...
BAT.				1				...		...
BATAILLE.		*						*		*
BATAILLON.		*	1,3	1	3		*	*	6	*
BATARDE.								*		...
BATARDEAU.									5	...
BATEFOU.								*	5	...
BATIMENT.				1	2		1	...	5	...
BATON.				1				*		...
BATTANT.				1				...	1,5	...
BATTEMENT.								...	4,6	...
BATTERIE.		*	1,3	1	5		*	*	1,2,3,5,6	*
BATTEUR.								*		...
BATTRE.								*	2,3,6	*
BAUDEL.								*		...
BAUDELAIRE.								*		...
BAUDRIER.		*		1				...		...
BAVETTE.				1				...		...
BAVIÈRE.								*		...
BAVURE.								...	1	...
BEC.				1				*	1	...
BÈCHE.								...	5	*
BEDAINE.								*		...
BEDEAU.								*		...
BEFFROI.							3	...	5	*
BÉGAIEMENT.						5				...
BEHOURD.								*		...
BEHOURDER.								*		...
BEHOURDIER.								*		...
BEIGE.				1				...		...
BÈLE.								*		...
BÉLIER.								*		...
BÉLIÈRE.								*		...
BÉNÉDICTION.							2	*		...
BÉNÉFICE.								*		...
BÉNÉFICIAIRE.								*		...
BERCHE.								*		...
BERGE.								...		*
BERME.							4	...	5	*
BERSAULT.								*		...
BERTRESCHER.								*		...
BÉSAIGUE.								*		...
BESTIAUX.				1				...		...
BÊTE.								*		...
BIBAU.								*		...
BIBLE.				1				...	6	...
BIBLIOTHÈQUE.								*	4	...
BICOQUE.								*		...
BIDAU.								*		...

RELEVÉ DE TOUS LES ARTICLES DU PRÉSENT DICTIONNAIRE.	TERMES GÉNÉRIQUES.	MOTS A TABLEAUX.	PARTIE LÉGALE.					PARTIE TRANSCENDANTE.		
			A	B	C	D	E	F	G	H
BIDON.		✶		1			1,3			
BIENVENUE.					3					
BIENS.				1,3						
BIGE.								✶		
BILLEBAUDE.								✶		
BILLET.		✶		1,3	1,2,3,5	2	1,3,4	✶		
BILLETER.					2					
BISCAYEN.								✶	2,3	
BISCUIT.				1				✶		
BISEAU.				1					1	
BIVAC.					2					
BIVAQUEMENT.					2					
BLANC.		✶		1	3			✶	6	
BLANCHIMENT.					3					
BLANCHISSAGE.				1	3					
BLANCHISSEUSE.			1							
BLASON.								✶		
BLEMOMÈTRE.									1,3	
BLESSÉ.				1		1,2,4,5				✶
BLESSURE.				1	4	1,2,5				
BLEU.				1				✶		
BLIAUD.								✶		
BLINDAGE.									5	
BLINDE.									5	
BLOCKHAUS.									5	
BLOCUL.								✶		
BLOCUS.										1
BLOQUER.										1
BLUTAGE.				1						
BOCAL.									6	
BOEUF.				1						
BOIS.		✶		1	3			✶	1	✶
BOISSON.				1	3					✶
BOITE.		✶		1	3		3		1	
BOMBARDE.								✶		
BOMBARDEMENT.										1
BOMBARDERIE.								✶		
BOMBARDIER.			1					✶	2,3	
BOMBE.				1					2,3	
BON.		✶		1						
BON ORDRE.					3					
BONCON.								✶	2,3	
BOND.									2,3	
BONNET.		✶		1	3				5	
BONNETTE.									5	
BORD.		✶		1			1			
BORDÉ.								✶		
BORDÉE.									2,3	
BORDER.									6	1
BORDEREAU.				1						
BORDURE.				1						
BOSSE.									2	
BOTTE.		✶		1					5	

RELEVÉ DE TOUS LES ARTICLES DU PRÉSENT DICTIONNAIRE.	TERMES GÉNÉRIQUES.	MOTS À TABLEAUX.	PARTIE LÉGALE.					PARTIE TRANSCENDANTE.		
			A	B	C	D	E	F	G	H
BOUCHE		★		1	3			★	1,2,3,5	★
BOUCHER			1	1			1			
BOUCHERIE					5					
BOUCHES										1
BOUCLE		★		1				★		
BOUCLER								★		
BOUCLETEAU				1						
BOUCLIER								★		
BOUGE								★		
BOUHOURDER								★		
BOUHOURT								★		
BOUILLIE						2				
BOUILLON				1		2				
BOULANGER				1						
BOULANGERIE				1	3					
BOULE		★						★		
BOULET		★		1,3	5		3	★	2,3	★
BOULEVARD								★		
BOULTEIS								★		
BOURDALOU				1						
BOURDON								★		
BOURDONNASSE								★		
BOURGEOIS					3					
BOURGEOISE								★		
BOURGUIGNOTE								★		
BOURRADE								★		
BOURRE					3				1,3,6	
BOURRELET				1				★	1	
BOURRER									3,6	
BOURREZ									6	
BOURSE		★		1				★		
BOUT		★		1					1	
BOUTEFEU								★	2	
BOUTEILLE				1						
BOUTEROLLE				1					1	
BOUTON		★		1				★	1	
BOUTONNIÈRE		★		1						
BOYAU									5	1
BRABANÇON								★		
BRACELET				1						
BRACONNIÈRE								★		
BRAGUE								★		
BRAIE								★		
BRANC								★		
BRANCARD					3	2	3			★
BRANCHE		★		1					1,5	
BRANCHER								★		
BRANDEBOURG				1						
BRANDEVIN								★		
BRANDIR								★		
BRANDON								★		
BRAQUEMART								★		
BRAQUER									2,3	

RELEVÉ DE TOUS LES ARTICLES DU PRÉSENT DICTIONNAIRE.	TERMES GÉNÉRIQUES.	MOTS TABLEAUX.	PARTIE LÉGALE.					PARTIE TRANSCENDANTE.		
			A	B	C	D	E	F	G	H
BRAS.								✶	6	...
BRASER.								...	1	...
BRASSARD.		✶						✶		...
BRÈCHE.		✶			3		3	...	2,3,5	1
BRELOQUE.					3		1,4	...	6	...
BRETÈCHE.								✶		...
BRETELLE.		✶		1				✶		...
BRETTE.								✶		...
BRETTEUR.								✶		...
BREVET.		✶			1,4		✶	✶		...
BREVETER.					4			...		...
BRICOLE.	✶			1				✶	2,3	...
BRIDE.		✶		1				...	1	...
BRIDER.								...		1
BRIGADE.		✶	1					✶	6	✶
BRIGADIER.								✶		...
BRIGANDINE.								✶		...
BRIGANT.								✶		...
BRIN.								✶		...
BRIQUE.					3			...	1	...
BRIQUET.				1				...		...
BRIQUETTE.				1				...		...
BRISEMUR.								✶		...
BRISURE.								...	5	...
BROCANTEUR.					3			...		...
BROCHE.				1				...		...
BRODEQUIN.								✶		...
BRODERIE.				1				✶		...
BRONZE.								✶		...
BRONZER.								✶	1	...
BROQUEL.								✶		...
BROSSE.				1				...		...
BROUETTE.					3		3	...	5	1
BRUGNE.								✶		...
BRUIT.		✶			3		✶	✶	6	...
BRULOT.								✶		...
BRUNIE.								✶		...
BRUNIR.					3			...	1	...
BRUSQUER.								...		✶
BUCCELLAIRE.								✶		...
BUCCINATEUR.								✶		...
BUCCINE.								✶		...
BUCHE.				1				...		...
BUCHERON.								✶		...
BUDGET.				1				...		...
BUFFLE.				1	3			✶		...
BUFFLETERIE.				1				...		...
BUFFLETIER.				1				...		...
BUGLE.				1				✶	6	...
BULLETIN.				1			1	...		✶
BUREAU.				1	3		4	...		...
BUSQUE.								...	1	...

RELEVÉ DE TOUS LES ARTICLES DU PRÉSENT DICTIONNAIRE.	TERMES GÉNÉRIQUES	MOTS A TABLEAUX	PARTIE LÉGALE.					PARTIE TRANSCENDANTE.		
			A	B	C	D	E	F	G	H
BUT.		✶						✶	5,6	✶
BUTE.								✶		
BUTIN.								✶		✶
BUTTIÈRE.								✶		...
C										
CABARET.					5			...		...
CABARETIER.					5			...		
CABASSET.								✶		...
CABINET, ETC.								✶		
CABULE.								✶		
CACHET.				1		✶		...		
CACHEXIE.						5		...		
CACHOT.					3,5					...
CADDOR.								✶		...
CADENCE.								...	6	...
CADÈNE								✶		
CADENETTE.								✶		
CADET.								✶		
CADIS.				1						
CADRE.		✶	1	1				...	6	
CADUCÉE.					3			✶		
CAFÉ.					3					
CAPIER.								✶		
CAGE.									5	
CAHIER.				1	3		✶	...		
CAISSE.		✶		1	3	1,4		...	1,6	...
CAISSON.		✶		1		2,5	1,2	✶	2	✶
CALCUL.						5		...		...
CALEÇON.				1				...		...
CALIBRAGE.								...	1	...
CALIBRE.		✶		1				✶	1,2,3	...
CALIBREMENT.								...	1	
CALIBRER.								...	1	
CALOTTE.		✶		1	5			✶	1	...
CALPIN.								...	3	...
CAMARADE.				1	3			...		...
CAMBOUIS.								...	1	...
CAMBRURE.				1				...		...
CAMISADE.								✶		...
CAMOUFLET.								...	5	1
CAMP.		✶			2		1	✶	5,6	✶
CAMPAGNE.					4		1,2			✶
CAMPEMENT.				1	2		1,2	✶	6	✶
CAMPESTRE.								✶		...
CAMPIDUCTEUR.								✶		...
CANAL.				1				...	1	...
CANAPSA.								✶		...
CANARDIÈRE.								✶		...
CANCER.						1,5		✶		...
CANDIDAT.					4			...		...
CANDJIAR.								✶		...
CANNE.				1				✶		...

RELEVÉ DE TOUS LES ARTICLES DU PRÉSENT DICTIONNAIRE.	TERMES GÉNÉRIQUES.	MOTS A TABLEAUX.	PARTIE LÉGALE.					PARTIE TRANSCENDANTE.		
			A	B	C	D	E	F	G	H
CANON	..	✶	..	1	..	..	1,5	✶	1,2,5,6	✶
CANONNADE	..	..	..	..	..	..	..	...	2	✶
CANONNER	..	..	..	..	..	..	..	...	...	✶
CANONNIER	..	..	1	..	..	..	..	...	...	..
CANONNIÈRE	..	..	..	..	..	..	..	✶	...	...
CANONS	..	..	..	1	..	..	..	..	...	...
CANTABRE	..	..	..	..	..	..	..	✶	...	..
CANTINE	..	✶	..	1	5	1,2	..	✶	...	...
CANTINIER	..	..	1	..	..	..	..	...	...	...
CANTON	..	..	2	..	..	..	..	...	...	...
CANTONNEMENT	..	..	..	..	2	..	1	...	...	2
CAP	..	..	..	..	..	..	..	✶	...	...
CABARAÇON	..	..	..	..	..	..	..	✶	...	...
CAPE	..	..	..	..	..	..	..	✶	...	...
CAPELLINE	..	..	..	..	..	..	..	✶	...	...
CAPITAIN	..	..	..	..	..	..	..	✶	...	...
CAPITAINE	..	✶	1	1,5	1,5,5	..	✶	✶	6	...
CAPITALE	..	✶	..	..	..	..	..	...	5,6	✶
CAPITULATION	..	✶	2	5	..	..	..	✶	...	✶
CAPITULER	..	..	2	..	..	..	..	...	...	1
CAPONNIÈRE	..	..	..	..	..	..	..	...	5	...
CAPORAL	..	✶	1	1	1,5	5	✶	✶	6	...
CAPOTE	..	✶	..	1	..	2	5	✶	...	...
CAPTAL	..	..	..	..	..	..	..	✶	...	...
CAPUCE	..	..	..	1	..	..	..	...	1	...
CAPUCHON	..	..	..	..	..	..	..	✶	...	...
CAPUCINE	..	..	..	1	..	..	..	...	1	...
CARABIN	..	..	..	..	..	..	..	...	...	...
CARABINE	..	..	..	..	..	..	..	✶	5	...
CARABINIER	..	..	1	..	..	..	..	...	...	...
CARACOLE	..	..	..	..	..	..	..	...	6	...
CARCAMUSE	..	..	..	..	..	..	..	✶	...	...
CARCASSE	..	..	..	..	..	..	..	✶	...	...
CARDINAL	..	..	..	..	..	..	2	...	...	...
CARIE	..	..	..	..	..	5	..	...	...	...
CARLET	..	..	..	..	..	..	..	✶	...	...
CARNON	..	..	..	..	..	..	..	✶	...	...
CARONADE	..	..	..	..	..	..	..	✶	...	...
CAROTTE	..	..	..	1	..	..	..	...	...	...
CARQUOIS	..	..	..	..	..	..	..	✶	...	...
CARRE	..	✶	..	1	..	..	..	✶	...	...
CARRÉ	..	✶	..	1	..	..	..	✶	1,6	✶
CARREAU	..	..	..	..	..	..	..	✶	...	...
CARRER	..	..	..	..	..	..	..	...	6	...
CARROBALISTE	..	..	..	..	..	..	..	✶	...	...
CARROUSEL	..	..	..	..	..	..	..	✶	...	...
CARROUZE	..	..	..	..	..	..	..	✶	...	...
CARRURE	..	..	..	..	..	..	..	...	7	...
CARTE	..	✶	..	..	5	..	..	✶	8	✶
CARTEL	..	..	..	5	5	..	..	✶	...	✶
CARTOUCHE	..	✶	..	5	5,5	..	✶	✶	2,5,6	...
CAS	..	..	..	1	5	5	5	...	...	1
CASAQUE	..	..	..	..	..	..	..	✶	...	...

RELEVÉ DE TOUS LES ARTICLES DU PRÉSENT DICTIONNAIRE.	TERMES GÉNÉRIQUES	MOTS A TABLEAUX	PARTIE LÉGALE.					PARTIE TRANSCENDANTE.		
			A	B	C	D	E	F	G	H
CASE				1				...		...
CASEMATE								...	2,5	...
CASERNE					2			...	5	...
CASERNEMENT				1	2			...		...
CASERNIER			1	1				...		...
CASQUE								*	2,3	...
CASQUET								*		...
CASSATION		*		3	3,5			...		...
CASSE								*		...
CASSÉ				3	3			...		...
CASSER					3,5			...		...
CASSE-TÊTE								*		...
CASSIDAIRE								*		...
CASSINE								*		...
CASTELAN								*		...
CASTILLE								*		...
CASTRAMÉTATION								...	5	...
CASTRENSE								*		...
CATALOGUE			1,2				*	...		...
CATAPHRACTE								*		...
CATAPULTE								*		...
CATARACTE						5		*		...
CATÉGORIE			1,3					...		...
CATEIE								*		...
CATERVE								*		...
CATOGAN								*		...
CATTUS								*		...
CAVALERIE		*	1					*		...
CAVALIER		*	1					...	5	1
CAVIN								...		*
CÉCITÉ						5		...		...
CÉDULE				3				...		...
CEINDRE								*		...
CEINTURE		*		1,3	1,5			*		...
CEINTURON		*		1				...		...
CÉLÉBRATION				3	3			...		...
CÉLÈRE								*		...
CÉLEUSTIQUE								...	6	...
CENTAINE								*		...
CENTARQUE								*		...
CENTENIER								*		...
CENTON								*		...
CENTONAIRE								*		...
CENTRE								...	5,6	1
CENT-SUISSES								*		...
CENTURIE								*		...
CENTURION								*		...
CERATARQUE								*		...
CERCLE		*		1	3		1,3,4	...	6	1
CÉRÉMONIAL					1		2	...		...
CÉRÉMONIE					1		2	...		...
CERNER								...		*
CERTIFICAT				1,3	3,4		4	...		...

RELEVÉ DE TOUS LES ARTICLES DU PRÉSENT DICTIONNAIRE.	TERMES GÉNÉRIQUES.	MOTS A TABLEAUX.	PARTIE LÉGALE.					PARTIE TRANSCENDANTE.		
			A	B	C	D	E	F	G	H
CERVELIÈRE.								*		
CERVICALE.								*		
CESSATION.					3					
OESTRE.								*		
CÊTRE.								*		
CHAGRINER.										*
CHAINE.				1	5		1		7	*
CHAISE.				1						
CHALCASPISTE.								*		
CHALIT.				1						
CHAMADE.								*		
CHAMAILLER.										*
CHAMBRE.		*		1,3	2,3,5				1,2,5	
CHAMBRÉE.				1	5					
CHAMBRER.				1	5					
CHAMP.		*			2			*	3,5,6	*
CHAMPION.								*		
CHANCELER.										*
CHANCELIER.								*		
CHANDELIER.				1			3		5	1
CHANDELLE.				1			3			
CHANFREIN.								*		
CHANGEMENT.		*	3	1	3			*	6	
CHANT.								*		
CHANTEOUR.								*		
CHANTEUR.				1				*		
CHAPE.		*		1				*		
CHAPEAU.		*		1				*		
CHAPEL.								*		
CHAPELAIN.								*		
CHAPELLE.				1,2				*		
CHAPERON.		*						*		
CHAPITEAU.				1					1	
CHAPLE.								*		
CHAPLIS.								*		
CHAR.								*		
CHARBON.				1					2	
CHARDON.								*		
CHARGE.		*		1,3	5			*	3,6	*
CHARGEMENT.				1	3		4			*
CHARGER.										*
CHARGEZ.									6	
CHARIOT.								*		1
CHARPENTIER.								*		
CHARPIE.						1,2				
CHARROI.				1						
CHASSE.					3,5				1	
CHASSER.										*
CHASSEUR.			1					*		
CHASSIS.									5	
CHAT.								*	1,2	
CHATEAU.								*		
CHATEL.								*		

RELEVÉ DE TOUS LES ARTICLES DU PRÉSENT DICTIONNAIRE.	TERMES GÉNÉRIQUES.	MOTS À TABLEAUX.	PARTIE LÉGALE.					PARTIE TRANSCENDANTE.		
			A	B	C	D	E	F	G	H
CHATELET								*		
CHATIMENT								*		
CHAUFFAGE				1	3		1,3,4			
CHAUFFER										1
CHAUSSE				1				*		
CHAUSSÉE										*
CHAUSSES								*		
CHAUSSETRAPE								*		*
CHAUSSETTE				1						
CHAUSSURE				1				*		
CHEF		*	1	1,5	1,5,5		*	*	6	*
CHEMIN					5			*	5	2
CHEMINÉE					3					
CHEMINEMENT		*							5,6	*
CHEMISE				1				*	2,5	
CHENAPAN								*		
CHENET				1						
CHEVAL		*	1	1	3		*	*	5	*
CHEVALEREUX								*		
CHEVALERIE		*			4			*		
CHEVALET		*		1					5	
CHEVALIER		*			4			*		*
CHEVAU-LÉGER								*		
CHEVAUX			1	1						
CHEVELURE					3			*		
CHEVET				1						
CHEVETAIN								*		
CHEVILLE				1	2					
CHEVRETTE				1				*		
CHEVRON		*		1	2,4				5	
CHEVROTINE								*		
CHIAOUX								*		
CHICANE								*		
CHIEN				1					1	*
CHIFFRE		*		1				*		*
CHILIARCHIE								*		
CHILIARQUE								*		
CHIROBALISTE								*		
CHIRURGIE						1				
CHIRURGIEN		*	1		1	*	4			
CHLAMYDE								*		
CHOC										*
CHOPE								*		
CHOSE								*		
CHOU				1						
CHOU-CROUTE								*		
CHRONOMÈTRE									6	
CHRYSASPIDE								*		
CIBLE									5,6	
CICATRICE						4				
CILICE								*		
CIMAISE				1					1	
CIMETERRE								*		

RELEVÉ DE TOUS LES ARTICLES DU PRÉSENT DICTIONNAIRE.	TERMES GÉNÉRIQUES.	MOTS À TABLEAUX.	PARTIE LÉGALE.					PARTIE TRANSCENDANTE.		
			A	B	C	D	E	F	G	H
CIMIER								*		
CINQUAIN								*	6	
CINQUENELLE									4	*
CINQUANTAINE								*		
CINQUIÈME							3			
CIPAIE								*		
CIRAGE					3					
CIRCONSTANCE				5	5					
CIRCONVALLATION								*		
CIRE					3					
CISEAUX				1						
CITADELLE									5	*
CITERNE									5	
CITOYEN				5						
CLAIE									5	
CLAIRON	*		1	1					6	
CLAMEUR				5	5					
CLAN								*		
CLAQUETTE				1					6	
CLARINET								*		
CLARINETTE			1	1					6	
CLASSE		*		1	1,3		3		4,6	
CLASSEMENT					1		*			
CLAUDICATION						5				
CLAVETTE				1						
CLAVICULE								*		
CLAYER									2	
CLAYONNAGE									5	
CLEF		*		1	2,3		3	*		
CLERC								*		
CLEY-MORE								*		
CLIDE								*		
CLIENT								*		
CLIQUETIS								*		
CLISE								*	6	
CLOCHE		*			3		3	*		1
CLOISON		*		1				*		
CLORE								*		
CLOU				1	2,3				1	
CLYPE								*		
COALISÉ										*
COALITION										*
COCARDE				1				*		
COCHE				1					1	
CODE				1,3	5					
COLEMBOLON								*		
COFFIN								*		
COFFRE								*	5	1
COFFRET		*		1						
COHORTE		*						*		
COIFFE				1						
COIFFURE		*		1	3					
COIN								*	2,6	

RELEVÉ DE TOUS LES ARTICLES DU PRÉSENT DICTIONNAIRE.	TERMES GÉNÉRIQUES.	MOTS A TABLEAUX.	PARTIE LÉGALE.					PARTIE TRANSCENDANTE.		
			A	B	C	D	E	F	G	H
COL.				1				*	7	*
COLBACH.				1						
COLISMARDE.								*		
COLLET.		*		1				*	1	
COLLIER.				1				*		
COLLINE.									7	*
COLONEL.		*	1,3				*	*		*
COLONELLAT.								*		
COLONISATION.								*		
COLONNE.		*		1			4	*	6	*
COMBAT.		*						*		*
COMBE.									7	
COMBLEAU.									2	
COMBLER.										1
COMBUSTIBLE.		*		1			3			
COMÉDIE.					3		3			
COMINGE.								*		
COMITÉ.				1				*		
COMMANDANT.		*	1				1,3,4	*		*
COMMANDEMENT.		*			1		1,3,4		5,6,7	*
COMMANDER.					1		*			*
COMMANDÈRE.								*		
COMMANDEUR.					4			*		
COMMENCEZ.									6	
COMMENTARISTE.								*		
COMMIS.				3	5					
COMMISSAIRE.		*	1	3	5			*		
COMMISSION.				3	1,4		*	*		*
COMMODE.				1						
COMMUNES.								*		
COMMUNICATION.		*			3,5				5	*
COMMUTATION.				3	3,5					
COMPAGNIE.		*	1,2		4		4	*	6	
COMPAGNON.								*		
COMPARSE.								*		
COMPARTIMENT.				1						
COMPASSER.								*	5	*
COMPÉTENCE.				3	5					
COMPLÉMENT.									5	
COMPLET.			1							
COMPLICATION.				3	5					
COMPLICE.				3	5					
COMPLOT.				3	5					
COMPOSITION.			1							
COMPRESSION.									6	
COMPTABILITÉ.				1						
COMPTABLE.				1						
COMPTE.				1						
COMPULSEUR.								*		
COMTE.								*		
CONCIERGE.					3					
CONCLUSIONS.				3	5					
CONCORDAT.								*		

RELEVÉ DE TOUS LES ARTICLES DU PRÉSENT DICTIONNAIRE.	TERMES GÉNÉRIQUES.	MOTS A TABLEAUX.	PARTIE LÉGALE.					PARTIE TRANSCENDANTE.		
			A	B	C	D	E	F	G	H
CONDAMNATION.				3	5					
CONDAMNÉ.		✱		3	5					
CONDENSATION.									6	
CONDENSER.									6	
CONDOTTIÈRE.								✱		
CONDUCTEUR.		✱						✱	6	
CONDUITE.					3					
CONFECTION.				1						
CONFÉDÉRÉ.								✱		
CONFIRMATION.				3	5					
CONFRONTATION.				3	5			✱		
CONGÉ.		✱		1	3	1,4,5,7	✱	✱		
CONGÉDIÉ.				1		1,5	✱			
CONGRÈS.								✱		
CONGRÈVE.									3	
CONNÉTABLE.								✱		
CONNÉTABLIE.								✱		
CONQUÊTE.								✱		✱
CONSCRIPTION.			2					✱		
CONSEIL.		✱	1,2	1,3	3,5	✱		✱		✱
CONSERVATEUR.			1		2					
CONSIGNE.		✱	1		3,5		✱			
CONSIGNÉ.					3,5					
CONSIGNER.					3					
CONSOMMATION.		✱		1						
CONSTITUTION.			✱							
CONSUL.								✱		
CONTENIR.										✱
CONTINGENT.			2							✱
CONTOUR.				1						
CONTRAINTE.					5			✱		
CONTRE.		✱		1	3	1,4,5	✱	✱	1,2,4,5,6	✱
CONTRIBUTION.				1						✱
CONTROLE.		✱		1				✱		
CONTROLEMENT.				1						
CONTROLEUR.			1					✱		
CONTUMACE.				3	5					
CONVALESCENCE.						1,4				
CONVALESCENT.					3	1,4	4		6	
CONVERSION.		✱						✱	6	
CONVOI.		✱		1			2,4			✱
CONVOYER.							4			✱
COPIE.					5					
COQ.				1				✱		
COQUILLAGE.				1						
COR.			1	1				✱	6	
CORACE.								✱		
CORBEAU.		✱						✱		
CORBEILLE.										1
CORDAGE.				1					6	
CORDE.		✱		1				✱	6	
CORDEAU.		✱		1					3	
CORDELIÈRE.								✱		

RELEVÉ DE TOUS LES ARTICLES DU PRÉSENT DICTIONNAIRE.	TERMES GÉNÉRIQUES.	MOTS A TABLEAUX.	PARTIE LÉGALE.					PARTIE TRANSCENDANTE.		
			A	B	C	D	E	F	G	H
CORDON.		*		1					5	*
CORDONNET.				1						
CORNE.		*		1					6	
CORNEMUSE.								*		
CORNET.			1					*	7	
CORNETTE.		*						*		
CORNICULE.								*		
CORNISTITE.								*		
CORPS.		*	1,5	1	3,5			*	1,2,3,5	*
CORRESPONDANCE.				1	1,3,5		*			*
CORRIDOR.					5		3	*		
CORROIS.								*		
CORROYER.									1	
CORSEQUE.								*		
CORSELET.										
CORVÉE.		*		1	3		*	*	6	*
CORYTE.								*		
COSAQUE.								*		
COTÉ.		*		1					5,6 7	
COTEAU.										
COTEREAU.								*		
COTEREL.								*		
COTTE.								*		
COUCHAGE.				1	5					
COUCHE.									1	
COUCHEPOINT.				1						
COUCHETTE.				1						
COUDE.									1	
COUIN.								*		
COULANT.				1						
COULEUR.		*		1				*		
COULEVRINE.								*		
COULEVRINIER.								*		
COUP.		*						*	2,3,4,5	*
COUPABLE.					5					
COUPER.									4	
COUPON.				1						
COUPURE.									5	*
COUR.		*			3			*	5	
COUREUR.								*		
COURIR, ETC.								*		
COURONNADE.								*		
COURONNE.								*		
COURONNEMENT.									5	1
COURONNER.										*
COURPONTIÈRE.								*		
COURROIE.		*		1						
COURSE.								*		*
COURSIER.								*		
COURTAUT.								*		
COURTINE.									5	
COUSIN.				3	5					
COUSSINET.								*		

RELEVÉ DE TOUS LES ARTICLES DU PRÉSENT DICTIONNAIRE.	TERMES GÉNÉRIQUES.	MOTS À TABLEAUX.	PARTIE LÉGALE.					PARTIE TRANSCENDANTE.		
			A	B	C	D	E	F	G	H
COUTEAU								*		...
COUTELAS								*		...
COUTILLADE								*		...
COUTILLE								*		...
COUTILLIER								*		...
COUVERTE		*		1	5	2	1	...		...
COUVRE				1				*	1,5	...
COUVRIR								...		×
COY								*		...
CRAIE					5			...		...
CRAMOISI				1				...		...
CRAMPON				1				...		...
CRAN		*		1				*	1	...
CRANEQUIN								*		...
CRANEQUINIER								*		...
CRAPAUD								*	2	...
CRAVATE				1				...		...
CRÉANCE				5,5	1			...		...
CRÉANCIER				5	5			...		...
CRÉDIT				1,5	5			...		...
CRÉMAILLÈRE								...	5	...
CRENEAU								...	5,6	...
CRÊPE							2	...		...
CRÈTE								*	1,5	...
CREVER								...	1,6	...
CRI								*		*
CRIBLER										*
CRIC								*		...
CRIEUR								*		...
CRIME				5	5			...		...
CRIMINEL				5	5		4	...		...
CRIQUE							4	...	1,5	1
CROATE								*		...
CROC								*		...
CROCHET		*		1				...	1,5	1
CROISADE								*		...
CROISÉE				1				...		...
CROISER								...	5	...
CROISETTE								...	4	...
CROISEZ								...	6	...
CROIX		*		1	4			...		...
CROMORNE				1				*		...
CROSSE				1				...		...
CRUCHE								*		...
CRUPELLAIRE								*		...
CUBISTIQUE								*		...
CUBITIÈRE								*		...
CUILLER								...	2	...
CUILLERON				1				...		...
CUIR				1				...		...
CUIRASSE				1				*		...
CUIRASSIER			1					*		...
CUISINE				1	2			...		...

RELEVÉ DE TOUS LES ARTICLES DU PRÉSENT DICTIONNAIRE.	TERMES GÉNÉRIQUES.	MOTS A TABLEAUX.	PARTIE LÉGALE.					PARTIE TRANSCENDANTE.		
			A	B	C	D	E	F	G	H
CUISINIER.					3					
CUISSARD.								*		
CUISSIÈRE.				1						
CUIVRE.				1						
CUL.				1						
CULASSE.				1				*	1	
CULBUTER.										*
CULOT.				1					2	
CULOTTE.								*		
CULTE.				2						
CUMULATION.				1						
CUNETTE.									5	
CURETTE.				1						
CUVETTE.				1					1	
CYCLODIATOMIE.									5	
CYMBALE.				1				*	6	
D										
DA.									6	
DAGUE.								*		
DAMAS.								*		
DAMOISEAU.								*		
DANSE.								*		
DARD.		*		1				*	1	
DARDELLE.								*		
DARDEUR.								*		
DARTRE.						5				
DE PIED FERME.									6	
DÉ.				1						
DÉBARQUEMENT.										2
DÉBAT.				3	5					
DEBET.				1						
DÉBIT.				1						
DÉBITEUR.					5					
DÉBLOCUS.										*
DÉBOITEMENT.									6	
DÉBORDEMENT.										2
DÉBORDER.									6	2
DÉBOUCHÉ.										*
DÉBOUCHER.										*
DEBOUT.		*							6	
DÉBUSQUER.										*
DÉCAMPEMENT.										*
DÉCATIR.				1						
DÉCÉDÉ.				1		2,4				
DÉCÈS.				1			2			
DÉCHARGE.		*		5			2			
DÉCIMATION.								*		
DÉCLARATION.				1,5	5			*		*
DÉCLIC.								*		
DÉCLIN.									4	
DÉCLINAISON.									6	
DÉCOCHER.								*		

RELEVÉ DE TOUS LES ARTICLES DU PRÉSENT DICTIONNAIRE.	TERMES GÉNÉRIQUES.	MOTS A TABLEAUX.	PARTIE LÉGALE.					PARTIE TRANSCENDANTE.		
			A	B	C	D	E	F	G	H
DÉCOMPTE.		*		1			*			
DÉCONFITURE.								*		
DÉCORATION.					4					
DÉCOUVERTE.										*
DÉCOUVREUR.								*		
DÉCOUVRIR.										*
DÉCULASSEMENT.									1	
DÉCURIE.								*		
DÉCURION.								*		
DÉDOUBLEMENT.			1						6	
DÉFAITE.										
DÉFECTION.										*
DÉFENSE.		*					4		5	*
DÉFENSEUR.				5	5					*
DÉFENSIVE.										*
DÉFI.								*		
DÉFICIT.				1						
DÉFILÉ.										2
DÉFILEMENT.		*		1			2		5,6	
DÉGAGEMENT.								*		
DÉGAGER.								*	4	*
DÉGAT.				3	5					
DÉGLAVIER.								*		
DÉGORGEOIR.								*		
DÉGRADATION.		*		1,5	2,5			*		
DEHORS.									5	
DÉLAI.				5						
DÉLÉGATION.				1						
DÉLIBÉRATION.				1						
DÉLIT.				5	5					
DÉLOGER.										*
DEMANDE.		*		1,5	1,5				6	1
DÉMANTELER.									5	1
D'EMBLÉE.										*
DÉMENCE.						5				
DEMI.		*		1	4			*	1,4,5,6	
DÉMISSION.				1			*			
DÉMONSTRATION.										*
DÉMONTAGE.					5				1	
DENDROPHORE.								*		
DÉNI.				5						
DÉNIER.		*		1						
DÉNOMBREMENT.										*
DÉNONCER.				5	5					*
DENRÉE.				1			4			1
DENT.				1			4			
DÉPART.		*		1			4			
DÉPENSE.		*		1	5					
DÉPLOIEMENT.									6	
DÉPOSITION.					5					
DÉPÔT.			5		1				5	1
DÉPOUILLE.								*		
DÉPOUILLEMENT.				5	5					

RELEVÉ DE TOUS LES ARTICLES DU PRÉSENT DICTIONNAIRE.	TERMES GÉNÉRIQUES.	MOTS A TABLEAUX.	PARTIE LÉGALE.					PARTIE TRANSCENDANTE.		
			A	B	C	D	E	F	G	H
DÉPUTÉ.								*		2
DERNIER.								*		2
DÉROBER.	*									2
DÉROUTE.										2
DERRIÈRES.										2
DESCENDANT.				3						
DESCENDEZ.									6	
DESCENTE.	*	*					*		5	
DÉSERTEUR.	*			5	5	2	*			
DÉSERTION.	*			5	5					
DÉSINVERTIR.										
DÉSOBÉISSANCE.				3	5				6	
DÉSOLER.										
DESSIN.										*
DESSOUS.									7	
DESSUS.									1	
DESTITUTION.					5				1	
DESTRIER.		*						*		
DÉTACHEMENT.	*	*		1			1,2,4	*		
DÉTAIL.	*			1	2,3					
DÉTENTE.				1					1	
DÉTENU.	*	*		5	5		4			
DÉTERMINER.									6	
DETTE.	*	*		1	5					
DEUIL.							2			
DEUXIÈME.									6	
DEVANT.	*	*		1					1	
DEVIS.				1				*		
DEVISE.								*		
DEVOIR.					1,3,5					
DEXTROCHÈRE.								*		
DIALECTIQUE.										
DIANE.							1,5		6	*
DIASTASIS.						5				
DICTATEUR.								*		
DICTIONNAIRE.								*		*
DILOCHIE.								*		*
DIMINUTION.			1							
DIMOERIE.								*		
DIMAQUE.								*		
DIPHALANGARCHIE.								*		
DIRECTEUR.	*		1	1		2		*		
DIRECTION.	*								6	
DIRECTOIRE.										
DIRECTRICE.	*								2	
DISCIPLINE.	*				5					
DISLOCATION.										
DISPENSE.	*	*	2		3					*
DISPONIBILITÉ.			1	1			*			
DISPOSITION.	*								6	
DISQUE.								*		
DISTANCE.									6	
DISTRIBUTION.	*	*		1	3		1,3,4			

RELEVÉ DE TOUS LES ARTICLES DU PRÉSENT DICTIONNAIRE.	TERMES GÉNÉRIQUES.	MOTS À TABLEAUX.	PARTIE LÉGALE.					PARTIE TRANSCENDANTE.		
			A	B	C	D	E	F	G	H
DIVERSION.	✶								6	✶
DIVISION.	✶	✶			✶	2		✶	6	✶
DIXAINIER.								✶		
DJERID.								✶		
DOLOIRE.								✶		
DOMESTIQUE.	✶	✶	1	1	5			✶		
DONDAINE.								✶		
DONJON.								✶		
DONNER.	✶									✶
DORYBOLE.								✶		
DORYPHORE.								✶		
DOS.	✶			1					1	
DOUBLE.	✶			1	4				6	
DOUBLEMENT.	✶							✶	6	
DOUBLURE.	✶			1					1	
DOUILLE.	✶			1					1	
DOUVE.								✶		
DRACONNAIRE.								✶		
DRAGON.	✶	✶	1					✶		
DRAGONNE.	✶			1						
DRAP.	✶	✶								
DRAPEAU.	✶	✶	3	1			1,3,4	✶		1
DRAPERIE.	✶			1				✶	1	
DRAPS.	✶			1						
DRESSER.	✶								6	
DROGUE.								✶		
DROIT.	✶	✶		1,3				✶		✶
DROMADAIRE.								✶		
DRONGE.								✶		
DRONGUAIRE.								✶		
DUC.								✶		
DUEL.					5			✶		
DUELLISTE.								✶		
DURÉE.				1						
DURILLON.									1	
E										
EAU.				1		1,2,4				2
ECCLESIASTIQUE.								✶		
ÉCHANCRURE.									1	
ÉCHANGE.				1						
ÉCHANTILLON.	✶			1						
ÉCHARPE.	✶							✶		
ÉCHARPER.	✶								6	✶
ÉCHAUFFOURÉE.										✶
ÉCHAUGUETTE.								✶	4	
ÉCHEC.										✶
ÉCHELEUR.								✶		
ÉCHELLE.	✶								6	✶
ÉCHELLER.								✶		
ÉCHELON.	✶								6	
ÉCHELONNEMENT.									6	
ÉCHELONNER.										✶

RELEVÉ DE TOUS LES ARTICLES DU PRÉSENT DICTIONNAIRE.	TERMES GÉNÉRIQUES.	MOTS A TABLEAUX.	PARTIE LÉGALE.					PARTIE TRANSCENDANTE.		
			A	B	C	D	E	F	G	H
ÉCHEVEAU.								*		...
ÉCHIQUIER.									6	...
ÉCLAIRER.										2
ÉCLAIREUR.	*							*		2
ÉCLOPPÉ.					3		4			...
ÉCLUSE.									4	...
ÉCLUSIER.			1						4	...
ÉCOLE.	*	*						*	1,2,4,5,6	...
ÉCONOMIE.				*						...
ÉCORCHEUR.								*		...
ÉCOUTE.								*		...
ÉCOUVILLON.									2	...
ECDÉRISPASME.								*		...
ÉCRITURES.				1						...
ÉCU.								*		...
ÉCUAGE.								*		...
ÉCURIE.				1			4			...
ÉCUSSON.	*								1	...
ÉCUYER.								*		...
EFFECTIF.				1						...
EFFET.	*	*		1	3					...
ÉGALISATION.									6	...
EICOSIPENTARQUE.								*		...
ÉLÉPHANT.								*		...
ÉLÉPHANTIASE.						4,5				...
ÉLIN.								*		...
EMBALLAGE.				1						...
EMBARQUÉ.				3			3			*
EMBASE.	*								1	...
EMBASTONNER.								*		...
EMBAUCHAGE.				3	5					...
EMBAUCHEUR.				3	5					...
EMBOITEMENT.									6	...
EMBOLON.								*		...
EMBOUCHOIR.									1	...
EMBRASURE.									2	...
EMBRIGADEMENT.								*		...
EMBUSCADE.										2
EMERI.					3					...
EMERILLON.								*		...
EMPANON.								*		...
EMPEIGNE.				1						...
EMPEREUR.								*		...
EMPLACÉ.					2					...
EMPLOI.	*				4		*			...
EMPLOYÉ.	*			1						...
EMPRISE.								*		...
EMPRISONNEMENT.					5					...
EMPROSTATE.								*		...
EN, ETC.									6	*
ENCADREMENT.									6	...
ENCASTREMENT.									1	...
ENCEINTE.	*								4	...

RELEVÉ DE TOUS LES ARTICLES DU PRÉSENT DICTIONNAIRE.	TERMES GÉNÉRIQUES.	MOTS À TABLEAUX.	PARTIE LÉGALE.					PARTIE TRANSCENDANTE.		
			A	B	C	D	E	F	G	H
ENCHAPURE				1						
ENCLOUAGE									2	
ENCOIGNURE				1						
ENDIVISIONNEMENT									6	
ENFANT	*	*	1	1			*	*		
ENFILADE										*
ENGAGEMENT	*	*	2					*	4	*
ENGIN	*							*		
ENGINERIE								*		
ÉNOMOTARQUE								*		
ÉNOMOTIE								*		
ENPELOTONNEMENT									6	
ENROLÉ	*		2							
ENROLEMENT	*		1,2							
ENSEIGNE	*	*						*		
ENTONNOIR									2,5	1
ENTREPRISE				1						
ENTRETIEN				1	3					
ENTRETOISE									4	
ENTURE									1	
ENVELOPPE	*			1					4	
ÉPAGOGUE								*		
ÉPAULEMENT	*								1,2,4	
ÉPAULETTE	*	*		1						
ÉPAULIÈRE								*		
ÉPEAUTRE				1						
ÉPÉE	*	*		1	5,5		2	*		
ÉPERON	*	*		1				*	4,7	
ÉPHIPPARCHIE								*		
ÉPIEU								*		
ÉPILEPSIE						1,4,5				
ÉPINGARD								*		
ÉPINGLETTE				1						
ÉPISTATE								*		
ÉPISTROPHE								*		
ÉPITARCHIE								*		
ÉPITAXE								*		
ÉPIXÉNAGE								*		
ÉPROUVE								*		
ÉPROUVETTE										
ÉQUESTRE			1						2	
ÉQUIPAGES	*								2	
ÉQUIPEMENT	*	*		1						
ÉQUITATION								*	4,6	
ÉRYMOMACHIE										1
ESCADRE								*		
ESCADRON	*		1					*		
ESCADRONNER									6	
ESCALADE										1
ESCALE										1
ESCAMOTER								*		
ESCARMOUCHE									6	2

RELEVÉ DE TOUS LES ARTICLES DU PRÉSENT DICTIONNAIRE.	TERMES GÉNÉRIQUES.	MOTS A TABLEAUX.	PARTIE LÉGALE.					PARTIE TRANSCENDANTE.		
			A	B	C	D	E	F	G	H
ESCARPE.									4	
ESCLAVON.								*		
ESCOPETERIE.								*		
ESCOPETIER.								*		
ESCOPETTE.								*		
ESCORTE.	*						1,3			2
ESCOUADE.	*		1	1						
ESCOUTTE.								*		
ESCRIME.									5	
ESCRIMER.								*		
ESPACE.	*								6	
ESPADON.								*		
ESPALET.									1	
ESPIE.								*		
ESPINADE.								*		
ESPINGARDE.								*		
ESPINGOLE.									1,2	
ESPION.	*									*
ESPLANADE.									4	
ESPONTON.								*		
ESQUIERRE.								*		
ESTAFIER.								*		
ESTAFILADE.								*		
ESTAMETTE.				1						
ESTAMPILLE.				1						
ESTAPE.								*		
ESTOC.								*		
ESTRAMAÇON.								*		
ÉTABLISSEMENT.	*			1	3					
ÉTANCON.								*		
ÉTAPE.				1						
ÉTAPIER.								*		
ÉTAT.	*	*	1	1,3						1
ÉTENDARD.								*		
ÉTOFFE.	*			1						
ÉTOILE.	*	*		1	4					
ÉTOUPILLE.	*								2	
ÉTOUR.								*		
ÉTOUTEAU.								*	1	
ÉTRIER.	*									
ÉTUI.	*			1						
EUTAXE.								*		
ÉVAGINER.								*		
ÉVÊQUE.							2			
ÉVITER.										2
ÉVOCAT.								*		
ÉVOLUER.									6	
ÉVOLUTION.	*								6	
EXÉCUTER.									2	
EXÉCUTEUR.								*		
EXÉCUTION.	*				3					*
EXEMPTÉ.			2							
EXERCICE.	*	*		1				*	6	

RELEVÉ DE TOUS LES ARTICLES DU PRÉSENT DICTIONNAIRE.	TERMES GÉNÉRIQUES.	MOTS A TABLEAUX.	PARTIE LÉGALE.					PARTIE TRANSCENDANTE.		
			A	B	C	D	E	F	G	H
EXERCITE								✱		
EXOSTRE								✱✱		
EXPLORATEUR								✱		
EXPULSION								✱		
EXTINCTION					2					
EXTRAIT				1						
EXTRAORDINAIRES								✱		
F										
FACE		✱						✱	1,4,6	
FACTEUR			1							
FACTION							✱			
FACTIONNAIRE								✱		
FACTURE				1						
FAGOT	✱			1			3		4	1
FAIRE	✱✱							✱	6	1✱
FAISCEAU	✱						2		6	
FAIT					5					
FAITE					2					2
FALARIQUE								✱		
FALCAIRE								✱		
FALOT				1			3			
FALTE								✱		
FANFARE								✱		
FANION				1	3		1	✱	6	
FANTASSIN								✱		
FAPIFARE								✱		
FAQUIN								✱		
FARINE				1						
FASCINE	✱								4	1
FAUCHARD								✱		
FAUCHON								✱		
FAUCON								✱		
FAUCONNEAU								✱		
FAUCRE								✱		
FAUSSE, ETC.				3	5			✱	4	✱
FAUTE				3	5					
FAUTEUIL			1				3			
FAUTEUR				3	5					
FAUX	✱			1,3	5			✱		1
FEINTE									5	
FELDMARSCHALL								✱		
FELDZEUGMEISTER								✱		
FELTRE								✱		
FEMME	✱	✱	1	1	5			✱		
FÉODALITÉ								✱		
FER	✱							✱	4	
FERMETURE							3			
FERRET				1						
FERTÉ								✱		
FEU	✱	✱						✱	6	1,2
FEUDATAIRE	✱							✱		
FEUILLARD								✱		

RELEVÉ DE TOUS LES ARTICLES DU PRÉSENT DICTIONNAIRE.	TERMES GÉNÉRIQUES.	MOTS A TABLEAUX.	PARTIE LÉGALE.					PARTIE TRANSCENDANTE.		
			A	B	C	D	E	F	G	H
FEUILLE	✶	✶		1	3					
FÉVRIER				1			1		6	
FICHE							1			
FIEF								✶		
FIÉVREUX						2,4				
FIFRE								✶		
FILE	✶	✶					1	✶	5,6	
FILET	✶			1				✶	1	
FINANCE				1				✶		
FIOLE				1					1	
FISTULE						4,5				
FIXE									6	
FLACHE							4			
FLAMBE								✶		
FLAMBER									2	
FLANC	✶	✶							4,6	1
FLANÇOIS								✶		
FLANCONNADE									5	
FLANQUER									4	✶
FLANQUEUR										2
FLAQUE									7	
FLASQUE								✶		
FLAVIALE								✶		
FLÉAU								✶		
FLÈCHE	✶	✶						✶	4	
FLEUR								✶		
FLIBUSTIER								✶		
FLIEGELMAN								✶		
FLOCHE								✶		
FLOTTEMENT								✶		
FLUTE								✶		
FOIN				1						
FONCER										✶
FONDELLE								✶		
FONDRIÈRE									7	✶
FONDS	✶	✶		1						
FORCE	✶	✶	1	1				✶	6	
FORMATION	✶	✶	1				✶		6	
FORMER	✶			1					6	
FORQUINE								✶		
PORT	✶								4	✶
FORTERESSE									4	✶
FORTIFICATION	✶								4,6	1
FORTIN									4	
FOSSÉ		✶							4	
FOUET	✶				3			✶		
FOUGASSE									2,4	
FOUILLER										2
FOULE								✶		
FOUR	✶			1						
FOURCHE	✶			1				✶		
FOURCHETTE								✶		
FOURGON				1						

RELEVÉ DE TOUS LES ARTICLES DU PRÉSENT DICTIONNAIRE.	TERMES GÉNÉRIQUES.	MOTS A TABLEAUX.	PARTIE LÉGALE.					PARTIE TRANSCENDANTE.		
			A	B	C	D	E	F	G	H
FOURNEAU	✶			1					2,4	1
FOURNIMENT								✶		
FOURNIR										2
FOURNITURE	✶			1						
FOURRAGE	✶✶	✶		1						2
FOURREAU	✶✶			1						
FOURRIER	✶		1				4	✶		
FRAC								✶		
FRAISE	✶							✶	5	
FRAISER									1,6	
FRAISURE									1	
FRAMÉE								✶		
FRANC-ARCHER								✶		
FRANCISQUE								✶		
FRATER				1				✶		
FRATERNITÉ								✶		
FREMAILLET								✶		
FROBERGE								✶		
FRONDE	✶							✶		
FRONDEUR								✶		
FRONDIBALE								✶		
FRONT	✶	✶						✶	4,6	12
FRONTEAU	✶							✶		
FRONTIÈRE		✶								
FUSÉE	✶	✶							2,6	
FUSIL	✶	✶		1	3		5	✶		
FUSILIER			1							1
FUSTIBALE								✶		
FUSTIGATION								✶		
FUT	✶			1					1	
G										
GABION	✶								4	1
GACHE				1						
GACHETTE				1						
GAGE	✶									
GAGISTE			1					✶		
GAIN	✶			1						
GALAPENTIN								✶		
GALE				1		2,3,4				
GALÈCHE								✶		
GALERIE	✶	✶						✶		
GALIOTE	✶								4	1
GALON				1					2	
GAMACHES										
GAMBESON								✶		
GAMELLE				1				✶		
GANSE				1						
GANT				1						
GANTELET	✶							✶		
GARANCE				1				✶		
GARDE	✶	✶	1				1,3,4		1,5,6	
GARGOUSSE								✶	2	1
GARNISAIRE				1						

RELEVÉ DE TOUS LES ARTICLES DU PRÉSENT DICTIONNAIRE.	TERMES GÉNÉRIQUES.	MOTS A TABLEAUX.	PARTIE LÉGALE.					PARTIE TRANSCENDANTE.		
			A	B	C	D	E	F	G	H
GARNISON.	★						1,4			1
GARNITURE.				1						
GASTADOUR.								★		
GAZON.									2,4	
GÉLATINE.				1						
GENDARME.								★		
GENDARMERIE.	★		1					★		
GÉNÉRAL.	★	★	1					★		2
GÉNÉRALAT.	★							★		
GÉNÉRALE.	★						1		6	
GÉNÉRALISSIME.								★		
GENÉTAIRE.								★		
GENETTE.								★		
GÉNIE.	★		1						4	
GENOUILLÈRE.	★							★	2	
GENS.	★							★		
GENTIL.								★		
GENTILHOMME.	★							★		
GÉOLAGE.				1	5					
GÉOLOGIE.									4,7	★
GÉRANCE.				1						
GÉSATE.								★		
GÈSE.								★		
GIBAULT.								★		
GIBECIÈRE.								★		
GIBERNE.	★			1						
GILET.				1						
GIREL.								★		
GIROUETTE.				1				★		
GITE.				1			4			
GLACIS.	★								4,7	
GLAIS.							2			
GLAIVE.								★		
GLOBE.	★							★	2,5	
GOBERGE.				1				★		
GODENDAC.								★		
GOITRE.						4,5				
GONFALON.								★		
GONFALONIER.								★		
GORGE.	★	★							1,4,7	
GORGERIN.	★							★		
GOUJAT.								★		
GOUPILLE.	★								1	
GOUSSET.								★		
GOUTTIÈRE.	★								1,4	
GOUVERNEMENT.	★				★			★		
GOUVERNEUR.	★	★	1					★		1
GRACE.					5					
GRADE.	★		1,5		★					
GRAIN.	★			1				★	1	1
GRAINE.				1						
GRAND.	★	★		1	4		1,5	★	1,4	2
GRANDE.							2	★	1,6	

RELEVÉ DE TOUS LES ARTICLES DU PRÉSENT DICTIONNAIRE.	TERMES GÉNÉRIQUES.	MOTS A TABLEAUX.	PARTIE LÉGALE.					PARTIE TRANSCENDANTE.		
			A	B	C	D	E	F	G	H
GRAPHONUCTIOMÈTRE								...		1
GRAPPE								✶		...
GRATIFICATION	✶			1						...
GRAVELLE						4,5		...		...
GREFFIER	✶				5			...		...
GRÈGUES				1				✶		
GRENADE	✶			1				✶	2,3	1
GRENADIER	✶	✶	1					✶		...
GRENADIÈRE	✶			1				...	6	...
GRENON								✶		...
GRÈVE								✶		...
GRIFFE								...	1	...
GROMATICIEN								✶		...
GROS, GROSSE	✶		1	1				...		2
GROSPHOMAQUE								✶		...
GUÉ								...		2
GUÉRITE							4			1
GUERRE	✶	✶						✶	✶	1,2
GUERRILLA	✶							✶		...
GUET	✶							✶		...
GUÊTRE	✶	✶		1				...		...
GUIDE	✶	✶	1					...	6	2
GUIDON	✶							✶		...
GUIGE								✶		...
GUINDARD								✶		...
GUISARME								✶		...
GUNNA								✶		...
GUTTONAIRE								✶		...
GYMNASE								✶		...
GYMNASTIQUE								✶	5,6	...

H

HABILLEMENT				1				...		...
HABIT				1				...		✶
HACHE	✶			1				✶		...
HACHIER								✶		...
HACQUEBUTE								✶		...
HAIE								...	6	...
HALECRET								✶		...
HALLEBARDE								✶		...
HALLEBARDIER								✶		...
HALTE	✶						4	...	6	...
HAMPE	✶							✶		...
HANAPIER								✶		...
HANICROCHE								✶		...
HAQUENÉE								✶		...
HARANGUE								✶		...
HARASSE								✶		2
HARCELER								...		2
HARMIER								✶		...
HARNACHEMENT	✶			1				✶		...
HARNOIS								✶		...
HARPE	✶							✶		...

RELEVÉ DE TOUS LES ARTICLES DU PRÉSENT DICTIONNAIRE.	TERMES GÉNÉRIQUES.	MOTS A TABLEAUX.	PARTIE LÉGALE.					PARTIE TRANSCENDANTE.		
			A	B	C	D	E	F	G	H
HARPÉ.								*		
HART.									2,4	
HASTAIRE.								*		
HASTE.								*		
HAUBERT.								*		
HAUNET.								*		
HAUSSECOL.				1						
HAUSSECOU.								*		
HAUTBOIS.								*		
HAUT-DE-CHAUSSES.								*		
HAUTE PAYE.	*	*		1				*		
HAUTEUR.	*								6	*
HAUT-LE-PIED.			1					*		
HAUT-LES-ARMES.									6	
HAVET.								*		
HAVRESAC.				1						
HEAUME.								*		
HÉCATONTARCHIE.								*		
HEIDUQUE.								*		
HÉLÉPOLE.								*		
HÉLICE				1						
HÉMÉRODROME.								*		
HÉMISTRIGE.								*		
HÉMOPTYSIE.						5				
HÉMORROIDES.						7				
HÉRAUT.	*							*		
HERCOTECTONIQUE.									4	
HERCULIENS.								*		
HÉRISSON.	*							*	4	*
HÉRITIER.				1						
HERNIE.						1,4,7				
HERSE.	*							*		
HERSILLON.										2
HETMAN.								*		
HÉTÉROPLÉSIONNAIRE									6	
HIÉRARCHIE.					1					
HISTORIQUE.								*		
HOMME.	*	*	1,2	1		2	*	*	6	
HONNEURS.	*						2			*,
HONORIAQUES.								*		
HOPITAL.	*									
HOPLOMACHIE.								*		
HOQUETON.								*		
HORDIS.								*		
HORION.								*		
HOST.								*		
HOTE.							1,5,4			
HOTEL.	*		1	1						
HOUPPE.	*							*		
HOUR.								*		
HOURRA.								*		
HOURT.								*		
HOUSSE.	*			1				*		

RELEVÉ DE TOUS LES ARTICLES DU PRÉSENT DICTIONNAIRE.	TERMES GÉNÉRIQUES	MOTS A TABLEAUX	PARTIE LÉGALE					PARTIE TRANSCENDANTE		
			A	B	C	D	E	F	G	H
HUGUE								*		
HUISSIER								*		
HULLAN								*		
HUPERSTRATÈGUE								*		
HUPOSTRATÈGUE								*		
HURTE								*		
HUSSARD			1							
HUTTE								*		
HYDROCÈLE						4,5				
HYDROPISIE						4,5				
HYPOTAXE								*		
I										
ILE	*						3	*		
IMMATRICULÉ			1	1						
IMPOSITION								*		
INCONTINENCE D'URINE						4,5				
INCORPORATION			*							
INDEMNITÉ	*	*		1						
INFANTERIE	*	*	1					*		
INFIRMERIE				1		3				
INFIRMIER	*		1			2				
INFIRMITÉ						4,5				
INFLEXION								*		
INFORMATION						3				
INGÉNIEUR	*		1					*		
INHABILETÉ			2							
INHUMATION							2			
INITIATION								*		
INSIGNE				1						
INSPECTEUR	*	*	1					*		
INSPECTION									6	
INSTRUCTEUR	*								6	
INSTRUCTION									5	
INSTRUMENT	*	*		1				*	6	*
INSUBORDINATION					5					
INSULTE					5					*
INSURRECTION								*		
INTENDANT	*	*	1					*		
INTERVALLE	*	*					1		6	
INVALIDE			1							
INVERSION									6	
INVESTISSEMENT										1
J										
JALET								*		
JALON									6	
JALONNEMENT									6	
JALONNEUR									6	
JAMBE	*			1						
JANISSAIRE								*		
JAQUE	*							*		

RELEVÉ DE TOUS LES ARTICLES DU PRÉSENT DICTIONNAIRE.	TERMES GÉNÉRIQUES.	MOTS A TABLEAUX.	PARTIE LÉGALE.					PARTIE TRANSCENDANTE.		
			A	B	C	D	E	F	G	H
JARRETIÈRE.				1						
JASERAN.										
JAVELINE.								*		
JAVELOT.								*		
JEU.								*	5	
JEUNE SOLDAT.			1							
JONGLEUR.										
JOUR.								*		
JOURNAL.	*								5	
JOURNÉE.	*			1					*	1
JOUTE.										*
JOVIENS.								*		
JUBE.								*		
JUGE.	*		1		5			*		
JUGEMENT.	*	*			5			*		
JUGULAIRE.				1						
JUMELLE.									2,6	
JURISPRUDENCE.				3						
JUSTE-AU-CORPS.								*		
JUSTICE.					5					
K										
KÉNAGIE.								*		
KING.								*		
KNOUT.								*		
L										
LABARUM.										
LAC.				1				*		
LACER.										
LACERNE.								*		
LAISCHES.								*		
LAMBEL.								*		
LAMBREQUIN.								*		
LAME.	*	*		1				*		
LAMPIAN.								*	1	
LAMPION.								*		
LANCE.	*	*		1						1
LANCER.								*	2,3,4	*
LANCIER.								*		
LANDSTURM.								*		
LANDWEHR.								*		
LANGUE.	*							*		
LANSQUENET.								*		
LANTERNE.								*	2	
LAPIDATION.										
LAQUAIS.								*		
LATRINES.								*		
LATRON.							1			
LAVOIR.					3			*		
LÉGERS ALIMENTS.						2				
LÉGION.	*	*	1		4					
LÉGISLATION.								*		
LÉGUME.	*		1							

RELEVÉ DE TOUS LES ARTICLES DU PRÉSENT DICTIONNAIRE.	TERMES GÉNÉRIQUES.	MOTS À TABLEAUX.	PARTIE LÉGALE.					PARTIE TRANSCENDANTE.		
			A	B	C	D	E	F	G	H
LETTRE.	✶			1			✶	✶		
LEUDE.								✶		
LEVÉE.	✶		2					✶		
LIBÉRATION.			5							
LIBRILLE.								✶		
LICE.								✶		
LICENCIEMENT.			4							
LICORNE.								✶		
LIEUTENANT.	✶	✶	1	1				✶		
LIGNE.	✶	✶							2,3,4,6	✶
LIMAÇON.								✶		
LINGULE.								✶		
LIQUIDE.				1						
LIT.	✶	✶		1	3		3		4	✶
LIVRE.	✶	✶		1	5		5			
LIVRÉE.				1				✶		
LIVRET.	✶			1						
LOCALISATION.					2					
LOCHAGUE.								✶		
LOCHOS.								✶		
LOCQUE.								✶		
LOGEMENT.	✶	✶		1	2		4			1
LOGISTIQUE.										✶
LOI.					5			✶		
LONGUE ABSENCE.				1	3					
LORILART.								✶		
LOUP.								✶		
LUCOMONIE.								✶		
LUMIÈRE.				1						
LUNETTE.									4	
M										
MACHÈRE.								✶		
MACHICOULIS.								✶		
MACHINE.	✶							✶		
MÂCHOIRE.				1						
MAGASIN.	✶			1						
MAHEUTRE.								✶		
MAIL.								✶		
MAILLE.								✶		
MAILLET.								✶		
MAIN.								✶		
MAIRE.	✶			1	5			✶		
MAÏS.				1						
MAISON.			1							
MAITRE.	✶	✶	1	1						
MAJOR.	✶	✶	1					✶		
MALADE.				1						
MALANDRIN.								✶		
MALLÉOLE.								✶		
MALVEISINE.								✶		
MAMELIÈRE.								✶		
MAMELON.									7	

RELEVÉ DE TOUS LES ARTICLES DU PRÉSENT DICTIONNAIRE.	TERMES GÉNÉRIQUES.	MOTS À TABLEAUX.	PARTIE LÉGALE.					PARTIE TRANSCENDANTE.		
			A	B	C	D	E	F	G	H
MAMELOUCK								✶		
MANCHE	✶							✶		
MANCHETTE				1						
MANDAT				1						
MANDATEUR								✶		
MANDE								✶		
MANGANELLE								✶		
MANGONNEAU								✶		
MANICROT			1							
MANIEMENT									6	
MANIFESTE								✶		✶
MANIPULE								✶		
MANOEUVRE	✶								6	2
MANSARDE				2						
MANTEAU	✶		1	1				✶		
MANTELET								✶	4	
MANUBALISTE								✶		
MANUFACTURE	✶			1						
MAQUILLEUR								✶		
MARASME						5				
MARAUDAGE					5					
MARCHE	✶	✶					4	✶	6	2
MARCHÉ	✶	✶		1			4			
MARÉCHAL	✶	✶	1					✶		
MARÉCHAUSSÉE								✶		
MARIAGE				3						
MARIONNETTES									6	
MARMITE	✶			1						✶
MARQUE	✶		1	1						
MARQUER									6	
MARQUEUR								✶		
MARQUIS								✶		
MARQUISE				1			1			
MARRON	✶						3,4			
MARTEAU	✶									
MARTELLO								✶		
MARTINET								✶		
MARTINGALE	✶			1						
MARTIOBARBULE								✶		
MASQUE								✶		
MASSE	✶	✶		1				✶	6	2
MASSIF									2	✶
MASSUE								✶		
MAT				1						
MATACHINADE								✶		
MATELAS				1						
MATÉRIEL				1						
MATRAS								✶		
MATRICULE				1						
MATTIAIRE								✶		
MATTON								✶		
MÈCHE	✶							✶		
MÉDAILLE								✶		

RELEVÉ DE TOUS LES ARTICLES DU PRÉSENT DICTIONNAIRE.	TERMES GÉNÉRIQUES.	MOTS A TABLEAUX.	PARTIE LÉGALE.					PARTIE TRANSCENDANTE.		
			A	B	C	D	E	F	G	H
MÉDAILLON								*		
MÉDECIN						4		*		
MÉDECINE						5				
MÉGEDUX								*		
MÉHAIGNÉ								*		
MÉLANGE								*	6	
MÊLÉE										*
MEMBRE				1	4					
MÉNESTREL								*		
MENSEUR								*		
MENTONNIÈRE	*							*		
MENTOR								*		
MÉRARCHIE								*		
MÉRARQUE								*		
MÉRIE								*		
MERLETTE								*		
MERLON									2,4	
MEROS								*		
MÉSOPLÉSIONNAIRE									6	
MESSE							1,3			
MESTRE DE CAMP	*							*		
MESURE	*			1					5	
MÉTABOLE								*		
MÉTATEUR								*		
MÉTROBATE									6	
METTRE									5,6	
MEURTRIÈRE									6	
MEZAIL								*		
MILICE	*							*		
MILITAIRE			1							
MINE	*							*	4	
MINEUR			1							
MINISTÈRE			1							
MINISTRE			1					*		
MIQUELET								*		
MIREUR									2,3	
MIRMILONIUM								*		
MIROIR					1					
MISÉRICORDE								*		
MITRAILLE									3,4	
MOINE LAY								*		
MOINEAU								*		
MOINS PERÇU				1						
MOLIÈRE								*		
MONANCONE								*		
MONNAIE								*		
MONOTAXE								*		
MONT	*							*	2	
MONTAGNE									7	*
MONTANT	*				2		1		4	
MONTERESSORT				1						
MONTRE	*							*		
MORA								*		

RELEVÉ DE TOUS LES ARTICLES DU PRÉSENT DICTIONNAIRE.	TERMES GÉNÉRIQUES.	MOTS A TABLEAUX.	PARTIE LÉGALE.					PARTIE TRANSCENDANTE.		
			A	B	C	D	E	F	G	H
MORION.	*							*		
MORNE.								*		
MORTE-PAYE.								*		
MORTIER.	*							*	2	
MOT.	*						*			
MOUCHE.									4	
MOUCHETER.									4	
MOUCHETTE.										
MOUCHOIR.				1				*		
MOUFLARD.										
MOULIN.	*			1				*		
MOULINET.								*		*
MOUSQUET.								*		
MOUSQUETAIRE.	*							*		
MOUSQUETON.				1						
MOUSTACHE.				1						
MOUVEMENT.	*	*		1					6	2
MOYENNE.								*		
MUETTE.								*		
MULET.	*			1				*		
MUNITIONNAIRE.	*		1					*		
MUNITIONS.	*			1					6	
MUR.										1
MUSCLE.										
MUSETTE.				1				*		
MUSICIEN.			1					*		
MUSIQUE.	*		1						6	
MUTILATION.					5					
MYOPIE.						4,5				
MYRE.								*		
N										
NACAIRE.								*		
NASAL.								*		
NATATION.									5,6	*
NETTOYER.										*
NEUTRALITÉ.										*
NEZ.				1						
NID.									4	1
NOBLE.			1					*		
NOBLESSE.								*		
NŒUD.	*								7	
NOIX.	*			1				*		
NOM.	*		1					*		
NON COMBATTANT.			1							
NON RENTRÉ.			1	1						
NOURRITURE.				1						
NUIT.							4			
NUMÉRO.					3		*			
NYCTALOPIE.						5				
O										
OBÉISSANCE.					1,5					
OBLAT.			1					*		
OBLIQUE.									6	

RELEVÉ DE TOUS LES ARTICLES DU PRÉSENT DICTIONNAIRE.	TERMES GÉNÉRIQUES	MOTS A TABLEAUX	PARTIE LÉGALE.					PARTIE TRANSCENDANTE.		
			A	B	C	D	E	F	G	H
OBSIDION								✶		...
OBSTACLE								...	6	✶
OBUS	✶							...	2,5	...
OBUSIER	✶							...	2,5	...
OCTAVIN								...	6	...
OFFENSIVE								...		✶
OFFICE								✶	6	...
OFFICIER	✶	✶	1	1	1,3,4,5		1,3	✶	6	2
OLIFANT								✶		...
ONAGRE								✶		...
OPHICLÉIDE								...	6	...
OPLITE								✶		...
OPTION								✶		...
ORDALIE								✶		...
ORDINAIRE	✶			1		1		✶		...
ORDONNANCE	✶	✶	1	1			✶	...	6	...
ORDRE	✶	✶			4,6		✶	✶	6	2
OREILLON	✶			1				✶	4	...
OREUR								✶		...
ORGANISATION			5					✶		...
ORGUE								✶		...
ORIENTATION								...	7	2
ORIFLAMME								✶		...
ORPHELIN					4			✶		...
OST								✶		...
OTAGE								✶		...
OURAGUE								✶		...
OUTIL				1				...		✶
OUVERTURE	✶						1,3	...	4	2
OUVRAGE	✶	✶						...	4,5	1,2
OUVRIER	✶	✶	1					...		...
OUVVIR								...	6	...
OZÈNE						5		...		...
P										
PAGE								✶		...
PAILLASSE	✶			1				...		...
PAILLE	✶			1				...		...
PAILLER								✶		...
PAIN	✶	✶		1				...		...
PAIR								✶		...
PAIX								✶		...
PAL								✶		...
PALADIN								✶		...
PALANQUE								✶		...
PALATRE				1				...		...
PALEFRENIER								...		...
PALEFROI								✶		...
PALESTRIQUE								✶		...
PALETER								✶		...
PALETOT								✶		...
PALINTONE								✶		...
PALISSADE								...	4	...
PALISSADEMENT								✶		...

RELEVÉ DE TOUS LES ARTICLES DU PRÉSENT DICTIONNAIRE.	TERMES GÉNÉRIQUES.	MOTS A TABLEAUX.	PARTIE LÉGALE.					PARTIE TRANSCENDANTE.		
			A	B	C	D	E	F	G	H
PAN.	*	*		1						
PANACHE.										...
PANCHIÈRE.								*		...
PANCRACE.								*		...
PANDOURE.								*		...
PANETIÈRE.								*		...
PANIER.	*			1				*	2	
PANNE.										✕
PANON.										
PANSERNE.								*		
PANSTÉRÈCHE.								*		
PANTALON.	*	*		1				*		...
PAPEGAI.								*		...
PARADE.	*							1,2,3	5,6	...
PARADOS.									2,4	...
PARADOUZ.										
PARAGE.								*		...
PARAGOGUE.								*		...
PARALLÈLE.									4	1
PARAPET.									2,4	*
PARASOL.				1				1		...
PARASYNTHÈME.										...
PARAZONE.								*		...
PARC.	*								2,4	...
PAREMBOLE.										*
PAREMENT.	*			1				*		...
PARME.										...
PARRAIN.	*				5			*		...
PARTI.	*							*		2
PARTISAN.								*		
PAS.	*	*		1	1			*	4,6,7	...
PASSAGE.	*	*	1				4	...	1,6	...
PASSANDEAU.								*		...
PASSANT.				1						...
PASSATION.	*			1				...		...
PASSAVANT.								...		...
PASSE.	*			1				*		...
PASSER.	*				5			*	5	...
PASSOT.								*		...
PASTOUREAU.								*		...
PATÉ.									4	...
PATELETTE.				1						...
PATIENCE.				1						...
PATRICE.										...
PATROUILLE.					3			*		...
PATTE.				1			1,3,4	...		
PAULDRON.								*		
PAVANE.								*		
PAVESADE.								*		
PAVESSIER.								*		
PAVILLON.	*	*		1	2			*		...
PAVOIS.								*		...
PAYX.				1				*		...

RELEVÉ DE TOUS LES ARTICLES DU PRÉSENT DICTIONNAIRE.	TERMES GÉNÉRIQUES.	MOTS A TABLEAUX.	PARTIE LÉGALE.					PARTIE TRANSCENDANTE.		
			A	B	C	D	E	F	G	H
PAYEMENT	*			1						
PAYEUR			1							
PEAU				1						
PECTORAL										
PEDIEUX								*		
PÉDOMÈTRE								*		
PEINE	*				5					
PÉLICAN								*		
PELLE	*			1			1,5			
PELOTON	*	*	1						6	
PELOTONNEMENT									6	
PELTASTE								*		
PELTE								*		
PENARD								*		
PENART								*		
PENDANT				1				*		
PÉNITENCIER					5					
PENNE								*		
PENNON	*							*		
PENSION	*				4			*		
PENTACONTARCHIE								*		
PENTACOSIARCHIE								*		
PENTARQUE								*		
PENTECOSTYS								*		
PEPHLEGMENON								*		2
PÉRIBOLOGIE								*	4	
PÉRISPASME								*		
PERMISSION					5					
PERMISSIONNAIRE					5					
PERRIER								*		
PERRUQUE								*		
PERTUISANE								*		
PETAIL								*		
PÉTARD	*				2			*		
PETAU								*		
PETIT	*			1			1	*		
PETITE				1				*	4,6	2
PETITS VIEUX								*		
PÉTRINAL								*		
PÉTROBOLE								*		
PHALANGE	*	*	1		5			*		
PHALÈRE								*		
PHARMACIEN			1							
PHECY				1						
PHYLARQUE										
PIC	*			1				*		
PIC-HOYAU				1					7	
PIÈCE	*	*		1						
PIED	*	*	1	1					2	
PIERRE	*			1						
PIERRIER								*	2,5	
PIÉTON								*	2,5	
PIL								*		

RELEVÉ DE TOUS LES ARTICLES DU PRÉSENT DICTIONNAIRE.	TERMES GÉNÉRIQUES.	MOTS A TABLEAUX.	PARTIE LÉGALE.					PARTIE TRANSCENDANTE.		
			A	B	C	D	E	F	G	H
PILE.	✶							✶		
PILLAGE.					4					
PINCETTES.				1						
PIOCHE.				1						
PIONNIER.	✶							✶		
PIQUE.	✶							✶		
PIQUET.	✶	✶		1	3,5		1,5	✶	6	
PIQUICHIN.								✶		
PIQUIER.								✶		
PISTOLET.				1				✶		
PISTOLIER.								✶		
PIVOT.	✶			1					6	
PIVOTEMENT.	✶								6	
PLACE.	✶	✶					1,5		4	1
PLAN.	✶							✶		✶
PLANCHE.				1						
PLANCHON.								✶		
PLANTON.							✶			
PLAQUE.				1						
PLASTRON.				1				✶		
PLAT.	✶			1						
PLATE.								✶		
PLATEAU.	✶								7	
PLATEFORME.									2,3	
PLATINE.	✶	✶		1				✶		
PLAT-PAYS.									4	✶
PLESION.								✶		
PLIER.										2
PLOIEMENT.									6	
PLOMB.				1						
PLOMBÉE.								✶		
PLUME.				1						
PLUMET.				1						
PLUTEUS.								✶		
PODESTAT.								✶		
POIGNARD.				1				✶		
POIGNÉE.				1						
POINT.	✶								6	
POINTE.				1				✶	6	✶
POIRE.	✶			1				✶		
POKALEM.								✶		
POLÉMARQUE.								✶		
POLÉMONOMIE.										✶
POLICE.					5					
POLIORCÉTIQUE.								✶		
POMME.	✶	✶		1					2	
POMPON.				1						
PONT.	✶	✶							2,4	✶
PONTET.	✶								1	
PONTON.									2	
PONTONNIER.			1							
PORC-ÉPIC.								✶		
PORT.									6	
PORTE.	✶		1	1	2			✶	4	✶

RELEVÉ DE TOUS LES ARTICLES DU PRÉSENT DICTIONNAIRE.	TERMES GÉNÉRIQUES.	MOTS A TABLEAUX.	PARTIE LÉGALE.					PARTIE TRANSCENDANTE.		
			A	B	C	D	E	F	G	H
PORTÉE.	*	*						*	2,5	...
PORTEZ VOS ARMES.									6	...
POSITION.	*	*		1					6	2
POSTE.	*	*		1			*		2,5	*
POSTSIGNATAIRE								*		...
POT.	*							*	5	1
POTEAU.	*	*					1	*		
POTENCE.			1							...
POTERNE.									4	...
POUDRE.	*	*						*	6	1
POUDRERIE.									*	*
POURPOINT.								*		...
POURSUIVANT.								*		...
POUSSE-BALLE.								*		...
PRÉFET.	*	*		1				*		...
PRÉLART.									2	...
PREMIER.	*							*	6	...
PREMIÈRE.				1						1
PRÉSENTEZ VOS ARMES									6	...
PRESTATION.	*			1						...
PRÊT.	*			1						...
PRÉTEUR.								*		...
PRÉTOIRE								*		...
PREUX.								*		...
PRÉVENU.					5					...
PRÉVOT.	*		1					*		...
PRIÈRE.								*		...
PRINCE.	*							*		...
PRISON.	*				2,3,5				4	...
PRISONNIER.	*		1	1				*		...
PRIVILÉGE.				1						...
PROCÉDÉ.								*		...
PROCÉDURE.					5					...
PROCÈS-VERBAL.				1	5					...
PROFESSION.			1					*		...
PROFIL.									4	...
PROJECTILE.								*	2,5	...
PROLONGE.									2	...
PROMENADE.									5	...
PROMOTION.			1							...
PROMPTE MANOEUVRE									6	...
PROTAXE.								*		...
PROTOLOGIE.								*		...
PROTOSTASE.								*		...
PROTOSTATE								*		...
PSILAGIE.								*		...
PSILITE.								*		...
PUITS.	*								4	...
PULK.										...
PULVÉRIN.								*		...
PUNAISE.				1						...
PUNITION.	*				1,3,5					...
PUPILLE.								*		...

RELEVÉ DE TOUS LES ARTICLES DU PRÉSENT DICTIONNAIRE.	TERMES GÉNÉRIQUES.	MOTS A TABLEAUX.	PARTIE LÉGALE.					PARTIE TRANSCENDANTE.		
			A	B	C	D	E	F	G	H
PYRITE								✱		
PYROTECHNIE									2,3	
Q										
QUACHEOR								✱		
QUADRILLE								✱		
QUARTE									5	
QUARTENIER								✱		
QUARTIER	✱	✱		1	2		1,3	✱		1,2
QUESTEUR								✱		
QUEUE	✱			1						1
QUILLON				1						
QUINTANE								✱		
QUINZAINE				1						
QUITUS				1						
QUI VIVE							✱			
R										
RABACHE								✱		
RACHITISME						5				
RACOLEUR								✱		
RADEAU										✱
RAIE				1						
RAISE								✱		
RALLIER										2
RAMEAU									4,7	
RAMENER										✱
RAMPE	✱								4	1
RANCON								✱		✱
RANÇON										✱
RANG	✱	✱	1				2		1,6	
RAPIÈRE								✱		
RAPPEL	✱	✱		1	3				6	
RAPPORT	✱	✱		1	3		✱			
RAQUETIER								✱		
RATÉ									6	
RATELIER	✱			1	3					
RATION				1						
RAVELIN								✱	4	
RAVIN									7	✱
RAVINE									7	✱
RAVITAILLER										✱
RÉCEPTION	✱	✱					2	✱		
RÉCEPTIONNAIRE				1						
RÉCHAUD										1
RECLAIM								✱		
RECOLEMENT								✱		
RÉCOMPENSE					4			✱		
RECONNAISSANCE	✱						1,3			1,2
RECOUSSE								✱		
RECRAND								✱		
RECRUE				1						
RECRUTEMENT			1							
RECTIFIEZ L'ALIGN.									6	
RÉCUSATION					5					

RELEVÉ DE TOUS LES ARTICLES DU PRÉSENT DICTIONNAIRE.	TERMES GÉNÉRIQUES.	MOTS A TABLEAUX.	PARTIE LÉGALE.					PARTIE TRANSCENDANTE.		
			A	B	C	D	E	F	G	H
REDAN.									4	*
REDDITION.	*									1
REDINGOTE.	*			1						
REDOUTE.	*								4	1
REDRESSEZ VOS ARMES.									6	
RÉDUIT.	*	*							4	1
RÉFORME.	*			1						
REFOULOIR.									2	
RÉFRACTAIRE.					5					
RÉGIE.	*			1						
RÉGIMENT.	*	*	1				4	*		2
REGISTRE.	*	*		1						
RÈGLEMENT.			*	*	*		*			*
REITRE.								*		*
RELEVEZ VOS ARMES.									6	
RELIEF.				1	4				4	
REMETTEZ LA BAIONN.									6	
REMPART.	*	*							1,4	
REMPLAÇANT.			1							
REMPLACEMENT.	*		1							
DÉMUNÉRATION.					4					
RENCONTRE.										
RENFLEMENT.									7	*
RENGAGEMENT.			1							
RENTREZ.									6	
RENVERSER.									6	
REPAS.										
REPÈRE.								*	7	
REPOS.									6	
REPOSEZ-VOUS, ETC.									6	
REPRÉSAILLES.								*		*
RÉPRESSION.					5					*
RÉQUISITION.	*							*		
RÉSERVE.	*		1							*
RESSORT.	*								1	
RETARDATAIRE.			1		3					
RETENUE.	*		1	1						
RETIRADE.									4	
RETIREZ, ETC.									6	
RETRAITE.	*				3		*		6	
RETRAITÉ.			1							2
RETRANCHEMENT.									4,6	1
RETROUSSIS.	*			1						
REVERS.	*			1						
REVERSION.								*	4	
REVÊTEMENT.									4	
RÉVISION.					5					
REVUE.	*	*		1	3		*			
RIBAUD.								*		
RIBAUDEQUIN.								*		
RICOCHET.									2	*
RISBAN.									4	
RISBERME.									4	

RELEVÉ DE TOUS LES ARTICLES DU PRÉSENT DICTIONNAIRE.	TERMES GÉNÉRIQUES.	MOTS A TABLEAUX.	PARTIE LÉGALE.					PARTIE TRANSCENDANTE.		
			A	B	C	D	E	F	G	H
RIZ.				1						
ROBE.								✶		
ROC.								✶		
ROCHET.								✶		
ROCHETTE.								✶	2	
ROELLE.								✶		
ROI.	✶							✶		
ROLE.				1			✶			
ROMPEMENT.	✶	✶							6	
RONDACHE.								✶		
RONDE.	✶						3			
RONDELLE.								✶		
RONDELLIER.								✶		
ROQUET.								✶		
RORAIRE.								✶		
ROSETTE.	✶			1						
ROTIN.				1						
ROTURIER.								✶		
ROUET.								✶		
ROUETIER.								✶		
ROUFFLE.								✶		
ROULEMENT.	✶								6	
ROUFILLE.								✶		
ROUSSIN.								✶		
ROUT.								✶		
ROUTE.										1
ROUTIER.								✶		
ROUTTE.								✶		
RUDIAIRE.								✶		
RUSE.										✶
RUSTRE.								✶		
S										
SABOT.	✶			1				✶	2	
SABRE.	✶			1				✶		
SABRETACHE.				1						
SAC.	✶	✶		1				✶		1
SACHÉ.								✶		
SACHEBOUTE.								✶		
SACHER.								✶		
SAEQUEBUTTE.								✶		
SACRE.								✶		
SAETTE.								✶		
SALADE.								✶		
SALAISON.				1						
SALLE.	✶				5				6	
SALPÈTRE.									2	
SALUT.	✶						2		5	
SAMBUE.								✶		
SAMBUQUE.	✶							✶		
SANG-DE-DEZ.								✶		
SAPE.	✶								4	
SAPEUR.	✶		1					✶		

RELEVÉ DE TOUS LES ARTICLES DU PRÉSENT DICTIONNAIRE.	TERMES GÉNÉRIQUES.	MOTS A TABLEAUX.	PARTIE LÉGALE.					PARTIE TRANSCENDANTE.		
			A	B	C	D	E	F	G	H
SARBACANE								★		...
SARISSE								★		...
SARRAU				1				...		...
SATELLITE								★		...
SAUCISSON	★							...	2,4	...
SAUTERAU								★		...
SAUTOIR								★		...
SAUVEGARDE							1	...		...
SAVATE								★		...
SAYON								★		...
SCAPHANDRE								★		...
SCARE								★		...
SCHABRAQUE				1				...		...
SCHAKO	★			★				...		...
SCHLAGUE								★		...
SCHRAPNELL								...	2	...
SCHUTTERY								★		...
SCIAMACHIE								★		...
SCIE								★		...
SCIPION								★		...
SCIRITER								★		...
SCORPION	★							★		...
SCZAPKA				1				...		...
SECOND	★							★		...
SECONDE								...	5,6	1
SECRÉTAIRE	★		1	1				...		...
SECRETTE								★		...
SECTION				1		2		...	6	...
SEIGNEUR								★		...
SÉJOUR							4	...		...
SEL				1				...		...
SELLE	★			1				...		...
SEMANTIQUE								...	6	★
SÉMAPHORE								★		...
SEMONCE								★		...
SÉNÉCHAL								★		...
SENTENCE				3				...		...
SENTINELLE	★							...		...
SERF								★		...
SERGENT	★	★	1				★	★	6	...
SERGENTERIE								★		...
SERMENT			1				★	★		...
SERPE	★							★	1,4	...
SERPENT								★		...
SERPENTEAU								★		...
SERPENTIN								★		...
SERPENTINE								★		...
SERRE-FILE								★	6	...
SERREMENT								...	6	...
SERVICE	★	★	1			★	1,2,3,4	★		...
SERVITUDE								...	4	...
SEWER								★		...
SIÉGE	★							...		1,2

RELEVÉ DE TOUS LES ARTICLES DU PRÉSENT DICTIONNAIRE.	TERMES GÉNÉRIQUES.	MOTS A TABLEAUX.	PARTIE LÉGALE.					PARTIE TRANSCENDANTE.		
			A	B	C	D	E	F	G	H
SIGNAL	★								6	★
SIGNALEMENT				1						
SINGULAIRE										
SIPHON								★		
SISTRE								★		
SITAIRE								★		
SIXAIN								★		
SKEUOPHORE		)						★		
SKEUOPHORIE				1						
SKYTALE								★		
SOBRIQUET				1						
SOIE				1				★		
SOLDAT			1					★		
SOLDE	★			1				★		
SOLDURIER								★		
SOLERET								★		
SOMASKIE								★		
SOMMET									7	
SONNERIE	★								6	
SORTEZ									6	
SORTIE	★	★								1
SOUBREVESTE								★		
SOUFFLE									2	
SOUKARI								★		
SOULIER	★							★		
SOUPE				1				★		
SOUS-AIDE			1							
SOUS-ARME			1					★		
SOUS-CONSUL								★		
SOUS-GARDE									1	
SOUS-INSPECTEUR								★		
SOUS-INTENDANT			1							
SOUS-LIEUTENANT			1							
SOUS-OFFICIER			1							
SOUS-PRÉFET				1						
SOUTACHE								★		
SPAHI								★		
SPARE								★		
SPHÉRISTIQUE								★		
SPIROLE								★		
SPLINT								★		
STATISTIQUE				1						
STILET								★		
STRADIOT								★		
STRATAGÈME										★
STRATÉGIE										★
STRATIOTIDE								★		
STRATONOMIE								★		
STRATOPÉDIE									★	
STRELITZ								★		
STYPHE								★		
SUBDIVISION	★		1	1	3		★		6	
SUBORDINATION					1					

RELEVÉ DE TOUS LES ARTICLES DU PRÉSENT DICTIONNAIRE.	TERMES GÉNÉRIQUES.	MOTS A TABLEAUX.	PARTIE LÉGALE.					PARTIE TRANSCENDANTE.		
			A	B	C	D	E	F	G	H
SUBSIGNAIRE.								*		...
SUBSISTANCE.				1				...		...
SUPPLICE.								*		...
SUPPORT.								...	1	...
SURCOT.								*		...
SURPRISE.	*							...	1	
SUSPENSION.	.				3			...		...
SYLLOCHISME.	.							*		...
SYNAPSISME.								*		...
SYNTAGME.								*		...
SYSTASE.								*		...
SZAPSKA.								*		...
T										
TABAC.								*		...
TABAR.								*		...
TABLE.	*			1	3			*		...
TABLIER.	*			1				*	2,4	1,2
TABOURIN.								*		...
TACTICOGRAPHIE.								...	6	...
TACTIQUE.								...	6	...
TAILLE.	*		1					*	6	
TAILLÉ.								*		...
TAILLEUR.	*		1	1				...		...
TAILLEVAS.								*		...
TAILLEVASSIER.								*		...
TALON.	*		2					...	1,6	...
TALUS.								...	4	...
TAMBOUR.	*	*	1					*	4,6	...
TAMBOURIN.								*		...
TAMPON.	*			1				...	2	...
TAM-TAM.								*		...
TAPUL.								*		...
TARD-VENUS.								*		...
TARENTINARCHIE.								*		...
TARGE.								*		...
TARIÈRE.	*							*		4
TASSETTES.								*		...
TATONNEMENT.								...	6	...
TAUDIS.								*		...
TAXIARCHIE.								*		...
TAXIARQUE.								*		...
TEIGNE.						4		...		...
TÉLÉGRAPHIE.								*		*
TELOS.								*		...
TÉMOIN.	*			3	5			...		1
TENAILLE.	*							...	4	...
TENAILLON.								...	4	...
TENANT.								*		...
TENCE.								*		...
TENTE.	*				2		1	...		*
TENUE.					5			...		...
TERGIDUCTEUR.								*		...

RELEVÉ DE TOUS LES ARTICLES DU PRÉSENT DICTIONNAIRE.	TERMES GÉNÉRIQUES.	MOTS A TABLEAUX.	PARTIE LÉGALE.					PARTIE TRANSCENDANTE.		
			A	B	C	D	E	F	G	H
TERGISTITE								✱		...
TERMULON								✱		...
TERRAIN	✱	✱							4,6	2
TERREPLEIN									4	...
TERZE								✱		...
TESSÈRE								✱		...
TESTIÈRE								✱		...
TÊTE	✱									...
TÊTE A DROITE									6	...
TÊTE DE PONT									4	2
TÉTRAPHALANGARCHIE								✱		...
TÉTRARCHIE								✱		...
THALWEG									7	...
THAULACHE								✱		...
THÉATRE										✱
THÉORIE									6	...
THÉRARQUE								✱		...
THEUMELLE								✱		...
TIARE								✱		...
TIERCE									5	...
TIERCEMENT			1							...
TIMAR								✱		...
TIMARIOT								✱		...
TIMBALE								✱		...
TIMBRE					✱			✱		...
TIR	✱	✱							2,6	...
TIRAGE								✱		...
TIRAILLEUR			1						6	✱
TIRANT				1						...
TIREBALLE				1						...
TIRER									2,3,6	✱
TITRE				2						...
TLA									6	...
TOGACHT								✱		...
TOISE			1							...
TOIT				1						...
TOLLENON								✱		...
TOLPACHE								✱		...
TON									6	...
TONDEUR								✱		...
TONNELET	✱			1				✱		...
TOPOGRAPHIE	✱								7	...
TORPILLE								✱		...
TORQUAT								✱		...
TORRION								✱		...
TORSADE				1						...
TORTIL								✱		...
TORTORELLE								✱		...
TORTUE	✱	✱						✱	2,6	2
TOUR	✱	✱			1,3,4		✱	✱	4	1
TOURILLON									2	...
TOURNELLE								✱		...
TOURNEVIS				1						...

RELEVÉ DE TOUS LES ARTICLES DU PRÉSENT DICTIONNAIRE.	TERMES GÉNÉRIQUES.	MOTS À TABLEAUX.	PARTIE LÉGALE. A	B	C	D	E	PARTIE TRANSCENDANTE. F	G	H
TOURNOI								✶		...
TOURTEAU								...	2	...
TRABAN								✶		...
TRABE								✶		...
TRABÉE								✶		...
TRABUCHET								✶		...
TRAHISON				3				✶		...
TRAIN	✶		1					...		...
TRAINARD					5			...		...
TRAINBAND								...		...
TRAINEAU								✶		...
TRAINÉE								...	2	
TRAIT	✶							...	2	✶
TRAITÉ	✶							✶		...
TRAITEMENT	✶	✶	1	1	4,5			✶		✶
TRANCHANT	✶	✶	1			✶	✶	✶		✶
TRANCHÉE	✶							...	1	...
TRANSCORPORATION			5	1				...		...
TRANSPORT	✶	✶		1				...		...
TRAPE								✶		...
TRAVAILLEUR	✶	✶						✶		1
TRAVAUX	✶	✶						✶		2
TRAVÉE								...	2	
TRAVERS	✶			1				...	4	1
TRAVERSE	✶						6	...	4	2
TRAVERSIN				1				...	4	
TRAVESTISSEMENT								...		...
TRÉBUCHET								✶		...
TREF								✶		...
TRENCHÉOR								✶		...
TRÉPAN								✶		...
TRÉPIGNÉ								...	4	...
TRÉPOINTE				1				✶		...
TRÉSOR	✶			1				...		...
TRÉSORIER	✶			1				...		...
TRESSE	✶			1			5	...		...
TRÈVE								✶		...
TRIAIRE								✶		...
TRIANGLE	✶			1				✶	6	...
TRIBU								✶		...
TRIBULE								✶		...
TRIBUN								✶		...
TRIBUNAL	✶				5			...		...
TRIBUT								✶		...
TRICOLORE								✶		...
TRICOT	✶			1				✶		...
TRICOUSES								✶		...
TRICUBITAL								✶		...
TRIGE								✶		...
TRIMACRÉSIE								✶		...
TRIOMPHE								✶		...
TRIPOLI				1				✶		...
TRIQUOISE								✶		...

RELEVÉ DE TOUS LES ARTICLES DU PRÉSENT DICTIONNAIRE.	TERMES GÉNÉRIQUES.	MOTS A TABLEAUX.	PARTIE LÉGALE.						PARTIE TRANSCENDANTE.	
			A	B	C	D	E	F	G	H
TROIE.										
TROISIÈME.	⋆							⋆		
TROMBLON.								⋆	6	
TROMBONE.									6	
TROMPETTE.			1				4	⋆		1
TROU.				1			6	⋆	1,4	
TROUBADOUR.								⋆		
TROUPE.	⋆		1	1	5		4	⋆	6	
TROUSSE.				1				⋆		
TROUVÈRE.								⋆		
TRUHIE.								⋆		
TRUMELIÈRE.								⋆		
TUBE.	⋆							⋆		
TUCHIN.								⋆		
TUFFE.								⋆		
TUG.								⋆		
TURIAU.								⋆		
TULIPE.									2,5	
TUMÉRIAN.								⋆		
TUMULTE.								⋆		
TUPINEIS.								⋆		
TURBAN.								⋆		
TURCOIS.								⋆		
TURMARQUE.								⋆		
TURME.								⋆		
TYMBRE.								⋆		
TYMPANONIQUE.					2				6	
U										
UMBON.								⋆		
UNIFORME.				1				⋆		
UNIFORMITÉ.				1						
UNITÉ.									6	
USTENSILE.	⋆						3,4		2	
V										
VACCIN.						2,4				
VAGABONDAGE.				3						
VAGUEMESTRE.							1,2,4,5			
VAIR.										
VALET.	⋆							⋆		
VALISE.							5	⋆	2	
VALLÉE.									7	
VARANGE.										
VASSAL.								⋆		
VAVASSEUR.								⋆		
VEDETTE.							1,3	⋆		
VÉLITE.	⋆									
VÉNALITÉ.				1				⋆		
VÉNÉRIEN.						2,3,4		⋆		
VENIR, ETC.										2
VENT.									2	
VENTAIL.								⋆		

RELEVÉ DE TOUS LES ARTICLES DU PRÉSENT DICTIONNAIRE.	TERMES GÉNÉRIQUES.	MOTS A TABLEAUX.	PARTIE LÉGALE.					PARTIE TRANSCENDANTE.		
			A	B	C	D	E	F	G	H
VENTE	★			1	5			...		...
VERDUN								★		...
VERGE					5			...	1	...
VERROUIL								★		...
VERT				1				★		...
VERTEUIL								...	2	...
VERUTUM								...	1	...
VESTE				1				...		...
VÊTEMENT				1				...		...
VÉTÉRAN			1,3					...		...
VÉTÉRINAIRE						4,5,6		...		...
VÉTÉRINE								★		...
VEUE								...	2	...
VEUGLAIVE								★		...
VEUVE					4			...		...
VEXILLAIRE								★		...
VEXILLE								★		...
VIANDE	★			1				★		...
VICAIRE								★		...
VICE—ROI								★		...
VICOMTE								★		...
VICTIME								★		...
VICTOIRE								★		...
VICTUAILLE				1				...		...
VIDAME								★		...
VIEILLES BANDES			1					...		...
VIEUX-CORPS								...		...
VIEUX HABITS				1				★		...
VIGNE					5			...		...
VIGUIER								...		1
VILAIN								★		...
VILLE	★				1			★		1
VIN	★			1				★		...
VINAIGRE				1				...		...
VIOL					5			...		...
VIOLATION					5			...		...
VIRE-VOLTE								...		...
VIRETON								★		...
VIROLE								★		...
VIS	★	2						★	2	...
VISA				1				...		...
VISÉE								...	3	...
VISER								...	2	...
VISIÈRE								★	1	...
VISITE	★					2,3	3,5	★		...
VISQUENS								★		...
VIVANDIER							1,2,4,5	...		...
VIVANDIÈRE							1,2,4,5	...		...
VIVRES				1				...		...
VIVRIER				1				★		...
VOEU								★		...
VOIE DE FAIT					5			...		...
VOITURE				★	5			...	2	...

RELEVÉ DE TOUS LES ARTICLES DU PRÉSENT DICTIONNAIRE.	TERMES GÉNÉRIQUES.	MOTS A TABLEAUX.	PARTIE LÉGALE.					PARTIE TRANSCENDANTE.		
			A	B	C	D	E	F	G	H
VOIX.	. .	. .	. .	1	5	. .	. .	. . .	. . . . .	. . .
VOL.	. .	. .	. .	. .	5	. .	. .	✳	. . . . .	. . .
VOLÉE.	. .	. .	. .	. .	. .	. .	. .	. . .	3	. . .
VOLONES.	. .	. .	. .	. .	. .	. .	. .	. . .		. . .
VOLONTAIRE. . . .	. .	. .	1,2,5	. .	. .	. .	. .	✳	. . . .	. . .
VOLTE.	. .	. .	. .	. .	. .	. .	. .	✳	. . . . .	. . .
VOLTIGEUR.	✳	. .	1,2,5	. .	. .	. .	. .	. . .	6	. . .
VOUGE.	. .	. .	. .	. .	. .	. .	. .	✳	4	. . .
W										
WURST.	. .	. .	. .	. .	. .	. .	. .	. . .	2	. . .
X										
XÉNAGIE.	. .	. .	. .	. .	. .	. .	. .	✳	. . . . .	. . .
Y										
YATAGAN.	. .	. .	. .	. .	. .	. .	. .	. . .	2	. . .
YEOMANRY. . . .	. .	. .	1	. .	. .	. .	. .	✳	. . . .	. . .
Z										
ZAGAIE.	. .	. .	. .	. .	. .	. .	. .	. . .	2	. . .
ZAIM.	. .	. .	. .	. .	. .	. .	. .	. . .	. . . .	. . .
ZAIN.	. .	. .	. .	3	. .	. .	. .	✳	. . . .	. . .
ZIGZAG.	. .	. .	. .	. .	. .	. .	. .	. . .	. . . .	. . .
ZOARQUE.	. .	. .	. .	. .	. .	. .	. .	. . .	. . . .	✳
ZONE.	. .	. .	. .	. .	. .	. .	. .	✳	. . . .	. . .
ZOUAVES.	. .	. .	1,2,5	. .	. .	. .	. .	. . .	✳	. . .
ZYGARQUE.	. .	. .	. .	. .	. .	. .	. .	✳	. . . .	. . .

www.ingramcontent.com/pod-product-compliance
Lightning Source LLC
Chambersburg PA
CBHW061457030726
47503CB00005B/1742